权威·前沿·原创

皮书系列为
"十二五""十三五"国家重点图书出版规划项目

中国社会科学院生态文明研究智库成果

中国社会科学院创新工程学术出版资助项目

城市蓝皮书

BLUE BOOK OF
CITIES IN CHINA

中国城市发展报告
No.12

ANNUAL REPORT ON URBAN DEVELOPMENT OF CHINA
No.12

大国治业之城市经济转型

主　编／潘家华　单菁菁
副主编／武占云

社会科学文献出版社
SOCIAL SCIENCES ACADEMIC PRESS（CHINA）

图书在版编目（CIP）数据

中国城市发展报告. No. 12，大国治业之城市经济转型／潘家华，单菁菁主编. -- 北京：社会科学文献出版社，2019.10

（城市蓝皮书）

ISBN 978 - 7 - 5201 - 5730 - 8

Ⅰ.①中… Ⅱ.①潘… ②单… Ⅲ.①城市经济 - 经济发展 - 研究报告 - 中国 Ⅳ.①F299. 21

中国版本图书馆 CIP 数据核字（2019）第 221787 号

城市蓝皮书

中国城市发展报告 No.12

——大国治业之城市经济转型

主　　编／潘家华　单菁菁
副 主 编／武占云

出 版 人／谢寿光
组稿编辑／邓泳红　陈　颖
责任编辑／薛铭洁　陈　颖　桂　芳　陈晴钰

出　　版／社会科学文献出版社·皮书出版分社（010）59367127
　　　　　地址：北京市北三环中路甲 29 号院华龙大厦　邮编：100029
　　　　　网址：www. ssap. com. cn
发　　行／市场营销中心（010）59367081　59367083
印　　装／天津千鹤文化传播有限公司

规　　格／开　本：787mm × 1092mm　1/16
　　　　　印　张：24.75　字　数：373 千字
版　　次／2019 年 10 月第 1 版　2019 年 10 月第 1 次印刷
书　　号／ISBN 978 - 7 - 5201 - 5730 - 8
定　　价／158.00 元

本书如有印装质量问题，请与读者服务中心（010 - 59367028）联系

城市蓝皮书编委会

主　编　潘家华　单菁菁

副主编　武占云

编委会　（以姓氏拼音排列）

丛晓男　耿　冰　李恩平　李红玉　苗婷婷

单菁菁　王业强　武占云　张卓群

撰稿人　（以文序排列）

潘家华　单菁菁　武占云　耿　冰　苗婷婷

马樱娉　李恩平　冯　彦　李红玉　张卓群

周　济　申晓佳　张鹏飞　丛晓男　李国昌

王业强　董　昀　蔡伟毅　王晓洁　李蔚华

鄢雨虹　付梅臣　邱梦雅　赵骏腾　王　斐

张双悦

编辑人　（以姓氏拼音排列）

耿　冰　林金克　马樱娉　苗婷婷　王　斐

王　菡　张双悦　张卓群

主要编撰者简介

潘家华　中国社会科学院学部委员，中国社会科学院城市发展与环境研究所所长，研究员，博士生导师。研究领域为世界经济、气候变化经济学、城市发展、能源与环境政策等。担任国家气候变化专家委员会委员，国家外交政策咨询委员会委员，中国城市经济学会副会长，中国生态经济学会副会长，政府间气候变化专门委员会（IPCC）第三次、第四次和第五次评估报告核心撰写专家。先后发表学术（会议）论文200余篇，撰写专著4部，译著1部，主编大型国际综合评估报告和论文集8部；获中国社会科学院优秀成果一等奖（2004年）、二等奖（2002年），孙冶方经济学奖（2011年）。

单菁菁　中国社会科学院城市发展与环境研究所研究员、博士生导师，中国城市经济学会副秘书长。主要从事城市与区域规划、城市经济、城市社会、城镇化等研究。先后主持或参加国家社科基金课题、中国社会科学院重大课题、国际合作课题、省部委及地方委托课题56项。出版专著2项，主编著作12部，参与了14部学术著作和《城市学概论》《环境经济学》等研究生重点教材的撰写工作，先后在国内外学术期刊和《人民日报》《光明日报》《经济日报》等发表文章100多篇，向党中央、国务院提交的政策建议多次得到国家领导人的批示，获得各类科研成果奖13项。

武占云　中国社会科学院城市发展与环境研究所副研究员，理学博士，应用经济学博士后，主要从事城市规划、城市与区域经济学研究。在国内外核心期刊发表中英文学术论文 30 余篇，撰写研究报告 10 余篇。先后主持或参与完成 10 余项科研项目，包括国家社科基金项目 4 项、国家自然基金项目 4 项、教育部人文社科项目 1 项、博士后基金项目 1 项、中国社会科学院中英合作伙伴项目 1 项、中国社会科学院青年基金课题 1 项。

摘　要

　　新中国成立 70 年来，中国从封闭落后走向文明开放，从一穷二白走向全面小康，从积贫积弱走向繁荣富强，创造了人类历史上的发展奇迹。这其中，城市经济发展取得突出成就，为中国的发展奇迹做出卓越贡献。

　　《中国城市发展报告 No. 12》（以下简称《报告》）以"大国治业之城市经济转型"为主题，紧密结合新中国成立 70 周年时代背景，共设计了总报告、结构改革篇、动能转换篇、风险防范篇、制度环境篇、国内案例篇、国际经验篇、大事记 8 个篇章，分专题深入分析了新中国成立以来我国城市经济发展的成就及问题，总结我国经济发展的特色和经验，系统评价中国健康城市发展状况，从城市经济发展的结构改革、新旧动能转换、经济风险防范以及城市经济制度环境等方面展开深入研究，结合国内外经验，提出推动我国城市经济高质量发展的对策建议。

　　《报告》指出，新中国成立 70 年以来，城镇化水平显著提高，城市建设取得历史性跨越；城市经济持续快速增长，综合经济实力取得历史性跨越；产业结构不断优化，产业规模和层级取得历史性跨越；日益深刻融入世界经济体系，对外开放合作取得历史性跨越；城镇居民收入大幅增长，人民生活水平取得历史性跨越。《报告》认为，中国城市经济发展之所以取得如此巨大的成就，归根结底在于立足国情、以人民为中心、坚持走中国特色社会主义道路，并形成了自己的独特经验，主要表现为：在制度层面，中国特色社会主义制度具有强大韧性；在组织层面，始终坚持党的全面领导；在思想层面，坚持与时俱进的发展观；在实践层面，能够准确把握不同发展阶段的主要矛盾；在管理层面，注重发挥市场配置资源的决定性作用和政府调节市场失灵的宏观调控作用。

　　《报告》同时指出，中国城市经济在取得辉煌成就的同时，发展中不平衡、不充分、不可持续的问题依然较为突出。在不平衡方面，主要表现为经济增长与社会发展不平衡、收入与分配不平衡、区域与城市之间发展不平衡；在不充分方面，主要表现为社会生产力尚未得到充分发展，公共产品和公共服务发展相对滞后；在不可持续方面，主要表现为城市经济发展方式依然较为粗放，自主研发与原始创新能力不强，经济结构失衡问题较为突出，生态环境约束趋紧不容乐观。新时期中国城市经济发展仍将面临严峻挑战。

　　《报告》认为，在新技术革命风起云涌和复杂的国内外宏观形势下，未来我国城市经济发展将呈现出一些新趋势新特点：一是新科技革命推动生产方式变革，并带来产业分工格局和价值链的重构；二是制造业加快提质升级，部分传统产业将面临颠覆性挑战；三是消费结构日益多元化和高级化，成为拉动经济增长的重要力量；四是城镇化进入城市群和都市圈时代，并成为支撑经济增长的主阵地主平台；五是新兴城乡关系逐步形成，城乡一体发展和资源要素双向流动趋势增强；六是生态环境压力依然较大，城市经济绿色转型成为必然要求。

　　针对以上中国城市经济发展中的问题与趋势，《报告》提出，要紧抓新一轮科技革命的重大机遇，深入实施创新驱动战略；瞄准全球产业变革方向，构建面向未来的产业体系；加快释放内需潜能，促进和形成强大的国内市场；推进城镇化高质量发展，实现优投资、扩内需的同步协调；以绿色转型引领经济发展，走环境友好、包容增长之路；依托"一带一路"、自贸区等建设，推动形成全面开放新格局。通过多措并举，推动中国城市经济迈向高质量发展。

　　关键词：中国城市经济 70 年　转型升级　高质量发展　供给侧结构性改革　功能转换

制度红利塑就中国城市
发展70年辉煌历程

潘家华*

新中国成立 70 年，实现了从农业社会向工业社会、从乡村主体向城市主体的整体转型，这一成功转型的载体就是城市。城市化水平从 10% 提升到 60%，城市的人口规模从不足 0.6 亿增加到 8.3 亿，城市数量从 132 个扩大到 672 个，城市硬件基础设施比肩欧美发达国家。70 年中国城市发展，速度之快、规模之大、绩效之好，在世界城市发展史上是绝无仅有的。70 年来，在党的领导下，我国社会主义制度优势转化为社会治理效能所形成的制度红利，塑就了中国城市发展 70 年的辉煌历程，而这一制度红利的释放和放大，为改革开放和工业化提供了原动力。当然，制度红利的资产或"本钱"，农业、农村、农民是基础。站在新的历史方位，创新体制，融合城乡，就成为中国城市发展再出发的必然导向。

新中国成立之初，基础薄弱，技术落后，资金短缺，人口众多，生产力低下，人民日益增长的物质生活需求和落后的劳动生产力矛盾十分突出。在完成新民主主义革命，实现社会主义改造的进程中，逐步在法律和治理构架上形成了中国特色社会主义的制度体系，为中国城市的有序发展提供了制度保障，使得中国城镇化得以低成本、高效率、全方位推进。土地的社会主义公有制度，为城市老城改造和外延扩张的规划建设管理与运行，提供了快捷空间保障，法律秩序相对简单，获取成本相对低廉，操作实施高屋建瓴。许多占地数平方公里，乃至数十平方公里的工业和城市项目几乎没有遇到土地

---

* 潘家华，中国社会科学院学部委员，城市发展与环境研究所所长，研究员，博士生导师。

征用的困难。改革开放后，政府低价征用的土地，运用"招、拍、挂"的市场手段，成为城市发展的资金来源，一些城市的"卖地"收入，成为城市发展和运行所依赖的"土地财政"。1958年确立城乡二元的户籍制度，不仅确保了城市人口规模的有序扩张，而且降低甚至豁免了城市获取非户籍人口劳动贡献而不担负其城市基本社会服务的成本。从城市形态上成功有效避免了许多发展中国家在城市化进程中的"贫民窟"现象。中国城市的有序发展还得益于一套权限激励的层级制度。直辖市、副省级城市、地级市、县级市、副县级市、镇，层级越高，城市发展的权限和资源调动能力越大，越有助于城市发展。即使是同一层级，例如县改为市，乡改镇，行政层级不变，但城市发展的权限不同。县级市或镇更名后，可以征收城市建设费，可以规划建设工业园区，可以规划城市建设。这一行之有效的不同层级的城市，构成具有中国特色的城市体系。

中国城市发展制度红利的释放，需要渠道或原动力。主要表现为工业化的拉动和改革开放的放大效应。土地公有，如果没有需求则土地公有的制度红利就不会得到释放。新中国成立后，启动了工业化进程，尤其是苏联援建的156个工业建设项目以及后续的重大产业投资项目。例如武汉钢铁公司工业占地数十平方公里，生活区"红钢城"规划数十万人口。土地征用，成本极低，直接转变土地利用性质，从农业用地变更为城市和工业用地。三线建设期间投资兴建的汽车城十堰市，特种钢铁新城攀枝花，乃至于改革开放后的新城深圳，150平方公里的郑东新城，土地征用均未有任何障碍。这在土地私有的资本主义国家，如此规模的城市建设，在短时期征用，而且成本低廉，几乎是不可想象的。行政层级的设置为城市发展提供了管理保障。为工业投入而建立的大庆、宝钢、首钢、十堰等，均直接规定为地级的大庆市、宝山区、石景山区、十堰市等，而没有经过工业化的缓慢过程。深圳从一个县级行政单元升格为副省级城市，相应的行政权限保障了其城市职能的发挥。中国制度上的集中力量办大事，客观上促进了资源的聚集，产生辐射拉动和资源虹吸的双重效应，其影响程度和范围，随行政层级的提高而扩大。

放大城市发展制度红利的主要因子为改革开放。在严格的二元户籍制度下，人口红利难以得到释放。改革开放后，农业户籍人口从"离土不离乡"到"离土又离乡"，再到城市落户，提供了工业化的劳动力需求，以常住人口的方式，扩大了城市人口规模。而对外开放带来的资金、技术、海外市场、城市发展理念，使得土地制度、户籍制度和层级制度的城市发展红利得以加速实现，放大实现。从制度红利释放的速率和效应看，城市经济发展70年可大致划分为三个阶段：1949～1978年的重工业发展阶段、1979～2011年的快速工业化阶段、2012年后进入工业化和城镇化的新常态。阶段Ⅰ采用资本密集型的重工业化发展，城市的数量和规模扩张速度较快，但劳动力就业容量小，城市化速率提升缓慢。值得注意的是，1960年代初城市化率甚至出现负增长，但从城市人口的绝对数量看，并没有减少，因为其间人口出生率高，人口增量大。阶段Ⅱ可细分为1979～1999年劳动力密集型的工业化和2000～2011年的资本密集型工业化，劳动力需求大，城市服务业就业容量大，成为城市化加速发展时期，户籍制度所带来的人口红利，成为城市发展的制度红利来源。进入阶段Ⅲ，户籍制度的红利日渐式微，土地制度的红利空间也不断减小。但行政层级制度红利趋于放大，行政层级高的特大城市、大城市在城市轨道交通等基础设施建设方面明显优于层级较低、规模较小的城市，城市发展出现大城市化趋势。

红利之所以能够产生，是因为有资本或"本钱"。而且，红利的获取并不强调分配的公正或公平。从这一意义上讲，城市发展的制度红利，"本金"或"成本"自然就是制度本身，也就是城乡关系的制度规定性。第一，就农业与工业看，改革开放前通过工农产品剪刀差，将农业生产的剩余全部转移到发展工业。进入21世纪，财政补贴农业，取消农业税，但农业的比较收益仍低于工业，处于竞争劣势地位。第二，就农民和市民二元户籍关系看，农民社会保障程度弱，社会服务层次低。户籍制度保留单向通道，将农业户籍中的优质人力资本通过高考、中考、招工、参军等形式，流向城市，使农民群体人力资本的整体素质趋弱。第三，具有空间载体属性如生态环境容量资产的农村土地，土地升值的流向是单一的，从农村集体土地流向城市

工业和商住用地。而生态环境容量资产的使用，则至少是城乡共享的，甚至是城市、工业污染物的吸纳场所。因此，城市发展的制度红利，成就了新中国辉煌的城市发展进程，但从某种角度看，农业、农民和农村作为这种制度的"本金"，没有获得应有的补偿。

应当说，制度红利铺就了城市发展的快捷通道。那么，制度红利是否可能继续延伸或畅通这一路径呢？在社会进入城市主体后，制度红利日渐趋薄、消失甚至为负。越来越多的农民不愿意放弃农村户籍，互联网的普及和生态空间作为生活品质的内容日益受到重视，社会服务均等化和社会管理扁平化，城市的优势也日趋弱化。更重要的是城市和乡村人口的均衡，在发达国家，城乡社会公共服务无差别，居民选择城或乡，是个人偏好，而非刚性需求。从这一意义上讲，对于未来城市发展，需要再认识：就是城乡一体，工农融合，城市让生活更美好，乡村让人们更向往。城乡融通，双向流动，乡村非农用地可以入市，城市资本可以下乡。城市居民不仅可以通过历史上的告老还乡、衣锦还乡、解甲归田携带资金、技术、人才和信息下乡，投资商、企业家也可以到乡村置地创业。因此，展望未来的城市发展之路，是城乡融合，产业融合的一体化发展。

目　录

Ⅰ　总报告

Ⅱ　结构改革篇

Ⅲ　动能转换篇

IV 风险防范篇

V 制度环境篇

VI 国内案例篇

VII 国际经验篇

Ⅷ 大事记

皮书数据库阅读**使用指南**

总 报 告

General Reports

B.1

中国城市经济发展70年的
成就、经验与展望

——迈向高质量发展

总报告课题组 *

摘　要： 新中国成立70年来，城镇化水平显著提高，城市建设取得历
史性跨越；城市经济持续快速增长，综合经济实力取得历史
性跨越；产业结构不断优化，产业规模和层级取得历史性跨
越；日益深刻融入世界经济体系，对外开放合作取得历史性
跨越；城镇居民收入大幅增长，人民生活水平取得历史性跨

---

* 执笔人：单菁菁，中国社会科学院城市发展与环境研究所规划室主任，研究员，博士，研究
方向：城市与区域发展战略、城市与区域规划、城市与区域管理等；耿冰，中国社会科学院
城市发展与环境研究所博士后，研究方向：城市与区域规划；昝婷婷，中国社会科学院城市
发展与环境研究所博士后，奥克兰大学博士，研究方向：城市治理、农民工市民化、公共政
策等；武占云，中国社会科学院城市发展与环境研究所副研究员，博士，研究方向：城市规
划、城市与区域经济等。潘家华所长参加了总报告的讨论并予以指导。

越。但当前我国城市经济仍面临发展不充分、不平衡，发展方式相对粗放等问题与挑战，本文在系统总结中国城市经济发展70年成就与经验的基础上，分析了新时期城市经济发展的主要趋势，提出了推动城市经济高质量发展的对策建议。

关键词： 城市经济　城镇化　产业结构　70年成就

一　中国城市经济发展70年成就

新中国成立70年来，中国从封闭落后走向文明开放，从一穷二白走向全面小康，从积贫积弱走向繁荣富强，创造了人类历史上的发展奇迹。这其中，城市经济发展取得突出成就，为我国的发展奇迹做出卓越贡献。

（一）城镇化水平显著提高，城市建设取得历史性跨越

中国城市经济的高速发展，离不开快速城镇化进程的推动。新中国自成立以来，尤其是改革开放以后，经历了世界上规模最大、速度最快的城镇化历程。城市数量快速增长，城市规模持续扩大，城市人口不断攀升，城市建设取得历史性跨越。

1. 城镇化成就举世瞩目

新中国成立以来，城镇化水平显著提高。城市数量从1949年的132个扩大到2018年的672个；城市人口规模从1949年末的5765万人增加到2018年末的8.3亿人；城镇化率从10.64%增加到59.58%，年均提高0.7个百分点。中国用短短的几十年时间，完成了西方国家200多年的城镇化之路，其规模和速度在人类历史上是空前的。中国70年的城镇化进程，可以大致划分为以下4个发展阶段（见图1）。

（1）探索起步阶段（1949～1960年）

新中国成立之初，刚刚经历了社会的百年动荡，百废待兴。此时的中

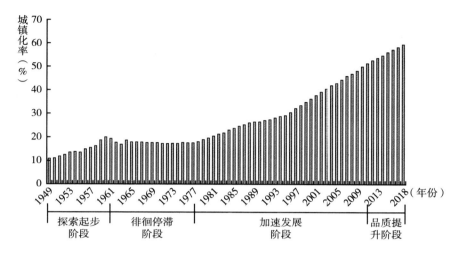

图1　1949～2018年中国城镇化率

资料来源：《新中国60年统计资料汇编》、《中国统计年鉴（2018）》。

国，仍然是一个农业大国，城镇化水平较低，城镇人口数量仅占全国人口数量的10.64%，城市数量仅为132个。随着第一个五年计划的超额完成，新中国迅速从一个农业国转变为工业国，城镇化水平也开始逐步提高。到1960年末，中国城市数量增加到208个，比1949年末增加了76个；城镇化率提高到19.75%，比1949年末提高了9.11个百分点。

（2）徘徊停滞阶段（1961～1977年）

1961～1977年是新中国历史上曲折前行的16年，也是城镇化进程徘徊停滞的16年，这一阶段的城市发展十分缓慢。60年代，单一经济体制带来的问题日益显现，同时中苏关系恶化，大量援建项目下马，国民经济空前困难，再加之由于长期忽视计划生育而导致的人口激增，城市就业变得十分困难。1968年我国掀起大规模的"上山下乡"运动，城镇化进程停滞，甚至出现了"逆城镇化"的现象。到1977年末，城镇化率降低至17.55%。

（3）加速发展阶段（1978～2011年）

1978年以后，随着改革开放的不断深入，经济发展活力得到极大释放，再加之对人口迁移管制的放松，中国城镇化步入快速发展的轨道，城镇化率

从 1978 年的 17.92% 提升到 1996 年的 30.48%，根据诺瑟姆曲线，城镇化进入加速阶段①。到 2011 年末，中国城镇化率达到 51.27%，城镇人口首次超过农村人口，从一个具有数千年历史的农业型社会进入以城市为主体的城市型社会。1978~2011 年，中国城镇化率增加了 33.35 个百分点，年均增长 1.01 个百分点；城市数量达到 655 个，是 1978 年的 3 倍；百万以上人口城市数量达到 63 个，是 1978 年的 2 倍。

（4）品质提升阶段（2012 年至今）

党的十八大首次提出要走中国特色新型城镇化道路，强调城镇化应以人为本、城乡协调、绿色发展。2014 年中共中央、国务院印发《国家新型城镇化规划（2014~2020 年)》，成为新时期中国特色新型城镇化发展的具体指导。中国城镇化发展开始从粗放型向集约型、从外延式向内涵式转变，正式进入品质提升的新阶段。截至 2018 年末，中国城镇化率达到了 59.58%，城市数量达到 672 个，其中，500 万以上人口的特大城市和超大城市达到 16 个，100 万以上人口的大城市达到 140 个，成为全世界大城市数量最多的国家。

2. 城市建设日新月异

（1）城市公用事业稳步发展，市政基础设施显著改善

随着城镇化进程的快速推进，城市公共事业稳步发展，市政基础设施显著改善，城市面貌焕然一新。

城市供水能力明显提高。1949 年中国供水综合生产能力仅为 240.7 万立方米/日，供水管道长度为 6587 公里。到 2017 年，城市供水综合生产能力提高到 30475 万立方米/日，提高了 126 倍；供水管道长度达到 797355 公里，增加了 120 倍。人均生活用水量从 1977 年的 118.5 升提高到 2017 年 178.89 升，增加了 60 余升；城市用水普及率从 1981 年的 53.7% 提高到 2017 年的 98.3%，提升了 44.6 个百分点。供气能力大幅提升。2017 年中国

---

① 根据诺瑟姆曲线，城镇化率在 30% 以下是城镇化初级阶段，30%~70% 是城镇化加速阶段，70% 以上为城镇化后期阶段。

城市天然气管道铺设长度已达到 623253.34 公里，天然气用气人口达到 33933.87 万人，燃气普及率①从 1981 年的 11.6% 提高到 2017 年的 96.3%，提高了 84.7 个百分点。

城市道路建设日趋完善。1981 年城市人均拥有道路面积仅 1.81 平方米，到 2017 年增长到 16.05 平方米，增长了近 8 倍。城市道路面积从 1949 年末的 8432 万平方米增长到 2017 年 788852.6 万平方米，增长了 93 倍。交通运输能力显著增强。2017 年中国城市交通运营线路总长度达到 795935 公里，公共交通客运总量达到 8470688 万人次，公共交通车辆运营数达到 583437 辆。

城市污水和垃圾处理能力逐步提高。2017 年中国城市污水日处理能力达到 17037 万立方米②，生活垃圾清运量达到 21521 万吨，分别比 21 世纪初的 2004 年提高了 9650 万立方米和 60 余万吨。人均公园绿地面积达到 14 平方米/人，是 1981 年的 8 倍左右（见表 1）。

表 1　1949～2017 年中国城市部分基础设施建设情况

年份	供水综合生产能力（万立方米/日）	供水管道长度（公里）	城市用水普及率（%）	城市燃气普及率（%）	人均拥有道路面积（平方米/人）	人均公园绿地面积（平方米/人）
1949	240.7	6587.0	—	—	—	—
1978	2530.4	35984.0	—	—	—	—
1981	3258.0	46966.0	53.7	11.6	1.81	1.5
1990	14220.3	97183.0	48.0	19.1	3.13	1.8
2000	21842.0	254561.0	63.9	45.4	6.13	3.7
2010	27601.5	539778.3	96.7	92.0	13.21	11.2
2017	30475.0	797355.0	98.3	96.3	16.05	14.0

资料来源：《新中国 60 年统计资料汇编》、《中国统计年鉴（2018）》。

---

① 燃气普及率指城区用气人口（包括人工煤气、液化石油气、天然气等）占城区总人口（含暂住人口）的比重。

② 污水处理能力指污水处理厂（或污水处理装置）每昼夜处理污水量的设计能力。

（2）城际区际交通四通八达，信息化建设领跑世界

交通运输能力显著提高，城际和区际交通更加便捷。在新中国成立之初，中国铁路总里程仅2.2万公里，公路里程仅8.1万公里，没有一条高速公路，内河航道仅7.4万公里，其中等级航道仅2.4万公里，民航航线里程1.1万公里，只有12条航线。落后的交通运输水平不仅影响了城市之间的联系，也严重阻碍了城市经济的发展。改革开放后，交通运输步入发展快车道：铁路建设突飞猛进，路网规模进一步扩大，路网质量显著提升；公路总里程迅猛增长，路网通达度显著提高；港口建设步入高速发展阶段，现代深水化、大型化、专业化码头建设加速推进；民航机场设施水平不断提升，航线网络覆盖率大幅提高，航空运输保障能力显著增强；城际和区际联系日益加深，形成城市间经济的联动发展。到2018年末，中国铁路营业里程数达到13.1万公里，公路里程达到485万公里，民航航线里程达到838万公里，内河航道里程达到12.7万公里（见图2），举世瞩目的高速铁路更是占到世界高铁里程总量的60%以上。交通运输能力的提高，不仅大大改善了城镇之间的交通联系，更改变了城镇发展格局，让城市间的经济社会联系更加快速、便捷、紧密，城市群逐渐成为城镇化的重要形态。

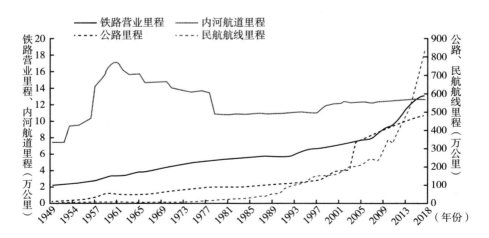

图2　1949～2018年铁路营业、内河航道、公路、民航航线里程

资料来源：《新中国60年统计资料汇编》、《中国统计年鉴（2018）》。

邮政通信行业蓬勃发展，信息化建设领跑世界。新中国成立之初，邮政通信发展十分落后。据统计，1949 年中国邮电业务总量仅为 1.5 亿元，营业网点数 26328 个，电缆线路长 400 多万公里。改革开放后，中国邮电通信事业规模不断扩大，信息化网络也逐步发展起来。党的十八大以来，中国邮电通信业发展再次提速，2018 年末，中国邮政营业网点达到 27.5 万处，邮路总长度达 985 万公里，电缆线路总长度达 4358 万公里。民营企业开始加入邮政事业中，快递行业蓬勃发展，大大加速了中国城市之间的货物流通速度。随着"宽带中国"的加快实施，互联网宽带接入用户已从 2005 年的3735 万户增长到 2017 年的 34854 万户，增加了 8.3 倍，移动互联网接入流量达到 2459380.3 万 G（见图 3），基本建成全球最大的移动互联网，5G 技术遥遥领先世界。

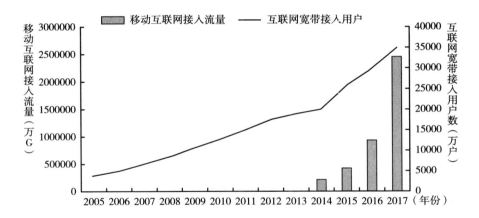

图 3　2005～2017 年移动互联网接入流量和互联网宽带接入用户数量

资料来源：《中国统计年鉴（2018）》。

3. 城镇化成为拉动经济增长的重要力量

中国经济的持续快速增长离不开基础设施建设的拉动，而城镇化加速了基础设施投资，成为拉动经济增长的重要力量。新中国成立初期，为建立现代工业体系，政府在一些重点城市进行较大规模的重工业投资，并带动城市经济发展。这一时期由于城镇化水平较低，城市的基础设施建设进展缓慢，

尚未体现出对城市经济的拉动效应。随着改革开放的到来，中国城镇化步入快速发展阶段，市政建设投资、房地产投资快速提高，消费市场需求大幅提升。据统计，1981 年全社会固定资产投资额为 961 亿元，其中城镇固定资产投资达到 711.1 亿元，占全国的 74%。2010 年全社会固定资产投资额达到 251683 亿元，其中 90% 为城镇固定资产投资。党的十八大以来，中国经济进入"调结构稳增长"的新常态期，尽管固定资产投资增速逐步放缓，但城镇固定资产投资占全国比重依然逐年提升，到 2018 年，城镇固定资产投资①额达到 635636 亿元，占全国的 98%（见图 4），中国城镇化和城镇建设已成为拉动中国经济发展的重要力量。

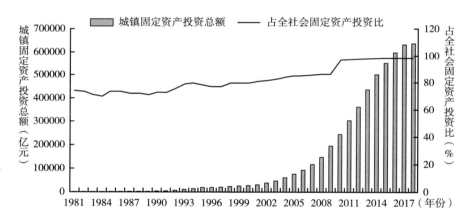

图 4　1981～2018 年城镇固定资产投资总额及占全社会固定资产投资比重

资料来源：《新中国 60 年统计资料汇编》、《中国统计年鉴（2018）》。

（二）城市经济持续快速增长，综合经济实力取得历史性跨越

新中国成立 70 年以来，中国从贫穷落后的农业国迈向了工业化和现代化，经济快速发展并取得了巨大的成就。这期间，城市经济在国民经济中的

---

① 从 2011 年起，国家统计局发布的城镇固定资产投资数据改为固定资产投资（不含农户），即原口径的城镇固定资产投资加上企事业组织的农村项目投资。

地位日益显现，城市和城市群逐渐成为经济发展的主载体和主引擎，城市综合经济实力取得了历史性的跨越。

1. 从贫困落后的农业国迈向工业化和现代化

新中国成立以来，国民经济经历了从新中国成立初期的艰难曲折到改革开放后快速发展的过程。经济总量不断扩大，国内生产总值从 1949 年的 282.9 亿元增长到改革开放初期的 3678.7 亿元，从十八大初期的 540367.4 亿元再到 2018 年的 900309 亿元，年均增幅达到 12%；人均生产总值从 1949 年的 53 元增加到 1978 年的 381 元再增加到 2012 年的 36403 元，2018 年人均生产总值已接近 6 万元，年均增幅达到 10%（见图5）。随着经济总量快速增长，中国经济实力已跃居世界第二位，经济发展取得了举世瞩目的成绩。

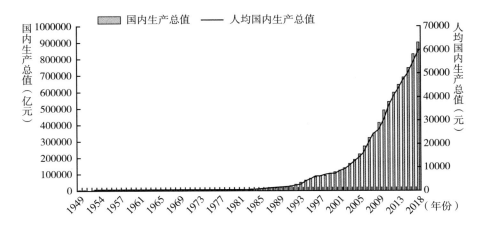

图5　1949～2018 年国内生产总值和人均国内生产总值

注：1985 年之前，国民经济核算指标为社会总产值和国民收入，1985 年之后为 GDP。

资料来源：《新中国 60 年统计资料汇编》、《中国统计年鉴（2018）》。

2. 城市和城市群成为经济发展的主载体和主引擎

作为经济发展的主阵地，城市经济在国民经济中的作用持续增强。据统计，1990 年全部城市地区生产总值为 9060.52 亿元，占国内生产总值的 48%。到 2017 年，仅地级以上城市地区生产总值就达到了 52.1 万亿元，占

国内生产总值的 63% ①。地区生产总值过万亿的城市数量从 2010 年的 3 个增加到 2018 年的 16 个。地级以上城市年末规模以上工业企业 18 万余个，全年利润总额达到 41428 亿元②。

同时，城市群发展不断壮大。从最初形成的长江三角洲城市群，到 2018 年我国已形成了京津冀、长三角、粤港澳大湾区、成渝、长江中游、中原、哈长、北部湾等 "19 + 2" 的城市群发展新格局，城市群数量逐渐增加，规模越来越大，城市群内部的城市之间、城市群与城市群之间分工合作越来越紧密，各自承担起推动中国经济发展的不同职能，为推动中国经济发展做出了重大的贡献。据统计，2016 年我国主要城市群地区生产总值约占全国的 80.73%，比 1980 年增加 10 个百分点；实际利用外资占全国比重达到 91.23%，比 1980 年增加了 44 个百分点；财政收入占全国比重 91.59%，比 1980 年增加了 12 个百分点；社会消费品零售总额占全国比重 88.17%，比 1980 年增加了 23 个百分点（见图 6）。

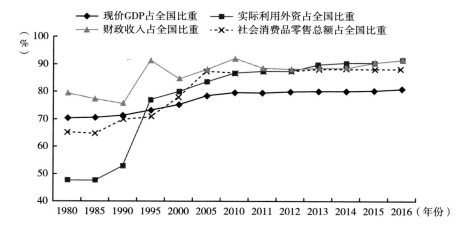

图 6 1980 年以来中国主要城市群各项指标在全国的比重

资料来源：方创琳：《改革开放 40 年来中国城镇化与城市群取得的重要进展与展望》，《经济地理》2018 年第 9 期。

---

① 《中国城市统计年鉴（1991）》、《中国城市统计年鉴（2008）》。
② 国家统计局：《新中国 70 年：城镇化水平不断提升，城市发展阔步前进》，http：//www. stats. gov. cn/tjsj. /zxfb/201908/t20190815_ 1691416. html。

（三）产业结构不断优化，产业规模和层级取得历史性跨越

中国正逐步从工业制造大国迈向工业制造强国，城市产业结构不断优化升级，现代服务业体系日趋完善，新兴经济蓬勃发展，主导产业不断向产业链和价值链的高端环节迈进。

1. 从农业主导转向工业和服务业共同带动

新中国成立之初，中国还是一个贫穷落后的农业国家，农业产值占国内生产总值的一半左右，工业和服务业相对比较薄弱。改革开放后，城市迅速发展壮大，资金、劳动力和技术等生产要素向城市集聚，城市经济得到迅速发展，产业结构逐步升级，工业和服务业蓬勃发展。2012 年，第三产业首次超过第二产业，成为占比最高的产业。党的十八大以来，高新技术产业和高端制造业快速发展，产业结构持续调整升级，中国逐步由制造大国向制造强国迈进。截至 2018 年末，第一、二、三产业比重分别为 7.2%、40.7% 和 52.2%，对经济增长的贡献率分别为 4.2%、36.1% 和 59.7%，非农产业对 GDP 和经济增长的贡献已分别达到 90% 和 95% 以上（见图 7）。与此同时，城市新兴服务业蓬勃发展，城市经济发展潜力和活力进一步释放，涌现

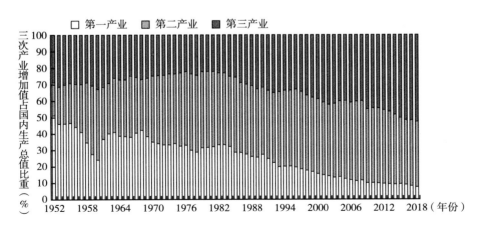

图 7　1952～2018 年三次产业增加值占国内生产总值比重

资料来源：《新中国 60 年统计资料汇编》、《中国统计年鉴（2018）》。

出一批以高科技含量、新兴服务业等为代表的"四新"经济，① 产业逐渐转型升级，实现了历史性的跨越。2017 年，全国地级以上城市三次产业增加值所占的比重分别为 2.9%、41.4% 和 55.7%，第三产业增加值比重比 1990 年提高了 22.7 个百分点②。

2. 由劳动密集型产业向技术密集型产业发展

随着工业化水平的不断提高，城市产业发展由侧重价值链低端的劳动密集型产业逐渐向中高端迈进。在航天技术、高性能计算机技术、数控机床制造技术、通信技术等领域实现了一系列重大突破，电子信息、航空航天、生物医药、新能源、新材料等高技术产业从无到有，蓬勃发展，成为带动工业结构转型升级的重要因素。据统计，2002 年以来中国城市高技术制造业增加值年均增长率高达 24%，尽管近年来增速有所放缓，但依然保持在 10% 以上。高技术制造业占规模以上工业增加值比重连续增加，从 2014 年的 10.6% 增加到 2018 年的 13.9%，工业战略性新型产业增加值年均增长率达到 8.9%（见图 8），明显快于全部规模以上工业增速。

（四）日益深刻融入世界经济体系，对外开放合作取得历史性跨越

新中国成立 70 年来，我国始终坚持独立自主的和平外交政策，积极发展与世界各国的友好合作关系。特别是 1978 年改革开放以来，中国适时抓住全球化机遇，通过建立深圳、珠海等经济特区引领开放，逐渐融入世界经济体系，并于 2001 年成功加入世界贸易组织，2013 年向世界发出共建"一带一路"倡议，实现了从"引进来"到"走出去"再到共建"一带一路"的发展历程，以城市为主体的外向型经济得到迅速发展，对外经贸合作取得历史性的跨越。

---

① "四新"经济是指"新技术、新产业、新模式、新业态"的经济形态，是在新一代技术革命和产业融合背景下，以市场需求为导向，以技术创新、服务创新、应用创新等为手段而出现的新型经济形态。

② 国家统计局：《新中国 70 年：城镇化水平不断提升，城市发展阔步前进》，https://www.stats.gov.cn hjoj/zxfb/201908/tz20110815_ 1871416.html。

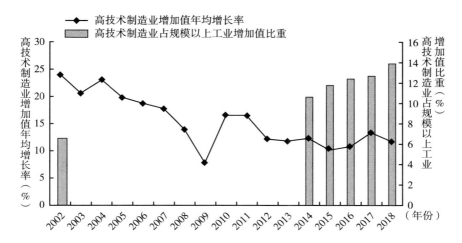

图8　2002～2018年高技术制造业增加值年均增长及其占规上工业增加值比重

资料来源：《2002～2018年国民经济和社会发展统计公报》。

1. 货物贸易跃居世界首位

新中国成立初期，中国进出口贸易规模十分有限。1950年中国货物进出口总额为11.3亿美元，到改革开放初期也仅占全球份额的0.8%，列第29位。改革开放以来，特别是中国正式加入世界贸易组织后，对外贸易迅速发展。1978年至2018年间，中国货物进出口年均增速达到14.5%，高出同期全球货物贸易平均增速7.5个百分点，成为全球货物贸易第一大国。

2. 引进外资规模不断增大

改革开放初期，中国实际使用外商直接投资额不高，1992年仅为110亿美元。随着社会主义市场经济的发展以及深圳、珠海、厦门、汕头4个经济特区作用的逐步显现，中国实际使用外商直接投资额开始大幅度提升，并上升到发展中国家首位，2010年中国实际使用外商直接投资额突破了千亿美元的大关，次年加入世贸组织，正式与国际市场接轨。党的十八大以来，中国利用外资进入高速发展时期。2018年，中国实际使用外商直接投资1383亿美元，年均增长15.4%，已逐步成为外资流入最多的发展中经济体（见图9）。

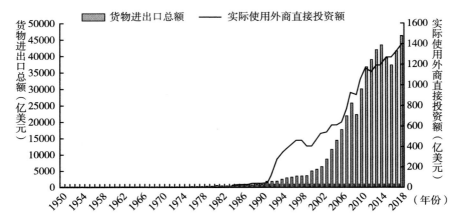

图9 1950~2018年中国货物进出口总额和实际使用外商直接投资额

资料来源：《新中国60年统计资料汇编》、《中国统计年鉴（2018）》。

3. 对外投资合作快速发展

"走出去"战略明确提出后，中国对外投资步伐开始加快，2002年，中国对外投资额为27亿元，仅居世界排名第26位。2009年，中国对外投资额达到了565亿元，成功跻身世界排名第5位（见图10）。2018年，中国对外直接投资额已达到近1700亿元，跃居世界第三位，成为全球对外直接投资增长最快、规模最大的国家之一。

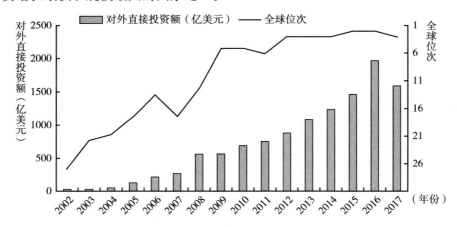

图10 2002~2017年中国对外直接投资额及全球位次

资料来源：《2017年度中国对外直接投资统计公报》。

（五）城镇居民收入大幅增长，人民生活水平取得历史性跨越

新中国成立以来，中国城镇居民经历了从温饱不足到全面小康的巨大转变，生活水平不断提高，生活质量显著改善。

1. 城镇居民收入大幅增加

新中国成立初期，中国人民生活水平整体处于温饱线上，城镇居民家庭人均收入不足 100 元，几乎没有可支配收入，城市恩格尔系数高达 60% 以上，农村则更高。1978 年，党的十一届三中全会后，随着城市扩大企业经营自主权、扩大私营经济发展空间、提升开放水平以及发展市场经济等，城镇居民收入实现快速增长。党的十八大以来，城镇居民生活水平进一步提高，逐步迈向全面小康社会。1978 ~ 2018 年，城镇居民家庭平均可支配收入由 343.4 元提高到 39251 元，提高了 113 倍之多（见图 11）。

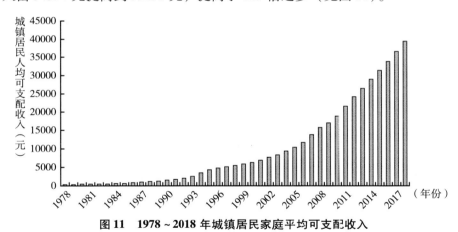

图 11　1978 ~ 2018 年城镇居民家庭平均可支配收入

资料来源：《新中国 60 年统计资料汇编》、《中国统计年鉴（2018）》。

随着城镇居民家庭平均可支配收入的增加，城镇居民的消费能力也显著提升。据统计，1980 年中国城镇居民人均消费支出为 412 元，城镇居民恩格尔系数为 56.9%。2010 年中国城镇居民人均消费支出突破万元，城镇居民恩格尔系数下降到 35.7%。2018 年，城镇居民人均消费支出已达到 26112 元，城镇居民恩格尔系数下降到 28.4%（见图 12）。

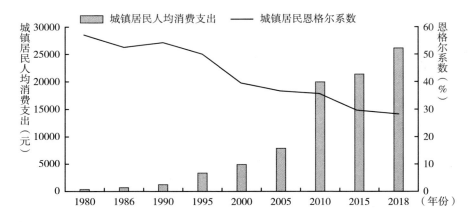

图 12　1980~2018 年城镇居民人均消费支出及恩格尔系数

资料来源：《新中国 60 年统计资料汇编》、《中国统计年鉴（2018）》。

2. 城镇就业规模不断扩大

新中国成立初期，中国城镇就业率很低，大部分城镇人口处于失业的状态。改革开放以来，随着经济的快速发展，就业岗位逐渐增多，就业人口数量增加。1979 年中国全部就业人口数达到 41024 万人，城镇就业人口占 24%。全部就业人口中，有 70% 从事第一产业，18% 从事第二产业，仅有 12% 从事第三产业。到 2012 年，全部就业人口达到 76704 万人，比 1979 年增加了近 1 倍，城镇就业占总就业人口的近一半。第一、二、三产业的就业人员分别占全部就业人员的 1/3（见图 13、图 14）。近年来，随着中国产业结构调整和城镇化进程的加快，新兴就业岗位不断涌现，就业形势稳中向好。城镇就业人数已超过农村就业人数，第三产业成为就业者主要选择的行业。

3. 社会保障体系不断完善

新中国成立之初，我国的社会保障事业基本处于空白状态。20 世纪 50~60 年代，国家开始对城镇职工给予一定的劳动保障。改革开放以后，为适应社会经济快速发展的需要，我国逐步建立了社会保障制度，社保覆盖面不断扩大，保障水平稳步提高。以社会保障统计数据较为系统的 1994 年

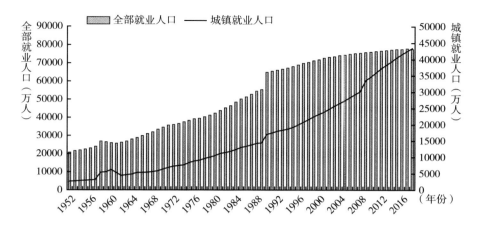

图13　1952～2018年全部就业人口及城镇就业人口

资料来源：《新中国60年统计资料汇编》、《中国统计年鉴（2013）》。

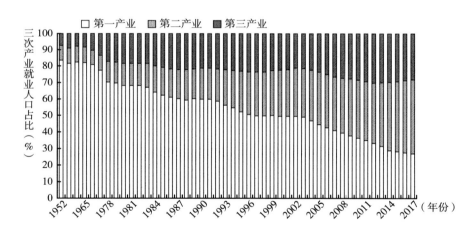

图14　1952～2017年三次产业就业人口占比

资料来源：《新中国60年统计资料汇编》、《中国统计年鉴（2013）》。

至今为例，1994年，城镇居民参加失业保险人数仅为7968万人，参加基本医疗保险人数为400万人，参加工伤保险人数为1822万人，参加养老保险人数为10574万人。而到2018年末，参加城镇职工基本养老保险人数提高到41848万人，参加失业保险人数提高到19643万人，参加工伤保险人数提

高到 23868 万人，基本养老保险覆盖超过 9 亿人，医疗保险覆盖超过 13 亿人，基本实现了医疗保障全覆盖。

二 当前存在的问题

尽管中国城市经济在过去的 70 年中取得了举世瞩目的成就，但发展中不平衡、不充分、不可持续的问题依然较为突出，主要表现在以下几个方面。

（一）发展不平衡

中国城市经济发展的不平衡主要表现在三个方面，即城市经济与社会事业发展不平衡，社会收入与分配不平衡，以及各区域城市之间发展不平衡。

一是城市经济与社会事业发展不平衡。当前，中国已成为世界第二大经济体，城市经济高速发展，成为中国经济的中坚力量。但在专注经济发展的背景下，社会发展却相对滞后。据相关研究显示，2017 年国内生产总值达到 827121 亿元，占世界经济比重的 15% 左右，居世界第二位。而人类发展指数为 0.752[①]，仅排世界第 86 位。

文化、教育、医疗卫生事业发展滞后于社会需求，存在数量不足、质量不高、均等化程度偏低等问题，公众利益诉求不断增多、社会矛盾不断积累。据统计，2018 年中国每千人拥有执业（助理）医师数为 2.59 人，每千人口注册护士 2.94 人，每万人口拥有全科医生 2.22 人，每千人拥有医生数量明显低于发达国家水平。以内科医生和专科医生数量为例，根据世界银行统计数据，2015 年中国每千人拥有内科医生数为 1.79 人，而同期英国为 2.78 人，美国为 2.59 人，日本约为 2.38 人（见图 15）。专科医生数量

---

① 人类发展指数（Human Development Index，HDI）是由联合国开发计划署提出的，用以衡量联合国各成员国人类发展水平的指标。HDI 指数介于 0~1，指数越接近 1，人类发展水平越高。联合国开发计划署采用了 0.55、0.7、0.8 三个界值点界定，低人类发展水平（低于 0.55）、中等人类发展水平（0.55~0.7）、高人类发展水平（0.7~0.8）和极高人类发展水平（高于 0.8）。

也存在严重不足，2018 年每千人儿科执业（助理）医师数为 0.92 人，而美国已达到 1.5 人；每万人麻醉医生数量仅为 0.5 人，仅为美国的 1/5①；妇产科医生数量不足，每 6842 个人拥有一个妇产科医生，人均妇产科医生数量仅为美国的一半②。紧缺的医生数量导致各大医院人满为患，"一号难求"、"一床难求"的现象非常普遍。此外，作为一个有近 14 亿人口的大国，全国城市康复医院仅有 265 所，护理机构仅有 103 所，疗养院仅有 113 所，精神病医院仅有 446 所，远远无法满足居民多样化、个性化的健康服务需求③。

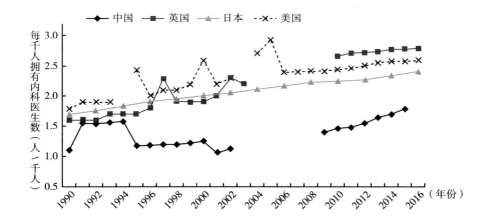

图 15　1990 ~ 2016 年主要国家每千人拥有内科医生数

资料来源：世界银行。

基础教育资源十分紧张，优质幼儿园、小学、中学数量不足，师资缺口较大，整体质量不高。在学前教育方面，目前全国学前教育专任教师缺口 52 万人，教师整体水平较低，60% 的教师为中职（含中师）学历④。公办

---

① 《未来哪个科的医生最抢手》，http：//www. obgy. cn/dongtai/59f969dc414f7a 53506e4ec2。

② 《中美医疗差距在哪里》，https：//cn. nytimes. com/health/20130515/c15doctor/。

③ 单菁菁：《建设健康中国：现状、问题与对策》，《中州学刊》2018 年第 2 期。

④ 《人民日报：目前全国学前教育专任教师缺口 65 万人》，https：//wap. peopleapp. com/article/4070692/3927898。

幼儿园数量仅占 35.7%，国际化幼儿园数量仅占 0.4%，很多幼儿园需要提前一年开始申请，报名人数和录取人数比例达到了 5∶1。在中小学教育方面，教师严重紧缺，以中山市为例，2016 年当地中小学在校人数为 45.8 万名，按师生比例规定计算，在编教师数量缺口 367 名①。

农民工市民化速度明显滞后于城镇化速度。党的十八大以来，中国大力推行以人为本的新型城镇化建设，将推进农业转移人口市民化作为新型城镇化的重中之重，但农民工市民化的水平依然相对较低。2018 年中国常住人口城镇化率为 59.58%，而户籍人口城镇化率仅为 43.37%，户籍人口城镇化率明显低于常住人口城镇化率，二者相差 16.21 个百分点（见图 16）。这些农民工虽然长期生活工作在城市，却无法获得与城市居民同等的福利待遇，始终难以真正融入城市社会。

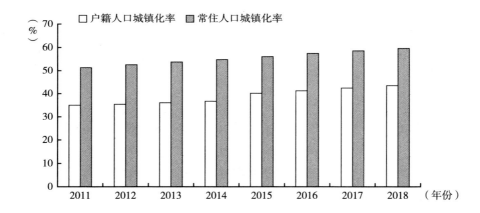

图 16　2011~2018 年中国户籍人口城镇化率和常住人口城镇化率

资料来源：国家统计局。

二是社会收入与分配不平衡。合理的收入分配不仅是社会公平的体现，也是经济稳定发展的重要保障。自十一届三中全会以来，中国就建立了"以按劳分配为主体，多种分配方式并存"的收入分配制度，极大地激发了

---

① 《珠三角中小学教师编制紧缺 省直部门负责人：将争取跨省调剂教师编制及加大省本级统筹力度》，http：//www. gd. gov. cn/gdywdt/bmdt/content/post_ 160884. html。

广大劳动者的生产积极性。然而，随着城市经济的快速发展，收入分配的矛盾也随之显现，社会贫富两极分化问题凸显。

一方面，居民收入差距拉大。2000 年城镇居民高收入户与低收入户的人均可支配收入绝对差距为 8167 元，相对差距为 3.6∶1。到 2017 年城镇居民高收入户与低收入户的人均可支配收入绝对差距提高到 63374 元，相对差距扩大到 5.6∶1。2003～2007 年中国基尼系数①从 0.479 降到 0.467，总体上呈现缩小趋势，但依然远高于 0.4 的国际警戒线（见图 18）。17 年间居民收入绝对差距增长了近 7 倍，相对差距也急剧拉大（见图 17）。

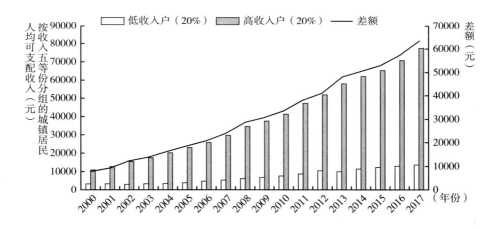

图 17　2000～2017 年按收入五等份分组的城镇居民人均可支配收入

资料来源：《中国统计年鉴》。

另一方面，社会财富分配失衡，大部分财富高度集中在少数富裕阶层人群手中。据统计，2018 年中国高净值人群为 197 万人，共持有 61 万亿人民币，而全中国 14 亿人口的个人持有可投资资产总体规模为 190 万亿元，也

---

① 基尼系数是指国际上通用的、用以衡量一个国家或地区居民收入差距的常用指标。基尼系数最大为"1"，最小等于"0"。基尼系数越接近 0 表明收入分配越是趋向平等。国际惯例把 0.2 以下视为收入绝对平均，0.2～0.3 视为收入比较平均，0.3～0.4 视为收入相对合理，0.4～0.5 视为收入差距较大，当基尼系数达到 0.5 以上时，则表示收入悬殊。

图18　2003～2017年中国居民基尼系数

资料来源：联合国儿童基金会网站，https：//www.unicef.cn/figure-27-national-gini-index-20032017。

就是说全社会1/3的资产集中在0.1%的人群手中①。

三是各区域和城市之间发展不平衡。近年来中国积极推进城市群经济、流域经济、湾区经济发展，区域经济协调性有所增强，但从经济体量上来看，东强西弱的局势依然没有改变。2018年东部9省的GDP占全国半壁江山，而西部地区的经济总量仅占全国的18%。并且在原有东中西发展不平衡的基础上，出现了南北发展失衡的新情况。据统计，北方仅有1/3省份的GDP增速高于全国平均水平，而南方80%省份的GDP增速高于全国平均水平。GDP排名前20的城市中，南方城市占比越来越高，1978年南方城市有9座进入前20名，到2018年增加到15座城市。而北方城市从1978年的11座减少到2018年的5座城市（见图19）。经济发展的落差带来人口流动，2018年常住人口净增前十名的城市大部分位于南方，而人口连续下降的收缩型城市大部分位于北方地区，尤其是东北地区（见表2、表3）。

①　《2019中国私人财富报告》，贝恩公司。

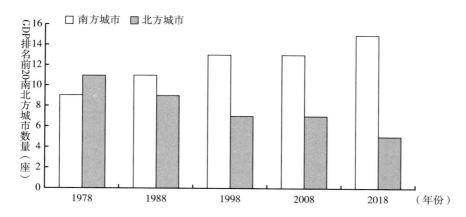

图19　1978～2018年中国GDP排名前20的南北方城市数量

资料来源：《中国统计年鉴》。

表2　2012～2017常住人口净增前10位

城市	所属省份	5年净增人口（万人）
天津	天津	143.8
北京	北京	101.7
深圳	广东	198.0
广州	广东	166.1
重庆	重庆	130.0
郑州	河南	84.9
成都	四川	186.2
武汉	湖北	79.0
长沙	湖南	77.1
杭州	浙江	66.6

资料来源：《中国真正的差距是南北，不是东西》，https：//zhuanlan.zhihu.com/p/61029337。

表3　2014～2017年城区常住人口连续下降城市

城市	省份	3年人口减少（人）
虎林	黑龙江	1800
北安	黑龙江	5200
佳木斯	黑龙江	6000
鹤岗	黑龙江	8000

续表

城市	省份	3年人口减少（人）
鸡西	黑龙江	8000
大庆	黑龙江	32300
桦甸	吉林	800
临江	吉林	6400
吉林	吉林	7500
通化	吉林	17500
德惠	吉林	37400
凤城	辽宁	4200
阜新	辽宁	23500
新民	辽宁	43700
开原	辽宁	52400
营口	辽宁	154900
巴彦淖尔	内蒙古	40300
石嘴山	青海	88500
什邡	四川	3500
兴宁	广东	9800
揭阳	广东	1298300
洛阳	河南	90700

资料来源：《统计了3年的数据，这22个城市正在紧缩》，https：//www. guancha. cn/politics/ 2019_ 04_ 10_ 497023. shtml。

（二）发展不充分

城市经济发展不充分集中表现在两点：一是社会生产力仍未得到充分发展；二是公共产品与公共服务发展不充分。

首先，社会生产力仍未得到充分发展。作为世界第一制造大国，中国产品产量居全球首位，但产品质量与发达国家比仍存在差距。然而，随着人民生活水平的提高，国内消费者开始追求高质量产品，并出现了出国购物潮等现象。据统计，2017年中国出境游人群的消费总额位居全球第一，跨境电商交易规模达到6.3万亿元。荷兰的奶粉、日本的马桶盖、韩国的电饭锅等海外产品都成为热销，这从侧面暴露了中国产品结构和质量层次偏低，已无法满足人民群众日益增长的"美好生活需要"。

其次，公共产品和公共服务发展不充分。中国经济水平大幅提高的同时，公共产品和公共服务却相对滞后。一方面，从经费投入上看，与西方发达国家相比，公共服务支出占财政支出比重偏低。另一方面，从不同公共服务领域的投入情况看，均存在着数量不足、质量不高、公共产品短缺的问题，无法满足人民群众的生活需求。例如，优质教育和学前教育资源不足，校际差距较大；优质文化资源不足，结构不合理，资源分布不均衡等。

（三）发展方式不可持续

在城市经济快速发展并取得傲人成绩的背后，发展方式粗放、原始创新能力较低、经济结构失衡、生态环境约束增强等不可持续问题依然较为突出，并且成为制约未来城市经济发展的重要因素。

发展方式粗放问题依然存在。长期以来，中国经济的高速增长在很大程度上依靠高投入、高消耗、高污染的粗放发展模式。党的十八大以来，中国走上绿色转型发展之路，转变经济发展方式、提升经济质量成为重要发展方向，但粗放型的发展方式在短期内很难得到根本性转变。土地粗放利用现象依然存在，据统计，2010 年城镇用地增幅是城镇人口增幅的1.23 倍，尽管近年来差距缩小，但 2016 年依然达到 1.04 倍，土地城镇化快于人口城镇化的现象没有得到根本转变（见图 20）。同时，中国单位GDP 能源消耗量依然偏高。2017 年统计数据显示，中国单位 GDP 能耗是世界水平的 2 倍[①]，经济增长导致的资源损耗、环境污染和生态退化等资源环境成本高达 GDP 的 13.5%[②]。经济发展面临的资源环境约束日益严峻，能源安全、水资源保障、环境承载力成为制约未来发展的关键因素。

自主研发和原始创新能力不强。作为世界第一制造大国，中国有超过200 种主要工业产品的产量居世界首位。但与发达国家相比，先进制造业方

---

① 《2018 世界能源统计年鉴》。
② 《迈向新资源经济：推动中国城市和谐转型》，埃森哲和中科院虚拟经济与数据科学研究中心，2013。

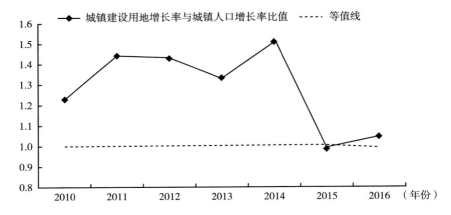

图 20 2010～2016 年中国城镇建设用地增长率与城镇人口增长率比值

资料来源：中国土地调查成果共享平台。

面仍存在差距，主要体现在自主研发能力不足、原始创新能力不强、产品附加值不高等方面，总体仍处于全球产业链和价值链的中低端。在专利数量和研究人员数量方面，2017 年国内发明专利申请量和授权量占全部专利的比重不到 40% 和 20%，每百万人研究人员数仅为 1000 人左右，远低于高收入国家 4000 人左右的水平[1]。在核心和关键技术方面，中国部分领域仍受制于人，国产芯片的自给率不足三成，集成电路产值不足全球的 7%，信息产业和制造业的芯片 90% 以上依赖进口[2]。高端工业机器人、超高精度机床等装备基本依赖进口，柔性面板、高端线路板、智能传感器等元器件仍然是瓶颈，基础软件 90% 以上进口[3]。相当比重的制造业处于产业链低端环节，落后产能占比较高。在产品影响力方面，除通讯、互联网、家电等少数领域外，具有全球影响力的知名产品、知名品牌、知名企业和跨国公司尚为数不多。

---

① 《"国之重器"期待原始创新》，http：//www. most. gov. cn/xinwzx/mtjj/ztjj/201805/t2018 0502_ 139276. htm。
② 《光明日报：核心技术受制于人是最大隐患》，http：//opinion. people. com. cn/n1/2018/ 0420/c1003 – 29939189. html。
③ 《中国如何才能摆脱关键技术受制于人的困境》，http：//finance. sina. com. cn/china/2018 – 12 – 06/doc – ihprknvt4219813. shtml。

据统计，2018 年中国企业 500 强的营业收入利润率为 4.5%，净资产利润率为 9.6%，人均利润为 1.3 万美元，分别只相当于美国 500 强的 57.7%、69.0% 和 36.5%①。"2018 中国跨国公司 100 大"的平均跨国指数只有 15.8%，不仅远远低于"2018 世界跨国公司 100 大"的平均跨国指数 61.91%，而且也低于"2017 发展中国家跨国公司 100 大"的平均跨国指数 37.32%②。

经济结构失衡问题仍较为突出。城市经济失衡集中表现在产能过剩，这是长期粗放式经济发展导致的供需结构脱节的结果。改革开放后，随着政府对工业制造业领域的扩大投资，工业产量大幅度提升，产品供给已远远超过市场需求。据统计，十二五期间，钢铁的产能利用率仅为 72%，水泥、电解铝、平板玻璃等行业的产能利用率也均在 70% 左右徘徊，出现了严重的产能过剩。与此同时，传统制造行业已无法满足现代消费者的需求，尤其是新一轮技术革命以来，消费市场对高新技术产品的需求加大，传统制造业"高消耗、高投入、低产出、低质量"的生产方式亟须转变，产品供给无法满足升级的消费需求也是产能过剩的重要原因之一。

生态环境约束趋紧不容乐观。城市是经济和产业活动的空间，也是资源消耗和环境负荷的主要载体。中国 287 个地级及以上城市约占 6% 的国土面积，承载了 30% 左右的人口，创造了 60% 以上的 GDP。在粗放式发展模式下，城市每天消耗大量的能源和水资源，同时产生了大量的废弃物和污染物，环境质量面临严峻挑战。空气质量方面，尽管近年来中国加大了大气污染防治力度，但 2018 年依然有 64.2% 的城市空气质量不达标（见图 21）。地下水污染情况也十分严峻，2012 年，在统计的全国 2833 处浅层地下水监测井中，11.8% 达到优良级，到 2017 年下降到 8.8%；良好级从 27.3% 下降到 23.2%；较好级从 3.6% 降低到 1.5%；而较差级和差级从 57.3% 增加到 66.6%（见表 4）。

---

① 《践行高质量发展　争创世界一流企业》，http：//wap. zqcn. com. cn/hongguan/content/201809/04/c508271. html。
② 《2018 中国企业 500 强分析报告》。

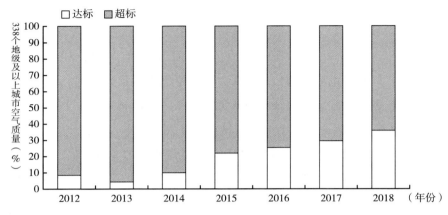

图21　338个地级及以上城市空气质量达标情况

资料来源：《中国环境状况公报》（2012~2018年）。

表4　全国2833处浅层地下水监测井水质

单位：%

年份	优良级	良好级	较好级	较差级	极差级
2012	11.8	27.3	3.6	40.5	16.8
2013	10.4	26.9	3.1	43.9	15.7
2014	10.8	25.9	1.8	45.4	16.1
2015	9.1	25.0	4.6	42.5	18.8
2016	10.1	25.4	4.4	45.4	14.7
2017	8.8	23.2	1.5	51.8	14.8

资料来源：《中国环境状况公报》（2012~2018年）。

三　中国城市经济发展的特色与经验

新中国成立70年来我国城市经济发展取得巨大成就，回顾发展历史，从国际比较的视角分析发展经验，总结发展特色，对新时期我国坚定不移走中国特色社会主义道路、全面建设社会主义现代化国家具有重要意义。

（一）在制度层面，中国特色社会主义制度具有强大韧性

习近平同志指出，具有中国特色的社会主义制度是我国国家发展进步的根本制度保障。在根本政治制度的基础上，我们注重经济体制的自我发展和完善，在坚定原则基础上，灵活运用各项经济政策，不断推进了社会主义制度体系的发展和完善。因此，中国特色社会主义制度具有强大的韧性，能够经受住各种各样的考验并不断自我发展①。

具体看来，新中国成立之初，我国面临物资匮乏、社会经济落后、国穷民贫的局面。适应当时的社会背景，为集中有限的生产资源，尽快恢复国民生产，国家逐渐完成了公有制改革，将社会资源的所有权和经济决策权收归国家，在全国范围内推行计划经济体制，有计划地发展国家经济。1953 年，我国制定第一个国民经济和社会发展计划（统称"一五"），开启了国家范围内、有计划、大规模的经济和文化建设。到 1957 年"一五"收官之际，我国已改变了旧中国时期工业门类不全、工业布局失衡的局面，工业体系初步建立，为全面开展社会主义建设奠定了基础。可以说，新中国成立初计划经济体制的实施为我国社会、经济、文化各项事业的恢复发挥了无可替代的作用。

20 世纪 70 年代后期，我国社会经济有了一定程度的发展。同时国家也发现，人民生活水平在三十年间增长极为缓慢、社会生产生活物资仍然十分匮乏。在这样的背景下，我国逐渐认识到公有制和计划经济体制的种种弊端。比如，在高度集中的计划经济管理模式和公有制度下，个人实际上并不掌握资源处置权，所以人们普遍缺乏创造财富的热情和动力。针对这种现象，党的十三大在我国实际生产力发展水平的基础上，提出社会主义初级阶段理论，决定进行所有制改革，并提出由高度集中的计划经济体制向多元化的市场经济转轨。经过 30 多年的改革探索，中国社会主义初级阶段基本经

---

① 《中国特色社会主义制度具有强大韧性》，2015 年 6 月 12 日，http：//theory. gmw. cn/2015 - 06/12/content_ 15958195_ 3. htm。

济制度得以确立，微观经济主体的活力显著增强，对外开放格局逐渐形成，各项社会事业取得长足进步。

在新的时代背景下，中国步入工业化、城镇化中后期，人民的生活需求也发生了深刻变化，如何把中国建成富强民主文明的社会主义现代化强国成为当前的重大课题。基于此，党的十八届三中全会提出，公有制经济和非公有制经济都是社会主义市场经济的重要组成部分；公有制经济和非公有制经济的财产权都不可侵犯，且不同经济主体权利平等、机会平等、规则平等；废除对非公有制经济的不合理规定，同时消除针对非公有制经济的隐性壁垒，激发非公有制经济的活力和创造力。党的十八大至今，我国社会经济持续发展，经济保持中高速增长，就业不断扩大，综合实力不断增强，国际影响力大幅提升。

因此，我国城市经济发展的首要原因即拥有强劲韧性的社会主义制度。在全球化继续深入发展和国际竞争加剧的背景下，具有中国特色的社会主义制度能够有效应对困难或逆境，既能保持稳定性与连续性，又能改革创新，既不改易旗帜，又不封闭僵化，在压力下不断成长，自我完善，彰显出强大的制度韧性，为我国社会经济发展提供了制度优势。

（二）在组织层面，始终坚持党的全面领导

习近平总书记指出，"能不能驾驭好世界第二大经济体，能不能保持经济社会持续健康发展，从根本上取决于党在经济社会发展中的领导核心作用发挥得好不好"。党的领导是中国特色社会主义制度最本质的特征，是社会主义制度的最大优势。

以马克思主义为指导，中国共产党在90多年的发展过程中形成了许多特质和优点。第一，从党的宗旨来看，中国共产党代表工人阶级和最广大人民群众的根本利益，全心全意为人民服务；第二，从组织方式上看，中国共产党既能坚持集中统一领导，贯彻党内民主，又能团结凝聚各民主党派和社会各界的力量，因而能够带领全国各族人民办大事；第三，中国共产党是具有危机意识和世界眼光的执政党，在国家和世界大变革的关键时期，中国共

产党都能够主动顺应世界历史发展潮流和发展规律，积极对接世界，融入潮流，战略思维长远；第四，中国共产党既重视学习，又善于学习，具有强大的纠错能力，能够在不停顿的学习中不断提升自己的素质和执政能力。这些特质和优点决定了共产党具有强大的自我革新、自我净化能力，能够自觉清除肌体中的"垃圾"和"毒瘤"，保持生机和活力，并能够主动适应实践和时代变化，坚持与时俱进。

在新时期，我们的执政党仍然能够始终保持先进性。党的十八大以来，以习近平同志为核心的党中央针对复杂的外部环境和党内个别党员的精神懈怠、能力不足、脱离群众、消极腐败等问题，坚持全面从严治党，推进党的政治建设、匡正选人用人之风、培养高素质和专业化的干部队伍、加强组织建设以凝聚和服务群众、继续整治四风问题、加大力度整治反腐败问题、健全党的监管体系、提高党的执政能力。通过党的各项建设，从根本上扭转了某些地区和部门党的领导弱化、党的建设缺失、从严治党不力的局面，大大提升了党的创造力、凝聚力和战斗力，党的执政能力和领导水平显著提高。

因此，中国社会主义制度能够发挥效用的根本原因即坚持党的全面领导。能够把十几亿人民群众团结凝聚起来，齐心协力建设社会主义现代化，坚持中国共产党的集中统一领导是组织保证。正是在党的全面领导下，我国社会主义各项改革事业才有了统筹协调的主心骨，社会共识才得到最广泛的凝聚，各项决策部署才得以高效率高质量落地见效。面对风云变幻的世界形势，以习近平同志为核心的党的领导人及时研判经济形势变化，贯彻新发展理念，针对经济建设的观念、体制、方式方法不断与时俱进，为开创发展新局面奠定了组织基础。

（三）在思想层面，坚持与时俱进的发展观

经济发展理念或发展观不仅关系如何界定发展概念和发展目标，还关系制定什么样的政策，走什么样的发展道路，实行什么样的分配方式的问题。新中国成立以来，党的几代领导集体对我国不同阶段的经济发展形势进行了深刻总结和理论思考，社会经济发展观念在继承中不断发展，在发展中不断

完善。

新中国成立后的中国，在经济上面临社会主义国家赶超资本主义发达国家的艰巨任务，同时承担着人口多、底子薄和朝鲜战争所造成的国家安全压力，这些都使得中国共产党迫切需要实现工业化，展现社会主义的优越性。这一时期，以毛泽东为核心的第一代领导人形成了以赶超资本主义为目标的经济增长导向型发展观①。经济增长导向型发展观或传统社会主义发展观②借鉴了苏联的计划经济体制和经济发展模式，强调快速实现工业化，重视工农业总产值，特别是工业总产值在工农业总产值中比重的提高，强调重工业特别是军事工业的发展。这一时期，经济发展以片面的追求增长为导向，经济结构与发展严重脱节；重工业过重，轻工业过轻，农业发展迟缓，能源、交通运输等基础产业和流通、服务等第三产业发展薄弱，经济结构畸形；追求区域平衡发展，但由于投资效益低下，区域差距不但没有缩小，反而进一步扩大。

1978 年党的十一届三中全会以来，中国进入改革开放的历史时期，发展成为党和国家工作的重点，传统的计划经济体制开始向社会主义市场经济体制转轨。在邓小平的领导下，形成了党的第二代领导人的改革发展观。改革发展观的主要特点是以改革开放推动社会发展；将经济发展与增长统一起来，强调工业化，同时注重现代化；超越工农业产值这一简单的发展指标，强调国内生产总值这一更为深刻全面的发展指标；不仅注重重工业，还注重工业结构的优化；从外延、粗放式增长模式向内涵、集约型增长模式转变；实施非均衡的发展战略；推进积累与消费并举；实施经济体制改革和对外开放；注重社会的全面发展等。不过，第二代发展观仍继承了第一代发展观的一些内容，比如依然强调工业产值的增长与经济规模的扩大。到世纪之交，我国社会经济发展出现了诸多在发展观框架内难以解决的问题，比如发展是

① 赵凌云、张连辉：《新中国成立以来发展观与发展模式的历史互动》，《当代中国史研究》2005 年第 1 期，第 24～32、125～126 页。

② 武力：《中国共产党经济发展观的历史演进及其启示》，《教学与研究》2005 年第 9 期，第 23～31 页。

不协调的，发展是不可持续的，没有从根本上做到以人为本等。

进入90年代以后，以江泽民同志为核心的党的第三代领导集体在继承毛泽东思想和邓小平理论的基础上提出了全面发展观，即"坚持以人为本，树立全面、协调、可持续的发展观，促进经济社会和人的全面发展"。第三代领导人的全面发展观以"三个代表"为引领，坚持以人为本，为实现国家和人民的根本利益而不懈奋斗；主张通过"五个统筹"实现城乡、区域、经济与社会、人与自然、国内与国外的协调发展；强调内源发展，即强调通过调动民众和企业的积极性，提高整个社会的发展主动性和创造性。进入21世纪，我国基本实现了现代化建设"三步走"战略的第一、第二步目标，人民生活总体上达到小康。但是，要想建设一个全面发展的小康社会，我们还有许多亟待解决的问题，比如地区差距、城乡差距，以及经济与社会发展不协调等问题。

为了进一步完善社会主义市场经济体制，巩固和发展改革开放的成果，提高党的执政能力，以胡锦涛同志为总书记的党的第四代领导集体从新世纪、新阶段的社会主要矛盾出发，提出了科学发展观的重要思想。科学发展观是全面、协调、可持续的发展观，即按照统筹城乡发展、统筹区域发展、统筹经济社会发展、统筹人与自然和谐发展、统筹国内发展和对外开放的原则，坚持以人为本，促进经济社会和人的全面发展。科学发展观在发展目标上具有全面性，是我们党执政五十多年的重要经验总结。21世纪开始的头十年，我国经济发展不断加快，取得了举世瞩目的成绩。但同时，我国经济体制不完善，经济增长方式单一，没有坚持四化的问题仍然较为突出。

党的十八大以来，我国经济正处于跨越"中等收入陷阱"迈向高收入阶段的重要历史节点，经济发展的重点需要从量的扩张转到质的提升，增进民生福祉成为发展的首要目标。面对世情国情的深刻变化，在以习近平同志为核心的党中央的领导下提出第五代高质量发展观。高质量发展观主张统筹推进"五位一体"和"四个全面"的总体布局，强调科技创新的重要性，注重协同发展，重视产业体系、区域、城乡各子系统相互依存和相互促进，强调以资源和环境的承载力为基础，实行工业文明和生态文明的共同发展，

因此，习近平高质量发展观明确了中国未来经济发展的大逻辑。

通过对党的几代领导集体关于中国社会经济发展观形成和演变的总结，可以看出，中国共产党的发展观经历了一个不断修正局限和认识深化的过程，体现了发展中大国融入世界潮流不断前进的过程。在新时代的战略机遇期，我国应以习近平高质量发展观为指引，实施供给侧结构性改革，完善市场化，打好三大攻坚战，进而推进国家治理的现代化。

（四）在实践层面，能够准确把握不同发展阶段的主要矛盾

马克思主义哲学告诉我们，矛盾是事物运动发展的源泉和动力。社会主要矛盾具有根本性和变化性的特征，改革开放40年来，我国之所以创造了人类历史上的经济发展奇迹，主要原因即在于党和国家准确抓住了我国社会主要矛盾，并在把握主要矛盾的基础上，有针对性地制定奋斗目标和方针政策，为我国社会事业的改革和建设提供了理论指导。

新中国成立以来，我们党对不同阶段社会主要矛盾的认识不断调整、持续深化，并依此制定了符合实际的路线、方针和政策。比如，1956年党的八大提出，社会主义改造基本完成，我国的阶级关系和国内主要矛盾发生了根本变化，我们国内的主要矛盾已经是人民对于建立先进的工业国的要求同落后的农业国的现实之间的矛盾，已经是人民对于经济文化迅速发展的需要同当前经济文化不能满足人民需要的状况之间的矛盾。根据对该社会主要矛盾的判定，八大确定了将党的工作重点转移到社会主义经济建设上来，并提出着力解决这一矛盾，大力发展社会生产力，实行大规模的经济建设。

但基于各种复杂的社会原因，八大确定的社会主要矛盾理论没有得到坚持和落实。自1978年十一届三中全会开始，我国改革开放拉开大幕。在1979年党的理论工作务虚会上，邓小平同志就改革开放时期的社会主义主要矛盾进行了论述，他指出，我国社会的基本矛盾依然是生产力和生产关系之间的矛盾、经济基础和上层建筑之间的矛盾。因此，对这一时期社会主义主要矛盾的认识成为党在改革开放和社会主义现代化进程中制定各项路线、方针、政策和具体实践的重要依据。基于此，党的十一届六中全会进一步提

出，党和国家的工作重点必须转移到以经济建设为中心的社会主义现代化建设上来，大大发展社会生产力，并在这个基础上逐步改善人民的物质文化生活。

进入新时代，我国基本解决了十几亿人的温饱问题，总体上实现小康，不久将全面建成小康社会，中国落后的社会生产已经实现质的飞越，社会生产能力在很多方面进入世界前列。但是，发展中的问题并没有完全解决，发展的不平衡不充分问题日益凸显，人民美好生活需要日益广泛，不仅对物质文化生活提出了更高要求，而且在民主、法治、公平、正义、安全、环境等方面的要求日益增长。因此，习近平总书记在党的十九大报告中对中国特色社会主义新时代我国社会主要矛盾做出了新概括，即"中国特色社会主义进入新时代，我国社会主要矛盾已经转化为人民日益增长的美好生活需要和不平衡不充分的发展之间的矛盾"。当前我国社会主要矛盾的变化是关系中国特色社会主义建设全局的历史性变化，认识到这一变化，有助于我们坚定不移地以经济建设为中心，推动发展，并在此基础上注重抓全面发展，大力提升发展质量和效益，着力解决好发展的不平衡不充分问题，从而实现更高质量、更有效率、更加公平、更可持续的发展。

因此，科学判断我国社会主要矛盾，并据此确定党的工作重点任务和奋斗目标，是推进中国特色社会主义事业不断前进的基础和前提①。新中国成立以来，中国共产党对我国社会主要矛盾的认识不断深化，党和国家的大政路线和方针政策也不断做出调整，这对我们国家和民族的具体实践及长远发展起到了关键作用。

（五）在管理层面，注重市场的决定性作用和政府的宏观调控

在推进经济体制改革、探索社会主义市场经济的过程中，中国逐步厘清了政府与市场的关系，形成了中国经济发展模式中独具特色的宏观调控体

---

① 周文彰、蒋元涛：《我国社会主要矛盾新论断的依据和意义》，2017 年 11 月 30 日，http：//www. dehong. gov. cn/dhnews/gn/content－27－38670－1. html。

系，即充分发挥市场在资源配置中的基础作用，同时坚持国家对社会经济进行有效的宏观调控。

从新中国成立初期的"以计划为主、市场为辅"到"使市场在资源配置中发挥决定性作用，更好发挥政府作用"①，我国对政府与市场关系的认识不断深入、日益丰富。新中国成立初期，世界各国在经济管理体制上存在极端化的倾向，一是资本主义国家奉行的国家社会各领域和各行业皆由市场来发挥协调作用的市场自由主义，二是以苏联模式为代表的计划经济体制。历史的经验教训证明，单纯的市场调节或计划主导都不能保证经济的健康运行，比如资本主义世界在 20 世纪 50 年代末、70 年代中期、80 年代初期，以及 2008 年爆发了大规模的国际经济危机，苏联在 1991 年解体，我国 1960～1976 年遭遇了巨大挫折。这说明，市场和政府都有自身无法避免的局限性，市场在资源配置中无法取代政府，政府的作用也不能否定市场，政府和市场二者是有机统一的，不能将二者相互否定、割裂开来、对立起来。

在社会主义市场经济条件下，我国坚持发挥市场和政府的互动作用，将市场经济嵌入社会主义，形成了具有中国特色的社会主义市场经济体制。中国特色的社会主义市场经济体制既区别于英美等典型的资本主义国家的市场经济调节模式，不同于日韩等亚洲国家的政府强有力干预模式，避免了国家调节受限于资本家利益集团的干扰，又不同于苏联的计划经济模式，讲究政府的适当干预，不压制个人和企业的积极性。或者说，我国社会经济发展模式维持了政府与有效市场的辩证统一，对于分散的小商品经济，发挥市场在资源配置中的优越性，而对于国有资本和其他社会化大资本、大产业和战略性主导产业，国家调控则发挥更为重要的作用。新中国成立 70 年以来，中国创造了世界经济发展史上的奇迹，取得了重大成就。这些成就的取得，既离不开市场经济在嵌入社会主义过程中所发挥出

---

① 何自力：《改革开放 40 年中国经济发展模式形成的基本经验》，《政治经济学评论》2018 年第 6 期，第 77～83 页。

的巨大内生动力，同时也离不开国家和政府在进行市场经济改革的过程中所发挥的宏观调控作用。

新时代条件下，受严峻的国际环境和复杂的国内环境的影响，中国的社会主义经济发展面临着重大挑战。习总书记指出，我们要发挥市场和政府"看不见的手"和"看得见的手"的作用，既要有效市场，又要有为政府。因此，在具体实践和管理中不仅鼓励市场发挥决定性作用，还不忘发挥政府的宏观调控作用，通过制订发展规划、政策引领等行政手段，以及调节杠杆等经济手段进行宏观调控。坚持贯彻中国特色社会主义市场经济体制的运行逻辑，政府和市场有机结合，必然能够维持社会经济的持续均衡发展，为满足人民日益增长的美好生活需要创造条件。

四　中国城市经济发展趋势分析

当前，城市经济发展面临着复杂的国际国内形势。在国际层面，面临百年未有之大变局，新一轮科技革命风起云涌，全球经济治理体系加速变革，人口增速变缓和老龄化步伐加快，世界经济处于低速增长期，全球气候变化下环境约束增强，以及大国博弈加剧和地方保护主义抬头等，都给城市经济发展带来深刻影响；在国内层面，中国经济发展进入新常态，经济增速由高速增长转向中高速增长，发展方式由追求速度和规模的粗放型增长转向注重效率和质量的内涵式增长，产业发展方向由增量扩能转向优化升级，发展动力由传统动能转向创新驱动。在上述大背景下，城市经济发展呈现一些新趋势和新特点。

（一）新科技革命推动生产方式变革，并带来产业分工格局和价值链的重构

首先，新一轮科技革命带来生产方式的变革。目前新一轮科技革命方兴未艾，随着大数据、云计算、移动互联、人工智能等信息技术和数字技术被越来越多地应用到产业发展，产业的生产方式和组织方式不断变革，并日益呈现生产智能化、组织平台化、创新开放化、产业融合化、市场全球化和营

销网络化等趋势和特征，对城市经济发展产生系统而深刻的影响。

其次，产业分工格局和地区竞争优势发生重大变化。传统的产业分工布局思维是尽可能把企业布局在劳动力丰富和廉价的地区，通过压缩劳动力成本和扩大生产规模获取高额利润。但在人工智能和自动化被日益广泛应用的新科技革命和工业4.0时代，高度自动化的生产线往往只需要极少的工人，低劳动力成本的重要性正在逐渐降低，而人才、科技等创新要素的重要性日益凸显，过去主要基于人力成本优势的国际产业分工模式和格局正发生重大变化，并将在很大程度上重塑各国、各地区间的比较优势和竞争关系。

最后，产业价值链加速重构的趋势愈发明显。产业价值链由三部分组成，即上游的研发环节，中游的生产加工环节，下游的市场营销环节。在新一轮科技革命的影响下，处于中游生产加工环节的价值不断减弱，处于价值链两端即技术研发环节和市场营销环节的价值不断提升，特别是研发环节的重要性日益突出，产业价值链正迎来一场轻生产加工、重研发营销的变革①。对于一个城市而言，唯有推动其产业不断向高附加值的环节攀升才能获得更强竞争力和更持续的发展。

（二）制造业加快提质升级，部分传统产业将面临颠覆性挑战

首先，"智能+"成为制造业提质升级的重要手段。2017～2019年，中国连续三年将发展"人工智能"列入《政府工作报告》，并提出"把发展智能制造作为主攻方向"。在此基础上，2017年国务院发布《新一代人工智能发展规划》，2018年工信部出台《新一代人工智能产业创新重点任务揭榜工作方案》，2019年中央全面深化改革委员会审议通过了《关于促进人工智能和实体经济深度融合的指导意见》，把"构建数据驱动、人机协同、跨界融合、共创分享的智能经济形态"作为重要任务。据统计，2013～2018年中国在人工智能领域的投融资约占全球的60%以上，并带动了相关高新技术

---

① Mckinsey Global Institute："Globalization in Transition：The Future of Trade and Value Chains"，January，2019.

产业的蓬勃发展，"智能＋"成为推动制造业提质升级、带动城市经济高质量发展的重要手段。

其次，大数据与实体经济融合发展成为重要方向。当前，全球已进入一个数字经济时代，数据越来越成为重要的生产要素和战略资源。2015年国务院出台了《促进大数据发展行动纲要》，2017年发展数字经济被写进十九大报告。2018年，中国网民数量达到8.29亿人，互联网普及率达到59.6%，数字经济规模已达到31.3万亿元，占国内生产总值的1/3以上，同比增速达到17.2%，增速连续三年位居世界第一。可以预见，随着全球数据的海量增加，大数据在社会经济活动中的作用将变得越来越重要，加快构建以大数据为关键要素的数字经济，推动互联网、大数据与实体经济深度融合成为重要的产业发展方向。

最后，部分传统产业和行业受到新经济的严峻挑战。在开放型经济系统中，受技术进步、市场需求、规制放松等因素的影响，不同产业之间的融合发展趋势日益增强，原有的产业边界被不断打破，新产业、新模式、新技术、新业态不断涌现，并对部分传统产业构成严峻挑战。同时，新技术的快速发展和应用，也使部分传统产业的技术含量和市场竞争力不断降低，在产业价值链中的获利空间被不断压缩，甚至产生颠覆性影响。

（三）消费结构日益多元化和高级化，成为拉动经济增长的重要力量

首先，社会消费日益多元化、个性化和高级化。十九大报告指出，随着中国特色社会主义进入新时代，"我国社会主要矛盾已经转化为人民日益增长的美好生活需要和不平衡不充分的发展之间的矛盾"。伴随社会经济的快速发展和人民生活水平的日益提高，我国城镇居民恩格尔系数由改革开放初期1980年的56.9%下降到2018年的28.4%，居民消费支出越来越转向文化、教育、旅游、养老、健康等服务消费领域，居民消费模式也日益由基础型、大众化、跟风式转向服务型、高品质和个性化。

其次，有效启动国内消费将成为拉动经济增长的重要动力。2018年我

国社会消费品零售总额达到 38.1 万亿元，同比增长了 9%，最终消费增长对经济增长的贡献率达到 76.2%。按照需求支出法计算，最终消费支出增长已经连续五年成为拉动经济增长的第一动力①。同时，根据麦肯锡的预测，2017～2030 年，中国对全球化产品的消费能力将从 10% 提高到 16%，从而实现由世界工厂向全球市场的转型②。有效启动内需将成为拉动经济增长的重要动力。

（四）城镇化进入城市群和都市圈时代，并成为支撑经济增长的主阵地主平台

2018 年我国城镇化率达到 59.58%，即将进入城镇化后期阶段。预计到 2030 年我国城镇化率将达到 70%，2050 年将达到 80% 左右，城镇化仍然具有较大的发展空间和潜力。

首先，在政策层面，2019 年 2 月和 4 月国家发改委先后印发《关于培育发展现代化都市圈的指导意见》和《2019 年新型城镇化建设重点任务》，强调"城市群是新型城镇化主体形态，是支撑全国经济增长、促进区域协调发展、参与国际竞争合作的重要平台"，并将推进城市群发展和培育现代化都市圈作为新型城镇化的重点任务。

其次，在实践层面，近年来国家陆续推出的京津冀协同发展战略、粤港澳大湾区战略、长三角一体化战略等，无一不是致力于打造世界级城市群、大湾区和都市圈，以此带动城镇化高质量发展和在更高层面参与国际竞合。可以预见，未来城市群和都市圈仍将是推动城市经济增长的重要引擎。

（五）新型城乡关系逐步形成，城乡一体发展和资源要素双向流动趋势增强

在中国城镇化快速推进过程中，城乡二元结构问题一直十分突出。尽管

---

① 裴长洪：《中国经济向高质量发展的十大变化趋势》，《经济日报》2019 年 7 月 27 日。
② McKinsey Global Institute："Globalization in Transition：the Future of Trade and Value Chains"，January，2019.

国家加大了对"三农"的扶持力度，但城乡之间的发展差距仍然显著。在城乡巨大发展差距的拉力和推力作用下，改革开放以来中国经历了大规模的农业人口转移，城乡资源要素长期呈现由乡村到城市的单向流动。但近年来，中国以不断缩小城乡发展差距为目标，努力重塑新型城乡关系，城乡一体化发展和资源要素双向流动趋势正逐步增强。

首先，推动城乡资源要素合理配置成为政策导向。一方面，中国大力实施乡村振兴战略。加快推进农村土地制度改革，在合法合规前提下允许农村集体经营性建设用地入市；建立现代农业产业体系，鼓励发展适度规模经营；壮大农村集体经济，保护农民财产权益；鼓励企业和资本更多参与乡村振兴建设，吸引各类人才返乡创业等。另一方面，大幅降低农业转移人口在城市落户的门槛，加大户籍制度改革力度，要求 II 型大城市取消落户限制，I 型大城市全面放开放宽落户条件。

其次，重塑城乡分工协作关系成为时代特点。在基础设施建设高度发达的当今时代，随着我国道路交通和信息化等基础设施的快速发展，城乡之间通勤物流的时间成本和货币成本大幅下降，城乡商品和服务的可贸易性进一步增强，可贸易范围进一步扩大，劳动力就业范围更为广阔，进而将重塑城乡分工协作关系，并带动城乡资源要素自由流动，以及生产与消费的多层次对接。

（六）生态环境压力依然较大，城市经济绿色转型成为必然要求

首先，生态环境约束依然趋紧。"十三五"时期是中国全面加强生态环境保护的攻坚期，在全国大力推行生态文明体制改革，全面开展蓝天保卫战、碧水保卫战、净土保卫战，强化生态环境保护与修复，加强环境保护监督与执法，污染防治攻坚战取得阶段性胜利，生态环境质量明显改善。预计"十四五"时期，中国将走出环境库兹涅茨曲线峰值期，但随着经济体量的不断加大，生产性污染的压力仍将继续上升，生态环境约束依然趋紧，如何在促进经济发展的同时保护好、建设好生态环境，仍将是中国城市经济发展面临的严峻挑战。

其次，加快城市经济绿色转型成为必然要求。2018 年，习近平总书记

出席全国生态环境保护大会并做重要讲话，习近平生态文明思想正式确立。
3 月，十三届全国人大一次会议表决通过《中华人民共和国宪法修正案》，
发展生态文明和建设美丽中国被正式写入宪法。同年，中共中央、国务院出
台了《关于全面加强生态环境保护，坚决打好污染防治攻坚战的意见》，进
一步明确了坚决打好污染防治攻坚战的时间表和路线图。随之，生态环境部
发布了《关于生态环境领域进一步深化"放管服"改革，推动经济高质量
发展的指导意见》。"十四五"是打赢污染防治战的攻坚期，也是继续强化
美丽中国建设的关键期，加快城市经济绿色转型、协同推动城市"经济高
质量发展和生态环境高水平保护"，成为时代任务和必然要求。

五　推动城市经济高质量发展的对策建议

2019 年中央经济工作会议指出"我国发展仍处于并将长期处于重要战
略机遇期"，从国际方面看，世界面临百年未有之大变局，危与机并存；从
国内方面看，中国特色社会主义进入新时代，即将迈入全面建设社会主义现
代化国家的新征程。城市经济如何迈向现代化经济体系，实现高质量发展，
不断满足人民日益增长的美好生活需要，是新时期城市经济发展面临的重要
问题。为此，本文提出如下建议。

（一）紧抓新一轮科技革命的重大机遇，深入实施创新驱动战略

当前，在新一轮科技革命的席卷下，全球主要经济体围绕科技创新的竞
争日趋激烈。新中国成立 70 年来，中国科技创新水平虽然有了很大提高，
但总体上自主创新能力与美国等发达国家仍存在一定差距，特别是关键核心
技术受制于人的问题较为突出。应着眼于创新型国家建设，以城市和城市群
为主要载体，深入实施创新驱动战略，大幅提升自主创新能力和创新水平。
一是以基础研究和前沿应用为抓手，强化原始创新。在国家层面，应以
建设全球顶尖的创新型国家为目标，以基础研究和前沿应用为两大抓手，前
瞻性地进行基础研究和原始创新能力的布局与建设。加大对关键共性技术、

战略先导技术、前沿引领技术的研发投入力度，加强对颠覆性技术①的研究、预判和预警，强化关键核心技术的攻关，推动科技研发与产业发展紧密结合，力争引领全球科技创新产业的发展前沿。

二是发挥企业主体作用，鼓励政、产、学、研、用融合开放创新。在城市层面，应围绕国家战略和城市产业发展的需要，积极争取国家级实验室、省级实验室、重点实验室等落户城市，努力搭建多元化创新平台和创新孵化载体；发挥企业创新主体作用，支持领军型企业打造顶级研发机构，鼓励企业牵头实施重大科技创新项目，引导企业围绕产业发展进行关键核心领域的技术突破；鼓励政、产、学、研、用（用户）进行参与式创新、融合式创新、开放式创新，推动科技创新与市场需求、产业发展、用户体验的无缝对接。

三是加强研发人才队伍建设，打造具有强大根植力的创新创业生态。加强本土人才培养，加大国际人才引进力度，不断强化创新人才队伍建设；建立多元化创新投入机制，推进科技创新"放管服"改革，促进各类创新要素自由流动，营造更加有利于创新创业的良好生态；加强知识产权保护、交易与应用，完善科技创新成果转化机制，打通科创成果转化落地的"最后一公里"。

（二）瞄准全球产业变革方向，构建面向未来的产业体系

新一轮科技革命带来产业变革，瞄准全球产业变革方向，加快构建面向未来的产业体系，在全球城市竞争中占据前沿地位，是中国城市经济发展面临的重要任务。

一是利用数字化、信息化、智能化推动传统产业转型升级。以推动制造业高质量发展为目标，坚定不移推进"中国制造2025"，着力发展先进制造业，加快建设制造业强国；深入实施工业强基战略，利用新技术、新工艺、新材料改造提升工业装备水平，创新建设一批自动化生产线、人机智能交互等先进装备；加快大数据、云计算、物联网、人工智能等信息技术的应用，

---

① 颠覆性技术即对已有产业和规则等能够产生革命性影响或颠覆性影响的技术。

通过新技术、新业态、新模式推动传统产业生产和营销方式变革；加快推进工业互联网平台建设，积极拓展"互联网+""智能+""大数据+"，为传统产业转型升级赋能；促进现代服务业与先进制造业融合发展，强化精准服务实体经济的能力，有效化解和防止经济"脱实向虚"。

二是加快培育壮大新兴产业链和产业集群。加快发展高新技术产业、战略性新兴产业，加强大数据、云计算、人工智能、集成电路等的研发和应用，培育打造新一代信息技术、数字技术、生命健康、高端装备、新材料等新兴产业集群；抓抢 5G 发展机遇，围绕 5G 及其应用，前瞻性部署 5G 上下游产业链；推动"数字产业化"和"产业数字化"，发展壮大数字经济；坚持鼓励创新、包容审慎的监管原则，支持引导四新经济、平台经济、共享经济等新兴经济健康发展。

（三）有效释放内需潜能，促进形成强大的国内市场

我国有近 14 亿人口，2018 年全国居民恩格尔系数为 28.4%，按照联合国的划分，已经进入富足区间（20%~30%），居民消费升级，市场潜力巨大。预计到 2020 年，中国的消费规模将达到 45 万~50 万亿元。巨大的内需潜力是拉动经济增长的强大动力，必须持续有效地释放内需潜能，推动产业供给结构与市场需求结构相匹配，促进形成强大的国内市场。

一是积极发展服务型消费。随着人民生活水平的日益提高，城乡居民消费越来越转向文化、旅游等服务型消费领域，产业发展应顺应国内这种消费需求变化，不断满足市场个性化、多元化的最终需求。如针对迅速到来的老龄化社会，大力发展养老、医疗、健康、医养结合等服务业；针对国内日益高涨的旅游热情，设计精品旅游线路，开发优质旅游产品，完善旅游服务配套，大力发展休闲游、度假游、乡村游、全域旅游等；针对"二孩"政策带来的社会需求，大力发展育幼服务、托幼服务，在线教育等。

二是千方百计扩大产品型消费。各地城市应出台相关政策，鼓励引导企业丰富产品品种、提高产品质量、打造产品品牌，更好地满足国内市场消费升级的需求。利用互联网等技术，大力发展电商经济平台经济，推动电商和

快递进社区、进农村，线上线下销售和消费融合发展。

三是多措并举推动消费市场稳步增长。继续加强收入分配制度改革，推动新修订的《中华人民共和国个人所得税法》落实到位，进一步增强群众消费能力；顺应消费市场需求变化，促进产品消费、服务消费融合创新发展，以消费升级引领供给创新，以供给提升创造新的消费需求，形成供给结构优化和需求规模扩张的良性循环；加强消费者权益保护，让人民群众能够放心消费、舒心消费、开心消费；进一步完善社会保障体系，优化收入分配制度，让广大群众能够大胆消费，无后顾无忧。

（四）推进城镇化高质量发展，实现优投资、扩内需的同步协调

目前，我国即将进入城镇化后期阶段，继续提高常住人口和户籍人口的城镇化率，实现城镇化质量的提升，是这一阶段的重要任务。总体来看，城镇化仍然具有较大的发展空间和潜力，仍然是带动城市经济增长的重要引擎。

一是继续深入推进新型城镇化。加快推进农业转移人口市民化，实现城镇基本公共服务常住人口全覆盖；加快旧城改造，推进城市有机更新，提升水、电、气、路、地下管网、污水处理等市政基础设施水平，完善基本公共服务配套，以提升城市品质、改善民生建设、拉动和优化固定资产投资；落实城市主体责任，完善住房市场体系和保障体系，推动房地产市场平稳和健康发展[①]。

二是以城市群、都市圈建设塑造区域发展新格局。推动粤港澳大湾区融合创新发展，打造粤港澳大湾区1小时快速交通圈，推动世界级国际航运物流中心建设，构建粤港澳产业协同发展体系，建设国际化科技产业创新走廊和创新中心；推进京津冀协同发展，北京依托"国家科技创新中心"建设，加快疏解北京非首都功能，重点发展高新技术产业和现代服务业，天津加强"北方国际航运中心"建设，侧重发展先进制造业，河北继续优化第二产业内部结构，重点打造商贸物流基地，高标准高起点建设雄

---

① 《2019年国务院政府工作报告》，http：//www.gov.cn/zhuanti/2019qglh/2019lhzfgzbg/。

安新区；以加快推进长三角区域一体化、长江中游城市群建设、成渝城市群建设为支撑，引领推动长江经济带高水平绿色发展。以其他各城市群和都市圈建设为核心，引领各区域加强分工合作和协同发展，构建形成全国区域发展新格局。

三是加快推进城乡资源要素双向流动。统筹推进新型城镇化和乡村振兴战略，推动城市基础设施向乡村延伸，城市基本公共服务向乡村覆盖，乡村农渔林产品与城市消费市场有效对接，资本、信息、技术、劳动力等资源要素在城乡之间双向流动，实现城乡一体化发展和资源要素的合理高效配置。

（五）依托一带一路、自贸区等建设，推动形成全面开放新格局

从 2001 年加入世界贸易组织以来，截至目前，中国已经是世界货物贸易第一、服务贸易第二、对外投资额第三大的经济体。经济全球化不仅让中国融入世界经济体系，并获得长足发展；也让世界各国各地区的经贸联系更加紧密，并从中获利。当前，面对日益频繁的中美经贸摩擦和国际贸易保护主义抬头，中国应坚定不移地继续推进全方位对外开放，在全面开放中发展自己，并促进合作国家和地区的互利共赢。在这一过程中，城市作为经济的核心载体，应当发挥重要的门户、枢纽或节点作用。

一是依托"一带一路"建设，推动企业"走出去"。截至 2019 年 4 月，已有 131 个国家和 30 个国际组织与我国签署了共建"一带一路"合作文件，与沿线 60 多个国家建立了超过 1000 对以上的友好城市，累计开行中欧班列超过 1.4 万列，运行路线达 68 条，联通了中国和境外 100 多个城市①。未来，国内城市应该继续以"五通"（政策沟通、设施联通、贸易畅通、资金融通、民心相通）建设为重点，发挥企业主体作用，积极拓展国际市场，发展跨境电商，推动出口市场多元化；参与基础设施互联互通建设，扩大深

---

① 刘叶婷、杨牧：《肖渭明：中欧班列已累计开行 1.4 万多列》，2019 年 4 月 22 日，http：//world. people. cn/n1/2019/0422/c1002 – 31043513. html。

化国际产能合作;到国外建设特色产业合作园区,优化对外投资结构;带动我国技术、装备、企业、服务和标准等走出去,打响"中国制造"、"中国服务"的品牌。

二是以自由贸易试验区为先锋,实现更好地"引进来"。截至 2019 年 8 月,我国自由贸易试验区已经形成"1 + 3 + 7 + 1 + 6"雁阵引领的试点开放格局,这些自贸区主要由一个个城市自贸试验片区组成,如厦门片区、福州片区、广州南沙片区、深圳前海片区、珠海横琴片区、成都天府片区等。作为国家全面深化改革开放的"试验田",自贸区应积极探索深化改革开放的新路径,实行更加开放的投资贸易便利化措施,进一步扩大服务贸易对外开放领域,推动商品和要素等流动型开放,探索规则对接等制度型开放等,并积累成熟经验以供全国推广复制。其目标是以全面深化开放实现更好地"引进来",促进外商投资稳定增长,外经外贸稳步发展。

(六)以绿色转型引领城市经济发展,走环境友好、和谐发展之路

"十四五"时期是打赢污染防治战的攻坚期,也是继续强化美丽中国建设的关键期。城市经济发展将凸显向绿色生产方式和消费方式的转型,以绿色转型提升经济发展质量,协同推动"经济高质量发展和生态环境高水平保护,不断满足人民日益增长的美好生活需要和优美生态环境需要"[1],走生态环境友好、人与自然和谐发展之路。

首先,多管齐下推动绿色生产和绿色消费。充分考虑自然生态环境的承载能力,以习近平生态文明思想为指导,以尊重自然、合理开发、永续利用为原则,将绿色发展理念贯穿到资源开发、产业选择、经济布局、土地利用等城市经济发展的全过程和各方面;加大政策引导和支持力度,推动高效节能、绿色低碳的清洁生产技术和先进环保装备的研发、推广及应用;开展重点行业污染治理专项行动,加快淘汰落后产能;运用大数据、物联网等新技

---

[1]　生态环境部:《关于生态环境领域进一步深化"放管服"改革,推动经济高质量发展的指导意见》,http://www.gov.cn/gongbao/content/2019/content_ 5361804. htm。

术新手段，大力推进绿色供应链和绿色生产体系建设；充分发挥市场机制作用，制订有利于促进环境保护和绿色发展的价格机制、税收政策等，大力发展循环经济、绿色生产和低碳消费。

其次，加快构建绿色产业体系。推进生态环境治理与城镇建设、土地开发、医药健康、旅游业发展等相结合，大力发展绿色地产、特色小镇、生态疗养、生态旅游等融合型绿色经济；积极推进产业生态化和生态产业化，以绿色低碳、清洁环保技术改造提升传统产业，围绕生态环境保护和污染防治攻坚，充分释放环保市场需求，大力发展环保产业；推动建立全国性和地方性排污权交易市场，设立不同层级的绿色发展基金，鼓励进行绿色信贷、绿色保险、绿色债券等绿色金融产品创新，多措并举加快构建环境友好的绿色产业体系，走人与自然和谐发展之路。

2018～2019年度中国城市健康发展评价

武占云 单菁菁 马樱娉*

摘　要： 从20世纪80年代的爱国卫生运动到21世纪的健康中国战略，"坚持以人为本"、"将健康融入所有政策"始终是中国城市发展所秉持的理念，中国在卫生健康领域也取得了举世瞩目的历史性成就，形成了具有中国特色的健康发展道路。新时期，中国城市在促进健康发展、提高民生福祉方面仍有着诸多尚未实现的责任与使命。评价结果显示，近年来，中国健康城市建设成效显著，健康城市数量逐年增多，健康发展差距持续缩小，特别是中部和西部地区城市健康水平提升显著。其中，长三角、珠三角和京津冀城市群的健康发展指数位居全国前3位，但城市群内部各城市间的发展差距依然明显。"十四五"及未来一段时期，推动城际发展机会平等、全面促进健康公平仍是中国城市健康发展的主旋律。

关键词： 健康发展指数　健康城市　时空格局　等级特征

改革开放以来，中国经历了世界历史上规模最大、速度最快的城镇化进程。从1978年到2018年，中国城镇化率由19.72%提升至59.58%，城市

＊ 武占云，中国社会科学院城市发展与环境研究所副研究员，博士，研究方向：城市规划、城市与区域经济等；单菁菁，中国社会科学院城市发展与环境研究所规划室主任，研究员，博士，研究方向：城市与区域发展战略、城市与区域规划、城市与区域管理等；马樱娉，中国社会科学院城市发展与环境系硕士研究生，研究方向：城市经济学。

数量由 193 个增加到 672 个，创造了全国 80% 的经济总量。然而，与快速城镇化进程相伴随的是城市住房紧张、交通拥堵、环境污染、公共服务短缺等问题，并对城市居民的生活品质和身心健康带来了影响。十九大报告指出，"增进民生福祉是发展的根本目的"，城市是健康促进的核心载体，城市在增加居民健康福祉方面有着众多尚未实现的责任与使命，如何实现快速的城镇化进程与城市健康福祉的提升并行不悖，成为新时代中国城市发展的重要命题。

本文在回顾 2018 年中国城市健康发展取得成效与进展的基础上，对中国 288 座地级以上城市健康发展状况进行全面系统的数据评价分析，继而提出全面促进健康公平的对策建议。本文目标在于，一是为中国更好地参与全球健康治理提供决策依据，二是为以健康城市建设为抓手深入推进健康中国战略提供决策支持，三是对中国城市的健康发展水平进行总体评估、分类型分区域监测，为各地区制定有针对性的健康促进策略提供参考。

一 中国城市健康发展进展与成效

（一）健康城市顶层设计逐步完善

十九大报告明确指出"要完善国民健康政策，为人民群众提供全方位全周期健康服务"。自实施健康中国战略以来，中国健康城市建设的顶层设计不断深化完善。

一是制定纲领性文件。在国家层面先后印发实施了《"健康中国 2030"规划纲要》、《全民健康素养促进行动规划（2014～2020 年）》、《关于开展健康城市健康村镇建设的指导意见》、《健康中国行动（2019～2030 年）》等政策文件，作为深入指导和推进健康中国战略的纲领性文件。

二是完善组织协调机制。2018 年，国务院机构改革方案批准设立中华人民共和国国家卫生健康委员会，明确了卫健委负责组织拟定国民健康政策、协调推进深化医药卫生体制改革、指导地方卫生健康工作等职责；

2019 年颁布的《健康中国行动组织实施和考核方案》明确提出在国家层面成立健康中国行动推进委员会，由国家卫生健康委员会牵头联合各部委，统筹推进《健康中国行动（2019～2030 年）》的组织实施、监测和考核相关工作。

三是健全监测评价机制。为了推动健康城市建设科学、规范开展，国家卫生健康委员会按照"建立适合我国国情的健康城市建设指标和评价体系"的要求，制定和发布了《全国健康城市评价指标体系（2018 版）》，并委托第三方专业机构构建健康城市指数，分析评价各城市健康城市建设的工作进展，推动健康城市建设良性发展。

四是完善法律保障体系。保障公众健康是国家制定规划和进行决策应当首要考虑的重要因素。2018 年，我国卫生与健康领域第一部基础性、综合性的法律《基本医疗卫生与健康促进法（草案）》提请全国人大审议，草案首次在法律层面上明确提出健康是人的基本权益，实施人民健康是中国建设战略目标之一，确立了健康中国实施的基本原则和基本方针。

（二）中国特色健康发展道路逐步形成

从全球范围看，健康城市的建设始于 20 世纪 80 年代世界卫生组织（WHO）倡导的健康城市项目，其特色在于充分发挥非政府组织的作用，基于 WHO 地区办事处、全球健康城市联盟等组织推动健康城市建设，以自下而上模式为主导、跨区域合作为主要模式。与欧洲的健康城市运动不同，中国的健康城市建设则是充分发挥自身体制优势，通过自上而下和自下而上相结合的形式，将健康放在城市发展的首要位置，并逐步从最初聚焦于公共卫生和医学健康角度的"小健康"实践，转向涵盖健康环境、健康社会、健康服务、健康人群、健康管理等综合角度的"大健康"治理，强调以健康城市和健康村镇建设为两大抓手，实现经济、社会、环境与人的健康协调发展，并由此形成了具有中国特色的健康发展道路。

中国的健康城市始于 20 世纪 80 年代的爱国卫生运动，已经成为全球跨部门健康行动的最早典范之一。1989 年，针对当时卫生基础设施滞后于城

市发展和群众生活需要的情况，全国爱卫会决定在全国组织开展卫生创建活动，旨在有效地改善城乡环境卫生状况，进一步提升人民群众健康水平。可以说，卫生城市创建是中国健康城市的前身。截至 2018 年，全国共有 342 个城市（区）建成国家卫生城市（区），超过全国城市（区）总数的四成，卫生城市的创建在城市环境卫生改善、传染病预防控制等领域发挥了重要作用。1994～2013 年中国与世界卫生组织合作开展健康城市项目试点工作，并于 2016 年颁发了《"健康中国 2030"规划纲要》，成为世界上第一个健康领域 15 年的长期国家规划，"将健康融入所有政策"也是世界上第一个由国家元首提出并领导实施的健康事业发展的核心工作方针，充分体现了中国制度、文化的特点和优势。《关于开展健康城市健康村镇建设的指导意见》确定了第一批 38 个健康城市试点城市，引导各地发挥主动性和创造性，创新开展健康学校、健康单位、健康社区等健康细胞工程建设。总体而言，自上而下的顶层设计、自下而上全社会合力共治的模式共同推动着中国健康城市建设，形成了中国特色的健康发展道路，居民健康福祉持续改善，城市健康水平大幅提升。

（三）城乡居民健康福祉大幅提升

目前，中国已经形成了世界上规模最大的基本医疗保障体系，医疗卫生服务水平大幅提高，居民主要健康指标总体上优于中高收入国家平均水平。中国人均预期寿命已经从新中国成立初的 35 岁提高到了 2018 年的 77 岁，全国居民健康素养水平[①]从 2008 年的 6.48% 上升至 2018 年的 17.06%，提高了 10.58 个百分点（见图 1）。孕产妇死亡率从 1990 年的 88.9/10 万下降到 2018 年的 18.3/10 万，婴儿死亡率从 1995 年的 36.4‰下降到 6.1‰。中国已提前实现了联合国千年发展目标中妇幼健康相关指标，世界卫生组织公布的《妇幼健康成功因素报告》将中国列为妇幼健康高绩效的 10 个国家之

---

① 健康素养是指个人获取和理解基本健康信息和服务，并运用这些信息和服务做出正确决策，以维护和促进自身健康的能力。健康素养水平是指具备健康素养的人在监测总人群中所占的比例。

一。国际权威医学期刊《柳叶刀》对全球 195 个国家和地区医疗质量和可及性排名的结果显示，中国的排名由 1995 年的第 110 名上升到第 48 名，是全球进步幅度最大的国家之一。

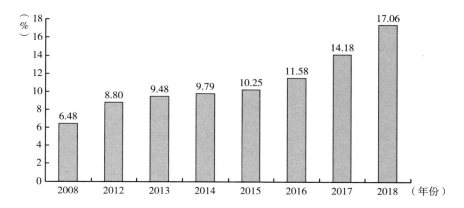

图 1　2008～2018 年中国居民健康素养水平增长情况

资料来源：国家卫生健康委员会：《中国居民健康素养监测报告（2018 年）》。

二　2018年中国城市健康发展评价

2018 年，我国共有 349 个地级行政区，包括 4 个直辖市、2 个特别行政区、303 个地级市（包括台湾省辖市）、30 个自治州、7 个地区和 3 个盟。其中，港澳台地区，以及拉萨、昌都、山南、日喀则、林芝、吐鲁番、哈密、三沙和儋州等 9 个地级市由于缺少城市健康发展评价的系统数据，暂未纳入本年度评价范围。因此，本文的评价对象共计 288 座地级及以上建制市。根据城市健康发展评价指标体系（详见《中国城市发展报告（No.7）》），本文采用主观赋权和客观赋权相结合的方法，对上述 288 座城市的健康发展情况进行综合评价，对不同区域、不同规模等级、不同行政等级的城市健康水平进行分类分区域监测，并对全国 13 个城市群的健康状况进行评估。

（一）总体评价：健康发展水平呈梯度分布，Ⅲ类亚健康城市占比近半

根据城市健康发展水平评价结果，2018 年，深圳、北京、上海、珠海、广州、南京、宁波、杭州、苏州和厦门等十座城市依次位居城市健康发展指数综合排名前 10 位，其中来自珠三角、长三角和京津冀城市群的城市分别为 4 座、5 座和 1 座。但从健康评价的内部结构看，综合排名靠前的城市各项指标得分并不均衡，城市的健康发展均存在不同程度的"短板"。

城市的健康发展是城市经济、社会、文化、环境和管理五个系统各自运行良好，相互之间达到平衡和协调的一种发展状态。为了进一步检测中国城市的健康发展状况，本文首先从全国层面测算了健康经济、健康文化、健康社会、健康环境和健康管理五项指数的中位数，再将每个城市的具体指标与之比较。若某座城市的 5 项指标均高于所有城市的中位数即达到中等以上发展水平，则可视该城市的发展状态相对健康，否则视其为亚健康城市。亚健康城市又可以分为三类，其中，若某座城市仅有 1 项指标低于所有城市的中位数，为Ⅰ类亚健康城市；若某座城市有 2 项指标低于所有城市的中位数，则为Ⅱ类亚健康城市；若某座城市有 3 项以上的指标低于所有城市的中位数，则为Ⅲ类亚健康城市。据此，按照健康等级可将全国 288 座地级以上城市划分为：健康城市、Ⅰ类亚健康城市、Ⅱ类亚健康城市和Ⅲ类亚健康城市。

评价结果显示，2018 年全国共有 35 座城市处于相对健康发展状态，占全国城市总量的 12%，分别为深圳、上海、佛山、杭州、宁波、苏州、南京、长沙、无锡、东营、青岛、广州、绍兴、厦门、珠海、大连、镇江、南通、中山、福州、丽水、昆明、湘潭、泉州、珠江、九江、常德、秦皇岛、南昌、咸阳、龙岩、铜陵、鹰潭、贵阳和南宁，其中包括东部城市 22 座、中部城市 8 座、西部城市 4 座、东北城市 1 座。Ⅰ类亚健康城市有 45 座，占全国城市总数量的 15.6%；Ⅱ类亚健康城市有 71 座，占全国城市总数量的 24.7%；Ⅲ类亚健康城市有 137 座，占全国城市总数量的 47.57%（见图

2）。这意味着全国有近半数的城市处于Ⅲ类亚健康状态，在本次评价考察的经济、社会、文化、环境和管理五个方面，至少有 3 项或以上的健康指标低于全国中位水平，健康发展状况不容乐观。

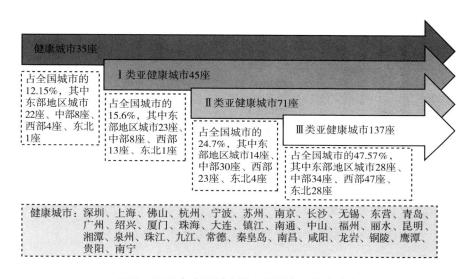

图 2　2018 年中国城市健康发展水平梯度分布

分区域来看，东部地区有 25.29％的城市达到相对健康水平，Ⅰ类和Ⅱ类亚健康城市约占 42.53％，仍有三成以上的城市处于Ⅲ类亚健康状态；中部地区有 10％的城市达到相对健康水平，近五成的城市处于Ⅰ类和Ⅱ类亚健康状态，处于Ⅲ类亚健康状态的城市达到 42.50％；西部地区有 4.60％的城市达到相对健康水平，超过半数的城市处于Ⅲ类亚健康状态；而东北地区仅有 1 座城市达到相对健康水平，82.35％的城市处于Ⅲ类亚健康状态，城市健康发展状况尤为堪忧（见图 3）。

（二）时间维度：健康城市数量逐年增多，发展差距呈缩小态势

从时间维度用发展眼光来看，2015～2018 年中国健康城市数量呈现稳步增长态势。评价结果显示，达到健康水平的城市数量由 2015 年的 26 座、占比 9％，增加到 2018 年的 35 座、占比 12％，城市健康发展水平稳步提

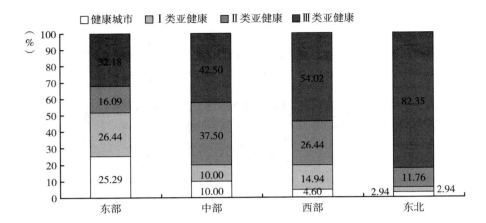

图3　2018年中国城市健康等级区域对比

高，亚健康状况有所改善（见图4）。尤其是中部地区健康城市数量上升明显，三年内占全国健康城市的比重提高了10个百分点。

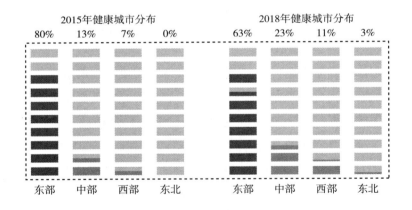

图4　2015～2018年中国健康城市分布变化

同时，各城市之间的健康发展差距总体上也呈现逐渐缩小的趋势（见图5），健康发展指数的变异系数（均值与标准差之比）由2015年的0.1559缩小至2018年的0.1178。从各分项指数来看，健康经济、健康环境指数的差距变化不明显，其变异系数均呈现小幅波动态势；健康社会指数的差距缩小最为明显，变异系数由 2015 年的 0.3244 缩小至 2018 年的 0.1707，表明近年来各城市在提高基本公共服务均等化和社会保障等民生建设方面取得了明显成效。各分项指数中健康文化指数的变异系数一直处于高位，表明目前各城市在文化建设方面仍然存在较大差距，需要继续加大公共文化投入，提升公共文化服务水平，着力推进城市与区域之间公共文化服务的均等化。

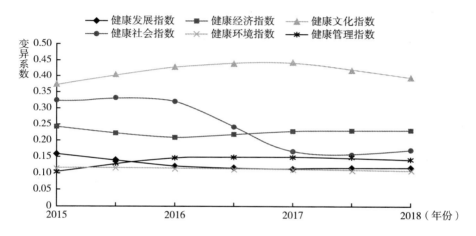

图 5　2015～2018 年中国城市健康发展指数变异系数

（三）空间格局：健康发展水平呈梯度分布，东北地区位居末位

2018 年，中国城市的健康发展水平呈现东部地区总体占优、中部地区和西部地区稳步提升，而东北地区居于末位的区域差异格局，四大区域健康发展指数分别为 48.48、44.23、43.02 和 41.90（见图 6）。其中，西部地区城市在健康文化、健康社会、健康环境和健康管理指数方面均已超过东北地区，但在经济发展质量和效率方面还有待提升。

从省域角度来看，全国 30 个省（直辖市、自治区）的城市健康发展指数呈现梯度变化特征（见图 7），位于第 1 梯队的分别为北京、上海、浙江、江苏和福建，其健康发展指数均超过了 50，其中，北京、上海在经济发展

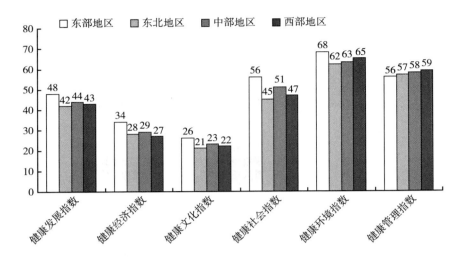

图6　2018年四大区域城市健康发展水平

质量方面具有明显优势，浙江和江苏的各方面发展相对比较均衡，福建省的健康环境指数位居第2位，但是在公共文化服务、城市健康运行和管理方面仍存在短板。位于第2梯队的包括新疆、湖南、广东、山东、海南等10个省份，其健康发展综合指数位于45～50。其中，广东、山东、江西和河北的综合指数排名分别比上年提高了2位、4位、2位和4位，健康发展水平取得明显进步。位于第3梯队的主要是西部大部分省份、东北三省以及中部部分省份的城市，这些省份的城市健康发展指数均低于45，而且各分项指数之间的均衡度也相对较低，存在明显的发展短板。例如，山西省的健康经济、健康文化和健康管理指数均位于全国中游水平，但健康环境指数位居末位，亟须加大节能减排、清洁生产等方面的推行力度，改善影响城市健康发展的环境质量。

（四）等级特征：城市健康发展水平受城市规模和行政等级的影响较大

根据《关于调整城市规模划分标准的通知》，2018年城区常住人口

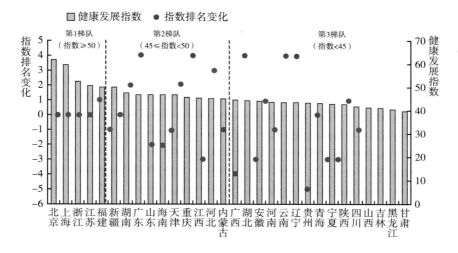

图7　2018年省域城市健康发展指数比较

1000万以上的超大城市有7个——上海、北京、重庆、深圳、广州、天津和武汉；特大城市有6个，包括东莞、郑州、沈阳、南京、成都和杭州。基于城市规模的评价结果显示，2018年，我国超大城市组的健康发展指数为55.16，特大城市组为52.52，大城市组为47.95，中等城市组为44.56，小城市组为42.49，城市健康发展指数与城市规模大小基本存在着同向变化关系（见图8）。

从城市行政级别来看，2018年我国城市的健康发展水平在不同行政级别的城市间也存在明显的差异。通常情况下，行政等级较高的城市在经济效率、社会保障、公共文化、教育水平和城市安全等方面的表现均明显优于行政等级相对较低的城市。如图9所示，直辖市组的健康发展指数为53.11，副省级城市组为53.03，一般省会城市组为49.46，一般地级市组为43.97，不同行政级别的城市其健康发展水平存在明显的梯度差异。

总体而言，城市健康发展水平与城市行政等级和城市规模密切相关（见图10）。这主要是由于行政级别高、城市规模大的城市因其具有较高的资源配置能力和较强的经济实力，往往能为本地居民提供更多的就业机会、更高的工资收入和更加优质的公共服务。比较而言，那些行政级别低、人口

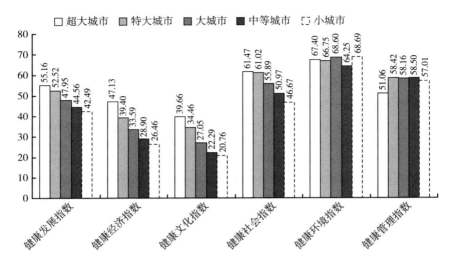

图8 2018年不同规模城市组的健康发展指数比较

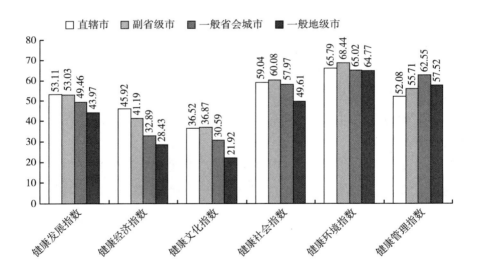

图9 2018年不同行政等级城市健康发展指数比较

规模小的城市在资源配置、产业集聚和优质服务供给方面的能力较为欠缺，在居民健康保障、环境改善、社会事业和公共文化等方面的投入也相对有限，因而城市健康发展水平整体较低。在未来的健康促进中，从国家和区域层面不仅应积极推动公共服务资源向低行政等级的城市配置，逐步缩小不同级别城市之间的公共服务差距；更要鼓励和引导各地中小城市立足自身的资源禀赋，因地制宜地发展特色经济，通过经济发展带动社会事业和人居环境改善，以此推动城际发展机会平等，全面促进健康公平。

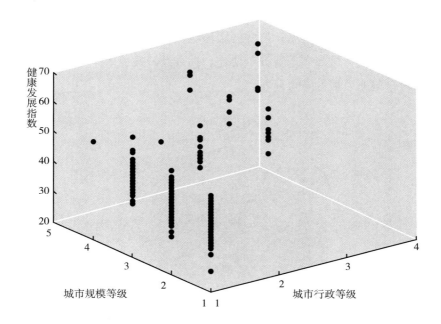

图10 2018 年中国城市健康发展指数与城市等级关系

注：①城市规模等级中的5、4、3、2、1分别对应超大城市、特大城市、大城市、中等城市和小城市。②城市行政等级中的4、3、2、1分别对应直辖市、副省级城市、一般省会城市和一般地级市。

（五）城市群层面：健康发展水平越高分化程度越明显

从城市群角度来看，中国目前已形成长江三角洲城市群、珠江三角洲城市群、京津冀城市群、中原城市群、长江中游城市群、成渝城市群、哈长城市群、辽中南城市群、山东半岛城市群、海峡西岸城市群、北部湾城市群、关中平原城市群、呼包鄂城市群等国家级城市群。评价结果显示，长三角、珠三角和京津冀城市群的健康发展指数位居全国前 3 位，紧随其后的是海峡

西岸城市群和长江中游城市群（见图11）。长三角城市群的健康经济、健康文化、健康社会指数均位居第1位，在经济高质量发展、城市文化建设和民生保障方面优势突出；京津冀城市群在健康社会和健康管理方面优势明显，而健康环境指数位居13个城市群的倒数第4位，在生态环境建设、大气污染联防联控联治等方面仍需加大城市间合作力度。其余城市群也存在着不同的优势与短板，如北部湾城市群的健康环境指数位居第3位，而健康经济指数排名靠后，强化城市间产业分工协作、提升经济发展效率是北部湾城市群实现高质量健康发展的重点所在。

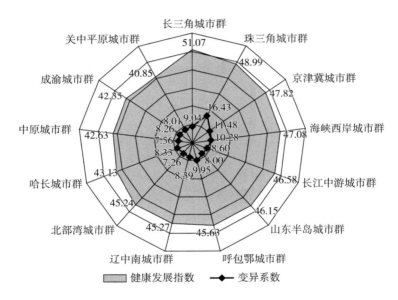

图11　2018年中国13个国家级城市群健康发展指数及其变异系数比较

从反映城市群健康水平差异程度的变异系数来看，健康发展指数越高的城市群，其内部各城市间的发展差异越明显。尤其是在珠三角城市群和京津冀城市群内部，存在着首位城市或几个核心城市的健康发展指数显著高于城市群内其他城市的现象。从各分项指数的变异系数来看，珠三角城市群在健康文化方面的发展差异最大，各城市间公共文化服务不均等现象较为突出，未来应重点加快完善公共文化服务体系，提高基本公共文化服务的覆盖面和适应性。京津冀城市群在健康经济方面的发展差异最大，城市群内部各城市间的经济发展水平、发展效率、创新能力和综合竞争力差异较大，未来构建分工协作紧密、产业关联度强的产业协同发展网络是京津冀城市群实现高质量健康发展的重要方向。

三 结语与展望

从 20 世纪 80 年代的爱国卫生运动到 21 世纪的健康中国战略，中国在健康促进领域取得了举世瞩目的历史性成就。新时期，拥有 8 亿多城镇人口的城市依然是健康促进的核心载体，在建设健康中国、提高居民福祉方面有着尚未实现的责任，也面临着新的机遇与挑战。展望未来，中国的健康城市建设应继续秉持"以人为本"、"将健康融入所有政策"的理念，充分借助新一代信息技术、加强跨部门合作、推行健康共治、参与全球健康治理，加快建成与社会主义现代化国家相适应的健康国家，为中华民族伟大复兴奠定健康根基。

一是充分利用"大数据 +"、"互联网 +"，提升健康城市建设的智慧水平。中国已日益成为全球技术创新的高地，大数据和人工智能技术的发展已渗透到城市规划、建设和管理各个环节，健康城市的发展也必须抓住新一轮技术革命的重大机遇，积极推进大数据、物联网、人工智能等在卫生医疗、公共服务、城市管理、环境治理等领域的应用，加大健康城市试点和智慧城市试点的数据共享、政策协同和联动机制。

二是强化跨部门合作，形成多部门健康协作的机制和合力。健康城市是一个系统工程，其理念与模式要求跨部门协作、政策支持，以使有限资源实现协调发展、达到最优效益，多部门协作则是落实将健康融入所有政策的重要机制。城市各部门应借鉴国际上 HIA（健康影响评价，Health Impact Assessment）方法，在部门公共政策的制订过程中，引入健康影响评价制度，分析城市发展中环境、社会、经济、文化、个人行为等各类潜在健康危险因素的特征和分布；梳理部门职责和政策领域，分析政策领域

所涉及的健康影响因素；打破各政府部门之间的信息壁垒，促进跨部门合作，建立可持续性的跨部门长期合作机制，提高城市健康发展的科学决策水平。

三是强化健康共治，构建多元主体共同参与的平台。全球发展实践表明，非政府组织尤其是企业和社区机构的参与一定程度上决定着健康城市计划的成功与否，健康共治则是实现健康中国目标的重要途径。健康共治是指中央及各级政府及其相关部门以全政府和全社会的方式引导社会组织、企业和公众为了健康发展和社会福祉而共同采取的行动，健康共治应贯穿于健康城市需求评估、规划制订、活动实施与监测评价等各个环节，通过健康共治促进健康发展的全面性、公平性和协同性。

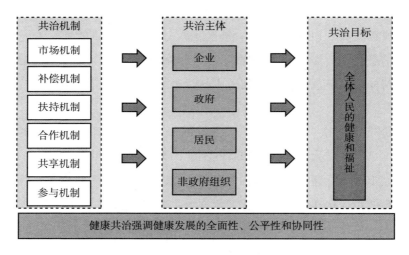

图 12　健康共治理念示意

参考文献

高力：《健康城市的中国方案》，《环球》2019 年 5 月 1 日。

刘娟娟：《中国引领全球健康治理》，http：//www.xinhuanet.com/globe/2017 - 12/09/c_ 136804801.htm。

《中国居民主要健康指标总体上优于中高收入国家平均水平》，《人民日报》2018 年 9 月 4 日。

傅华等：《以健康共治实现全民健康管理》，《上海预防医学》2016 年第 28 期。

附录 1：评价方法与评价模型

本文城市健康发展评价指标体系包括健康经济、健康社会、健康环境、健康文化和健康管理等 5 个方面，涉及大量不同性质的指标和数据，为保证数据的可加性和可比性，本文先对所有数据进行无量纲化处理和逆指标的同趋化处理，然后通过德尔菲法初步确定各指标的权重，再利用因子分析法进行检验和校正，最后对健康城市指数进行综合评价。

首先，对数据进行如下标准化处理。

正指标的标准化：

$$Y_n = \frac{y_n - \min\limits_{1 \leqslant n \leqslant p}(y_n)}{\max\limits_{1 \leqslant n \leqslant p}(y_n) - \min\limits_{1 \leqslant n \leqslant p}(y_n)} \tag{1}$$

逆指标的标准化：

$$Y_n = \frac{\max\limits_{1 \leqslant n \leqslant p}(y_n) - y_n}{\max\limits_{1 \leqslant n \leqslant p}(y_n) - \min\limits_{1 \leqslant n \leqslant p}(y_n)} \tag{2}$$

公式中，Y_n 为 n 指标的标准化值；y_n 为某城市 n 指标的原始值；$\max(y_n)$ 为各城市 n 指标的最大样本值；$\min(y_n)$ 为各城市 n 指标的最小样本值。

其次，利用德尔菲法进行指标赋权。组织城市健康发展领域的专家进行指标赋权，逐级确定各项指标的权重，对健康城市指数进行预评价和预测算。

再次，建立因子分析模型进行检验校正：

$$\begin{cases} x_1 = a_{11}F_1 + a_{12}F_2 + \cdots + a_{1m}F_m + a_1\varepsilon_1 \\ x_2 = a_{21}F_1 + a_{22}F_2 + \cdots + a_{2m}F_m + a_2\varepsilon_2 \\ \cdots \\ x_n = a_{n1}F_1 + a_{n2}F_2 + \cdots + a_{nm}F_m + a_n\varepsilon_n \end{cases} \quad (3)$$

其中，x_1、$x_2\cdots x_n$ 为 n 个原变量，F_1、$F_2\cdots F_m$ 为 m 个因子变量。通过矩阵转换，求解公因子。

$$X_i = HE_j + \varepsilon_i = \sum_{\substack{j=1 \\ (1 \leqslant i \leqslant p, 1 \leqslant j \leqslant m)}}^{n} h_{ij}e_j + \varepsilon_i \quad (4)$$

其中，H 为因子载荷阵，E_j 为公因子，h_{ij} 为因子载荷，ε_i 为残差。

利用上述模型，使用 SPSS 软件进行因子分析，采用最大方差正交旋转法（Varima）求解公因子，计算各因子的变量得分和综合得分，并对其显著性水平进行测度。

最后，根据因子分析模型和德尔菲法的预测算结果，调整校正健康城市评价指标体系的指标因子及其权重分布，分别计算得出城市的健康经济指数、健康文化指数、健康社会指数、健康环境指数、健康管理指数，并在此基础上，综合计算和形成健康城市指数。

$$I_h = \sum_{j=m}^{i=n} \lambda_i \lambda_{ij} Z_{ij} \quad (5)$$

$$UHDI = \sum_{h=1}^{5} A_h I_h \quad (6)$$

其中，$I_{h(h=1,2,3,4,5)}$ 分别为健康经济指数、健康文化指数、健康社会指数、健康环境指数和健康管理指数，λ_i 为 i 项指标的权重，λ_{ij} 为 i 项指标下的第 j 因子变量的权重，Z_{ij} 为 i 项指标下的第 j 因子变量的标准化值，m 为各指标所包含的因子数量，n 为各指数所包含的指标数量，$UHDI$ 为健康城市指数，$I_{h(h=1,2,3,4,5)}$ 为各分项指数，$A_{h(h=1,2,3,4,5)}$ 为各分项指数的权重。

附表 1   2018 年中国城市健康发展评价

	健康发展指数	排名	健康经济	健康文化	健康社会	健康环境	健康管理
深圳市	64.85	1	59.22	50.35	68.91	81.07	44.16
北京市	61.86	2	57.05	58.27	72.85	66.26	49.38
上海市	59.85	3	58.80	46.17	61.89	69.91	56.76
珠海市	58.33	4	41.29	42.72	68.16	78.26	55.03
广州市	57.50	5	43.12	42.52	65.46	76.52	54.01
南京市	57.30	6	45.52	53.04	63.13	65.90	58.48
宁波市	57.23	7	47.62	55.32	64.52	69.61	42.55
杭州市	56.92	8	48.19	42.34	68.93	66.83	44.77
苏州市	56.59	9	47.03	47.03	66.99	66.61	43.58
厦门市	56.00	10	41.65	24.36	64.86	79.81	65.09
佛山市	55.82	11	48.54	39.31	62.26	68.04	55.01
无锡市	55.81	12	43.82	38.55	65.75	66.61	60.33
昆明市	55.35	13	34.95	39.54	63.51	75.35	65.57
长沙市	55.11	14	43.92	40.76	68.66	57.19	59.82
泉州市	54.74	15	34.00	25.49	70.58	76.50	59.44
绍兴市	54.57	16	42.22	37.17	62.11	71.07	55.94
东营市	53.75	17	43.48	32.99	56.59	71.64	66.24
温州市	53.56	18	36.80	25.43	67.50	73.78	55.41
鄂尔多斯市	53.31	19	41.78	29.22	59.44	77.04	52.40
常州市	53.22	20	44.78	34.39	61.28	66.75	51.31
东莞市	53.00	21	39.34	24.38	60.87	78.77	54.89
台州市	52.84	22	38.88	24.94	63.01	78.15	48.51
青岛市	52.76	23	43.14	25.26	59.99	73.82	54.22
呼和浩特市	52.72	24	33.86	34.77	61.29	62.13	82.31
镇江市	52.55	25	39.70	34.51	60.48	65.22	62.64
福州市	52.34	26	36.82	28.04	61.27	74.70	56.04
南通市	52.24	27	37.49	32.97	61.12	67.20	61.41
湖州市	51.96	28	36.43	43.11	58.00	68.31	53.20
威海市	51.89	29	35.19	19.82	58.81	79.18	66.39
株洲市	51.88	30	33.19	28.62	63.83	69.08	63.27
大连市	51.80	31	41.21	32.88	54.09	73.08	57.21
武汉市	51.64	32	43.90	30.76	59.80	65.07	50.98
丽水市	51.53	33	36.49	23.25	63.03	73.69	52.73
克拉玛依市	51.38	34	39.97	40.61	54.81	77.56	33.41

	健康发展指数	排名	健康经济	健康文化	健康社会	健康环境	健康管理
沈阳市	51.28	35	35.45	34.44	57.12	65.44	70.30
中山市	50.90	36	36.93	25.52	61.49	70.67	52.57
三明市	50.76	37	29.77	41.44	55.18	77.01	51.42
舟山市	50.65	38	38.53	28.31	56.85	77.97	41.21
湘潭市	50.50	39	34.21	30.90	60.34	66.66	58.74
咸阳市	50.49	40	31.35	28.09	62.65	65.28	65.88
沧州市	50.46	41	37.38	24.60	63.06	61.06	62.99
金华市	50.42	42	38.34	23.81	63.04	69.76	44.00
玉溪市	50.40	43	34.28	38.60	50.88	67.08	73.56
龙岩市	50.32	44	31.29	25.27	58.05	76.12	60.69
合肥市	50.22	45	33.56	38.35	62.17	63.48	47.34
嘉兴市	50.19	46	38.49	30.27	57.72	67.45	52.21
潍坊市	50.12	47	35.93	27.08	57.84	64.03	69.14
南宁市	50.11	48	28.01	38.12	54.11	72.42	66.71
扬州市	50.02	49	36.45	34.43	56.18	62.49	63.97
漳州市	49.81	50	29.05	15.81	62.14	75.03	65.23
泰州市	49.67	51	37.75	28.48	58.27	63.75	57.31
惠州市	49.58	52	31.39	19.14	59.03	77.65	56.19
南昌市	49.56	53	32.34	22.51	56.21	73.31	65.73
黄山市	49.54	54	26.75	45.38	51.71	87.27	30.84
济南市	49.54	55	42.05	28.12	62.98	58.77	41.61
烟台市	49.48	56	35.09	16.96	56.97	71.77	67.17
郴州市	49.39	57	27.37	16.75	58.05	73.85	78.55
铜陵市	49.12	58	30.38	40.77	51.45	69.74	60.27
连云港市	49.10	59	28.81	37.38	55.60	70.19	55.70
郑州市	48.76	60	35.77	24.72	61.42	60.10	56.63
乌鲁木齐市	48.68	61	34.52	25.37	60.42	65.17	50.86
廊坊市	48.56	62	36.48	23.34	58.16	62.97	58.99
岳阳市	48.54	63	33.63	32.53	52.38	69.97	55.43
常德市	48.18	64	33.04	24.05	54.77	68.45	61.89
玉林市	48.02	65	22.88	26.68	58.86	73.42	59.61
衢州市	48.02	66	34.06	28.71	55.89	70.39	43.53
西安市	47.98	67	33.75	34.02	53.31	57.69	69.12
成都市	47.84	68	32.12	27.86	54.65	63.46	65.43

续表

	健康发展指数	排名	健康经济	健康文化	健康社会	健康环境	健康管理
兰州市	47.79	69	29.84	27.29	61.89	62.69	51.33
淄博市	47.79	70	38.20	22.46	55.23	61.91	59.18
秦皇岛市	47.61	71	32.39	25.35	54.23	66.94	60.35
嘉峪关市	47.50	72	26.66	33.67	54.25	70.22	54.65
防城港市	47.50	73	42.14	20.17	55.82	62.71	46.50
大庆市	47.29	74	42.89	31.87	41.70	58.90	74.95
马鞍山市	47.26	75	32.26	29.60	54.47	66.16	51.77
银川市	47.25	76	31.64	43.94	54.49	58.35	47.33
长春市	47.23	77	32.10	26.70	52.11	66.76	62.16
鹰潭市	47.21	78	30.26	23.49	53.78	70.61	58.67
石家庄市	47.20	79	34.15	19.21	55.72	57.23	76.20
太原市	47.18	80	33.51	37.07	46.33	51.30	90.79
三亚市	47.15	81	27.27	19.09	56.62	76.47	51.87
桂林市	47.10	82	24.52	30.26	55.60	69.64	58.25
宜昌市	47.02	83	30.70	20.51	61.50	57.92	62.34
九江市	46.98	84	33.19	27.35	52.30	64.96	58.92
衡阳市	46.94	85	28.32	28.95	57.33	64.39	54.37
盘锦市	46.90	86	37.30	25.12	50.79	67.90	49.91
哈尔滨市	46.83	87	28.77	37.18	51.42	62.85	60.63
贵阳市	46.80	88	29.20	30.40	47.92	68.70	68.24
吉安市	46.80	89	27.05	29.24	53.16	67.26	62.53
新余市	46.79	90	30.56	20.23	50.27	73.03	64.32
盐城市	46.75	91	32.75	19.96	54.41	68.01	56.41
芜湖市	46.74	92	30.92	26.58	60.87	64.07	39.45
2 天津市	46.66	93	37.33	27.45	55.84	60.02	44.58
北海市	46.65	94	26.47	8.51	55.98	76.20	67.25
徐州市	46.38	95	31.67	20.44	55.95	60.03	66.09
肇庆市	46.32	96	21.98	35.23	48.61	71.13	67.35
海口市	46.21	97	26.39	18.39	57.82	74.84	45.46
韶关市	46.16	98	25.40	23.81	53.56	70.37	60.96
西宁市	46.09	99	27.79	21.03	54.26	63.33	70.42
新乡市	46.05	100	29.10	19.79	55.59	62.08	67.17
洛阳市	46.03	101	35.15	23.75	53.11	60.04	57.38
唐山市	46.03	102	37.24	21.46	50.13	59.62	65.32

续表

	健康发展指数	排名	健康经济	健康文化	健康社会	健康环境	健康管理
滨州市	46.00	103	29.26	20.68	56.83	61.66	62.05
泰安市	46.00	104	31.08	24.66	49.49	67.25	62.32
娄底市	45.98	105	26.25	24.04	50.17	71.33	65.01
柳州市	45.97	106	26.99	21.20	54.68	63.65	69.07
邵阳市	45.90	107	23.51	42.84	51.13	63.85	54.87
鹤壁市	45.85	108	28.76	22.96	54.41	63.83	61.31
黄石市	45.83	109	28.57	26.87	49.93	65.94	64.94
咸宁市	45.83	110	27.71	24.34	53.15	69.51	54.07
晋城市	45.77	111	31.85	35.04	56.81	54.78	45.56
22 重庆市	45.66	112	30.51	28.09	48.58	66.95	58.59
安顺市	45.66	113	24.24	29.28	49.14	73.48	57.64
河源市	45.61	114	20.52	20.98	55.46	73.99	58.92
承德市	45.57	115	28.69	30.22	51.71	63.32	56.89
丽江市	45.57	116	24.86	33.75	46.43	70.83	61.97
景德镇市	45.55	117	24.81	30.31	45.39	77.22	57.37
包头市	45.54	118	32.80	30.23	52.90	63.30	42.79
怀化市	45.43	119	24.85	21.61	45.60	73.50	75.96
南阳市	45.42	120	24.57	19.80	60.66	60.48	60.09
绵阳市	45.36	121	26.49	26.29	51.27	67.52	59.08
松原市	45.35	122	33.95	15.41	47.83	70.78	60.44
莱芜市	45.27	123	33.72	15.73	51.86	64.45	60.33
萍乡市	45.19	124	26.48	38.30	50.00	60.38	57.48
乌海市	45.15	125	26.58	28.52	51.45	64.96	57.98
许昌市	45.12	126	26.74	19.69	54.37	63.19	65.28
荆门市	45.07	127	28.05	28.16	52.70	61.31	57.59
宁德市	45.02	128	27.22	12.99	54.32	69.71	60.27
宣城市	44.91	129	32.32	20.20	47.92	69.64	54.99
日照市	44.91	130	31.07	14.41	51.33	65.89	64.03
滁州市	44.83	131	26.86	25.33	53.05	64.85	54.32
辽源市	44.81	132	27.24	23.34	47.39	70.43	61.97
通辽市	44.72	133	29.43	21.72	46.38	67.35	67.23
湛江市	44.69	134	25.66	22.57	52.25	70.11	51.91
营口市	44.66	135	36.73	21.35	49.14	58.63	58.02
金昌市	44.64	136	28.76	36.11	44.43	62.65	61.75

续表

	健康发展指数	排名	健康经济	健康文化	健康社会	健康环境	健康管理
德阳市	44.62	137	30.10	27.39	51.68	58.36	58.07
钦州市	44.54	138	31.89	17.22	45.38	72.25	59.21
中卫市	44.51	139	28.88	21.45	54.32	64.94	47.89
遵义市	44.51	140	26.86	21.46	48.71	66.04	67.51
随州市	44.50	141	24.63	22.21	47.53	67.75	72.04
益阳市	44.44	142	29.28	16.00	51.70	68.79	54.48
三门峡市	44.41	143	33.42	20.26	54.77	54.11	57.64
辽阳市	44.40	144	35.09	24.76	49.21	59.58	52.34
安阳市	44.39	145	29.30	25.20	55.45	54.19	58.11
宿迁市	44.27	146	25.29	35.92	49.78	61.71	52.87
漯河市	44.26	147	28.81	14.13	55.38	59.72	63.81
本溪市	44.26	148	27.02	17.32	46.93	76.13	56.04
临沂市	44.23	149	32.13	15.54	49.06	61.66	68.12
平顶山市	44.18	150	27.62	16.64	55.11	62.37	57.72
吴忠市	44.12	151	27.49	21.74	54.27	65.36	46.29
呼伦贝尔市	44.08	152	23.60	21.65	49.39	67.65	65.81
南平市	44.02	153	26.79	16.71	50.38	73.85	49.35
梧州市	43.98	154	23.77	20.50	51.98	65.77	62.10
张家界市	43.93	155	28.24	24.46	49.01	70.86	43.26
黄冈市	43.78	156	20.93	32.38	50.59	57.97	69.14
上饶市	43.78	157	29.62	23.42	49.58	56.82	66.18
安庆市	43.74	158	24.78	20.10	53.92	67.93	47.69
枣庄市	43.68	159	27.39	15.96	50.85	64.07	63.68
十堰市	43.62	160	26.55	20.97	42.50	66.77	77.35
开封市	43.59	161	29.15	20.59	52.55	57.51	59.51
邢台市	43.58	162	28.49	21.67	53.62	57.29	56.61
宝鸡市	43.57	163	29.89	22.09	51.80	59.96	52.50
永州市	43.52	164	24.74	16.00	51.63	65.85	62.77
保定市	43.51	165	30.92	19.98	51.10	50.11	74.34
焦作市	43.24	166	27.49	20.67	53.62	55.29	61.20
广安市	43.23	167	26.38	11.06	48.42	69.70	65.10
梅州市	43.20	168	21.31	14.96	53.04	78.62	39.94
茂名市	43.20	169	25.24	9.64	50.31	70.44	62.62
锦州市	43.18	170	28.33	26.22	48.18	62.78	51.55

	健康发展指数	排名	健康经济	健康文化	健康社会	健康环境	健康管理
阳江市	43.18	171	25.16	13.05	53.87	70.12	47.42
安康市	43.15	172	23.75	14.08	51.34	67.41	62.20
鄂州市	43.10	173	25.88	14.39	51.75	63.11	63.22
莆田市	43.05	174	29.32	14.54	45.16	71.03	57.90
衡水市	43.03	175	30.36	18.98	49.97	58.10	59.79
酒泉市	42.96	176	25.45	35.58	42.79	62.64	58.98
济宁市	42.96	177	33.02	22.04	55.61	61.00	65.16
眉山市	42.96	178	26.10	14.88	48.59	64.12	67.97
赣州市	42.95	179	26.26	20.14	44.29	71.72	57.28
菏泽市	42.92	180	28.96	18.35	47.17	63.13	61.45
百色市	42.91	181	26.69	13.45	55.14	59.25	58.24
雅安市	42.82	182	25.09	12.52	51.46	65.60	61.15
佳木斯市	42.71	183	26.85	19.73	45.79	66.83	59.36
晋中市	42.70	184	28.10	19.03	51.89	57.32	57.91
河池市	42.66	185	34.94	19.55	46.64	58.00	53.97
蚌埠市	42.55	186	25.74	20.29	48.34	63.85	57.99
泸州市	42.50	187	25.03	12.49	51.87	64.70	58.69
贺州市	42.41	188	21.70	12.49	52.30	69.72	54.81
攀枝花市	42.41	189	29.28	20.42	38.81	70.51	62.85
池州市	42.33	190	26.54	22.69	46.67	66.08	50.77
抚州市	42.33	191	28.43	13.16	40.35	72.12	67.21
六盘水市	42.30	192	25.45	25.77	36.34	66.02	79.63
襄阳市	42.27	193	27.51	15.82	52.76	56.23	59.47
临汾市	42.27	194	28.67	28.51	51.24	46.06	62.39
铜川市	42.25	195	22.93	26.52	51.67	61.49	47.37
阜阳市	42.16	196	24.74	18.21	52.32	60.47	54.54
牡丹江市	42.15	197	21.87	32.71	51.23	53.24	57.60
淮北市	42.12	198	26.15	19.17	51.79	60.32	51.07
石嘴山市	42.10	199	24.97	30.77	46.41	61.42	50.41
驻马店市	42.07	200	27.64	12.17	49.50	62.74	59.35
张家口市	42.06	201	28.64	17.04	47.34	63.08	55.25
朝阳市	42.04	202	31.26	20.53	42.88	63.54	55.73
淮安市	42.03	203	31.46	39.19	34.70	62.47	53.79
鞍山市	41.98	204	31.63	24.39	47.92	54.94	50.52

续表

	健康发展指数	排名	健康经济	健康文化	健康社会	健康环境	健康管理
汕头市	41.97	205	22.07	14.57	48.82	75.86	44.52
赤峰市	41.80	206	22.41	23.97	44.66	63.93	64.14
宜春市	41.77	207	25.42	22.02	41.20	68.24	61.05
邯郸市	41.76	208	28.40	18.52	45.74	60.66	60.32
六安市	41.76	209	25.02	13.03	49.05	69.92	48.48
天水市	41.74	210	24.53	18.01	45.90	67.37	56.62
临沧市	41.68	211	20.35	27.58	40.41	73.08	57.16
乐山市	41.61	212	25.12	9.55	49.07	70.50	50.81
延安市	41.55	213	39.49	19.25	33.06	63.21	62.32
广元市	41.51	214	21.20	7.69	49.19	74.55	53.93
普洱市	41.50	215	18.62	30.42	44.88	64.99	58.22
丹东市	41.40	216	24.67	18.32	47.73	58.89	63.84
贵港市	41.33	217	21.38	13.28	53.73	60.78	57.20
固原市	41.33	218	24.50	28.12	43.52	64.15	51.02
资阳市	41.27	219	26.61	12.92	47.08	62.61	60.32
濮阳市	41.26	220	26.54	19.11	45.67	59.60	61.39
江门市	41.26	221	25.20	17.52	55.43	71.23	14.54
长治市	41.24	222	29.57	24.63	54.21	42.76	53.40
荆州市	41.22	223	25.99	19.86	55.98	45.33	58.84
曲靖市	41.13	224	31.08	27.97	37.06	58.64	63.24
双鸭山市	41.10	225	22.70	25.15	43.60	66.84	52.01
武威市	41.07	226	23.55	19.23	48.65	63.03	51.00
内江市	41.06	227	23.82	12.14	45.89	64.79	65.60
渭南市	41.05	228	23.79	9.16	52.96	57.04	64.35
白银市	40.99	229	23.41	22.25	41.91	66.90	58.50
毕节市	40.87	230	25.13	23.05	40.94	62.37	63.77
葫芦岛市	40.77	231	29.87	18.33	37.15	62.37	69.30
聊城市	40.76	232	26.77	22.30	49.61	54.03	50.32
抚顺市	40.74	233	31.00	12.32	46.29	56.01	60.54
揭阳市	40.72	234	21.41	8.12	49.34	63.33	66.86
遂宁市	40.72	235	25.23	8.78	46.38	67.96	55.89
宜宾市	40.72	236	26.02	13.02	49.25	60.92	53.00
来宾市	40.63	237	24.59	5.27	48.76	67.10	56.48
巴彦淖尔市	40.63	238	25.67	18.53	38.50	67.87	63.04

	健康发展指数	排名	健康经济	健康文化	健康社会	健康环境	健康管理
吉林市	40.62	239	27.85	21.85	48.86	49.16	58.89
信阳市	40.59	240	22.06	8.50	51.38	61.61	60.69
汉中市	40.50	241	26.27	14.48	47.20	56.46	63.12
黑河市	40.50	242	24.66	17.20	42.80	69.93	49.28
云浮市	40.42	243	19.59	16.18	47.54	68.43	51.47
阜新市	40.36	244	21.28	14.91	45.45	70.82	50.06
海东市	40.31	245	26.76	22.37	43.42	61.91	48.53
大同市	40.26	246	27.05	18.91	45.75	57.85	53.66
潮州市	40.25	247	21.96	10.33	47.27	65.74	58.80
铜仁市	40.03	248	24.52	28.91	35.76	64.90	58.61
南充市	40.00	249	22.80	6.67	47.48	66.58	57.42
七台河市	39.98	250	25.29	11.95	41.29	70.06	54.70
张掖市	39.93	251	21.70	19.94	40.53	70.30	53.01
亳州市	39.91	252	26.20	11.72	49.77	59.16	48.37
德州市	39.90	253	27.05	12.26	38.56	61.31	74.68
清远市	39.88	254	21.43	13.00	48.83	63.65	51.91
榆林市	39.84	255	16.64	19.25	54.63	57.57	48.87
宿州市	39.83	256	28.23	12.74	45.54	59.12	53.74
保山市	39.77	257	25.85	23.28	33.78	71.96	52.87
绥化市	39.74	258	23.91	10.85	42.59	68.58	56.37
淮南市	39.55	259	24.06	16.86	50.00	60.46	39.11
齐齐哈尔市	39.38	260	24.33	20.31	43.87	57.70	55.44
汕尾市	39.20	261	16.88	7.39	49.82	70.25	48.73
乌兰察布市	38.87	262	18.60	23.27	36.41	68.77	60.47
白城市	38.75	263	27.24	18.58	45.56	52.37	50.18
周口市	38.75	264	23.19	12.71	43.62	61.27	57.09
鹤岗市	38.35	265	21.80	15.58	42.29	63.47	51.83
崇左市	38.28	266	21.82	10.66	49.72	54.33	54.46
忻州市	38.27	267	27.60	29.87	31.96	57.50	57.94
商丘市	38.05	268	25.81	10.89	39.68	62.08	56.49
巴中市	37.97	269	18.24	14.75	42.13	65.77	54.01
自贡市	37.97	270	24.77	10.38	46.37	52.18	58.70
四平市	37.87	271	24.29	18.07	48.89	47.36	49.48
阳泉市	37.68	272	27.14	18.42	47.02	41.11	58.01
孝感市	37.48	273	25.30	18.85	34.54	63.55	52.54

续表

	健康发展指数	排名	健康经济	健康文化	健康社会	健康环境	健康管理
庆阳市	37.06	274	24.59	14.62	36.08	58.64	61.66
商洛市	36.88	275	25.23	23.88	28.58	63.04	58.13
通化市	36.74	276	22.28	14.40	34.34	68.40	50.28
朔州市	36.71	277	31.05	20.33	28.15	57.60	59.32
伊春市	36.51	278	21.54	19.62	37.61	58.93	51.09
吕梁市	36.45	279	30.52	22.77	32.88	51.97	51.53
白山市	36.43	280	23.67	9.61	42.44	53.98	55.47
铁岭市	34.71	281	25.21	14.36	26.02	58.75	66.97
平凉市	34.36	282	24.15	22.09	27.25	56.77	54.77
鸡西市	34.06	283	21.21	2.48	41.28	53.47	53.09
定西市	33.83	284	20.66	15.44	28.68	61.17	55.12
昭通市	33.47	285	22.49	19.28	25.73	56.30	59.75
达州市	33.29	286	20.26	11.25	26.82	61.20	62.51
运城市	31.76	287	26.33	16.67	26.37	47.55	52.58
陇南市	27.38	288	22.44	18.53	13.91	45.20	57.75

附表2　2018年中国超大城市健康发展评价

	健康发展指数	排名	健康经济	健康文化	健康社会	健康环境	健康管理
上海市	59.85	1	58.80	46.17	61.89	69.91	56.76
北京市	61.86	2	57.05	50.35	72.85	66.26	49.38
重庆市	45.06	3	30.51	28.09	46.58	66.95	58.59
深圳市	64.85	4	59.22	58.27	68.91	81.07	44.16
广州市	57.50	5	43.12	42.52	65.46	76.52	54.01
天津市	45.36	6	37.33	21.45	54.84	60.02	43.58
武汉市	51.64	7	43.90	30.76	59.80	65.07	50.98

附表3　2018年中国特大城市健康发展评价

	健康发展指数	排名	健康经济	健康文化	健康社会	健康环境	健康管理
东莞市	53.00	1	39.34	24.38	60.87	78.77	54.89
郑州市	48.76	2	35.77	24.72	61.42	60.10	56.63
沈阳市	51.28	3	35.45	34.44	57.12	65.44	70.30
南京市	57.30	4	45.52	53.04	63.13	65.90	58.48
成都市	47.84	5	32.12	27.86	54.65	63.46	65.43
杭州市	56.92	6	48.19	42.34	68.93	66.83	44.77

附表4　2018年中国大城市健康发展评价

	健康发展指数	排名	健康经济	健康文化	健康社会	健康环境	健康管理
哈尔滨市	46.83	1	28.77	37.18	51.42	62.85	60.63
昆明市	55.35	2	34.95	39.54	63.51	75.35	65.57
长春市	47.23	3	32.10	26.70	52.11	66.76	62.16
西安市	47.98	4	33.75	34.02	53.31	57.69	69.12
太原市	47.18	5	33.51	37.07	46.33	51.30	90.79
长沙市	55.11	6	43.92	40.76	68.66	57.19	59.82
青岛市	52.76	7	43.14	25.26	59.99	73.82	54.22
合肥市	50.22	8	33.56	38.35	62.17	63.48	47.34
乌鲁木齐市	48.68	9	34.52	25.37	60.42	65.17	50.86
大连市	51.80	10	41.21	32.88	54.09	73.08	57.21
济南市	49.54	11	42.05	28.12	62.98	58.77	41.61
苏州市	56.59	12	47.03	47.03	66.99	66.61	43.58
厦门市	56.00	13	41.65	24.36	64.86	79.81	65.09
洛阳市	46.03	14	35.15	23.75	53.11	60.04	57.38
贵阳市	46.80	15	29.20	30.40	47.92	68.70	68.24
石家庄市	47.20	16	34.15	19.21	55.72	57.23	76.20
南宁市	50.11	17	28.01	38.12	54.11	72.42	66.71
无锡市	55.81	18	43.82	38.55	65.75	66.61	60.33
汕头市	41.97	19	22.07	14.57	48.82	75.86	44.52
南昌市	49.56	20	32.34	22.51	56.21	73.31	65.73
福州市	52.34	21	36.82	28.04	61.27	74.70	56.04
佛山市	55.82	22	48.54	39.31	62.26	68.04	55.01
兰州市	47.79	23	29.84	27.29	61.89	62.69	51.33
唐山市	46.03	24	37.24	21.46	50.13	59.62	65.32
呼和浩特市	52.72	25	33.86	34.77	61.29	62.13	82.31
临沂市	44.23	26	32.13	15.54	49.06	61.66	68.12
包头市	45.54	27	32.80	30.23	52.90	63.30	42.79
宁波市	57.23	28	47.62	55.32	64.52	69.61	37.55
淄博市	47.79	29	38.20	22.46	55.23	61.91	59.18
鞍山市	41.98	30	31.63	24.39	47.92	54.94	50.52
邯郸市	41.76	31	28.40	18.52	45.74	60.66	60.32
柳州市	45.97	32	26.99	21.20	54.68	63.65	69.07
温州市	53.56	33	36.80	25.43	67.50	73.78	55.41
徐州市	46.38	34	31.67	20.44	55.95	60.03	66.09

续表

	健康发展指数	排名	健康经济	健康文化	健康社会	健康环境	健康管理
南阳市	45.42	35	24.57	19.80	60.66	60.48	60.09
南通市	52.24	36	37.49	32.97	61.12	67.20	61.41
惠州市	49.58	37	31.39	19.14	59.03	77.65	56.19
烟台市	49.48	38	35.09	16.96	56.97	71.77	67.17
常州市	53.22	39	44.78	34.39	61.28	66.75	51.31
淮安市	42.03	40	31.46	39.19	34.70	62.47	53.79
抚顺市	40.74	41	31.00	12.32	46.29	56.01	60.54
珠海市	58.33	42	41.29	42.72	68.16	78.26	55.03
大庆市	47.29	43	42.89	31.87	41.70	58.90	74.95
银川市	47.25	44	31.64	43.94	54.49	58.35	47.33
吉林市	40.62	45	27.85	21.85	48.86	49.16	58.89
大同市	40.26	46	27.05	18.91	45.75	57.85	53.66
潍坊市	50.12	47	35.93	27.08	57.84	64.03	69.14
海口市	46.21	48	26.39	18.39	57.82	74.84	45.46
保定市	43.51	49	30.92	19.98	51.10	50.11	74.34
泉州市	54.74	50	34.00	25.49	70.58	76.50	59.44
自贡市	37.97	51	24.77	10.38	46.37	52.18	58.70
芜湖市	46.74	52	30.92	26.58	60.87	64.07	39.45
江门市	41.26	53	25.20	17.52	55.43	71.23	14.54
西宁市	46.09	54	27.79	21.03	54.26	63.33	70.42
衡阳市	46.94	55	28.32	28.95	57.33	64.39	54.37
齐齐哈尔市	39.38	56	24.33	20.31	43.87	57.70	55.44
济宁市	42.96	57	33.02	22.04	55.61	61.00	65.16
扬州市	50.02	58	36.45	34.43	56.18	62.49	63.97
淮南市	39.55	59	24.06	16.86	50.00	60.46	39.11
株洲市	51.88	60	33.19	28.62	63.83	69.08	63.27
南充市	40.00	61	22.80	6.67	47.48	66.58	57.42
台州市	52.84	62	38.88	24.94	63.01	78.15	48.51
泸州市	42.50	63	25.03	12.49	51.87	64.70	58.69
	44.56	64	28.90	22.29	50.97	64.25	58.50
锦州市	43.18	65	28.33	26.22	48.18	62.78	51.55
营口市	44.66	66	36.73	21.35	49.14	58.63	58.02
绵阳市	45.36	67	26.49	26.29	51.27	67.52	59.08
商丘市	38.05	68	25.81	10.89	39.68	62.08	56.49

	健康发展指数	排名	健康经济	健康文化	健康社会	健康环境	健康管理
秦皇岛市	47.61	69	32.39	25.35	54.28	66.94	60.35
枣庄市	43.68	70	27.39	15.96	50.85	64.07	63.68
本溪市	44.26	71	27.02	17.32	46.93	76.13	56.04
邢台市	43.58	72	28.49	21.67	53.62	57.29	56.61
咸阳市	50.49	73	31.35	28.09	62.65	65.28	65.88
赤峰市	41.80	74	22.41	23.97	44.66	63.93	64.14
蚌埠市	42.55	75	25.74	20.29	48.34	63.85	57.99
平顶山市	44.18	76	27.62	16.64	55.11	62.37	57.72
开封市	43.59	77	29.15	20.59	52.55	57.51	59.51
宝鸡市	43.57	78	29.89	22.09	51.80	59.96	52.50
镇江市	52.55	79	39.70	34.51	60.48	65.22	62.64
张家口市	42.06	80	28.64	17.04	47.34	63.08	55.25
湖州市	51.96	81	36.43	43.11	58.00	68.31	53.20
襄阳市	42.27	82	27.51	15.82	52.76	56.23	59.47
淮北市	42.12	83	26.15	19.17	51.79	60.32	51.07
湛江市	44.69	84	25.66	22.57	52.25	70.11	51.91
连云港市	49.10	85	28.81	37.38	55.60	70.19	55.70
桂林市	47.10	86	24.52	30.26	55.60	69.64	58.25
揭阳市	40.72	87	21.41	8.12	49.34	63.33	66.86
宜昌市	47.02	88	30.70	20.51	61.50	57.92	62.34
辽阳市	44.40	89	35.09	24.76	49.21	59.58	52.34
湘潭市	50.50	90	34.21	30.90	60.34	66.66	58.74
阜新市	40.36	91	21.28	14.91	45.45	70.82	50.06
绍兴市	54.57	92	42.22	37.17	62.11	71.07	55.94
嘉兴市	50.19	93	38.49	30.27	57.72	67.45	52.21
盐城市	46.75	94	32.75	19.96	54.41	68.01	56.41
焦作市	43.24	95	27.49	20.67	53.62	55.29	61.20
伊春市	36.51	96	21.54	19.62	37.61	58.93	51.09
阜阳市	42.16	97	24.74	18.21	52.32	60.47	54.54
中山市	50.90	98	36.93	25.52	61.49	70.67	52.57
新乡市	46.05	99	29.10	19.79	55.59	62.08	67.17
荆州市	41.22	100	25.99	19.86	55.98	45.33	58.84
长治市	41.24	101	29.57	24.63	54.21	42.76	53.40
遵义市	44.51	102	26.86	21.46	48.71	66.04	67.51

续表

	健康发展指数	排名	健康经济	健康文化	健康社会	健康环境	健康管理
黄石市	45.83	103	28.57	26.87	49.93	65.94	64.94
邵阳市	45.90	104	23.51	42.84	51.13	63.85	54.87
鸡西市	34.06	105	21.21	2.48	41.28	53.47	53.09
安阳市	44.39	106	29.30	25.20	55.45	54.19	58.11
牡丹江市	42.15	107	21.87	32.71	51.23	53.24	57.60
滨州市	46.00	108	29.26	20.68	56.83	61.66	62.05
菏泽市	42.92	109	28.96	18.35	47.17	63.13	61.45
盘锦市	46.90	110	37.30	25.12	50.79	67.90	49.91
曲靖市	41.13	111	31.08	27.97	37.06	58.64	63.24
鄂尔多斯市	53.31	112	41.78	29.22	59.44	77.04	52.40
天水市	41.74	113	24.53	18.01	45.90	67.37	56.62
泰州市	49.67	114	37.75	28.48	58.27	63.75	57.31
攀枝花市	42.41	115	29.28	20.42	38.81	70.51	62.85
玉林市	48.02	116	22.88	26.68	58.86	73.42	59.61
遂宁市	40.72	117	25.23	8.78	46.38	67.96	55.89
德州市	39.90	118	27.05	12.26	38.56	61.31	74.68
马鞍山市	47.26	119	32.26	29.60	54.47	66.16	51.77
益阳市	44.44	120	29.28	16.00	51.70	68.79	54.48
九江市	46.98	121	33.19	27.35	52.30	64.96	58.92
东营市	53.75	122	43.48	32.99	56.59	71.64	66.24
安庆市	43.74	123	24.78	20.10	53.92	67.93	47.69
岳阳市	48.54	124	33.63	32.53	52.38	69.97	55.43
泰安市	46.00	125	31.08	24.66	49.49	67.25	62.32
常德市	48.18	126	33.04	24.05	54.77	68.45	61.89
聊城市	40.76	127	26.77	22.30	49.61	54.03	50.32
日照市	44.91	128	31.07	14.41	51.33	65.89	64.03
丹东市	41.40	129	24.67	18.32	47.73	58.89	63.84
四平市	37.87	130	24.29	18.07	48.89	47.36	49.48
沧州市	50.46	131	37.38	24.60	63.06	61.06	62.99
佳木斯市	42.71	132	26.85	19.73	45.79	66.83	59.36
金华市	50.42	133	38.34	23.81	63.04	69.76	44.00
威海市	51.89	134	35.19	19.82	58.81	79.18	66.39
阳泉市	37.68	135	27.14	18.42	47.02	41.11	58.01
朝阳市	42.04	136	31.26	20.53	42.88	63.54	55.73

续表

	健康发展指数	排名	健康经济	健康文化	健康社会	健康环境	健康管理
鹤岗市	38.35	137	21.80	15.58	42.29	63.47	51.83
郴州市	49.39	138	27.37	16.75	58.05	73.85	78.55
六安市	41.76	139	25.02	13.03	49.06	69.92	48.48
宜宾市	40.72	140	26.02	13.02	49.25	60.92	53.00
十堰市	43.62	141	26.55	20.97	42.50	66.77	77.35
宿迁市	44.27	142	25.29	35.92	49.78	61.71	52.87
莆田市	43.05	143	29.32	14.54	45.16	71.03	57.90
漯河市	44.26	144	28.81	14.13	55.38	59.72	63.81
内江市	41.06	145	23.82	12.14	45.89	64.79	65.60
乐山市	41.61	146	25.12	9.55	49.07	70.50	50.81
乌海市	45.15	147	26.58	28.52	51.45	64.96	57.98
承德市	45.57	148	28.69	30.22	51.71	63.32	56.89
韶关市	46.16	149	25.40	23.81	53.56	70.37	60.96
宜春市	41.77	150	25.42	22.02	41.20	68.24	61.05
抚州市	42.33	151	28.43	13.16	40.35	72.12	67.21
肇庆市	46.32	152	21.98	35.23	48.61	71.13	67.35
廊坊市	48.56	153	36.48	23.34	58.16	62.97	58.99
永州市	43.52	154	24.74	16.00	51.63	65.85	62.77
安顺市	45.66	155	24.24	29.28	49.14	73.48	57.64
德阳市	44.62	156	30.10	27.39	51.68	58.36	58.07
辽源市	44.81	157	27.24	23.34	47.39	70.43	61.97
达州市	33.29	158	20.26	11.25	26.82	61.20	62.51

附表5 2018年中国中等城市健康发展评价

	健康发展指数	排名	健康经济	健康文化	健康社会	健康环境	健康管理
锦州市	43.18	1	28.33	26.22	48.18	62.78	51.55
营口市	44.66	2	36.73	21.35	49.14	58.63	58.02
绵阳市	45.36	3	26.49	26.29	51.27	67.52	59.08
商丘市	38.05	4	25.81	10.89	39.68	62.08	56.49
秦皇岛市	47.61	5	32.39	25.35	54.28	66.94	60.35
枣庄市	43.68	6	27.39	15.96	50.85	64.07	63.68
本溪市	44.26	7	27.02	17.32	46.93	76.13	56.04
邢台市	43.58	8	28.49	21.67	53.62	57.29	56.61
咸阳市	50.49	9	31.35	28.09	62.65	65.28	65.88

续表

	健康发展指数	排名	健康经济	健康文化	健康社会	健康环境	健康管理
赤峰市	41.80	10	22.41	23.97	44.66	63.93	64.14
蚌埠市	42.55	11	25.74	20.29	48.34	63.85	57.99
平顶山市	44.18	12	27.62	16.64	55.11	62.37	57.72
开封市	43.59	13	29.15	20.59	52.55	57.51	59.51
宝鸡市	43.57	14	29.89	22.09	51.80	59.96	52.50
镇江市	52.55	15	39.70	34.51	60.48	65.22	62.64
张家口市	42.06	16	28.64	17.04	47.34	63.08	55.25
湖州市	51.96	17	36.43	43.11	58.00	68.31	53.20
襄阳市	42.27	18	27.51	15.82	52.76	56.23	59.47
淮北市	42.12	19	26.15	19.17	51.79	60.32	51.07
湛江市	44.69	20	25.66	22.57	52.25	70.11	51.91
连云港市	49.10	21	28.81	37.38	55.60	70.19	55.70
桂林市	47.10	22	24.52	30.26	55.60	69.64	58.25
揭阳市	40.72	23	21.41	8.12	49.34	63.33	66.86
宜昌市	47.02	24	30.70	20.51	61.50	57.92	62.34
辽阳市	44.40	25	35.09	24.76	49.21	59.58	52.34
湘潭市	50.50	26	34.21	30.90	60.34	66.66	58.74
阜新市	40.36	27	21.28	14.91	45.45	70.82	50.06
绍兴市	54.57	28	42.22	37.17	62.11	71.07	55.94
嘉兴市	50.19	29	38.49	30.27	57.72	67.45	52.21
盐城市	46.75	30	32.75	19.96	54.41	68.01	56.41
焦作市	43.24	31	27.49	20.67	53.62	55.29	61.20
伊春市	36.51	32	21.54	19.62	37.61	58.93	51.09
阜阳市	42.16	33	24.74	18.21	52.32	60.47	54.54
中山市	50.90	34	36.93	25.52	61.49	70.67	52.57
新乡市	46.05	35	29.10	19.79	55.59	62.08	67.17
荆州市	41.22	36	25.99	19.86	55.98	45.33	58.84
长治市	41.24	37	29.57	24.63	54.21	42.76	53.40
遵义市	44.51	38	26.86	21.46	48.71	66.04	67.51
黄石市	45.83	39	28.57	26.87	49.93	65.94	64.94
邵阳市	45.90	40	23.51	42.84	51.13	63.85	54.87
鸡西市	34.06	41	21.21	2.48	41.28	53.47	53.09
安阳市	44.39	42	29.30	25.20	55.45	54.19	58.11
牡丹江市	42.15	43	21.87	32.71	51.23	53.24	57.60

续表

	健康发展指数	排名	健康经济	健康文化	健康社会	健康环境	健康管理
滨州市	46.00	44	29.26	20.68	56.83	61.66	62.05
菏泽市	42.92	45	28.96	18.35	47.17	63.13	61.45
盘锦市	46.90	46	37.30	25.12	50.79	67.90	49.91
曲靖市	41.13	47	31.08	27.97	37.06	58.64	63.24
鄂尔多斯市	53.31	48	41.78	29.22	59.44	77.04	52.40
天水市	41.74	49	24.53	18.01	45.90	67.37	56.62
泰州市	49.67	50	37.75	28.48	58.27	63.75	57.31
攀枝花市	42.41	51	29.28	20.42	38.81	70.51	62.85
玉林市	48.02	52	22.88	26.68	58.86	73.42	59.61
遂宁市	40.72	53	25.23	8.78	46.38	67.96	55.89
德州市	39.90	54	27.05	12.26	38.56	61.31	74.68
马鞍山市	47.26	55	32.26	29.60	54.47	66.16	51.77
益阳市	44.44	56	29.28	16.00	51.70	68.79	54.48
九江市	46.98	57	33.19	27.35	52.30	64.96	58.92
东营市	53.75	58	43.48	32.99	56.59	71.64	66.24
安庆市	43.74	59	24.78	20.10	53.92	67.93	47.69
岳阳市	48.54	60	33.63	32.53	52.38	69.97	55.43
泰安市	46.00	61	31.08	24.66	49.49	67.25	62.32
常德市	48.18	62	33.04	24.05	54.77	68.45	61.89
聊城市	40.76	63	26.77	22.30	49.61	54.03	50.32
日照市	44.91	64	31.07	14.41	51.33	65.89	64.03
丹东市	41.40	65	24.67	18.32	47.73	58.89	63.84
四平市	37.87	66	24.29	18.07	48.89	47.36	49.48
沧州市	50.46	67	37.38	24.60	63.06	61.06	62.99
佳木斯市	42.71	68	26.85	19.73	45.79	66.83	59.36
金华市	50.42	69	38.34	23.81	63.04	69.76	44.00
威海市	51.89	70	35.19	19.82	58.81	79.18	66.39
阳泉市	37.68	71	27.14	18.42	47.02	41.11	58.01
朝阳市	42.04	72	31.26	20.53	42.88	63.54	55.73
鹤岗市	38.35	73	21.80	15.58	42.29	63.47	51.83
郴州市	49.39	74	27.37	16.75	58.05	73.85	78.55
六安市	41.76	75	25.02	13.03	49.06	69.92	48.48
宜宾市	40.72	76	26.02	13.02	49.25	60.92	53.00
十堰市	43.62	77	26.55	20.97	42.50	66.77	77.35

续表

	健康发展指数	排名	健康经济	健康文化	健康社会	健康环境	健康管理
宿迁市	44.27	78	25.29	35.92	49.78	61.71	52.87
莆田市	43.05	79	29.32	14.54	45.16	71.03	57.90
漯河市	44.26	80	28.81	14.13	55.33	59.72	63.81
内江市	41.06	81	23.82	12.14	45.89	64.79	65.60
乐山市	41.61	82	25.12	9.55	49.07	70.50	50.81
乌海市	45.15	83	26.58	28.52	51.45	64.96	57.98
承德市	45.57	84	28.69	30.22	51.71	63.32	56.89
韶关市	46.16	85	25.40	23.81	53.56	70.37	60.96
宜春市	41.77	86	25.42	22.02	41.20	68.24	61.05
抚州市	42.33	87	28.43	13.16	40.35	72.12	67.21
肇庆市	46.32	88	21.98	35.23	48.61	71.13	67.35
廊坊市	48.56	89	36.48	23.34	58.16	62.97	58.99
永州市	43.52	90	24.74	16.00	51.63	65.85	62.77
安顺市	45.66	91	24.24	29.28	49.14	73.48	57.64
德阳市	44.62	92	30.10	27.39	51.68	58.36	58.07
辽源市	44.81	93	27.24	23.34	47.39	70.43	61.97
达州市	33.29	94	20.26	11.25	26.82	61.20	62.51

附表6　2018年中国小城市健康发展评价

	健康发展指数	排名	健康经济	健康文化	健康社会	健康环境	健康管理
通辽市	44.72	1	29.43	21.72	46.38	67.35	67.23
怀化市	45.43	2	24.85	21.61	45.60	73.50	75.96
舟山市	50.65	3	38.53	28.31	56.85	77.97	41.21
宿州市	39.83	4	28.23	12.74	45.54	59.12	53.74
莱芜市	45.27	5	33.72	15.73	51.36	64.45	60.33
许昌市	45.12	6	26.74	19.69	54.37	63.19	65.28
茂名市	43.20	7	25.24	9.64	50.31	70.44	62.62
清远市	39.88	8	21.43	13.00	48.83	63.65	51.91
漳州市	49.81	9	29.05	15.81	62.14	75.03	65.23
信阳市	40.59	10	22.06	8.50	51.38	61.61	60.69
松原市	45.35	11	33.95	15.41	47.83	70.78	60.44
荆门市	45.07	12	28.05	28.16	52.70	61.31	57.59
景德镇市	45.55	13	24.81	30.31	45.39	77.22	57.37
晋中市	42.70	14	28.10	19.03	51.89	57.32	57.91

	健康发展指数	排名	健康经济	健康文化	健康社会	健康环境	健康管理
娄底市	45.98	15	26.25	24.04	50.17	71.33	65.01
双鸭山市	41.10	16	22.70	25.15	43.60	66.84	52.01
石嘴山市	42.10	17	24.97	30.77	46.41	61.42	50.41
临汾市	42.27	18	28.67	28.51	51.24	46.06	62.39
通化市	36.74	19	22.28	14.40	34.34	68.40	50.28
驻马店市	42.07	20	27.64	12.17	49.50	62.74	59.35
葫芦岛市	40.77	21	29.87	18.33	37.15	62.37	69.30
鹤壁市	45.85	22	28.76	22.96	54.41	63.83	61.31
铁岭市	34.71	23	25.21	14.36	26.02	58.75	66.97
新余市	46.79	24	30.56	20.23	50.27	73.03	64.32
濮阳市	41.26	25	26.54	19.11	45.67	59.60	61.39
铜陵市	49.12	26	30.38	40.77	51.45	69.74	60.27
运城市	31.76	27	26.33	16.67	26.37	47.55	52.58
梧州市	43.98	28	23.77	20.50	51.98	65.77	62.10
渭南市	41.05	29	23.79	9.16	52.96	57.04	64.35
晋城市	45.77	30	31.85	35.04	56.81	54.78	45.56
上饶市	43.78	31	29.62	23.42	49.58	56.82	66.18
铜川市	42.25	32	22.93	26.52	51.67	61.49	47.37
白银市	40.99	33	23.41	22.25	41.91	66.90	58.50
梅州市	43.20	34	21.31	14.96	53.04	78.62	39.94
鄂州市	43.10	35	25.88	14.39	51.75	63.11	63.22
阳江市	43.18	36	25.16	13.05	53.87	70.12	47.42
白山市	36.43	37	23.67	9.61	42.44	53.98	55.47
萍乡市	45.19	38	26.48	38.30	50.00	60.38	57.48
七台河市	39.98	39	25.29	11.95	41.29	70.06	54.70
延安市	41.55	40	39.49	19.25	33.06	63.21	62.32
朔州市	36.71	41	31.05	20.33	28.15	57.60	59.32
孝感市	37.48	42	25.30	18.85	34.54	63.55	52.54
汉中市	40.50	43	26.27	14.48	47.20	56.46	63.12
贵港市	41.33	44	21.38	13.28	53.73	60.78	57.20
随州市	44.50	45	24.63	22.21	47.53	67.75	72.04
榆林市	39.84	46	16.64	19.25	54.63	57.57	48.87
潮州市	40.25	47	21.96	10.33	47.27	65.74	58.80
滁州市	44.83	48	26.86	25.33	53.05	64.85	54.32
巴彦淖尔市	40.63	49	25.67	18.53	38.50	67.87	63.04

续表

	健康发展指数	排名	健康经济	健康文化	健康社会	健康环境	健康管理
衡水市	43.03	50	30.36	18.98	49.97	58.10	59.79
克拉玛依市	51.38	51	39.97	40.61	54.81	77.56	33.41
北海市	46.65	52	26.47	8.51	55.98	76.20	67.25
吉安市	46.80	53	27.05	29.24	53.16	67.26	62.53
乌兰察布市	38.87	54	18.60	23.27	36.41	68.77	60.47
咸宁市	45.83	55	27.71	24.34	53.15	69.51	54.07
酒泉市	42.96	56	25.45	35.58	42.79	62.64	58.98
巴中市	37.97	57	18.24	14.75	42.13	65.77	54.01
黄山市	49.54	58	26.75	45.38	51.71	87.27	30.84
丽水市	51.53	59	36.49	23.25	63.03	73.69	52.73
广元市	41.51	60	21.20	7.69	49.19	74.55	53.93
资阳市	41.27	61	26.61	12.92	47.08	62.61	60.32
眉山市	42.96	62	26.10	14.88	48.59	64.12	67.97
铜仁市	40.03	63	24.52	28.91	35.76	64.90	58.61
宣城市	44.91	64	32.32	20.20	47.92	69.64	54.99
亳州市	39.91	65	26.20	11.72	49.77	59.16	48.37
广安市	43.23	66	26.38	11.06	48.42	69.70	65.10
安康市	43.15	67	23.75	14.08	51.34	67.41	62.20
绥化市	39.74	68	23.91	10.85	42.59	68.58	56.37
武威市	41.07	69	23.55	19.23	48.65	63.03	51.00
六盘水市	42.30	70	25.45	25.77	36.34	66.02	79.63
衢州市	48.02	71	34.06	28.71	55.89	70.39	43.53
三门峡市	44.41	72	33.42	20.26	54.77	54.11	57.64
呼伦贝尔市	44.08	73	23.60	21.65	49.39	67.65	65.81
龙岩市	50.32	74	31.29	25.27	58.05	76.12	60.69
周口市	38.75	75	23.19	12.71	43.62	61.27	57.09
池州市	42.33	76	26.54	22.69	46.57	66.08	50.77
玉溪市	50.40	77	34.28	38.60	50.88	67.08	73.56
黄冈市	43.78	78	20.93	32.38	50.59	57.97	69.14
平凉市	34.36	79	24.15	22.09	27.25	56.77	54.77
来宾市	40.63	80	24.59	5.27	48.76	67.10	56.48
海东市	40.31	81	26.76	22.37	43.42	61.91	48.53
贺州市	42.41	82	21.70	12.49	52.30	69.72	54.81
河源市	45.61	83	20.52	20.98	55.46	73.99	58.92
钦州市	44.54	84	31.89	17.22	45.38	72.25	59.21

	健康发展指数	排名	健康经济	健康文化	健康社会	健康环境	健康管理
三亚市	47.15	85	27.27	19.09	56.62	76.47	51.87
白城市	38.75	86	27.24	18.58	45.56	52.37	50.18
忻州市	38.27	87	27.60	29.87	31.96	57.50	57.94
昭通市	33.47	88	22.49	19.28	25.73	56.30	59.75
吕梁市	36.45	89	30.52	22.77	32.88	51.97	51.53
保山市	39.77	90	25.85	23.28	33.78	71.96	52.87
雅安市	42.82	91	25.09	12.52	51.46	65.60	61.15
嘉峪关市	47.50	92	26.66	33.67	54.26	70.22	54.65
毕节市	40.87	93	25.13	23.05	40.94	62.37	63.77
固原市	41.33	94	24.50	28.12	43.52	64.15	51.02
百色市	42.91	95	26.69	13.45	55.14	59.25	58.24
宁德市	45.02	96	27.22	12.99	54.32	69.71	60.27
汕尾市	39.20	97	16.88	7.39	49.82	70.25	48.73
河池市	42.66	98	34.94	19.55	46.64	58.00	53.97
三明市	50.76	99	29.77	41.44	55.18	77.01	51.42
云浮市	40.42	100	19.59	16.18	47.54	68.43	51.47
鹰潭市	47.21	101	30.26	23.49	53.78	70.61	58.67
张家界市	43.93	102	28.24	24.46	49.01	70.86	43.26
普洱市	41.50	103	18.62	30.42	44.88	64.99	58.22
南平市	44.02	104	26.79	16.71	50.38	73.85	49.35
中卫市	44.51	105	28.88	21.45	54.32	64.94	47.89
吴忠市	44.12	106	27.49	21.74	54.27	65.36	46.29
金昌市	44.64	107	28.76	36.11	44.43	62.65	61.75
庆阳市	37.06	108	24.59	14.62	36.08	58.64	61.66
张掖市	39.93	109	21.70	19.94	40.53	70.30	53.01
定西市	33.83	110	20.66	15.44	28.68	61.17	55.12
防城港市	47.50	111	42.14	20.17	55.82	62.71	46.50
临沧市	41.68	112	20.35	27.58	40.41	73.08	57.16
商洛市	36.88	113	25.23	23.88	28.58	63.04	58.13
陇南市	27.38	114	22.44	18.53	13.91	45.20	57.75
黑河市	40.50	115	24.66	17.20	42.80	69.93	49.28
丽江市	45.57	116	24.86	33.75	46.43	70.83	61.97
崇左市	38.28	117	21.82	10.66	49.72	54.33	54.46
赣州市	42.95	118	26.26	20.14	44.29	71.72	57.28

结构改革篇

Structural Reform Chapters

B.3
中国城市产业结构的时空演变
特征、驱动因素和绩效影响

李恩平　冯彦*

摘　要： 文章从非农产业结构和二三产业结构两个视角分别考察了中国城市 1995～2016 年产业结构演变的特征趋势，分析了城市产业结构演变的驱动因素以及其对城市发展的绩效影响。研究发现：（1）中国城市非农产业结构高级化或者说工业化速度存在明显的逐渐减弱态势，并且存在明显的城市类型特征差异；（2）中国城市二、三产业结构高级化或者说后工业化速度表现出较为明显的先降后升 U 形变化趋势，并且存在明显的城市类型特征差异；（3）初始产业结构与城市类型变量均对城市

---

* 李恩平，中国社会科学院城市发展与环境研究所，研究员，博士，研究方向：城市经济、区域经济；冯彦，中国社会科学院城市发展与环境研究所，博士后，主要研究方向：城市经济、林业经济。

非农产业结构和二、三产业结构演变具有显著性影响；（4）城市非农占比变化对人均 GDP 增长具有显著性正向影响，而三二占比差变化对人均 GDP 增长具有显著性负向影响。

关键词： 产业结构　时空演变　驱动因素　经济增长

一　引言

中国城镇化已经进入战略转型期，经济正处于增速换挡、结构调整及深化机制体制改革的新常态阶段，经济下行的压力依然存在，2012～2018 年中国 GDP 增速减缓，传统产业面临供给过剩和新旧技术转换的阵痛阶段，产业结构失衡的问题凸显，产业结构转型升级的任务紧迫。因而，在改革开放 40 周年以及新中国成立 70 周年这两个承前启后、继往开来的重要历史节点上，亟须总结中国过去产业结构演变规律。

产业结构升级是一个与经济发展相对应的过程，只有正确把握产业结构演进规律，才能制定与之相适应的相关经济政策，促进经济增长。国内学者对产业结构的研究主要集中在产业结构变迁及其对经济绩效影响。产业结构变迁方面，郭克莎依据产业结构变迁影响因素的变化特点，分析了中国产业结构调整升级的中长期趋势，并提出"十四五"时期促进产业结构调整升级的政策思路。[①] 黄群慧从产业成长、产业结构、产业政策等视角分析了改革开放 40 年中国的产业发展和工业化的成就，概括了工业化"中国方案"中的逻辑和经验。[②] 刘伟、蔡志洲认为无论是从增加值结构上看还是从就业结构上看，中国已经完成了由传统结构向现代结构的转化，但与发达国家相比，在结构升级上还有很大的空间，可以通过不断的产业结构升级来推动经济增

---

① 郭克莎：《中国产业结构调整升级趋势与"十四五"时期政策思路》，《中国工业经济》2019 年第 7 期。

② 黄群慧：《改革开放 40 年中国的产业发展与工业化进程》，《中国工业经济》2018 年第 9 期。

长和改善就业。① 产业结构变迁对经济增长的影响方面，于斌斌认为产业结构 "服务化"倾向的高级化调整是导致中国经济发展进入"结构性减速"阶段的重要原因。同时，产业结构调整和生产率提升的经济增长效应受到经济发展阶段和城市人口规模的约束。② 干春晖、郑若谷、余典范用 1978 ~ 2009 年 30 个地区的面板数据研究产业结构变迁对经济增长的影响，他们认为产业结构合理化和高级化进程均对经济增长的影响有明显的阶段性特征。相对而言，产业结构合理化与经济增长之间的关系具有较强的稳定性，而高级化则表现出较大的不确定性。③ 刘伟、张辉以及干春晖、郑若谷的研究也表明了产业结构对经济增长有积极的影响，但他们也指出这种"结构红利"随着改革的推进在逐步减弱。因此，产业结构对经济增长的影响是存在的。④⑤

既有的研究多从国家层面或省域层面探讨，但现代经济是城镇化经济，产业结构的变化主要是由城市产业结构变化引起的。本文的研究聚焦于中国城市产业结构演变，把地级城市作为产业结构演变的基本研究单位。根据干春晖、郑若谷、余典范、陈生明、张亚辉、陈晓玲的思路，从两个视角来考察城市产业结构变化，其一采用二、三产业 GDP 占比或者非农产业占比，作为产业结构基础高级化的衡量指标，其二，采用三产 GDP 占比与二产 GDP 占比的差，作为产业结构深度高级化的衡量指标。⑥⑦

---

① 刘伟、蔡志洲：《新时代中国经济增长的国际比较及产业结构升级》，《管理世界》2018 年第 1 期。

② 于斌斌：《产业结构调整与生产率提升的经济增长效应——基于中国城市动态空间面板模型的分析》，《中国工业经济》2015 年第 12 期。

③ 干春晖、郑若谷、余典范：《中国产业结构变迁对经济增长和波动的影响》，《经济研究》2011 年第 5 期。

④ 刘伟、张辉：《中国经济增长中的产业结构变迁和技术进步》，《经济研究》2008 年第 11 期。

⑤ 干春晖、郑若谷：《改革开放以来产业结构演进与生产率增长研究——对中国 1978 ~ 2007 年"结构红利假说"的检验》，《中国工业经济》2009 年第 2 期。

⑥ 于斌斌：《产业结构调整与生产率提升的经济增长效应——基于中国城市动态空间面板模型的分析》，《中国工业经济》2015 年第 12 期。

⑦ 陈生明、张亚斌、陈晓玲：《技术选择、产业结构升级与经济增长——基于半参数空间面板向量自回归模型的研究》，《经济经纬》2017 年第 5 期。

中国是发展中大国，幅员辽阔，城市产业发展既存在地区区位之间的差异，也存在城市类型之间的差异，所以本文也按照沿海内陆、省会非省会、规模层级和国家统计局划分的八大经济区四种区分方式对全国城市进行分类，分别研究不同空间类型城市产业结构演变特征。

由于数据的可得性，本文城市产业结构演变从 1995 年开始计算，5 年作为考察周期，将 1995～2016 年分成四个时间段考察，分别为 1995～2000、2000～2005、2005～2010 和 2010～2016（该时间段为 6 年）。考虑到中国城市在不同的时期里，存在数据的可得性以及辖区的区划调整等问题，所以考察产业结构演变时，采用统一口径的城市来统计，而在考虑年度产业结构特征时，采用当年的城市来统计。本文全部数据均由各年度《中国城市统计年鉴》计算得到，不另作说明。

二 中国城市非农产业结构时空演变特征

考察中国城市非农产业结构演变特征，本文把全国城市区分为沿海内陆、省会非省会、规模层级和八大经济区等四大类型，分不同类型区分城市产业结构演变的特征差异。

（一）城市非农产业结构演变——基于沿海内陆城市的特征差异

沿海与内陆属于发展条件差异明显的两种地区类型，其最大的差异在于是否具有较大吨位水运条件。对于一些大河大江的沿江口，如中国长江口，也几乎具有沿海地区同等发展条件，因此，文中沿海地区城市既涵盖全部 53 个真正临海城市（具有大陆海岸线和海岛岸线的城市），也涵盖长江口岸南京以下 8 个地市。

2016 年，沿海城市非农占比为 95.64%，内陆城市为 90.34%，沿海城市非农占比高于内陆城市，二者差异为 5.3 个百分点，差异较大。1995～2016 年，沿海城市与内陆城市非农占比均逐年上升，但内陆城市非农占比增长速度明显快于沿海城市（见表 1）。

表1 1995～2016年中国沿海内陆区分的城市非农占比变化

单位：个百分点

年份	非农占比		年份	非农占比变动	
	沿海	内陆		沿海	内陆
1995	85.87	79.1	1995～2000	3.78	2.45
2000	89.65	81.55	2000～2005	3.86	4.00
2005	93.51	85.55	2005～2010	1.40	3.52
2010	94.91	89.07	2010～2016	0.73	1.27
2016	95.64	90.34	1995～2016	9.77	11.24

资料来源：《中国城市统计年鉴》整理计算所得。

分时段考察，1995～2000年，沿海城市非农占比增加3.78个百分点①，而内陆城市非农占比增加2.45个百分点；2000～2005年，沿海城市非农占比增加3.86个百分点，内陆城市非农占比增加4.00个百分点；2005～2010年，沿海城市非农占比增加1.40个百分点，内陆城市非农占比增加3.52个百分点；2010～2016年，沿海城市非农占比增加0.73个百分点，内陆城市非农占比增加1.27个百分点。

从四个时段的沿海、内陆城市非农占比变化趋势看，明显表现出三大特征：（1）各时段内，无论沿海还是内陆城市，非农产业占比均呈现明显增长趋势；（2）沿海城市非农占比增长呈现连续下降趋势，内陆城市非农占比则呈现先升后降趋势；（3）2000年以前，沿海城市非农占比增长快于内陆城市，2000年以后内陆城市非农占比增长快于沿海城市。

（二）城市非农产业结构演变——基于省会非省会区分的特征差异

省会作为各省行政中心，是全省文化、教育、科技等诸多公共和准公共资源分布最为密集的城市，吸引了全省最为密集的资金流、人才流。因此，

---

① 1995年、2000年非农占比的计算均采用当年的城市数量来统计，而1995～2000年非农占比变动的计算采用统一口径的城市数量来统计，所以导致1995年、2000年非农占比差与1995～2000年非农占比变动数值有所不同。表1～表8中5个时间段同样统计。

区分省会城市和非省会城市，对于我们分析城市产业结构演变具有重要意义。

2016年，省会城市非农占比为96.68%，非省会城市为90.38%，省会城市非农占比远高于非省会城市，二者差异为6.3个百分点。1995~2016年，省会城市非农占比增加了6.39个百分点，非省会城市非农占比增加了12.03个百分点，非省会城市非农占比增长更快（见表2）。

表2　1995~2016年中国省会非省会区分的城市非农占比变化

单位：%，个百分点

年份	非农占比		年份	非农占比变动	
	省会	非省会		省会	非省会
1995	90.29	78.45	1995~2000	2.15	3.15
2000	92.44	81.6	2000~2005	2.09	4.76
2005	94.53	86.36	2005~2010	1.54	2.97
2010	96.07	89.33	2010~2016	0.61	1.05
2016	96.68	90.38	1995~2016	6.39	11.93

资料来源：《中国城市统计年鉴》整理计算所得。

分时段考察，1995~2000年，省会城市非农占比增加了2.15个百分点，非省会城市非农占比增加了3.15个百分点；2000~2005年，省会城市非农占比增加了2.09个百分点，非省会城市非农占比增加了4.76个百分点；2005~2010年，省会城市非农占比增加了1.54个百分点，非省会城市非农占比增加了2.97个百分点；2010~2016年，省会城市非农占比增加了0.61个百分点，非省会城市非农占比增加了1.05个百分点。

从四个时段省会、非省会城市非农占比变化趋势看，具有以下三方面特征：（1）无论省会城市还是非省会城市，非农占比在各时段均呈增长趋势；（2）省会城市非农占比增长呈现明显下降趋势，而非省会城市则以2000年为转折点，非农占比增长呈现先升后降趋势；（3）各时段内非省会城市的非农占比增长明显快于省会城市。

（三）城市非农产业结构演变——基于城市规模类型的特征差异

不同规模城市处于不同的城市发展阶段，也必然具有不同产业结构特点。本文采用《中国城市统计年鉴》对于城市规模的划分标准，按照各城市的市辖区当年年末人口数，将城市规模分为超大城市、特大城市、大型城市和中型城市四类。需要指出，《中国城市统计年鉴》按照各城市市辖区人口数将城市规模分为超大城市、特大城市、大型城市、中型城市和小城市，而在统计各个城市规模产业结构变迁时，小城市样本数过少，导致某一城市产业结构变迁可能会造成该类城市规模产业结构整体变动，因而将小城市并入中型城市。

2016 年，超大城市、特大城市、大型城市和中型城市的非农产业占比分别为 95.77%、89.87%、87.26%、和 86.53%，非农占比表现出了明显的随城市规模增长特征。超大城市的非农占比增长最慢，21 年间仅增长了 5.11 个百分点。特大城市非农占比增长最快，21 年间增长 9.13 个百分点，大型城市和中型城市非农占比增幅相差不大，分别为 8.73、8.79 个百分点（见表 3）。

分时段考察，可以看到不同规模类型城市非农占比变化具有以下几大特征：（1）不同规模类型城市非农占比变化趋势并不同步，超大城市非农占比增长呈现连续下降趋势[①]，特大城市非农占比增长呈现降升降趋势，大型城市非农占比呈现先升后降变化趋势，中型城市非农占比呈现降升降变化趋势；（2）城市非农占比增幅的峰值随城市规模呈现逐次后延趋势，超大城市、特大城市的非农占比增幅峰值均发生在 1995～2000 年间的早期阶段，大型城市非农占比增幅峰值则后延至 2000～2005 年间，中型城市非农占比增幅峰值再次后延至 2005～2010 年间。

---

① 2010～2016 年甚至出现负增长趋势，这可能与 2010～2016 年间，我国超大城市新增 15 个，新增超大城市农业占比较高，摊低了城市整体非农占比，导致城市非农占比不升反降。

表3　1995～2016年中国分规模类型的城市非农占比及其变化

单位：%，个百分点

年份	非农占比				年份	非农占比变化			
	超大城市	特大城市	大型城市	中型城市		超大城市	特大城市	大型城市	中型城市
1995	90.77	81.02	78.63	76.29	1995～2000	2.05	4.47	1.4	2.82
2000	92.83	85.17	79.88	78.61	2000～2005	1.77	1.58	4.03	2.68
2005	94.59	86.68	83.6	81.42	2005～2010	1.23	2.31	2.84	4.86
2010	95.82	88.99	86.44	86.28	2010～2016	-0.05	0.97	0.79	0.61
2016	95.77	89.87	87.26	86.53	1995～2016	5.11	9.13	8.73	8.79

注：超大城市：200万人口以上；特大城市：100万～200万人口；大型城市：50万～100万人口；中型城市：50万人口以下。

资料来源：《中国城市统计年鉴》整理计算所得。

（四）城市非农产业结构演变——基于八大经济区类型的特征差异

中国地域辽阔，区域发展条件差异大，各区域城市产业结构变化也可能存在较大差异，因此我们在把全国城市区分为沿海、内陆两种区域类型外，还进一步按照国家统计局八大经济区划分，比较考察不同类型区域城市产业结构演变特征。

2016年八大经济区中，东部沿海、南部沿海、北部沿海、大西北地区、黄河中游、长江中游、西南地区、东北地区的非农产业占比依次减小，八大经济区的非农产业占比标准差为3.0591，差异较大。1995～2016年，八大经济区非农产业占比整体呈上升趋势，非农占比提升幅度最大的是长江中游城市，21年间提升14.78个百分点，其次为北部沿海城市，21年间提升13.48个百分点，西南地区和南部沿海则分别提升了11.42、11.38个百分点；非农占比提升幅度最小的是大西北地区，21年间仅提升了3.97个百分点，其次为东北地区，21年间仅提升了5.26个百分点，东部沿海非农占比提升也不大，仅为8.69个百分点（见表4）。

表4　1995～2016年中国分八大经济区的城市非农占比及变化

年份	东北地区	西南地区	长江中游	黄河中游	大西北地区	北部沿海	南部沿海	东部沿海
	非农占比							
1995	82.27	77.96	75.27	81.85	89.06	80.44	83.26	87.12
2000	85.49	78.39	77.96	81.01	92.06	86.01	87.03	90.72
2005	86.3	81.22	82.53	85.96	90.51	90.71	91.91	94.3
2010	89.03	86.69	87.4	89.39	91.08	92.64	94.04	95.51
2016	87.54	88.55	89.66	91.09	91.46	93.93	94.56	96.24
	非农占比变化							
1995～2000	3.21	1.43	3.16	-0.9	1.06	5.56	3.77	4.05
2000～2005	0.81	3.63	4.57	5.2	2.74	4.7	4.88	3.58
2005～2010	2.73	5.49	4.86	3.43	0.57	1.93	2.13	1.21
2010～2016	-1.49	2.17	2.19	1.7	0.47	1.29	0.6	0.73
1995～2016	5.26	11.42	14.78	9.18	3.97	13.48	11.38	8.69

分时段考察，八大经济区城市非农占比变化比较，可以归纳以下特征：（1）南部沿海、黄河中游、长江中游、西南地区、大西北地区城市非农占比增速存在先升后降倒U形变化趋势；但倒U形峰值并不同步，南部沿海、黄河中游、大西北地区峰值出现在2000～2005年间，而长江中游和西南地区的峰值则出现在2005～2010年间；（2）东部沿海和北部沿海城市非农占比增速呈现连续下降趋势；（3）东北地区非农占比增速则出现降升降的反复趋势。

三　中国城市二三产业结构时空演变特征

考察中国城市二三产业结构变化，本文定义三二产业GDP占比差（简称三二占比差），即三产GDP占比减去二产GDP占比，作为二三产业结构变化测度指标。显然三二占比差越大，意味着深度产业结构越高级化，由于三产增长也往往被称为后工业化，因此三二占比差也可以被看作后工业化程度测度指标。

（一）城市二三产业结构演变——基于内陆沿海的特征差异

考察沿海内陆区分的城市二三产业结构演变。2016 年，沿海城市三二占比差为 9.72 个百分点，内陆城市为 1.5 个百分点，沿海城市二三产业结构深度高级化水平远远高于内陆城市，三二占比差相差 8.22 个百分点。1995 ~ 2016 年，沿海城市三二占比差增长了 25.81 个百分点，而内陆城市三二占比差增长了 15.01 个百分点，可见沿海市二三产业结构的深度高级化速度大大快于内陆城市，相差 10.8 个百分点（见表 5）。

表 5 1995 ~ 2016 年中国沿海内陆区分的城市二三产业结构变化

单位：个百分点

年份	三二占比差		年份	三二占比差变化	
	沿海	内陆		沿海	内陆
1995	− 15.98	− 12.71	1995 ~ 2000	5.85	5.94
2000	− 10.14	− 6.95	2000 ~ 2005	− 2.46	0.12
2005	− 12.63	− 6.47	2005 ~ 2010	6.39	− 5.53
2010	− 6.26	− 12.04	2010 ~ 2016	15.96	13.48
2016	9.72	1.5	1995 ~ 2016	25.81	15.01

资料来源：《中国城市统计年鉴》整理计算所得。

分时段考察，1995 ~ 2000 年，沿海城市三二占比差增长了 5.85 个百分点，内陆城市增长了 5.94 个百分点，沿海、内陆二三产业结构变化差异较小；2000 ~ 2005 年，沿海城市三二占比差增长了 − 2.46 个百分点，内陆城市增长了 0.12 个百分点，是四个时段内增幅最小的时期；2005 ~ 2010 年，沿海城市三二占比差增长了 6.39 个百分点，内陆城市则增长了 − 5.53 个百分点，沿海、内陆差异显著；2010 ~ 2016 年，沿海城市三二占比差增长了 15.96 个百分点，内陆城市增长了 13.48 个百分点，是四个时段内增幅最高时期。

根据四个不同阶段，沿海、内陆城市三二占比差变化可以大致归纳以下几方面特征：（1）1995 ~ 2000 年的早期阶段，无论沿海还是内陆的城市二三产业结构均相对层级不高，普遍二产占比远远高于三产，说明沿海、内陆城市均处于快速工业化阶段；（2）最近的 2016 年，则无论沿海还是内陆城市，二三产业结构均表现出较高水平，沿海城市三产占比比二产高出近一成，内陆城市三产已经赶超二产；（3）沿海与内陆城市的二三产业结构变化均呈现较为明显的 U 形变化趋势，但沿海城市的 U 形谷底出现在 2000 ~ 2005 年间，而内陆城市的 U 形谷底出现在 2005 ~ 2010 年间，即相对于内陆城市，沿海城市的二三产业结构变化大致晚一个 5 年左右的时段。

（二）城市二三产业结构演变——基于省会非省会城市的特征差异

考察省会非省会区分的城市二三产业结构演变。2016 年，省会城市三二占比差为 22.53 个百分点，远远高于非省会城市的 - 3.91 个百分点，表明省会城市产业高级化非常突出。1995 ~ 2016 年，省会城市三二占比差增长了 28.86 个百分点，而非省会城市三二占比差仅增长了 14.10 个百分点，可见省会城市二三产业结构的深度高级化速度大大快于非省会城市（见表 6）。

表 6　1995 ~ 2016 年间中国省会非省会区分的城市二三产业结构变化

单位：个百分点

年份	三二占比差		年份	三二占比差变化	
	省会	非省会		省会	非省会
1995	- 6.34	- 17.67	1995 ~ 2000	9.22	4.37
2000	2.89	- 13.25	2000 ~ 2005	3.84	- 3.66
2005	6.73	- 16.31	2005 ~ 2010	1.67	- 1.53
2010	8.4	- 17.87	2010 ~ 2016	14.13	13.89
2016	22.53	- 3.91	1995 ~ 2016	28.86	14.10

资料来源：《中国城市统计年鉴》整理计算所得。

分时段考察，1995 ~ 2000 年，省会城市三二占比差增长了 9.22 个百分点，非省会城市三二占比差增长了 4.37 百分点；2000 ~ 2005 年，省会城市三二占比差增长了 3.84 个百分点，非省会城市三二占比差增长了 - 3.66 个

百分点；2005～2010年，省会城市三二占比差增长了1.67个百分点，而非省会城市三二占比差则增长－1.53个百分点；2010～2016年，省会城市三二占比差增长了14.13个百分点，非省会城市三二占比差增长了13.89个百分点。

根据各时段省会城市与非省会城市三二占比差变化，可以归纳省会非省会区分的城市二三产业结构变化具有以下特征：（1）省会城市各时段内三产占比增长均要快于非省会城市；（2）省会城市与非省会城市三二占比差变化均呈先下降后上升U形趋势，不过U形谷底所在的时段有差异，省会城市的U形谷底出现在2005～2010年间，而非省会城市的U形谷底出现在2000～2005年间；（3）省会城市全时期内三二占比差均呈增长态势，意味着省会城市三产增长全时段均跑赢二产，处于明显的后工业化阶段；而非省会城市在2000～2005年、2005～2010年两个时段内均出现了负增长，意味着2000～2010年间非省会城市二产增长跑赢三产，还处于明显的工业化阶段。

（三）城市二三产业结构演变——基于城市规模类型的特征差异

考察不同规模类型城市二三产业结构演变。2016年，超大城市、特大城市、大型城市和中型城市的三二占比差分别为13.6个百分点、－4.16个百分点、－7.1个百分点和－5.95个百分点。三二产占比差呈现随城市规模增长U形变化趋势，三产占比最低不是规模最小的中型城市，而是规模更大的大型城市，这可能与这些中型城市均为所在地区行政中心，承担了所在地区辐射农村腹地的诸多公共、准公共服务有关。1995～2016年的全时期内，不同规模城市三二占比差变化差异明显，超大城市增长了21.05个百分点，特大城市增长了13.52个百分点，大型城市增长了8.69个百分点，中型城市增长了10.19个百分点（见表7）。

分时段考察，1995～2000年，超大城市增长了9.59个百分点，特大城市增长了4.57个百分点，大型城市增长了3.73个百分点，中型城市增长了

4.62 个百分点；2000～2005 年，超大城市增长了 -4.6 个百分点，特大城市增长了 -1.5 个百分点，大型城市增长了 -3.64 个百分点，中型城市增长了 -3.42 个百分点；2005～2010 年，超大城市增长了 2.72 个百分点，特大城市增长了 -3.4 个百分点，大型城市增长了 -3.07 个百分点，中型城市增长了 -10.83 个百分点；2010～2016 年，超大城市增长了 12.97 个百分点，特大城市增长了 13.33 个百分点，大型城市增长了 11.6 个百分点，中型城市增长了 15.12 个百分点。

表 7　1995～2016 年中国不同规模类型城市二三产业结构变化

单位：个百分点

| 年份 | 三二占比差 | | | | 年份 | 三二占比差变化 | | | |
	超大城市	特大城市	大型城市	中型城市		超大城市	特大城市	大型城市	中型城市
1995	-7.07	-17.34	-15.98	-16.25	1995～2000	9.59	4.57	3.73	4.62
2000	2.52	-12.65	-12.22	-11.82	2000～2005	-4.6	-1.5	-3.64	-3.42
2005	-2.09	-14.15	-15.55	-11.44	2005～2010	2.72	-3.4	-3.07	-10.83
2010	0.63	-17.54	-18.69	-22.27	2010～2016	12.97	13.33	11.6	15.12
2016	13.6	-4.16	-7.1	-5.95	1995～2016	21.05	13.52	8.69	10.19

资料来源：《中国城市统计年鉴》整理计算所得。

根据各时段不同规模类型城市三二占比差变化，可以归纳以下几个特征：（1）不同规模城市三二占比差变化均呈现 U 形趋势，1995～2000 年的早期阶段，均出现了较快的三二占比差增长，但中期阶段均出现了三二占比差的负增长，而最近时段则均出现了更快的三二占比差增长，可能意味着 2010 年以前，中国几乎所有规模城市均处在快速工业化阶段，2010 年以后，则均进入后工业化阶段；（2）不同规模城市三二占比差增长的 U 形谷底，表现出明显的时间差异，超大城市、大型城市 U 形谷底出现在 2000～2005 年间，特大城市、中型城市的 U 形谷底则出现在 2005～2010 年间，意味着从工业化到后工业化的转型，超大城市、大型城市明显领先其他规模城市大约一个 5 年时段。

（四）城市二三产业结构演变——基于八大经济区类型的特征差异

考察八大经济区区分的城市二三产业结构演变。2016 年，按照三二占比差从大到小排列的八大经济区城市类型分别为：东部沿海、大西北地区、北部沿海、东北地区、南部沿海、西南地区、黄河中游、长江中游地区。1995～2016 年，按照三二占比差增长速度从大到小排列的八大经济区城市分别为：东部沿海、大西北地区、北部沿海、东北地区、南部沿海、黄河中游、西南地区、长江中游（见表8）。

表8 1995～2016 年八大经济区区分的城市二三产业结构变化

单位：个百分点

年份	北部沿海	东部沿海	南部沿海	黄河中游	长江中游	西南地区	大西北地区	东北地区
三二占比差								
1995	- 12.66	- 22.06	- 8.23	- 17.82	- 10.62	- 9.94	- 14.91	- 13.17
2000	- 8.58	- 12.04	- 5.55	- 12.06	- 4.4	- 3.09	- 10.42	- 10.07
2005	- 11.12	- 13.81	- 5.49	- 15.92	- 2.8	- 2.67	2.16	- 7.77
2010	- 4.6	- 5.78	- 3.16	- 20.61	- 14.34	- 13.32	- 13.79	- 13.8
2016	11.15	11.49	7.59	- 3.56	- 5.8	- 2.77	11.25	8.35
三二占比差变化								
1995～2000	4.08	9.96	2.68	5.77	6.86	7.12	7	3.1
2000～2005	- 2.54	- 1.77	0.07	- 4.39	1.6	0.83	0.04	2.3
2005～2010	6.53	8.02	2.33	- 4.69	- 11.55	- 10.38	- 15.95	- 6.03
2010～2016	15.75	17.28	10.7	17.04	8.5	10.22	25.49	22.15
1995～2016	23.81	34.63	15.77	15.31	5.42	7.78	26.63	21.51

资料来源：《中国城市统计年鉴》整理计算所得。

分时段考察，1995～2000 年，城市三二占比差变化从大到小排列的八大经济区分别为：东部沿海、西南地区、大西北地区、长江中游、黄河中游、北部沿海、东北地区、南部沿海；2000～2005 年，城市三二占比差变化大小排列的八大经济区分别为：东北地区、长江中游、西南地区、西南沿海、大西北地区、东部沿海、北部沿海、黄河中游；2005～2010年，城市三二占比差变化从大到小排列的八大经济区分别为：东部沿海、北部沿海、南部沿海、黄河中游、东北地区、西南地区、长江中游、大西北地区；2010～2016年，城市三二占比差变化从大到小排列的八大经济区分别为：大西北地区、东北地区、东部沿海、黄河中游、北部沿海、南部沿海、西南地区、长江中游。

根据各时段八大经济区区分的城市三二占比差变化，可以归纳以下几个特征：（1）除南部沿海外，其他七大经济区城市三二占比差变化均经历了负增长阶段，即其间出现了工业化加速阶段；（2）四个时段，八大经济区城市三二占比差变化均表现出先降后升的U形变化，意味着在2000～2010年间均普遍经历了一轮或长或短的快速工业化；（3）不同区域城市三二占比差变化U形谷底出现的时间存在差异，北部沿海、东部沿海、南部沿海城市的谷底出现在2000～2005年间，其他经济区城市谷底则出现在2005～2010年间，意味着三大沿海地区比其他经济区城市更早迎来二产到三产的后工业化转型。

四 中国城市产业结构演变驱动因素

（一）模型设定、资料来源与变量说明

进一步，考察城市产业结构演变背后的影响因素。相对于产业结构短期波动，我们更关注产业结构的长期演变规律，试图寻找长期演变背后的驱动因素，因此，本节对城市产业结构演变因素分析，将不再考虑分时段的演变波动，把1995～2016年作为一个全时段，考察全时段内产业结构演变的长期驱动因素。本节数据如上文一样，均来自1995～2016年《中国城市统计年鉴》。

在考察城市产业结构演变驱动因素时，如上文一样，分别从非农产业结构演变和二三产业结构演变两个视角考察，因此对两个被解释变量——城市非农占比变化和城市三二占比差变化，构建OLS回归模型。

在解释变量选择方面。考虑初始产业结构状况可能对产业结构演变产生

重要影响，初始产业结构层级越高，一般来说，其产业结构高级化速度可能越慢。且无论对非农产业结构演变还是对二三产业结构演变，初始非农产业结构水平和初始二三产业结构水平可能均对其具有重要影响，因此我们分别纳入初始时点 1995 年的非农占比和三二占比差。

由上文产业结构演变特征，可以看到通过沿海内陆区分、省会非省会区分、不同规模类型区分、八大经济区区分的城市产业结构演变均存在明显的特征差异，因此这四个层次的城市类型区分均作为被解释变量。由于沿海内陆与八大经济区的城市类型区分均与城市所在区域相关，省会非省会与不同规模的城市类型区分也均与城市的规模、层级相关，两类解释变量之间存在明显的相关性，因此在具体的城市产业结构 OLS 回归模型构建时，两两相关变量分别进入模型，所以每个被解释变量均存在四个 OLS 模型。

由于内陆沿海、省会非省会、不同规模、八大经济区均为不连续的二元多元变量，各变量进入模型只能采用虚拟变量形式。对沿海内陆、省会非省会，均采用 0、1 二元虚拟变量，沿海为 1、内陆为 0，省会为 1、非省会为 0。不同城市规模和八大经济区均为多元变量，采用多元虚拟变量形式，不同规模城市变量以中型城市为参照类型定义为 0，其他规模类型对应值分别定义为 1；八大经济区城市变量以东北地区为参照区域定义为 0，其他经济区对应值分别定义为 1。变量说明如下。

表 9　城市产业结构驱动因素各变量

变量名	数值类型	变量说明
非农占比变化	数值型	2016 年非农产业占比 – 1995 年非农产业占比
三二占比差变化	数值型	2016 年第三产业 GDP 占比与第二产业 GDP 占比的差值 – 1995 年第三产业 GDP 占比与第二产业 GDP 占比的差值
初始非农产业占比	数值型	1995 年非农产业占比
初始三二占比差	数值型	1995 年第三产业 GDP 占比与第二产业 GDP 占比的差值
是否沿海	二元虚拟变量	沿海城市 =1，内陆城市 =0
是否为省会城市	二元虚拟变量	省会城市 =1，非省会城市 =0
八大经济区	多元虚拟变量	东北地区 =0，其他地区对应值 =1
城市规模	多元虚拟变量	中型城市 =0，其他规模对应值 =1

（二）中国城市非农产业结构演变驱动因素计量分析

城市非农产业结构演变驱动因素模型中，四个模型的 R^2 值均高于 0.67，F 值均为 0.01 的显著性水平，说明四个模型的总体拟合效果非常好，所选解释变量较有效地解释了被解释变量（见表 10）。

表 10　中国城市非农产业结构变化驱动因素回归结果

变量	模型一	模型二	模型三	模型四
初始非农占比	− 0.802 ***	− 0.740 ***	− 0.793 ***	− 0.748 ***
初始三二占比差	− 0.152 ***	− 0.115 ***	− 0.132 ***	− 0.102 ***
是否沿海城市	4.020 ***	3.514 ***	—	—
是否省会城市	7.292 ***	—	6.942 ***	—
是否超大城市	—	5.786 ***	—	7.011 ***
是否特大城市	—	2.077 **	—	2.231 **
是否大型城市	—	− 0.566	—	0.217
是否北部沿海	—	—	8.725 ***	8.337 ***
是否东部沿海	—	—	10.145 ***	10.181 ***
是否南部沿海	—	—	8.476 ***	9.040 ***
是否黄河中游	—	—	6.611 ***	7.030 ***
是否长江中游	—	—	6.469 ***	6.832 ***
是否西南地区	—	—	4.311 ***	4.608 ***
是否大西北地区	—	—	4.520 ***	6.425 ***
常数项	69.420 ***	65.263 ***	63.877 ***	60.114 ***
R^2	0.686	0.671	0.743	0.734
F 值	138.11 ***	85.33 ***	71.14 ***	56.14 ***

注：*** $p < 0.01$，** $p < 0.05$，* $p < 0.1$。

初始非农占比在四个模型中系数均为负值，并且 T 检验值均能在 0.01 以上显著；意味着城市初始非农占比与非农占比变化呈显著性负向线性关系；初始非农占比越高的城市，非农占比增长速度越慢，初始非农占比越低的城市，非农占比增长速度越快。初始三二占比差在四个模型中系数均为负值，并且 T 检验值均能在 0.01 以上显著，同样意味着均表现为城市初始三二占比差与非农占比变化呈显著性负向线性关系，初始三二占比差越高的城

市，非农占比增长速度越慢，初始三二占比差越低的城市，非农占比增长速度越快。两个初始产业结构指标的系数形式均表明，1995～2016年间的中国城市存在明显的后发优势，欠发达地区产业结构存在明显的更快增长速度。

在模型一和模型二中，是否沿海城市的虚拟变量系数均为正数，并且T检验值均在0.01以上显著，表明沿海区位因素能够促进城市非农产业高级化。

在模型一和模型三中，是否省会城市的虚拟变量系数均为正值，并且T检验值均在0.01以上显著，意味着省会行政中心对城市非农产业结构高级化具有明显促进效应。

在模型二和模型四中，是否为超大城市、是否为特大城市两虚拟变量系数均为正值，并且T检验值分别在0.01以上显著，意味着，相对于中型城市，超大城市、特大城市规模对于城市非农产业结构高级化具有明显促进效应。而是否为大型城市虚拟变量在模型二中为负值，在模型四中为正值但很小，两模型中T检验值均不显著，意味着，在非农产业结构高级化方面，大型城市并不比中型城市更具有规模优势。

在模型三和模型四中，经济区类型虚拟变量系数均为正值，并且T检验值均在0.01以上水平显著，表明所列七大经济区区域因素对城市非农产业结构高级化影响，均好于参照组的东北地区。七大经济区虚拟变量系数按照从大到小比较排序，分别为：东部沿海、南部沿海（或北部沿海）、黄河中游、长江中游、大西北地区、西南地区，这意味着，区域因素对城市非农产业结构高级化的影响强度在七大经济区之间也存在由强到弱的排序关系，东部沿海影响最为强烈，其次为北部沿海或南部沿海，西南地区的影响最弱。

（三）中国城市二三产业结构演变驱动因素计量分析

城市二三产业结构变化驱动因素四个模型的R^2值均高于0.4，F值均为0.01的显著性水平，说明四个模型的总体拟合效果较好，所选解释变量较有效地解释了被解释变量（见表11）。

表 11　中国城市二三产业结构变化驱动因素回归结果

单位：%

变量	模型一	模型二	模型三	模型四
初始非农产业占比	0.193 **	0.317 ***	0.205 **	0.314 ***
初始三二占比差	−0.622 ***	−0.545 ***	−0.584 ***	−0.510 ***
是否沿海城市	5.215 **	3.826 *	—	—
是否省会城市	16.807 ***	—	16.080 ***	—
是否超大城市	—	17.451 ***	—	17.284 ***
是否特大城市	—	5.373 **	—	7.407 ***
是否大型城市	—	1.870	—	3.471 **
是否北部沿海	—	—	−8.202 **	−9.201 ***
是否东部沿海	—	—	−0.215	−0.253
是否南部沿海	—	—	−7.964 **	−6.028 *
是否黄河中游	—	—	−14.181 ***	−13.263 ***
是否长江中游	—	—	−14.607 ***	−13.916 ***
是否西南地区	—	—	−18.464 ***	−17.970 ***
是否大西北地区	—	—	−6.099	−1.055
常数项	−15.286 **	−24.828 ***	−4.590 ***	−15.234 **
R^2	0.444	0.4296	0.5451	0.5374
F 值	50.35 ***	31.39 ***	29.48 ***	23.62 ***

注：*** $p < 0.01$，** $p < 0.05$，* $p < 0.1$。

初始非农占比在四个模型中的系数均为正值，并且 T 检验值均能在 0.05 水平显著，表明初始非农产业水平对二三产业结构高级化具有显著促进效应。初始非农水平越高，二三产业结构高级化速度越快。这与城市非农产业结构变化驱动模型的情形完全相反，并不存在后发优势，反而是先发优势明显，因为二三产业结构变化测度的是后工业化发展程度，对初始非农水平较低的相对欠发达城市，在后工业化之前，还需要进行一轮工业化，首先是二产增长，然后才可能出现三产对二产的轮替。

初始三二占比差在四个模型中的系数均为负值，并且 T 检验值均能在 0.01 水平显著，初始三二占比差越小的城市，三二占比差增长越快。这与城市非农产业结构驱动因素模型是同样的道理，三二产业占比差本身就是衡量后工业化程度指标，负值系数意味着二产到三产轮替转换也同样存在后发

优势特征，后工业化程度越低，后工业化速度越快。

在模型一和模型二中，是否沿海城市的虚拟变量系数均为正数，并且 T 检验值均在 0.1 以上显著，表明沿海区位因素能够促进城市二三产业高级化。

在模型一和模型三中，是否省会城市的虚拟变量系数均为正值，并且 T 检验值均在 0.01 以上显著，意味着省会行政中心对城市二三产业结构高级化具有明显促进效应。

在模型二和模型四中，是否为超大城市、是否为特大城市两虚拟变量系数均为正值，并且 T 检验值均在 0.05 以上显著性；是否为大型城市虚拟变量系数也为正值，不过在模型四中 T 值仅在 0.05 水平显著，在模型二中 T 值不显著。意味着，相对于中型城市，超大城市、特大城市规模对于城市二三产业结构高级化具有明显促进效应。而大型城市并不比中型城市更具有规模优势。

在模型三和模型四中，经济区类型虚拟变量系数均为负值，表明所列七大经济区区域因素对城市二三产业结构高级化影响，均弱于参照组的东北地区。考虑东北地区在 1995～2016 年间，属于经济增长速度较低地区，其他七大经济区之所以表现出相对较高的负值系数，可能与东北地区城市出现普遍的二产发展停滞或负增长有关。东北地区以外的七大经济区虚拟变量系数按照从大到小排序，分别为：东部沿海、大西北地区、南部沿海、北部沿海、黄河中游、长江中游、西南地区，这意味着，区域因素对城市二三产业结构高级化的影响强度在七大经济区之间也存在由强到弱的排序关系，东部沿海正向影响最为强烈，其次为大西北地区，而西南地区、长江中游、黄河中游的区域因素对城市二三产业结构高级化的影响较弱。

五　中国城市产业结构演变的绩效影响

（一）模型设定、资料来源与变量说明

考察城市产业结构演变对经济增长绩效的影响。与第四部分同理，把

2000～2016 年作为一个全时段，考察全时段内产业结构演变的长期驱动因素。所有数据均来自 2000～2016 年《中国城市统计年鉴》。我们将城市人均 GDP 增长率作为城市发展绩效指标。

在解释变量方面。我们分别选择两类产业结构变化变量：非农占比变化和三二占比差变化，同时也纳入四种城市类型区分的虚拟变量，详细的变量定义说明见表 9。

（二）中国城市产业结构演变的绩效影响计量结果

四个模型 F 值均在 0.01 的水平显著，说明所选解释变量对被解释变量存在一定的解释力（见表 12）。

表 12　中国城市产业结构演变绩效影响回归结果

变量	模型一	模型二	模型三	模型四
非农占比变动	0.096 ***	0.092 ***	0.083 ***	0.076 ***
三二占比差变动	− 0.018 *	− 0.016	− 0.027 **	− 0.001 **
是否沿海城市	− 0.456	− 0.490	—	—
是否省会城市	1.314 ***	—	1.317 ***	—
是否超大城市	—	0.661	—	0.576
是否特大城市	—	− 0.163	—	− 0.296
是否大型城市	—	− 0.010	—	− 0.236
是否北部沿海	—	—	0.365	0.466
是否东部沿海	—	—	1.480 **	1.630 **
是否南部沿海	—	—	− 0.539	− 0.430
是否黄河中游	—	—	1.929 ***	2.051 ***
是否长江中游	—	—	0.681	0.868
是否西南地区	—	—	0.347	0.628
是否大西北地区	—	—	0.786	1.185
常数项	5.412 ***	5.595 ***	4.844 ***	5.021 ***
R^2	0.1539	0.1345	0.2349	0.2184
F 值	11.64 ***	6.58 ***	7.68 ***	5.78 ***

注：*** $p < 0.01$，** $p < 0.05$，* $p < 0.1$。

非农占比变化在四个模型中的系数均为正值，并且 T 值均在 0.01 以上水平显著，表明非农占比变化越大，人均 GDP 增长率越高，意味着非农产

业结构对促进城市人均发展水平具有重要影响。

三二占比差变化在四个模型中均为负值，不过在模型二中 T 值不显著，表明三二占比差增长对城市人均 GDP 存在不是特别显著的负向影响。考虑中国还是一个发展中国家，仍处于工业化阶段，人均发展水平的提升仍然要依赖工业化、制造业的增长，过快追求二产到三产的结构轮替，可能并不利于城市发展水平的提升。

沿海内陆区分和规模类型区分的虚拟变量均不显著，意味着沿海内陆、城市规模对城市人均发展水平的影响并不突出。

而省会城市虚拟变量在模型一和模型三中是否均存在显著性的正值系数，意味着省会城市的行政中心优势对城市人均发展水平增长是否具有明显的促进效应。

在模型三和模型四中，南部沿海为负值系数，其他六大经济区均为正值系数，但只有黄河中游和东部沿海系数的 T 值显著。这表明与参照组东北地区相比，南部沿海区域因素对城市人均发展水平提升存在负向影响，而黄河中游和东部沿海区域因素对城市人均发展水平提升存在较明显正向影响。

六 结束语

本文从非农产业结构和二三产业结构两个视角分别考察了中国城市1995～2016 年产业结构演变的特征趋势，分析了城市产业结构演变的驱动因素以及其对城市人均发展水平的绩效影响，以下几方面的结论是重要的。

（1）中国城市非农产业结构高级化或者说工业化速度存在明显的逐渐减弱态势，并且存在明显的城市类型特征差异：沿海城市非农占比增速慢于内陆城市并且增速峰值也早于内陆城市；省会城市非农占比增速慢于非省会城市并且增速峰值早于非省会城市；超大城市非农占比增速最慢，特大城市非农占比增速最快，并且增速峰值随城市规模渐次后延；八大经济区城市非农占比增速也表现出很大差异性，南部沿海、黄河中游、长江中游、西南地区、大西北地区城市非农占比增速存在先升后降倒 U 形变化趋势，东部沿海和北部沿海城市非农占比增速呈现连续下降趋势，东北地区非农占比增速则出现降升降的反复趋势。

（2）中国城市二三产业结构高级化或者说后工业化速度表现出较为明显的先降后升 U 形变化趋势，并且存在明显的城市类型特征差异：沿海城市二三产业结构高级化速度明显快于内陆城市，增速变化的 U 形谷底也比内陆城市更早；省会城市二三产业结构高级化速度明显快于非省会城市，而增速 U 形谷底比非省会城市来得更晚；超大城市二三产业高级化速度最快，特大城市次之，大型城市最慢，并且 2000～2010 年间不同规模城市均出现了一轮二产超过三产的负增长阶段；八大经济区城市二三产业结构变化均呈现 U 形趋势，除南部沿海外，其他七大经济区城市三二占比差变化均经历了负增长阶段，即其间出现了工业化加速阶段。但北部沿海、东部沿海、南部沿海城市的谷底出现在 2000～2005 年间，其他经济区城市谷底则出现在 2005～2010 年间，意味着三大沿海地区比其他经济区城市更早迎来二产到三产的后工业化转型。

（3）初始产业结构与城市类型变量均对城市非农产业结构演变具有显著性影响。初始非农占比与初始三二占比差均对城市非农高级化产生显著性负向影响，后发优势非常明显；沿海区位、省会行政中心与城市规模（大型城市除外）三因素对促进城市非农产业高级化具有显著性正向影响；八大经济区区域因素同样对城市非农产业高级化具有显著性影响，由正到负的八大经济区区域影响程度排序依次为：东部沿海、南部沿海（或北部沿海）、黄河中游、长江中游、大西北地区、西南地区、东北地区。

（4）初始产业结构与城市类型变量均对城市二三产业结构演变具有显著性影响。初始非农占比对城市二三产业结构高级化具有显著性正向影响，呈现明显的先发优势，这可能因为二三产业结构变化测度的是后工业化发展程度，对初始非农水平较低的相对欠发达城市，在后工业化之前，还需要进行一轮工业化，首先是二产增长，然后才可能出现三产对二产的轮替；初始三二占比差对城市二三产业结构高级化具有显著性负向影响，意味着二产到三产轮替转换也同样存在后发优势特征，后工业化程度越低，后工业化速度

越快；沿海区位、省会行政中心与城市规模（大型城市除外）三因素对促进城市二三产业高级化具有显著性正向影响；八大经济区区域因素同样对城市非农产业高级化具有显著性影响，由正到负的八大经济区区域影响程度排序依次为：东北地区、东部沿海、大西北地区、南部沿海、北部沿海、黄河中游、长江中游、西南地区。

（5）产业结构变化对城市人均 GDP 增长具有显著性影响。城市非农占比变化对人均 GDP 增长具有显著性正向影响，而三二占比差变化对人均 GDP 增长具有显著性负向影响，可能表明中国仍处于工业化阶段，人均发展水平的提升仍然主要依赖工业化、制造业的增长，过快过度的追求二产到三产的结构轮替，可能并不利于城市发展水平的提升。在纳入产业结构变化因素后，沿海区位和城市规模等因素对城市人均 GDP 增长影响并不显著，八大经济区的影响关系也比较紊乱，可能意味着中国沿海内陆、不同规模和不同区域的城市人均发展水平差异主要由产业结构变化引起。但省会行政中心对城市人均 GDP 增长具有显著性影响，可能表明中国城市发展的行政因素影响巨大。

B.4
中国"四新"经济发展状况及前景分析

李红玉[*]

摘　要： 以"新技术、新产业、新业态、新模式"为代表的"四新"经济是全球经济发展的大势所趋，中国实施创新发展战略、培育经济发展新动能、进行供给侧结构改革，四新经济在其中发挥着关键性引领作用。近年来，我国特大城市和大城市"四新"经济在大数据及其应用、人工智能、共享经济等多个领域发展迅速，相关政策机制日益完善，未来要在人才培养、行业监管、要素通道建设等方面进一步加大力度。

关键词： 新技术　新产业　新业态　新模式

党的十八次全国代表大会报告提出"要大力实施创新驱动发展战略"，十八届五中全会提出，我国经济已结束高速增长阶段，步入高质量发展阶段，因此，必须将创新视作国家发展战略的核心要素，注重转方式、优结构、换动能。党的十九大报告进一步指出，要在消费领域、低碳生产、共享共荣、物流供应、人力资源等领域积极培育新的增长点，形成经济发展新动能。近几年，以新技术、新产业、新业态、新模式为代表的"四新"经济快速发展，成为我国培育经济发展新动能的重要支撑和增长点，国家统计局数据显示，2018 年全国"四新"经济增加值占国内生产总值（GDP）的比

---

* 李红玉，中国社会科学院城市发展与环境研究所城市政策与城市文化研究中心主任，副研究员，研究方向：城市经济学、城市发展战略与规划。

重为 21.7%，比上年提高 0.6 个百分点，现价增速比同期 GDP 高出 9.6 个百分点，"四新"经济成为拉动经济增长的重要新动能。

一　"四新"经济的基本含义及内容

"新经济"是在经济全球化、信息化的大格局下，在"创新、协调、绿色、开放、共享"新发展理念指引推进下，由大数据、互联网、人工智能等新一代信息技术与实体经济和新型业态深度融合产生的现代经济，新经济是现代经济的明显特征，渗透融汇到经济各领域、各行业，同时也派生了新的产业集群，其中最为典型的是绿色经济、开放经济、共享经济和数字经济。"四新"经济是经济发展中"新技术、新产业、新业态、新模式"的统称，其内涵包括：开发现代信息技术，在新技术创新开发的基础上融合制造业、服务业等相关产业，发挥市场在资源配置中的主导作用，进行模式创新，从而形成新的经济形态。

（一）"新技术"与新经济

新技术并不是指简单的实验室技术或产品，而是指具有应用推广空间和消费空间的技术产品。新技术以大数据、互联网、人工智能为主导，大数据及云计算技术在经济运行中发挥着重要的指南针作用，可以为市场信息的充分及时传送、企业面向个人消费者进行精准营销、行业动态分析预测、创业和产业转型选择、物流交通保障、经济安全维护等等提供有力支撑，并推动了医卫健康产业创新发展；以"互联网 +"为特征的新信息技术发展推动了工业创新 2.0 的发展，形成了物联网、云计算和大数据等以新一代信息技术为标志的新经济，以用户创新、开放创新、大众创新、协同创新为特点形成了众多新经济增长点；人工智能（Artificial Intelligence，缩写为 AI）是一门新的技术科学，主要内容是研发用于模拟乃至延伸人类智能的技术，其目标是生产出能与人类智能相似的工业机器，其产品形态有智能机器人、语言和图像识别仪器、仿真语言处理和专家系统等，这些研究对于传统工业的转型升级、新型服务业的发展、科技创新、未知领域探索等提供了全新的工具载体①。

新技术的创新发展衍生了许多新产业、新业态、新模式，如电子商务、现代物流、互联网金融等，并进一步深入工业、制造业、智能制造业领域，"数字工业"迅速成长。数字化、网络化、智能化推动经济增长的部分可以称为"数字经济"，"数字经济"对经济增长的贡献率显著提升，并使更多领域、行业的信息化、数字化程度逐步提高。数字经济不是划分行业的标准，而是现代经济最明显的特征，信息产业为发展数字经济提供了技术支撑和装备保障，其中包括电信设备制造业、通讯业、软件业和互联网产业，2018 年增加值已达 7 万亿元以上。

（二）"新产业"与新经济

"新产业"即以科技创新和科学发现为依据，依托广阔的市场需求，创新发展出新的产业体系。新兴产业是随科技创新在产业中的成功应用而出现。新产业主要在以下三类领域形成，第一是新技术产业化形成的产业，如生物工程技术在 20 世纪五六十年代只是一项技术，目前已经发展成为生物工程产业，IT 产业也已随着技术的发展成为一个新的朝阳行业。第二是以高新技术融入传统产业，并形成焕然一新的新产业，比如利用蒸汽机技术改造传统的手工纺机，从而形成高效的、快速发展的纺织行业。再比如，利用化学科学服务钢铁行业，从而生产制造出高性能的新材料，形成新材料产业。还有，互联网时代将传统的商业体系升级为现代商贸物流体系，培育了新的市场空间。第三是公共服务行业的产业化，如宣传事业转型为传媒产业、技能教育、非基本公共服务等领域的产业化等。新兴产业特点主要有五个方面，其一是新兴产业处于起步阶段期间，没有显性需求；其二是基本没有定型的设备、技术、产品以及服务，如太阳能行业 20 世纪 90 年代初起步

① 陈鹏、罗芳：《科技要素投入与地区经济增长——基于中国城市的实证分析》，《广东外语外贸大学学报》，2019。

阶段中，其技术、核心部件、产品、服务、市场、模式都面临较大的不确定性，之后才逐渐提升和固化；第三是缺乏参照系，没有成熟的产业发展路线，需要进行系统创新；其四是行业政策处于空白期，在国家支持、投融资、准入标准等方面都没有适用成套的产业政策；其五是没有成熟的上游产业链，需要从新产品追溯培育上游产业产品。

（三）"新业态"与新经济

"新业态"主要指在新技术和新产业的基础上，创造出商业领域的新环节或是新活动。新业态的产生既包括不同产业间的优化重组，还包括产业链各环节的整合或分化，体现为产业的组织形态变化。其产生主要基于信息技术革命、产业升级和消费者需求倒逼。首先，新业态产生的前提条件是20世纪后期快速发展的电子信息产业，电脑到互联网，再到云计算，物联网和大数据，进一步是5G移动互联技术，这些技术进步的每一个阶段，都衍生出新的业态，新业态与各类产业融合又衍生了更新的业态，在制造业领域，信息技术与制造业研发和生产融合，提升了新信息技术在产业链中的重要性，同时改变了传统产业链生产服务和加工制造两个环节的分离状况，改变了产业链之间以及同一产业链的各环节之间的相互联系，企业之间的关系和互动模式也在互联网技术支持下发生了新的变化，催生了新业态和新商业模式。其次，2018年中国经济的发展，经历了从产品主导到渠道主导再到终端主导的历程，多对一、一对一精准营销日渐普及，个性化细分市场日渐成熟，进而形成订制式多样化新业态。另外，传统产业的转型升级、科技创新、管理创新等也都助推形成很多新的消费需求和新的业态及模式。

（四）"新模式"与新经济

"新模式"是指以市场需求为导向，为满足市场需求和企业利润目标，对企业的生产要素和外部要素通道进行整合调整，改变传统的上下游产业链模式和价值形成关系，构建新的产业运行模式。在第二产业领域，新模式主要方向是制造业服务化。制造业服务化有内外两个指向，内部服务化关于技术、人力资源、运营状况、资产规模、融资等方面的服务，制造业内部服务能力在产业竞争力中的重要性和复杂性凸显，并日益提高；外部服务化是与产业生产相关的外部物资资料和服务，如生产资料、运营维护、融资、物流、装配、系统集成以及相关技术服务等，外部服务提高了物品的品质和市场竞争力。制造业服务化包括投入和业务两个方面的服务业化，投入服务化是指服务要素在制造业的全部投入中所占比重大，业务服务化是指服务产品在制造业中所占比重大，业务服务化就是产出服务化，产出服务化比重大，意味着第二产业与第三产业的融合度高，在同一产业门类中，产出服务化比重大，意味着产业链的延长和新型产业模式的形成。

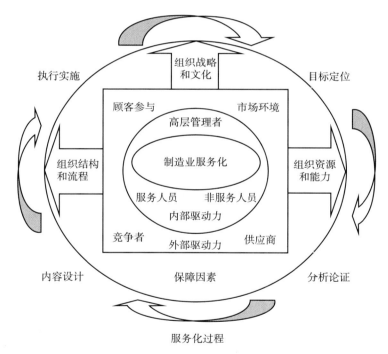

图1　制造业服务化模式示意

在第三产业领域，传统商业模式主要体现为实物交换和实体渠道的流通，而互联网和由此产生的海量数据实现了虚拟的现实交易，这一变化催生了全新的商业模式，要求企业利用互联网和电子商务等手段，结合传统的流

通渠道，对现有资源和营销手段进行整合重组和资源配比，使企业销售实现短期赢利和长期品牌发展。2018 年市场新的商业模式主要有 B2B 和 C2C 电子商务模式、娱乐经济新模式、新直销模式、低成本连锁模式、分众模式、逆向盈利新模式等。

二　重点城市"四新"经济发展情况

2018 年，我国"四新"经济继续呈现加速发展态势①，成为经济发展的重要新动能。从地域上看，北京、上海、深圳、杭州等城市在创新领域是领跑者，在"四新"经济发展和改革中取得了显著成效。

（一）各区域重点城市发展"四新"经济的实践

在全国层面，北京、上海、深圳、杭州已成为"四新"经济的领跑者。北京形成了"技术"＋"金融"＋"应用"完整的"四新"经济链条，形成我国最大的独角兽群体，并出台了相关配套政策，如《北京市高精尖产业发展资金管理暂行办法》、《北京加强全国科技创新中心建设总体方案》、《〈中国制造 2025〉北京行动纲要》等，"四新"经济发展已走在全国的前列。2018 年北京新经济实现增加值 10057.4 亿元，按现价计算，比 2017 年增长 9.3%，占北京地区生产总值的 33.2%，比 2017 年提高 0.4 个百分点。上海通过鼓励引导科技创新与经济转型升级深度融合，建设世界性的科技与金融创新高地。2018 年，上海新经济增加值占全市 GDP 的比重就已超过35%，增速领跑于全市 GDP 增速，对全市 GDP 增长的贡献率超过 45.2%。深圳以新经济为指引，建设"四新"经济网络体系和全球化的运营体系。2018 年深圳全市新兴产业（七大战略性新兴产业和四大未来产业）实现增加值增长 13.6%，占 GDP 比重达到 40.9%。杭州通过互联网与"双创"的结合，打造智能小镇、虚拟金融、线上商业等新经济模式。2018 年，杭州

---

① 童晶：《新经济发展趋势与中国的应对策略》，《开放导报》2018 年第 3 期。

"四新"经济实现增加值同比增长22%以上，占GDP的比重约43%。

在各区域层面，京津冀地区、珠三角地区、中部地区、西南地区的重点城市"四新"经济竞争力较强，势头良好。例如，京津冀地区的重点代表城市天津，2018年的"四新"经济增加值占全市生产总值的比重约20%，软件和信息技术服务业营业收入同比增长16.2%，拉动规模以上其他营利性服务业营业收入增长3个百分点。珠三角地区的重点代表城市广州，2018年先进制造业和高技术制造业增加值占全市规模以上工业增加值的比重分别达到71%以上，新经济年增速20%，占GDP比重约50%。中部地区重点城市合肥，2018年新经济增加值占GDP比重达38%以上，新经济企业数量比上年增长30%以上。武汉高新技术产业对GDP的贡献率高于20%，机器人、新能源汽车、电子元器件等新产品快速增长，高新技术产业增加值同比增长13.2%，持续领先于一般工业增速。西南地区重点城市成都，2018年研发投入增长12%，每万人有效发明专利拥有量22件，获年度国家科学进步奖25项，高新技术产业总产值突破1万亿元，双创指数位列全国第四。重庆新经济增加值占GDP比重达36%以上，新经济企业数量比上年增长35%以上（见表1）。

表1 2018年各区域典型城市"四新经济"发展情况

区域	城市	"四新经济"政策	"四新经济"成效
京津冀地区	北京市	出台《北京市高精尖产业发展资金管理暂行办法》《北京加强全国科技创新中心建设总体方案》《〈中国制造2025〉北京行动纲要》《中共北京市委 北京市人民政府关于印发加快科技创新构建高精尖经济结构系列文件的通知》《"智造100"工程实施方案》《北京绿色制造实施方案》《北京经济技术开发区企业投资项目承诺制改革试点实施方案（试行）》《2018年北京市智能制造标杆企业名单》等	2018年北京市新经济实现增加值10057.4亿元，按现价计算，比2017年增长9.3%，占北京市地区生产总值的比重为33.2%，比2017年提高0.4个百分点
	天津市	出台《关于促进我市开发区改革和创新发展的实施方案》《天津市人民政府办公厅关于天津市扩大开放构建开放型经济新体制若干措施的通知》《天津市促进数字经济发展行动方案（2019－2023年）》《天津市智慧城市建设方案》等	2018年，天津市"四新"经济增加值占全市生产总值的比重约20%，软件和信息技术服务业营业收入同比增长16.2%，拉动规模以上其他营利性服务业营业收入增长3个百分点

续表

区域	城市	"四新经济"政策	"四新经济"成效
长三角地区	上海市	出台《上海市新兴行业分类指导目录(2017版)》、《关于加快推进本市"四新"经济发展的指导意见》、《关于促进本市新兴行业加快发展完善新兴行业分类指导的意见》、《上海市创新产品推荐目录》等	2018年,上海新经济增加值占全市GDP的比重就已超过35%,增速领跑于全市GDP增速,对全市GDP增长的贡献率达到45.2%
	杭州市	出台《杭州市全面推进"三化融合"打造全国数字经济第一城行动计划(2018－2022年)》,打造"全球移动支付之城"、"全球影响力生物医药创新城市"、"新零售策源地"、"中国动漫之都"、"新经济会议目的地"的城市功能	2018年,杭州"四新"经济实现增加值同比增长22%以上,占GDP的比重约43%
珠三角地区	深圳市	出台《关于进一步加快发展战略性新兴产业的实施方案》、《深圳市战略性新兴产业发展政策》、《中共深圳市委关于深入贯彻落实总书记重要讲话精神加快高新技术产业高质量发展更好发挥示范带动作用的决定》等	2018年全市新兴产业(七大战略性新兴产业和四大未来产业)实现增加值增长13.6%,占GDP比重达到40.9%
	广州市	出台《关于促进全市经济技术开发区转型升级创新发展的若干意见》、《广州市促进总部经济发展暂行办法》、《关于促进民营经济发展的若干措施(修订版)》等	2018年,先进制造业和高技术制造业增加值占全市规模以上工业增加值的比重分别达到71%以上,新经济年增速20%,占GDP比重约50%
中部地区	合肥市	出台《合肥市促进产业转型升级推动经济发展若干政策》、《2019年合肥市促进产业转型升级推动经济发展若干政策实施细则》、《发展新经济推动高质量发展实施方案》等	2018年新经济增加值占GDP比重达38%以上,新经济企业数量比上年增长30%以上
	武汉市	出台《加快发展新经济的若干意见》、《万亿战略性新兴产业推进实施方案》、《加快新旧动能转换的若干意见》等	2018年武汉市高新技术产业对GDP的贡献率高于20%,机器人、新能源汽车、电子元器件等新产品快速增长,高新技术产业增加值同比增长13.2%,持续领先于一般工业增速

区域	城市	"四新经济"政策	"四新经济"成效
西南地区	成都市	成立"成都市新经济发展委员会",出台《关于营造新生态、发展新经济、培育新动能的意见》《成都市发展新经济培育新动能2019年工作要点》、建立"城市机会清单"发布机制等	2018年,成都全社会研发投入增长12%,每万人有效发明专利拥有量22件,获年度国家科学进步奖25项,高新技术产业总产值突破1万亿元,双创指数位列全国第四
	重庆市	出台《重庆市发展智能制造实施方案(2019 – 2022年)》《中国(重庆)自由贸易试验区两江片区加强"四新"经济审慎监管的若干措施》《重庆市提升经济证券化水平行动计划(2018 – 2022年)》《促进我市国家级开发区改革和创新发展若干政策措施》等	2018年新经济增加值占GDP比重达36%以上;新经济企业数量比上年增长35%以上

(二)"四新"经济重点领域

1. 数字经济

数据资源是新经济最重要的战略性资产。从经济内部性看,数据资源成为新经济的生产资料和劳动工具;从经济外部性看,数字经济主要指依托大数据产业和以大数据及网络信息技术为基础的相关产业。第一,通过数字化、网络化和智能化的深度融合,实现智能制造和各种虚拟现实经济行为;第二,农业通过与数字经济融合发展,形成新的数据农业和精准农业发展模式;第三,商务和商业活动、旅游产业等与数据经济融合发展,形成全新的海量消费需求。2017年,我国成为世界上第二大数字经济体,数字经济总量高达26.7万亿元[1],占国内生产总值的32.9%。

2. 人工智能产业

人工智能经济以人工智能为载体,结合相关产业门类,实现对传统产

---

① 童晶:《新经济发展趋势与中国的应对策略》,《开放导报》2018年第3期。

业的改造和转型升级。2017年，全球智能化市场规模超过1万亿美元，预计2022年将达到5万亿美元。我国提出"智能+"概念，通过将人工智能技术大量深度应用于经济活动和社会生活，新技术本身会得到进一步提升，经济效率、产业运营模式也会相应发生转型，从而大大推动了实体经济创新力和生产力的提升，逐步催生出以人工智能为载体的新经济。其中，工业控制、芯片模块、无人系统、数据服务等关键产业是人工智能的重点领域。

3. 创意经济

创意经济是在三次产业融合发展的基础上进行技术、业态和模式创新从而实现新价值的产业，目前创意产业正以"无边界经济"模式向传统行业和实体经济辐射，现代信息技术的发展为创意产业更加高效地配置要素提供了可能，因此从事创意产业的企业也会得到更大的市场空间，形成新的核心竞争力。信息技术的发展也为具有轻资产、高价值特征的创意经济行业提供了全新的发展机遇，如动漫产业、电子出版、自媒体等。

4. 流量经济

流量经济是依托互联网信息流量产生经济效益的一种经济模式，其运作模式为，在特定区域以专业化的信息平台和要素条件为基础，吸引区域外的资源要素不断集聚，并通过不同资源要素的重组和整合来实现相关产业的创新升级与发展。区域产业发展还会形成更大的经济能量，并向周边区域乃至更远的地区辐射。多种资源要素通过不断的集聚和辐射，即高效、有序、规范的流动发挥出更高的价值，且在循环中通过扩大流量规模、提高流通速度，不断实现地区经济规模的扩大和经济的持续发展。流量经济要素可划分为两大类：其一是强流动要素，是指流量要素在经过的区域有较长的滞留时间，并有增值性，流出区域外的经济要素在区域内滞留时间越长，要素的形态、能力等改变越多，流量要素就越强，因此资金流、人力资源流、商人流、技术流都是强流动要素。其二是弱流动要素，是指流量要素在其经过的区域内不滞留或滞留时间较短，形态改变较少，以最高的效率流向区域外的经济要素[1]。业界共识认为在未来十年，流量经济对全球 GDP 的贡献价值增长迅速，全球经济增长的三四分之一来自流量经济贡献。很多国际大都市已经把流量经济作为新经济发展的重要领域，中国的特大城市也把流量经济发展作为建设全球性城市的关键支点。

5. 生物经济

生物新技术具有广阔的前景。当前，我国现代生物新技术及其产业化进展显著。基因检测和基因编辑技术、细胞和基因疗法技术等发展迅速，新型生物产业已成为新经济中最具创新引领意义的领域之一，必将推动农业、制造业、医卫康养等领域的深刻变革，产生巨大的经济效益，由此形成的现代生物经济在经济结构中的比重不断提高。2013～2017 年，全球生物产业产值持续保持 20% 以上的增长率，很多国家、地区和城市均把生物产业作为新经济增长点和战略性新兴产业。在我国，生物产业保持两位数的增速，2017 年生物产业规模接近 5 万亿元。未来，生物高新技术创新将取得更大进展，基因检测和编辑、合成生物、生物大数据和生物制造等具有很大的突破空间，势必推动生物产业新经济的发展[2]。

6. 共享经济

共享经济是对海量分散化信息资源进行整理和分享，并在信息资源优化组合的基础上，连接最优供需，从而促成市场和交易的形成。共享经济是新的信息经济业态，是三次产业融合的结果，其技术基础是大数据和高速互联网。共享经济以营利为主要目的，是基于消费者之间物品使用权分时转移的一种新的经济模式，其本质是线上整合经营线下的闲散物品、空间、劳动力、教育、医疗等资源。共享经济的关键在于如何实现资源的最优匹配，最大限度地降低边际成本。在技术和制度的协同创新中，2018 年我国共享经济市场规模达 5.9 万亿元，比 2017 年增长 27.8%；共享经济领域融资规模超过

① 孙希有：《流量经济新论——基于中国"一带一路"战略的理论视野》，《中国社会科学出版社》，2015。
② 成丽娜：《新形势下如何推动"四新经济"加速发展》，《经济技术协作信息》2017 年第 19 期。

3000 亿元，服务人数接近 1 亿人次；共享平台就业人数近 900 万[1]。可以说，我国共享经济已成为国民经济的重要行业，为就业创业提供了大量机会。从行业的视角，共享经济正在从单一领域共享走向多资源共治共享。未来在共享出行、共享空间之后，在资本、教育、医疗、技能培育等诸多领域，都将发展出新的业态，信用体系、新型金融产业对共享经济保障功能将越来越强。

7. 低碳经济

低碳经济以低碳排放和循环经济及可持续服务产业为基础，如具有显著低碳效果的新能源和新材料工业、建筑绿色化、节能环保产业、生态农业、智能交通等均属于低碳经济领域，低碳经济作为新经济在经济总量中的比重增长迅速，突破发展，由此带来了大量新的就业岗位。未来，低碳经济还将与数字经济和创意经济融合发展，形成新的第二、第三产业业态。工业社会靠传统治理手段推动的生态环保将逐步发展成绿色可持续的新型产业生态文明形态。

三 "四新"经济未来发展前景及对策建议

目前全球经济正由传统工业经济向现代信息工业经济转型，其主要特征表现为生产数字化、组织扁平化、金融虚拟化，这些特征大大提高了经济资源配置效率。加快发展"四新"经济、培育新动能是推动我国经济转型升级、提质增效的重要途径。目前我国在市场培育、监管、投融资和财税政策、经济要素集聚等方面，尚无法适应"四新"经济发展的需要，存在诸多瓶颈制约，需要进行创新和变革。

（一）创新政策和机制，畅通要素通道

以激发市场活力和内生动力为目标，既要完善监管体系，又要做好

---

[1] 国家信息中心分享经济研究中心、中国互联网协会分享经济工作委员会：《中国共享经济发展年度报告（2018）》，2018。

"放管服"改革。要加大力度开展新经济发展的重大基础设施建设,完善新经济产业发展基础条件,特别要加强信息技术、海洋新科技、生物新科技、共享模式等经济发展的基础设施建设。同时,我们还要完善高端要素的协同机制,通过发展配套的流通渠道、互联网金融、人力资源开发和培训等,与"四新"经济的需求相匹配。在新经济发展的若干重要领域,我们要探索机制改革,完善创新服务平台,培育发展产业链、支持新经济企业的开办与发展,提高其市场竞争力,不断出台促进新经济产业高质量发展的配套政策,大力鼓励各大城市和都市圈建设新经济产业集群。

(二)培育新经济市场体系

要加大新经济的市场培育力度,充分发挥政府优惠扶持等措施的引导作用,支持企业拓展各类细分和虚拟的新经济市场,构建与新经济市场相适应的空间载体和基础设施;同时,要大力培育新经济消费群体,鼓励新的业态和模式对传统产业的替代,大力普及宣传新经济消费理念和生活方式。

(三)促进新经济与实体经济融合发展

要从发展理念创新、生产要素整合和组织管理模式改革等多方面对实体经济进行升级改造,使其与新经济逐步融合并转型升级,从而提高创新力与竞争力,使新经济充分发挥服务实体经济的作用。在工业领域,要加大力度推进工业化与信息化的深度融合,改造升级传统产业,运用数据经济和人工智能技术形成工业产业的新平台;在第三产业领域,要大力发展"互联网+"、"共享+"、"循环+"等新的业态模式,并在数字支付清算、融资产品设计、国际化金融等方面加快创新,大力提升金融产业对新的业态模式的服务能力。

(四)加快推进关键核心技术产业化

要全面实施创新驱动发展战略,在关键核心技术创新应用中,更加重视

核心技术创新和后续效应培育，要在核心技术领域掌握前沿关键技术，在此基础上，继续汇聚全球创新创业资源，持续赋能创新创业载体，不断优化创新创业服务环境，大力培育市场化、专业化的技术转移、知识产权和金融服务等机构，推动创新成果充分产业化。

（五）大力提高新经济领域人才供给能力

要大力开发我国新经济发展的人力资源，并将有效的人力资源转化为人力资本要素。要利用大数据分析技术，构建人才需求和供给数据信息库，形成完善、高效、专业化的新经济人才市场，大力引进和培育创新性"高精尖缺"人才，强化无形资产保护培育经济增长新动能的"软实力"，促进优秀人才同优势产业、优秀企业有效对接。

（六）加快完善行业监管与法治

要加强和完善新经济领域的立法与监管，改革不适应新业态的传统法律法规，使"四新"经济由"野蛮生长"走向"健康有序成长"。目前，在我国的"互联网金融"、"共享交通出行"和"生物克隆"等新经济领域皆存在大量的法律空白，税收法律体系和管理方式方面也存在很多挑战，亟须完善和改革。同时，也应加强新经济相关行业协会和企业内部的规范建设，从行业内部出发，提高"四新"经济的发展潜力。

B.5
深化投资结构改革，保证经济稳定发展

——2018～2019年中国投资形势分析与对策

张卓群*

摘　要： 2018年以来，国际贸易保护主义抬头，逆全球化潮流显现；国内改革进入深水区，由高速度增长转向高质量发展。受内外双重因素影响，我国投资形势发生转变，固定资产投资总额增速出现放缓，并且持续低于GDP增速，分地区、分产业投资出现分化，投资结构进入深度调整。因此，需要进一步促进制造业技术创新升级、建立房地产业长效调控机制、发挥基建业"补短板"功能；进一步加快国企"混改"步伐，加强民企减税降费力度，促进二者优势互补共赢发展；进一步优化对外投资结构，利用FDI技术外溢效应，合力绘就对外开放新格局。以更大的勇气和决心全面推动我国投资供给侧结构性改革，为保证我国经济平稳健康发展提供重要保障。

关键词： 中国经济　投资形势　结构升级

　　2018年是我国改革开放四十周年，是党的十九大的开局之年，中国面临的国内外政治经济形势日趋复杂。外部环境方面，美国挑起中美贸易摩擦，掀起逆全球化浪潮，企图对中国经济崛起的势头加以遏制；内部环境方

---

* 张卓群，中国社会科学院城市发展与环境研究所，助理研究员，博士，研究方向：数量经济学、城市经济学。

面，我国经济已经步入新时代，处于经济结构转型、增长动力转换的关键时期，经济改革进入深水区。作为拉动经济的"三驾马车"之一，投资形势变化与我国经济走势密切相关，并且作为一种重要的经济工具和调节手段，在新时代促进我国经济平稳健康发展方面起到支柱性作用。

一 投资增速放缓，分地区、分产业投资出现分化

全国固定资产投资增速近年来呈现由波动上升到逐步下降再到趋缓稳定增长的趋势。具体来看，2005～2008 年，固定资产投资增速基本在 26% 左右浮动，但随着 2008 年全球金融危机爆发，世界经济进入下行通道，外需疲软，国家及时推出"四万亿"计划，积极发挥投资"短、平、快"的调节作用，固定资产投资增速达到 30.4% 的区域高点，保证了我国 GDP 在2009 年实现了 9.4% 的稳定增长。2010 年之后，随着金融危机对我国实体经济的影响逐步显现，前期投资政策逐步消化，加之国内经济进入结构调整期，固定资产投资增速和 GDP 增速呈现同步下降的趋势，至 2017 年，固定资产投资增速降至 7.2%，GDP 增速降至 6.8%。与此同时，消费发挥了积极作用，特别是 2018 年，消费对于 GDP 的贡献率达到 76.2%。在国际贸易保护主义抬头、国内增长动能转换的内外双重压力之下，国内消费的基础性作用和投资的灵活调节作用进一步增强，以投资和消费构成的内需逐步成为保证我国经济平稳增长的最主要力量，2018 年我国 GDP 实现了 6.6% 的增速，人均 GDP 水平逼近 1 万美元大关；2019 年上半年实现了 GDP 6.3% 的增速，多项主要经济指标均处于合理区间（见图 1）。

分地区来看，东北地区的固定资产投资增长波动情况最为剧烈，2017年三季度之前处于负增长区间，其中在 2016 年二季度达到 -32% 的区域低点，其主要因素是东北地区经济发展长期积累的结构性问题在 2015～2016年集中爆发，实体经济不振。中央层面对于东北振兴的问题高度关注，加大了东北地区国有企业的"混改"力度，引导资金、人才走出山海关，逐步优化东北营商环境，并取得了一定实效，东北地区固定资产投资增速从

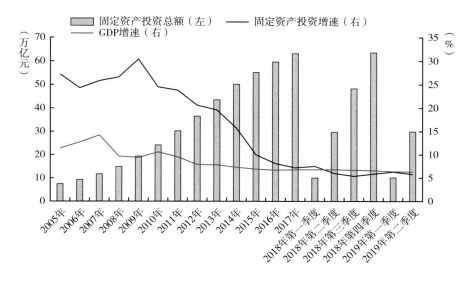

图1　固定资产投资及 GDP 变化情况

资料来源：国家统计局。

2017 年四季度起保持了连续 6 个季度的正增长。值得注意的是，东北地区的投资仍然处于恢复性增长阶段，2019 年上半年增速重回 – 3.6% 就是一个侧面例证，东北经济结构转型面临的形势依然严峻。东部地区固定资产投资增长呈现稳定下降态势，其整体趋势与全国固定资产投资增长趋势趋同，但增速稍低，呈现这种状态的主要原因是东部地区经济较为发达，稳定性较高，在较大经济基数下，增长的绝对速度较低。中部地区固定资产投资增速较高，进入 2018 年之后，各季度增速均能够保持在 9% 以上，这与中部地区较高的经济活力密不可分。西部地区固定资产投资增长出现小幅波动，在 2018 年三季度达到区域低点 2.3%，随后恢复至 2019 年二季度的 6.1%，进一步表明西部地区经济发展的稳定性和韧性有待进一步加强（见图2）。

　　分产业来看，第一产业投资占固定资产投资的比重在近年来呈现小幅度上升的趋势，由 2005 年的 1.1% 升至 2018 年的 3.5%。同时，第一产业固定资产投资增速较二产、三产波动更为剧烈，在 2012～2018 年期间，一产投资增速始终高于二产和三产，且均能够保持两位数增长。进入 2019 年之

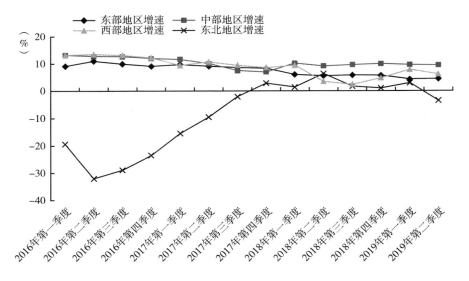

图2 分地区固定资产投资变化情况

资料来源：国家统计局。

后，在全国固定资产投资增长放缓的背景下，农业领域投资回报率较低的问题逐步暴露，一产投资增速进一步放缓，至二季度达到 -0.6% 的低点。二产方面，投资占比近年来小幅下降，由 2005 年的 42.1% 降至 2018 年的 37.4%。二产投资增速在 2012 年之前始终能够保持 20% 以上的增长，受制造业走弱的影响，在 2013～2015 年出现跳跃式下降，至 2016 年二产投资增速仅为 3.5%，随着国家对于二产支持力度加大，2018 年二产投资增速恢复至 6.2%。三产方面，投资占比近年来稳中有升，由 2005 年的 56.8% 升至 2018 年的 59%。三产投资增速与一产、二产类似，均呈现下降趋势，但自 2012 年之后，三产投资增速开始超过二产，并在二产投资增长疲软的情况下，成为保证总投资平稳增长的主要动力。三次产业投资占比及增速的变化，实际上反映了我国经济结构调整的趋势。2005 年我国三次产业对 GDP 的贡献为 5.2∶50.5∶44.3，一产占据相当比重，二产作为绝对主力超过 50%；至 2010 年，受金融危机出台投资计划影响，二产对 GDP 的贡献率一度达到 57.4%；2015 年之后，随着经济水平不断提高，经济结构不断优化，

三产贡献率超过了二产，至 2018 年三次产业对 GDP 的贡献为 4.2∶36.1∶
59.7（见图 3）。不过与发达国家第三产业占 GDP 比重为 75% ~ 80% 的国际
经验水平相比，我国经济结构转型升级的任务仍然任重而道远。

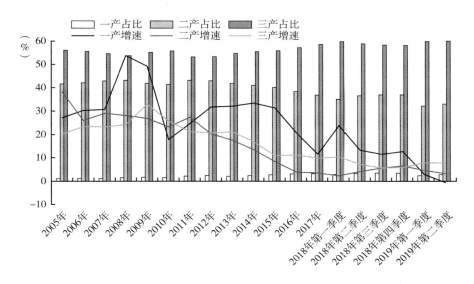

图 3 分产业固定资产投资变化情况

资料来源：国家统计局。

二 促进制造业技术创新升级、建立房地产业长效
调控机制、发挥基建业"补短板"功能

在构成国民经济的众多行业中，制造业、房地产业和基建业是固定资产
投资的主力，三者投资额之和的占比约占固定资产投资总额的八成左右。特
别是 2018 年三者投资之和占比升至 84.9%，2019 年前两季度分别为 85.8%
和 84.3%，三大行业投资对总投资的影响进一步增强（见图 4）。

第一，制造业投资处于艰难曲折恢复之中，高技术产业有望成为新的增
长极。制造业投资占固定资产投资的比重近年来基本保持在 30% 左右，在
2012 年曾经达到 34.3% 的阶段高点，制造业投资增速在 2012 年以前同样能

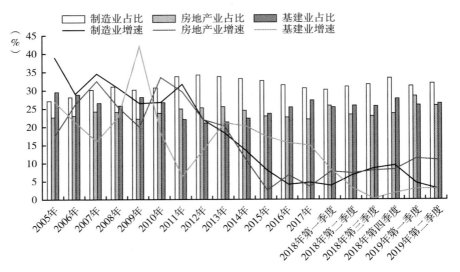

图4 三大行业固定资产投资变化情况

资料来源：国家统计局。

注：基建业包括交通运输、仓储和邮政，电力、燃气及水的生产和供应业，水利、环境和公共设施管理业。

够保持超过20%的水平。进入2015年之后，国内产能过剩情况进一步加剧，制造业的盈利水平进一步降低，其顺周期特性进一步显现，企业对制造业投资的预期进一步下降，制造业投资增速在2016年和2017年分别仅为4.2%和4.8%。随着国内"去产能、去库存、去杠杆、降成本、补短板"稳步推行，2018年后半年制造业投资增速出现显著回升，三季度和四季度分别为8.7%和9.5%。值得注意的是，进入2019年以来，美国政府升级贸易摩擦，制约了国内制造业复苏；加上制造业产能过剩、融资成本居高不下、盈利能力不高等问题还未能够得到根本性扭转，制造业投资增速在2019年一季度和二季度出现下行，分别仅为4.6%和3%。

从制造业的细分行业来看，在制造业投资增速整体下滑的情况下，不乏亮点行业取得较高增长。医药制造业，专用设备制造业，计算机、通信和其他电子设备制造业2019年上半年增速分别达到8.4%、7.2%和8.5%，制造业的转型升级步伐进一步加快，高技术制造业投资增长10.4%，制造业技术改造投资增长 13.1%。由此可见，目前国内制造业已经进入深度调整期，制造业发展的关键在于产业转型升级，推动国内制造业由资源投入密集型向科技研发密集型转换，大力发展高技术制造业，推动传统制造业改造升级，形成新的增长极，是我国制造业发展的必由之路。这就需要在政策上进一步支持制造业转型发展，例如在减税降费方面使得制造业企业获得更多实惠，在金融上降低制造业企业的融资成本等。

第二，房地产业投资增速进一步加快，稳地价、稳房价、稳预期，建立房地产市场长效调控机制势在必行。房地产业投资占固定资产投资的比重近年来基本保持在 22%～25%。制造业、房地产业和基建业均受到宏观经济周期影响，但与制造业的顺周期特性及基建业的逆周期特性不同，房地产业具有两个显著特点：第一，房地产开发具有相对固定的流程，从取得土地到设计施工再到竣工销售，其时间期限相对固定，因此房地产业投资存在一定的内在周期性；第二，房地产业对政策特别敏感，政府的调控力度直接影响市场房价，进而传导至房地产企业，致使投资预期发生变化。基于上述房地产业的特性，可以看到近年来房地产业投资增速在与宏观经济下行趋势相一致的基础上，呈现波动下降的趋势。2015 年房地产业投资增速达到 2.5% 的低点，主要原因是 2013 年房地产市场过热，政府调控力度加大，房价得到控制，企业投资意愿下降；2016 年下半年随着全国主要城市房价迎来新一轮上涨，房地产业投资增速有所回升，达到 6.8%；2017 年 3 月，北京出台被称为"史上最严"的"3·17 调控"，全国各大城市纷纷跟进，房地产业投资增速回落至 3.6%；进入 2018 年之后，房企对于政府新一轮的调控机制开始适应，加之前期购买囤积的土地逐步进入开发周期，房地产业投资逐步回升至 8.3%，并在 2019 年一季度和二季度进一步达到 11.4% 和 11%。

在近期房地产市场出现过热趋势之后，针对房地产的金融政策明显收紧。银保监会加强了对于房地产开发项目的融资管理，严控资金违规流向房地产市场[1]；国家发改委明确要求房地产企业发行外债只能用于置换未来一

---

[1] 银保监会：《关于开展"巩固治乱象成果促进合规建设"工作的通知》，2017。

年内到期的中长期境外债务①。此外，2019 年棚户区改造计划规模约为 285 万套②，不足 2018 年的一半，棚改收紧势必对 2019 年的房地产业投资产生一定影响，2019 年下半年房地产业投资增速大概率放缓。总体来看，房地产业作为我国国民经济发展的支柱产业之一，是一把双刃剑。积极引导、推动房地产市场健康发展，对保证我国经济平稳增长、改善人民生活条件具有积极作用。在此过程中，特别要防范房价过热、过快增长，对消费产生过大的挤出效应，绑架国民经济。进入 2019 年之后，在"房住不炒"理念的指引下，"稳地价、稳房价、稳预期"成为当年房地产市场的工作重点，坚持"分类调控、因城施策"，从供给端推动房地产市场长效调控机制建设，才能满足人民不同层次的住房需求，形成房地产行业促进国民经济发展的良好局面。

第三，基建业投资增速下降较快，"补短板"成为今后一个时期基建投资的重点方向。基建业投资占固定资产投资的比重近年来基本保持在 25% ~ 28%。我国的基建业投资具有明显的逆周期特性，主要是由于基建业企业中国企比例高，当经济出现下行趋势时，国家能够通过行政命令有效调控基建业投资拉动经济增长。基建业的这种特征直接反映在基建业增速之中，2009年基建业增速高达 42.2%，保证中国经济在受到金融危机冲击之后仍能够稳定增长；2015 ~ 2017 年，在制造业、房地产业投资增速均以个位数增长的情况下，基建业投资增速基本维持在 15% ~ 17%，拉动了固定资产投资的整体增长。但是，进入 2018 年之后，基建业投资出现了大幅下降，各季度增速为 8.3%、3.3%、0.3% 和 1.8%；2019 年虽然有所回升，但在上半年仅保持 3% 的增长速度。

基建业投资"断崖式"下降，与近两年实行的地方债务及融资平台管控、PPP 项目清理具有直接关系。2017 年 6 月，财政部发布"87 号文"③，严格按照规定范围实施政府购买服务，严格规范政府购买服务预算管理，严

① 国家发改委：《关于对房地产企业发行外债申请备案登记有关要求的通知》，2019。
② 财政部：《关于下达 2019 年中央财政城镇保障性安居工程专项资金预算的通知》，2019。
③ 财政部：《关于坚决制止地方以政府购买服务名义违法违规融资的通知》，2017。

禁利用或虚构政府购买服务合同违法违规融资；同年 11 月，又推出"92 号文"①，严格规范政府和 PPP 项目运作，防止 PPP 异化为新的融资平台，坚决遏制隐性债务风险增量。"87 号文"和"92 号文"的出台，使得基建业在"严监管"、"紧信用"的政策影响下，出现了持续低速增长。另外，我国基建业经过多年高速增长，国内基础设施投资基数和建设水平已经大幅度提高，从需求侧来看，已经难以维系基建业高速增长。面向未来，从供给侧出发，"补短板"将成为基建业发展的重要方向，其中主要包括中西部地区基础设施建设、国家战略相关重大工程建设、农业农村改造建设、生态环保综合治理、社会民生重点工程建设等。随着国家对于地方债务治理取得成效，基建业投资项目进一步规范，融资渠道进一步通畅，基建业对经济发展的调控支持作用必然进一步增强。

三　加快国企"混改"步伐，加强民企减税降费力度，促进二者优势互补共赢发展

按照企业性质区分，固定资产投资可以拆解为国有控股投资、民间投资、外资投资等部分，其中前两者之和占固定资产投资总额的比重近五年来保持在 97% 左右，国有控股投资和民间投资是构成我国投资的主要力量。

第一，国有控股投资出现触底反弹，国企"混改"步伐加快。2014 年之前，国有控股投资占固定资产投资的比重逐年下降，由 2005 年的 53.3% 下降至 2014 年的 32.2%，近年来有所小幅回升，至 2019 年上半年占比达到 37.6%。国有控股投资增速方面，在 2009 年金融危机冲击和 2016 年民间投资下行的情况下，分别达到 35.3% 和 18.7% 的区域高点，表现出一定的逆经济周期特性，发挥了国有控股投资稳定经济的重要功能。2018 年，国有控股投资增速受基建业投资增速下降影响出现放缓，在各季度分别为 7.1%、3%、1.2% 和 1.9%；进入 2019 年之后，增速有所反弹，在前两个

---

① 财政部：《关于规范政府和社会资本合作（PPP）综合信息平台项目库管理的通知》，2017。

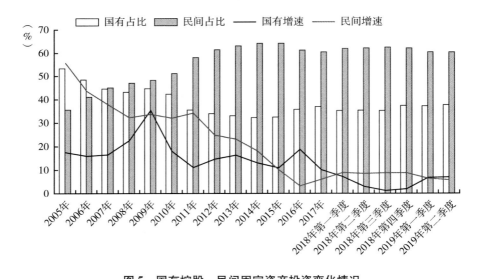

图5 国有控股、民间固定资产投资变化情况

资料来源：国家统计局。

季度分别达到6.7%和6.9%（见图5）。

随着我国经济由高速度增长转向高质量发展阶段，对于国企来说，近几年面对的主要任务，就是推进混合所有制改革。习近平总书记指出，"要积极发展混合所有制经济，强调国有资本、集体资本、非公有资本等交叉持股、相互融合的混合所有制经济，是基本经济制度的重要实现形式，有利于国有资本放大功能、保值增值、提高竞争力。这是新形势下坚持公有制主体地位，增强国有经济活力、控制力、影响力的一个有效途径和必然选择"[①]。2018～2019年是国企"混改"由理论探索向付诸实践迈进的关键阶段，截至2018年，国家发改委推动实施国企"混改"试点累计达到50家，其中仅2018年当年就增加31家，2019年将进一步推动100家以上的"混改"试点。通过稳步推进国内"混改"，可以加强国企稳健性，有效应对现阶段国内外经济发展的不确定性，同时还可以提升国有资本的市场化配置效率，

---

① 习近平：《关于〈中共中央关于全面深化改革若干重大问题的决定〉的说明》，2013。

发挥国有资本在国民经济中的战略性支柱作用。

第二，民间投资增速稳中有降，亟需加大减税降费力度，激发民企活力。民间投资占固定资产投资的比重近五年来基本维持在 60%~64%。民间投资中制造业占比较大，因此其增速的变化趋势与制造业趋同。2016 年，在制造业疲软的情况下，民间投资增速达到 3.2% 的低点，随后两年出现反弹，至 2018 年为 8.7%。进入 2019 年以来，再次受到制造业投资增速下降影响，民间投资增速在前两个季度分别降至 6.4% 和 5.7%。

民营经济在我国经济体系中具有重要地位，贡献了 50% 以上的税收，60% 以上的 GDP，70% 以上的技术创新，80% 以上的城镇劳动就业，90% 以上的新增就业和企业数量。2018 年 11 月，习近平总书记在民营企业座谈会上的讲话指出，"我国民营经济已经成为推动我国发展不可或缺的力量，成为创业就业的主要领域、技术创新的重要主体、国家税收的重要来源，为我国社会主义市场经济发展、政府职能转变、农村富余劳动力转移、国际市场开拓等发挥了重要作用。"民营企业和民营企业家是我们自己人，"两个毫不动摇"不会改变。要激发民营经济活力，首先需要以减税降费作为抓手，减轻企业税费负担，增加民企获得感。2017 年开始，我国推出了新一轮的大规模减税降费，此轮减税降费覆盖广、力度大，国家税务总局数据显示，2019 年上半年全国累计新增减税降费 11709 亿元，其中减税 10387 亿元。值得注意的是，减税降费更大效应在于稳预期，让企业拥有长远的预期，增加长期的投入，激活微观主体的活力。

第三，从国有控股和民间投资占比、增速的相互关系来看，确实具有一定的"此消彼长"关系。但是这种关系更多的是统计意义上的此消彼长，关键还是在于国有控股企业和民营企业之间相互竞争、相互合作、相互促进，共同实现产业结构的转型升级。这就需要赋予民企和国企平等的市场地位，积极发挥国企技术、资源优势和民企效率、活力优势，实现共赢发展。

四 优化对外投资结构，利用 FDI 技术外溢效应， 合力绘就对外开放新格局

与国有控股投资和民间投资相比，涉外投资规模较小，但是对我国"走出去"和"引进来"战略相结合，形成对外开放新格局具有关键作用。具体来看，涉外投资又可以分为我国对外国投资和外商对我国投资，在此，前者选用非金融类对外直接投资作为代表，后者选用外商直接投资（FDI）作为代表，分析研判我国涉外投资形势（见图6）。

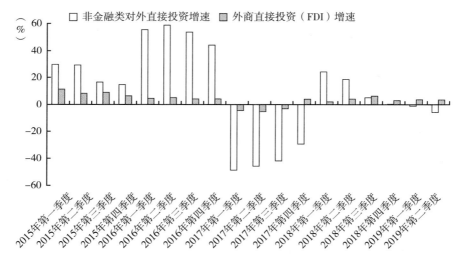

图6 涉外投资变化情况

资料来源：国家商务部。

非金融类对外直接投资方面，2016 年，随着"一带一路"倡议的稳步推进，中国企业掀起了一轮海外并购浪潮，中国非金融类对外投资达到1701 亿美元，同比猛增 44.1%，首次跃居为全球第二大投资国。2017 年上半年，我国对于对外直接投资加强管制，非理性投资得到有效遏制，对外投资增速出现了较大幅度的下降；进入下半年后，对外投资结构进一步优化，

对外投资增速的降幅逐步缩小。2018 年，我国对外投资进一步活跃，在上半年实现了 18.7% 的增长；但自下半年以来，受国际贸易保护主义抬头、国际汇率市场波动等多重因素影响，对外投资增长出现疲软，至 2019 年上半年，增速降至 -5.9%。

外商直接投资方面，与对外直接投资具有类似的变化趋势，这是由国际经济环境所决定，但其变化的幅度较对外直接投资更为平缓，其重要的原因是我国国内具有稳定的政治经济环境，政策连续性好，安全程度高，外商投资具有稳定预期。联合国贸易和发展组织数据显示，2018 年全球 FDI 下降 13%，FDI 已经连续三年出现下降，达到全球金融危机之后的最低水平。①与此相比，2016～2018 年，中国 FDI 在每年年末均实现了的正增长，增速分别达到 4.1%、4% 和 3%。

优化涉外投资，关键是在稳定涉外投资总量和增量的基础上，优化投资结构。对外投资方面，需要将投资产业的重点由国企为主导力量向国企、民企并重转型，由传统的矿山、化工、能源向先进制造业、现代化服务业转型，由占据全球价值链的低端向高端转型，进而带动中国装备、技术、标准和服务走出去，不断增强我国在世界经济体系中的话语权；FDI 方面，经过多年发展，我国既有劳动力、土地、自然资源传统优势已经发生改变，利用国内政策、资金、市场和人才储备优势引导高新外资企业投资我国，充分利用外资的技术溢出效应，不断提升国内的技术水平，促进产业的转型升级成为新趋势。"走出去"与"引进来"相结合，合力绘就对外开放新格局。

参考文献

彭永涛：《固定资产投资保持平稳增长》，http：//www. stats. gov. cn/tjsj/sjjd/201907/t20190716_ 1676521. html，2019 年 7 月 16 日。

---

① 联合国贸易和发展组织：《世界投资报告》，2019。

任腾飞:《国企"混改"的新趋势——专访知本咨询董事长刘斌》,《国资报告》2019 年第 2 期。

包兴安:《2 万亿元减税降费目标已实现近六成　1. 15 亿人免缴工薪个税》,《证券日报》2019 年 7 月 24 日。

刘尚希:《减税降费,更大的效应在于稳预期》,http://www. inewsweek. cn/finance/2019 – 03 – 07/5177. shtml,2019 年 3 月 7 日。

动能转换篇

Replacing Drivers Chapters

B.6

我国人工智能产业发展现状及建议

周 济 申晓佳*

摘 要: 作为新一轮科技革命的代表技术,人工智能对经济发展、城市建设、社会结构等方面产生重大影响。国家对人工智能产业发展高度重视,出台组合政策引导科研力量和市场力量有序投入人工智能产业的研发和成果转化之中。在此背景下,本文梳理国内外人工智能发展历程,总结我国人工智能发展的现状、对城市的影响及面临的机遇,并进一步从完善政策法规、营造人工智能发展基础环境,城市精准切入、实行"因城施策"差异化发展,构建人工智能产业链条、打造人工智能产业生态等方面提出推动我国城市人工智能产业发展的建议。

关键词: 人工智能 产业发展 城市建设

---

* 周济,盘古智库咨询服务部主任,研究方向:数字经济、公共政策;申晓佳,盘古智库研究员,研究方向:数字经济、公共政策。

21 世纪以来，随着计算机的普及和 IT 技术的飞速发展，关于人工智能（Artificial Intelligence，简称"AI"）技术的研究、应用及其产业化成为热点问题。人工智能目前在学术界尚未形成统一定义，不同学者从人工智能的本质内涵、应用系统、实现功能等角度提出对人工智能的理解。本文探讨的人工智能是指，通过研究人类智能活动的规律或使用特定数学方法，借助计算机软硬件和互联网技术，促使计算机实现一定智能行为并帮助人类完成特定工作的人工系统，它能够为人们生活提供便捷，并极大促进社会经济发展。

一　人工智能的发展历程

国际人工智能经历了"萌芽出生"、"走向实践"、"质的飞跃"三个发展阶段，同时，人工智能符号主义与联结主义两大人工智能流派相互竞技，不断丰富人工智能内涵。我国人工智能发展起源于改革开放之后，经历了"艰难起步"和"迎来曙光"阶段，现在进入"蓬勃发展"阶段，应用场景不断拓展。

（一）国际人工智能发展历程

自从人工智能这一术语在 1956 年达特茅斯会议[①]上被首次提出以来，人工智能在曲折中不断发展，整体而言可以分为三个阶段（见图 1）。

1. 第一阶段：1956~1980 年，萌芽初生

"萌芽初生"阶段主要是人工智能概念的提出，符号主义[②]与联结主义[③]两大人工智能流派随之产生，人工智能迎来第一次生机。

---

① 1956 年夏季，麦卡赛、明斯基、罗切斯特、申农等科学家在学术会议上共同研究和探讨用机器模拟智能的一系列有关问题，首次提出了"人工智能"这一术语，它标志着"人工智能"这门新兴学科的正式诞生。
② 符号主义，又称理性学派，该流派认为智能已经达到数理逻辑的最高水平，通过与人脑类似的计算机这一信息处理器，将抽象问题以符号的形式进行处理分析。
③ 联结主义，又称为感性学派，该流派认为将人脑思维方式以数学逻辑的方式记录保存，从而获得人工智能；即模拟人脑的神经网络获得人工智能。

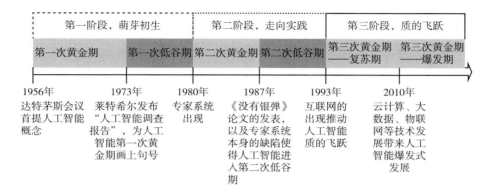

图1　人工智能发展历程

资料来源：作者根据《智能的本质》、招商证券研报等公开资料整理。

1950年，判断计算机是否具备人类智能的"图灵测试"被提出，成为人工智能领域的标志性目标。在1956年之前，学者使用"智能"、"人类智能"等词表示"人工智能"，直到1956年达特茅斯会议首次提出人工智能概念，标志着人工智能领域正式形成。由此表示计算机代替人类智能的概念确定为"人工智能"，进而产生了符号主义与联结主义两大人工智能学派。符号主义方面，1969年，《感知机：计算几何学》评论文章的发布，使符号主义成为当时人工智能领域主流学派；联结主义方面，受计算机运算能力和声音图像识别能力的限制，在此阶段发展较为缓慢。

鉴于20世纪60年代计算机硬件能力的限制，实际获取数据数量和储存能力、运算能力方面都无法达到理论上的要求，人工智能逐渐遇冷。1973年，英国政府发布剑桥大学教授莱特希尔的人工智能调查报告，认为人工智能具备理论上的可行性，暂不具备硬件实践上的操作性，为人工智能第一次黄金期正式画上句号，此后人工智能发展进入第一次低谷期。

2. 第二阶段：1980～1993年，走向实践

"走向实践"阶段，人工智能开始从理论走向实践，人工智能焕发第二次生机，人工智能内涵进一步丰富。

1980年，DEC公司用户订单配置系统的成功运营使用，标志着人工智

能进入发展的第二阶段，由此开启第二轮人工智能发展黄金期。DEC公司用户订单配置系统等专家系统的出现，一方面是对符号主义思想的传承，另一方面标志着人工智能由理论转向实践应用。基于计算机水平的提高、计算机成本的下降以及企业多元化的需求，专家系统得到广泛的推广。专家系统的产生丰富了人工智能的内涵，进一步明确人工智能是具体规则、理论与掌握知识程度的有机结合。

经历了短暂的高速发展，1987年《没有银弹》论文发表，评判了关于专家系统所产生的学术泡沫，指出软件开发具有不可避免的复杂性。这篇文章对以专家系统为主流的人工智能产业产生特别重要的影响，加之计算机技术的限制，以及专家系统本身的缺陷，使得1987年后人工智能进入第二次低谷期。在第二次低谷期，人工智能联结主义依然取得一定进展，专家学者们提出基于联结主义的新人工智能思想，即通过模拟人脑研究人工智能为基础，同时要注重对外界环境的感知，能根据外界情况的变化进行适时反应才是人工智能。

3. 第三阶段：1993年至今，质的飞跃

"质的飞跃"阶段，依托计算机软硬件设施水平的提升与万维网的出现，人工智能焕发第三次生机。

1993～2010年，人工智能实现技术突破。20世纪90年代万维网大发展，1993年专为万维网设计的马赛克浏览器出现，真正意义上引发了人工智能第三次热潮——网络人工智能，网络平台应运而生。网络人工智能的初始应用是数字挖掘，为人们日常生活带来方便，而且影响了社会各方面的发展进程。随着业务量与数据量的增加，计算能力的快速提升，计算机、心理学、物理等多学科专家突破深度学习的技术瓶颈，从而引发了深度学习的浪潮。基于神经网络的深度学习人工智能逐渐成为当前人工智能领域的主流学派。

2010年至今，政策利好推动人工智能商业浪潮。美国、欧盟、日本、中国等国家（地区）纷纷布局人工智能产业，出台一系列政策推动人工智能产业发展。同时，随着云计算、大数据、物联网等技术的发展以及深度学

习的不断深化，人工智能在图像识别、语音识别、艺术创作等其他方面实现全面发展，金融、医疗、教育、安防、智能家居等应用场景不断拓展，人工智能商业化进程逐渐加速。

（二）中国人工智能发展历程[①]

受国内外环境的影响，我国正式开展人工智能发展与研究起源于1978年改革开放之后。

1. 1978～1985年，艰难起步

1978年之前，我国人工智能研究基本处于空白阶段。1978年，邓小平发表了"科学技术是生产力"的重要讲话；通过钱学森、吴文俊等专家学者的多方努力，我国人工智能研究进一步活跃起来；国家通过派遣留学生出国、成立人工智能学会、出版人工智能刊物、开展人工智能项目，转变大众观念，营造人工智能研究氛围。

2. 1986年至20世纪末，迎来曙光

20世纪80年代中期，我国人工智能研究迎来曙光，走向正常的发展道路，不断召开学术研讨会、出版自主版权著作，并将人工智能发展纳入国家发展战略。如1986年将智能计算机系统、智能机器人等列入国家高技术研究发展计划（863计划）；1993年起，将智能控制和智能自动化等项目列入国家科技攀登计划。

3. 21世纪以来，蓬勃发展

进入到21世纪，我国人工智能实现蓬勃发展，特别是2012年以来，以习近平同志为核心的党中央高度重视人工智能等新一代信息技术的发展，不仅将人工智能纳入国家发展战略，而且出台诸多政策鼓励、引导人工智能发展，如《关于印发新一代人工智能发展规划的通知》（国发〔2017〕35号）等，各省市也积极出台促进人工智能产业发展的相关政策。目前我国人工智

---

① 该部分主要参考蔡自兴教授观点。蔡自兴：《中国人工智能40年》，《科技导报》2016年第15期，第12～32页。

能市场规模快速增长，应用领域不断拓展，产业融资规模快速扩张，产品已涵盖视觉、听觉、触觉、认知等多种形态，应用场景深入交通、政务、教育、金融、农业、工业、安防、家居等城市发展、居民生活诸多领域，已经成为投融资最活跃、应用技术创新发展最迅速的产业之一。

二 我国人工智能发展现状、影响及机遇

我国人工智能产业处于高速发展期，市场规模快速扩张，人工智能企业活跃度高，学术创新能力与技术创新能力居世界前列。国内人工智能产业呈现东强西弱的格局，城市人工智能综合实力呈现梯度发展状态。人工智能产业发展与场景落地，促进城市基础设施水平提升、城市治理效率提高、产业转型升级、加速就业结构转变，更有利于生活消费形态升级。加之5G商用进程的加速，这将为产业发展再赋能，带动城市高质量发展。

（一）人工智能发展现状

1. 人工智能市场规模快速扩张

2017年，我国人工智能市场规模237.4亿元，同比增速67%，其中，视觉领域占比32.9%、语音领域占比24.8%、自然语言处理领域占比21.0%、硬件领域占比11.3%、计算机算法占比8.0%。随着人工智能应用场景的拓展及落地，2018年我国人工智能市场规模达415.5亿元，增速在70.0%以上；预测2019年人工智能市场规模将会超过500亿元；到2021年，我国人工智能市场规模将会突破千亿元。[①]

2. 人工智能企业活跃程度较高

我国人工智能企业活跃度较高，位于全球第二位。截至2018年底，我国有3341家人工智能企业，其中活跃度较高的人工智能企业1189家，占全

---

① 清华大学互联网产业研究院：《中国人工智能城市白皮书（2018）》，2018。

球活跃人工智能企业的22.0%，仅次于美国2169家。①

我国人工智能企业主要集中于北上广及江浙地区。全球人工智能企业数量前20的城市中，中国占4个名额，分别是北京、上海、深圳、杭州；其中北京人工智能企业468家，位于全球人工智能企业数量首位，上海人工智能企业233家，仅次于北京、旧金山、伦敦，位于全球第四位。②

3. 人工智能创新研发能力较强

在学术创新能力方面，我国人工智能论文产出居全球首位，论文总被引次数、高被引论文数量居全球第二位。2013～2018年，我国人工智能累计发表论文74408篇，全球占比24.4%，高于美国的51766篇。2018年，我国发表人工智能论文数占全球的22.7%、高被引论文数量占全球总量的45%，均居全球首位。③ 受中美贸易摩擦影响，未来我国在国际刊物发表论文数可能会有所下降，但并不表示我国人工智能学术创新能力有所下降。

在技术创新能力方面，我国人工智能技术创新能力保持在全球前列，科研院所与高校的专利数高于企业。全球人工智能技术起源国家中，中国居全球首位，其次是美国和日本；同时中国的人工智能专利布局程度同样居于全球首位。数据显示④，我国人工智能专利中，科研院所与高校占全国总量的52%，企业占比48%。中国科学院、浙江大学、西安电子科技大学、华南理工大学、清华大学相关人工智能专利数量较多，是我国科研院所与高校中的佼佼者；同时，各科研院所与高校之间人工智能专利数相对比较均衡。国家电网、百度、长虹电器、OPPO、小米等均是拥有人工智能专利的企业。

4. 人工智能产业布局东强西弱

基于资金、人才、科研条件等资源禀赋的差异，我国人工智能呈现东强西弱、重点区域集聚的产业布局，京津冀、长三角、粤港澳三大区域拥有全

---

① 中国信息通信研究院：《全球人工智能产业数据报告》，2019。
② 中国信息通信研究院：《全球人工智能产业数据报告》，2019。
③ 中国信息通信研究院：《全球人工智能产业数据报告》，2019。
④ 清华大学互联网产业研究院：《中国人工智能城市白皮书（2018）》，2018。

国83%的人工智能企业及95%的总融资金额①。各区域在人工智能领域的发展重点有所区别，京津冀地区以基础理论研究、前沿核心共性技术研发为主，长三角地区以智能化治理与服务为主，粤港澳大湾区以创新产品与应用为主，东北地区凭借雄厚的工业基础以智能制造（机器人）为主，中西部地区则以匹配本地特色应用为主。

从城市角度看，根据清华大学互联网产业研究院、华夏城市运营研究院联合发布的《中国人工智能城市白皮书（2018）》，目前我国人工智能综合实力前20位城市分别是：北京、上海、深圳、杭州、南京、无锡、合肥、广州、天津、青岛、重庆、苏州、宁波、厦门、西安、武汉、长沙、徐州、福州、济南。20个城市呈现5个梯队，其中，北京、上海、深圳、杭州属于第一梯队，人工智能综合发展实力最强；南京、无锡、合肥、广州、天津、青岛属于第二梯队；重庆、苏州、宁波、厦门、西安属于第三梯队；武汉、长沙、徐州属于第四梯队；福州、济南则属于第五梯队（见图2）。

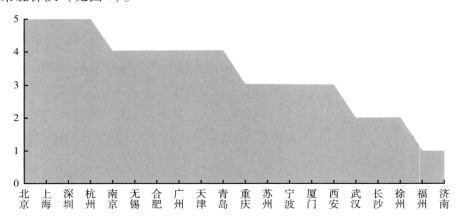

图2 我国人工智能城市综合实力强的前20位城市梯度变化情况

资料来源：《中国人工智能城市白皮书（2018）》，2018。

---

① 科技部新一代智能发展研究中心等：《中国新一代人工智能发展报告（2019）》，2019。

（二）发展人工智能对城市的影响与机遇

伴随着我国人工智能产业的发展以及多样化应用场景的落地，人工智能技术对城市的影响巨大，特别将会在提升基础设施水平、提高城市治理效率、促进产业转型升级、加速就业结构转变、促进生活消费形态升级等方面对未来城市生活产生重大影响（见图3）。同时，城市作为人类发展的重要载体，为人工智能的应用提供广阔的空间。未来城市发展的机遇一方面在于能否使用人工智能技术改变城市面貌和居民生活方式，进一步激发新需求，创造全新的经济增长动力；另一方面也在于使用人工智能相关技术对现有众多产业进行赋能和升级，帮助经济转型升级。总之，人工智能核心技术和应用场景的突破，为未来城市发展提供全新机遇，而能突破核心技术的城市毕竟有限，更多的城市是为人工智能应用场景提供落地空间。

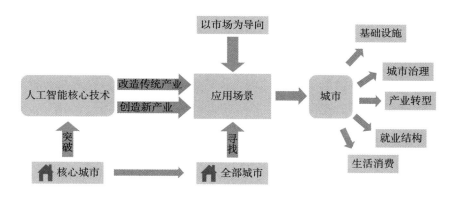

图3　人工智能对城市影响

资料来源：作者整理。

1. 提升基础设施水平

人工智能技术研发与产品应用同基础设施水平（特别是信息技术基础设施水平）相辅相成、相互促进。一方面，基础设施水平的提升有利于人工智能技术研发与产品应用。2019年6月6日，工信部向中国电信、中国移动、中国联通、中国广电发放5G牌照，我国正式开始5G商用时代。在

此背景下，以 5G 为核心的新一代信息基础设施的完善，将会进一步提升城市基础设施水平，进而实现城市人工智能产业发展。另一方面，人工智能技术研发与产品应用可以促进城市基础设施智能化升级，提升城市基础设施水平。如人工智能＋交通、人工智能＋电力将会促进交通设施与电力设施实现智能化升级。

2. 提高城市治理效率

城镇化进程加速、"新全球化"与"新工业革命"背景下，传统城市治理模式已不适应当前城市发展现状，未来城市需要新的城市治理模式——智能治理。所谓智能治理是通过云计算、物联网和大数据技术手段收集、监测、整合与社会相关的数据与信息，以人工智能为核心技术，创新"人工智能＋"治理方式和手段，打造智能政务、智能医疗、智能安全、智能教育等，提升公共服务质量、提高决策准确性与适用性，从而实现政府治理能力的现代化。目前，人工智能场景应用在公共服务领域主要集中于医疗、安防等领域，如智慧医疗领域的智能影像、智能语音、医学机器人、临床智能决策等，安防领域的安防机器人等。随着人工智能技术的突破，以以人为本、面向未来、可持续发展为原则，构建智能治理体系，打造具有复杂决策、智能政务助手、意愿聚合功能的智能政务，构建均等化、精准化、高效的智慧医疗，拓展人工智能在教育、文化、体育等领域的场景应用，从而为市民提供全方位、精准化的公共服务，提高城市公共资源利用效率，在城市有序高效运行的基础上，进一步提高城市公共服务质量，提升城市治理效率。

3. 促进产业转型升级

"人工智能＋"是"互联网＋"的升级版，将会促进城市产业结构转型升级。当前的人工智能尚处于与大数据、商业融合的初始阶段，未来十年人工智能将会穿透各产业。一是促进以软件业为主的信息技术升级。人工智能的三大关键支撑是大数据、算法、算力，三大关键支撑不仅是人工智能技术研发的需要，而且能够为软件业发展带来新的市场需求，为软件业转型升级提供技术支撑作用，带动城市信息技术产业的发展。二是促进以制造业为主的第二产业转型升级。随着自然语言识别、计算机视觉、机器智能等技术突破，人工智能产品在感知、识别、判断等方面能力的提升，人工智能产品将会赋能传统产业，对传统产业进行智能化改造，提升生产效率；同时无人驾驶汽车、智能机器人、智能家居等人工智能产品不断上市，推动人工智能产业向高端产业价值链发展，促进城市产业结构进一步转型升级。三是促进农业转型升级。引入人工智能技术，实现智能化农业管理、智能化养殖等，促进传统农业向现代农业转型升级，提高农民的幸福感。

4. 加速就业结构转变

近年来，人工智能的加速应用，特别是各类机器人的应用，引发了人们对"机器换人"等就业问题的恐慌。纵观过去三次工业技术革命，每次新技术的产生总会引起短暂、局部性失业，但长期来看并未造成大规模失业，而且人们生活水平提升了一个台阶。技术进步既有就业替代效应，也有就业创造效应。随着老龄化的加剧，我国不可避免地会面临劳动力不足的问题，机器人的应用加速，特别是在制造业、高危行业，"机器代替人"是一种最优选择，不仅能够提升生产效率、生产精度，而且能够减少对人的伤害。在这一过程中，可能会造成短暂性失业。随着人工智能应月场景的落地，一是使得第二产业工人向第三产业转移，促进产业结构升级；二是鼓励人们将更多精力放在技术研发方面，促进核心技术突破；三是能够创造更多新的岗位，提高人们幸福感。长期来看，技术进步对就业的创造效应、就业质量改善效应大于破坏效应，特别是现阶段尚处于人工智能导入期，对就业的负效应是微乎其微的，反而能够创造新岗位。现在人工智能与机器人所创造的新业态，就业创造效应初显，需要城市政府扶持，同时还需要城市政府注重对劳动者技能的培训，以便于与新业态的新岗位匹配。

5. 促进生活消费形态升级

人工智能的发展对人们生活消费带来翻天覆地的变化，多样化的智能家居、物联网的普及，深刻改变了人们衣食住行等生活方式与娱乐方式，促进生活消费形态升级。

"人工智能＋家居"利用物联网将人工智能与灯光、电器、安防监控、

家庭影院等家居系统联结，不仅优化人们的居住环境，而且有利于人们有效地安排时间、节约各种能源，促使人们生活方式、生活品质提升，如通过AI虚拟试衣选择合适的衣服、利用实时数据选择出行方式、远程操作家中电器等。

"人工智能＋娱乐"相关产品在城市各方面的广泛应用，促进人们娱乐形态升级转变，多元化人工智能娱乐产品为人们日常生活增添乐趣。例如"AR/VR"虚拟现实在游戏中应用，提升人们游戏的沉浸感与体验感。此外，人工智能娱乐产品提升人们综合素质。特别是虚拟博物馆、虚拟公园、虚拟大学等虚拟参观的应用，使人们足不出户就可以参观各类博物馆，了解到藏品背后的历史文化，开阔眼界，促进人们综合素质的提升，同时也有利于文物保护。如莫高窟虚拟参观不仅能感受到我国古代艺术文化气息，更重要的是可以避免光线等对壁画造成的损害。

现阶段我国中高端消费平稳增长，人工智能落地于城市，走入人们生活，人们消费观念逐渐转型，环保、节能、有机、健康等绿色消费理念深入人心，人们更加关注消费品质与体验感，整体生活娱乐消费形态升级。

6. 为城市发展带来机遇

客观来看，影响一个城市人工智能发展水平的主要因素包括经济总量、科研实力（相关高校和科研机构数量）、政策支持力度。这是因为人工智能作为新兴产业，技术壁垒高，研发与成果转化需要巨额投入，富裕的城市在财税补贴、土地补贴、人才补贴方面都能够进行大量投入，可以更好地聚集促进人工智能发展的资本和人才要素。2018年中国人工智能城市排名结果体现的就是如此。

但从另一个角度看，现阶段也是人工智能从技术研发向产业落地的关键时期。能否为人工智能的核心技术找到适当的应用场景，并通过市场化的方式让人工智能应用场景产生的盈利来反哺人工智能核心技术的突破，是未来人工智能能否持续高速发展的关键。同时，用好人工智能技术，将会全面提升全社会的安全、环保、健康水平，促进产业转型升级向中高端发展，全面向以技术进步为主要驱动要素的高质量、可持续的现代经济体系过渡。

在中国，人工智能发展的核心城市（排名前20的城市）已经具备了较强的核心技术突破能力，能够很好地把握住这一轮技术创新带来的红利。但是，对于其他城市，即使没有能力（也没必要）参与高成本、高风险的技术创新，也可以采用为人工智能相关技术提供应用场景的方式分享本轮人工智能技术发展为城市发展带来的机遇。面向未来，能够明确看到的发展趋势是以新一代基础设施，特别是5G通信技术作为支撑的，以大数据、算法、算力为基础的人工智能对各类产业的再赋能，特别是为以民用机器人、无人驾驶汽车为代表的智能硬件产业发展打开了无限空间。这其中有多个产业具有巨大潜力，比如5G相关产业、人工智能相关产业、芯片设计与制造相关产业、大数据相关产业、无人驾驶企业相关产业、服务型机器人相关产业等（见图4）。

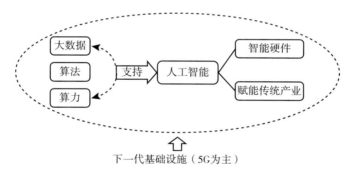

图4　5G对人工智能产业的影响

资料来源：作者整理。

三　推动人工智能产业发展建议

人工智能浪潮下，诸多城市纷纷开展产业布局，容易形成"遍地开花"的局面，这种情况不利于人工智能核心技术研发突破，无法发挥产业集聚效应。因此在人工智能浪潮下，促进我国人工智能产业化城市发展，首先要完

善政策法规，营造人工智能发展基础环境；其次，对城市而言要实行"因城施策"差异化发展，精准切入；最后构建人工智能产业链条，打造人工智能产业生态，通过人工智能试验场、试验区以及产业园等方式推动城市人工智能产业化发展（见图5）。

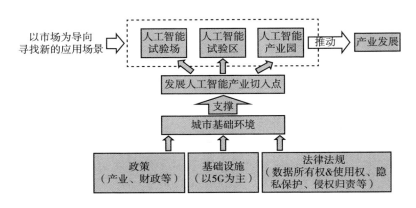

图5　城市人工智能产业发展路径

资料来源：作者整理。

（一）完善人工智能法律体系

目前人工智能在法律上存在一些问题，如全球首例自动驾驶致行人死亡事故、我国特斯拉轿车因启动自动驾驶模式而引发车祸、机器人在工作过程中对人实施伤害行为、"大数据杀熟"等事件，引发人们关于数据所有权和使用权、人工智能是否具备法律主体、产品侵权后责任归属，以及人们隐私保护等问题的探讨。

1. 完善数据所有权和使用权方面法规

人工智能、大数据时代会出现数据拥有者与管理者不同、数据所有权与使用权分离的情况，以及其他人、其他公司是否有权获取他人数据的情况。如新闻报道过平台采集他人数据，并将所采集到的数据出售他人获利的事件。其实此类事件在社会中较为频发，主要原因在于数据权利不明晰。法学界暂未对数据权利形成统一的观点，既有参考知识产权的观点也有参考物权的观点，从而使得数据所有权和使用权相关法律法规存在不足。因此，建议政府对数据所有权和使用权的界定进行充分论证之后，加快出台相关法律法规，明确数据所有权和使用权的法律边界。

2. 完善隐私保护方面法规

人工智能时代下，隐私权产生了一些新的变化：隐私权概念中将可推断获得的信息纳入隐私权范畴，又兼具了财产属性；侵权方式更加隐蔽；隐私数据更易被不当利用；受成本高、难度大、侵权主体认定难度大的影响，侵权行为的追责变得更加困难。2017年实施的《民法总则》中将隐私权作为一种民事权利予以保护，但目前我国尚未出台专门的隐私权保护法律法规。因此建议国家尽快出台专门的法律法规，从法律法规角度明确隐私权概念及范畴，弥补当前法律不足，缓解人工智能快速发展过程中对个人隐私造成的影响冲击，以保证人工智能能够健康发展。

3. 完善人工智能侵权归责法规

人工智能产品的发展与普及，不可避免地会产生一些侵权行为的发生，侵权行为发生后的责任归属成为目前亟待解决的问题。目前存在四种人工智能侵权归责的观点，分别是人工智能工具论——由使用者承担责任、人工智能产品论——由生产者承担责任、人工智能动物论——由管理者承担责任、人工智能主体论——由人工智能承担责任，产生四种观点的根源在于人工智能是否具备法律主体地位。只有回答清楚这一问题，才能明确人工智能产品的责任归属问题。关于人工智能是否具备法律主体地位，学术界仍存在不同意见，但是出台人工智能侵权归责法规迫在眉睫。出台法规不仅能够约束人工智能生产者设计者的行为，而且在一定程度上可以消除人们对人工智能产品的焦虑感，能够促进人工智能应用场景落地。

（二）实行"因城施策"差异化发展

人工智能核心技术的研究与突破难度很大，需要投入的成本巨大，成功的概率不高，这就造成了人工智能产业发展在各个城市之间并不平衡。例如，在美国不同城市之间人工智能发展水平差距极大，高校集中、资本密集

并且具有计算机科研传统优势的区域集中了主要的人工智能产业人才。其中，旧金山湾区人才分布为总量的17.2%，纽约地区为14.3%，波士顿7.4%，华盛顿6.4%，西雅图和芝加哥均为6%，洛杉矶地区为5.7%。[1]而这些城市之间，只能根据自身的禀赋来发展人工智能产业，盲目追赶跨越式发展的成功概率很低。从国际经验来看，城市分工是节约产业发展整体成本、综合提高产业发展效率的必然规律。

目前，人工智能处于行业高速发展期，各级政府高度重视人工智能产业发展，纷纷开展人工智能产业发展布局，呈现"遍地开花"的格局。但是不同城市之间发展水平、资源禀赋、科研能力等方面存在巨大差异，因此在人工智能浪潮中，各个城市要正视差异、科学谋划，找准自身发展人工智能的切入点，采取"因城施策"差异化发展策略布局人工智能产业，全面实现我国人工智能产业总体上高标准、高质量、市场化发展。

核心城市（人工智能城市综合实力第一梯队城市）重点在人工智能核心技术[2]方面进行突破，并率先在应用场景落地方面做出探索；相应的，经济基础好的城市，传统产业也较强，在使用人工智能技术改造传统产业方面也可以进行更多投入。而国内所有城市均可以在人工智能应用场景方面进行规划布局，此过程坚持以政府引导、市场主导、因城施策的原则，结合本地实际寻找适合发展的人工智能应用场景，走一条符合本城市发展的人工智能道路。

（三）打造人工智能产业生态

当前各城市在发展人工智能产业时，都面临着表面上看多点开花、一片

---

① Linkedin：《全球AI领域人才报告（2017）》，2017。
② 人工智能核心技术：（1）神经网络和深度学习（包括脑建模、时间序列预测、分类）；（2）进化和遗传计算；（3）增强学习；（4）计算机视觉（包括物体识别、图像理解）；（5）专家系统（包括决策支持系统、教学系统）；（6）语音和音频处理（包括语音识别和制作）；（7）自然语言处理（包括机器翻译）；（8）规划（包括调度、博弈）；（9）音频和视频处理技术（包括语音克隆、deepfakes）；（10）人工智能的云技术；（11）人工智能芯片组。

繁荣，而实际上多数面临政府领跑缺抓手、落地转化门槛高、应用场景碎片化、构建生态成本高等困境。为解决这一困境，在构建良好的法律与政策环境的基础上，建议城市从规划人工智能产业园、成立人工智能试验场、打造人工智能试验区等方面打造人工智能产业生态。从产业链的角度，人工智能产业园处于产业链上游、中游位置，主要为人工智能企业提供技术研发与生产基地；人工智能试验场、人工智能试验区位于人工智能产业链下游，主要是人工智能企业场景应用与产品销售。城市根据自身资源禀赋不同，可以从产业园、试验场、试验区三个方面单角度或多角度切入①，打造人工智能产业生态，切实推动我国人工智能产业化发展。

1. 规划人工智能产业园

人工智能产业园是人工智能技术研发与产品生产的重要实体，是人工智能企业集聚区。通过规划建设产业园可以提高各类资源密度，配套金融、法律等一系列服务，降低企业研发与生产成本，发挥人工智能产业的聚集效应。

一方面，产业园致力于汇集政府、科研院所、企业三方力量，构建产学研联合的技术研发机制，实现成果转化。其中，政府是联合机制的发起人和协调人，以政策为主体，运用行政和市场资源搭建平台；科研院所主要承担技术研发与突破；少数具有研发能力的企业也可承担研发与突破，多数企业主要承担研发成果落地转化的任务，将人工智能技术真正落到实践。

另一方面，政府需要完善人工智能技术落地所需要的各种配套服务，形成"1+4体系"。"1"是指人工智能产业链；"4"是指四大服务体系，具体包括：完善法律法规体系，促进人工智能产业规范发展；构建行政服务体系，成立专业的运营平台，服务园区企业，优化园区营商环境、激发市场活力；构建金融服务体系，通过建立产业基金、吸引社会资本等多种方式，解决企业发展过程中遇到的资金问题；构建人才"招育留用"服务体系，缓

---

① 即城市既可以只发展产业园、试验场、试验区的任意一项，也可以发展产业园、试验场、试验区的中任意两项，更可以产业园、试验场、试验区共同发展，具体如何切入取决于城市自身的禀赋和经济水平。

解人工智能产业发展过程中人才不足的困境。

2. 成立人工智能试验场

人工智能试验场主要为尚未进入市场的人工智能产品提供物理空间，在试验过程中发现问题、解决问题，以便更好地改进产品性能。我国许多人工智能企业面临着研发基地与试验基地分离、试验基地不足的窘境，主要是因为多数人工智能企业集中在北上广和江浙地区，这些区域土地资源有限，在一定程度上限制了城市人工智能的发展。如测试无人驾驶汽车需要较大的试验场才能够保证无人驾驶系统的稳定性及精确度。

对于城市人工智能发展而言，土地资源极丰富的城市（如西部地区绝大多数城市与中部地区部分城市）可以在需要大型试验场的人工智能应用场景方面布局，如无人驾驶、无人机等；土地资源较为丰富的城市（如中部地区绝大多数城市）可在一些对试验场地要求不高的人工智能应用场景方面布局，如机器人；对于土地资源比较紧张的城市（如东部地区）可在智能医疗、智能家居等对试验场地物理空间要求极小的产业方面布局。

3. 打造人工智能试验区

人工智能试验区，也称为人工智能产品和应用示范区。其主要目的是在城市选择一定区域，搭建开放型人工智能产品和应用示范平台，吸引人工智能企业参加并展示相关人工智能产品，比如引入相关企业建设智能红绿灯、无人公交线路、无人驾驶汽车专用车道等智慧交通设施，并具体运营。人工智能试验区并不是传统意义上的产品展销会，而是将现有较成熟的人工智能应用实地落到城市中去，致力于智能城市建设。

建设人工智能试验区对于城市、企业而言是一种"双赢"的局面。对于城市而言，试验区的建设与运营可以提高城市人工智能实力，营造创新创业的发展氛围，同时试验区也可以成为城市新的旅游景点；最主要的是通过试验区的建设运营，不仅能够增加税收收入，而且为智能城市的建设总结可复制可推广的经验，促进我国城市发展更上一层楼。对企业而言，在参与试验区真实城市生活展示的过程中不仅可以销售产品、增加销售收入、提升企业知名度，而且可通过实践操作积累数据、发现问题，促进产品进一步完善。

参考文献

皮埃罗·斯加鲁菲:《智能的本质:人工智能与机器人领域的 64 个大问题》,任莉、张建宇译,人民邮电出版社,2017 年。

万赟:《从图灵测试到深度学习:人工智能 60 年》,《科技导报》2016 年第 7 期。

James Lighthill, *Artificial Intelligence*:*A Paper Symposium.* London:Science Research Council,1973.

Brooks F. P. ,"No Silver Bullet Essence and Accidents of Software Engineering", *Computer*,1987,Vol(4).

蔡自兴:《中国人工智能 40 年》,《科技导报》2016 年第 15 期。

科技部新一代人工智能发展研究中心:《中国新一代人工智能发展报告(2019)》,2019.

清华大学互联网产业研究院:《中国人工智能城市白皮书(2018)》,2018。

张康之、姜宁宁:《社会治理变革中的公共管理研究》,《中国行政管理》2017 年第 2 期。

程承坪、彭欢:《人工智能影响就业的机理及中国对策》,《中国软科学》2018 年第 10 期。

王君、张于喆、张义博、洪群联:《人工智能等新技术进步影响就业的机理与对策》,《宏观经济究》2017 年第 10 期。

崔梦雪:《人工智能时代隐私权保护问题研究》,《科技创新与应用》2019 年第 17 期。

陈全思、张浩、栾群:《人工智能的侵权责任与归责机制》,《互联网经济》2019 年第 4 期。

B.7
中国自贸试验区建设的
成效、问题与建议

张鹏飞 *

摘　要： 自贸试验区已经成为我国深化改革开放的"试验田"，其建设目标不仅要带动区域经济发展，还需要通过先行先试模式将成熟经验在全国范围内复制推广。本文重点分析了上海自贸试验区、广东自贸试验区、海南自贸试验区（港）等在制度创新、行业开放、科技创新、企业感受度等方面主要成果和新进展，同时指出我国自贸试验区在资本流动、税负、法律法规等方面存在的问题，借鉴国外自由贸易园区的先进做法，提出我国自贸试验区未来进一步发展的方向，包括以市场化为导向进行制度创新、注重服务业核心领域开放、赋予自贸试验区更高的自主权等。

关键词： 自贸试验区　制度创新　市场化　自主权

一　中国自贸试验区建设现状与最新进展

随着海南自贸试验区（自贸港）的挂牌运行，我国自贸试验区数量已达 12 个，同时根据习近平总书记在 2019 年 G20 峰会的讲话内容，2019 年 8

---

* 张鹏飞，上海市人民政府发展研究中心博士后，上海社会科学院世界经济研究所助理研究员，研究方向：数字贸易、亚洲经济等区域经济学的相关领域。

月国务院发布 6 个自贸试验区的总体方案，再增加 6 个自贸试验区，我国自贸试验区将会形成"1 + 3 + 7 + 1 + 6"雁阵引领的试点开放新格局。作为国家全面深化改革开放的"试验田"，自贸试验区以制度创新为宗旨，已经形成了一批可复制可推广的成果。截至 2019 年，我国自贸试验区共计向全国或特定区域复制推广改革试点经验 153 项，并于 2018 年 6 月颁布《自由贸易试验区外商投资准入特别管理措施（负面清单）》，经过三轮调整（前两轮分别是 2013 年版负面清单、2017 年版负面清单），特别管理措施从 2013 年的 199 项减少为 45 项（其中 2017 年是 95 项），制度溢出效应显著，助推我国加速形成以自贸试验区为依托的对外开放新局面，标志着我国开放型经济新体制建设已经步入全面深化开放的新阶段。

当下我国各个自贸试验区发展各具特色，开放力度也各有侧重。上海自贸试验区作为"领头雁"，代表着我国自贸试验区对外开放的最好水平，同时其他自贸试验区也各有所长，如海南自贸试验区拥有全国迄今为止唯一落地的自由贸易港，主要以旅游业、现代服务业和高新技术产业为核心，在医疗器械临床试用等领域先行先试；广东自贸试验区率先在自然人流动、跨境交付等领域领先全国；天津自贸试验区围绕融资租赁出台了一揽子创新举措等。本节主要对上海自贸试验区、广东自贸试验区、海南自贸试验区等我国主要自贸试验区的成果和新进展进行梳理分析。

（一）上海自贸试验区的主要成果和新进展

上海自贸试验区于 2013 年 9 月挂牌成立，2014 年 12 月进行一次扩大，面积从 28.78 平方公里增加到 120.72 平方公里。上海自贸试验区目前已经在投资管理、监管、金融等方面先行先试，形成了一批全国首创性新举措，其中准入前国民待遇 + 负面清单等管理新模式已经推向全国。同时，截至 2018 年底，由国务院颁布的《全面深化中国（上海）自由贸易试验区改革开放方案》所明确的改革任务完成率高达 98.99%，即 98 项重点改革任务中，除了 2 项涉及国家事权和国内监管形势而没有落地外，其余的 96 项已经落地完成。上海自贸试验区五年多来的具体成果和新进展如下。

一是在制度创新上的主要成果。首先，上海自贸试验区率先建立了以"负面清单"为核心的投资管理制度，根据负面清单"法无禁止皆可为"的管理理念，实现内外资的一致性管理，试验区内吸引了大量的外资企业涌入，形成了与国际通行规则相一致的市场准入方式。根据调研数据，2018年外资企业在所有新设立企业中的占比，已经由挂牌初期的5%上升到20%左右。① 其次，上海自贸试验区还率先建立国际贸易"单一窗口"，推进货物状态分类监管，实现"一个平台、一次递交、一个标准"的目标，形成了具有国际竞争力的口岸监管服务模式。此外，上海自贸试验区还探索建立本外币一体化的自由贸易账户制度（FT账户），通过FT账户和常规账户之间以人民币实现一定形式的渗透，大大提升了自贸试验区的金融服务水平，有助于推进人民币资本项目的可兑换。另外，上海自贸试验区还实施了"证照分离"改革试点，将以严格审核为主的准入前审批转为以信用为支撑的事中事后监管，优化了营商环境，释放了创业创新的活力。

二是在行业开放上的主要成果。在制造业和服务业的行业开放程度上，2013年9月和2014年6月，上海自贸试验区先后推出两批扩大开放措施共计54项，其中服务业领域37项、制造业领域17项，涌现出一批全国首创的新项目，比如第一家合资道路运输公司和第一家独资游艇设计公司等。在贸易便利化方面，海关、国检等部门在上海自贸试验区内先后推出"先进区、后报关报检"、"一区注册、四地经营"等举措，大大提高了通关效率。在金融领域的开放程度上，上海自贸试验区于2017年6月发布了全国首张金融服务业对外开放的负面清单指引，同时试点运营跨国公司总部外汇资金集中运营、本外币双向资金池等金融创新试点，不断提升自贸试验区的金融开放程度和金融服务水平。

三是在科技创新领域的新进展。首先，上海自贸试验区加速与科创中心建设联动，先后推出药品上市许可持有人、集成电路"全程保税"监管等

---

① 李锋、陆丽萍：《上海自贸试验区五年来突出进展与新一轮改革开放思路及突破口》，《科学发展》，2019年第1期。

试点，同时建立知识产权纠纷调解、司法和行政保护一体化机制等。其次，上海自贸试验区还加速与国际金融中心建设联动，聚焦于服务实体经济、防控金融风险、深化金融改革，围绕"金改51条"和"金改40条"，不断推进资本项目可兑换和人民币跨境使用等新举措，形成以服务实体经济为主要内容的金融创新制度。此外，上海自贸试验区还充分发挥与全市面上改革的协同效应，比如上海市发改委2017年印发实施《关于进一步强化上海自贸试验区与全市改革联动的实施方案》，要充分调动全市各方与各区主动对接和参与自贸试验区建设，提升全市参与和支持自贸试验区建设的积极性。

四是在提升企业获得感上的主要成果。上海自贸试验区以企业需求为推进改革的重要方向，在投资建设项目审批、市场准入、跨境贸易等方面，缩短审批时间、简化审批流程、提升通关效率，打造"自贸区速度"。比如通过"单窗通办"，实现由原来的以审批部门窗口服务为主向综合窗口服务为主、部门窗口服务为辅转变，极大地压缩了企业在审批上所花费的时间，部分审批已经实现"不见面审批"或"只跑一次"，使企业获得感不断提升。

（二）广东自贸试验区的先进做法

广东自贸试验区于2014年12月挂牌成立，主要是依托粤港澳大湾区建设，围绕打造开放型经济新体制先行区、高水平对外开放门户枢纽和粤港澳大湾区合作示范区的目标，深入推进服务贸易自由化和科技创新合作，先后颁布一系列全国领先的制度创新举措。截至2019年5月，广东自贸试验区四年来共形成456项制度创新成果，面向广东全省复制推广共4批102项改革创新经验，累计发布92个创新案例[①]。相比上海自贸试验区建设，广东自贸试验区先进做法主要体现在如下几个方面。

一是在服务贸易领域。广东自贸试验区在CEPA框架下，面向港澳地区在金融、法律、建筑、航运等服务领域不断扩大开放，创新开放模式。广东自贸试验区率先探索与港澳地区在自然人流动和相关人员资质互认模式，允

---

① 《广东自贸试验区四年来形成456项制度新成果》，新华网，2019年4月25日。

许自贸试验区内的合伙联营律师事务所以本所名义聘用港澳律师，在自贸试验区内工作的港澳金融专业人士可通过培训测试方式申请获得内地的从业资格。此外，广东自贸试验区也率先在专业服务贸易领域试点服务贸易跨境交付，探索兼顾安全和效率的数字产品贸易监管模式。目前，广东对港澳地区所开放的部门占其全部服务贸易部门的95.6%，与港澳地区基本实现服务贸易自由化。

二是在科技创新领域。近年来，广东自贸试验区通过实施粤港澳科技创新合作发展计划和粤港澳联合创新资助计划等，推动科研经费跨粤港澳三地使用，同时还通过支持港澳高校和科研机构等研发中心落户广东自贸试验区内，比如2018年12月香港科技大学确定落地南沙，按照"内地法律框架下借鉴引入香港标准规范"的原则，不断推进南沙粤港深度合作区建设。此外，广州大学与香港科技大学在科研成果转化与产业促进等方面也不断加强合作。

三是在金融开放领域。首先，广东自贸试验区前海蛇口片区试点推进人民币跨境贷款业务以及跨境人民币双向发债、双向股权投资等业务。根据国际结算网数据，截至2017年8月末，前海跨境人民币贷款备案金额为1376.5亿元，提款金额为371亿元，业务规模领先全国。其次，随着人民币成为广东自贸试验区跨境资金往来的主要货币，人民币在广东自贸试验区的结算地位不断提高。根据国际结算网数据，南沙、横琴自贸片区办理的跨境人民币收支业务规模占区内本外币跨境收支规模八成以上。另外，广东自贸试验区在CEPA框架下还不断扩大服务业的开放力度，比如引进亿赞普等全球领先的国际结算公司和大数据应用公司等，打造依托香港的国内资金"走出去"的财产管理中心。此外，广东自贸试验区也非常注重推进区块链和大数据技术在金融领域的研究和运用，发展金融科技。

（三）海南自贸试验区的先进做法

海南自贸试验区是全国唯一一个在全域范围内全面深化改革开放的试验区，主要围绕打造面向太平洋和印度洋的重要对外开放门户的目标，探索建立以旅游业、现代服务业和高新技术产业为先导的中国特色自贸港。海南自贸试验区已经总结形成商事登记"全省通办"等多项制度创新案例，在不少方面形成开创性的改革新举措，主要表现在医疗和旅游两大领域。

在医疗领域。海南自贸试验区以博鳌乐城国际医疗旅游先行试验区为龙头，先后出台《海南省医疗旅游实施方案》和《海南省健康产业发展规划（2019~2025）》，还制定了《博鳌乐城先行区干细胞医疗技术准入和临床研究及转化应用管理办法》等，积极探索干细胞和新药转化的先行先试。目前国外上市国内尚未上市的临床急需医疗器械和药品审批权已经下放海南，其将不断推动海南省的健康产业创新发展。

在旅游领域。海南自贸试验区深入推进国际旅游岛建设，加快国际旅游消费中心建设的体制机制创新。海南自贸试验区通过允许外资在本省设立演出经纪机构，允许发展赛马运动和大型国际赛事即开彩票等来促进旅游与文化、体育等融合发展。此外，截至目前，海南省还与俄罗斯等59个国家实施入境免签政策，为游客出入境提供便利。同时实施离岛免税购物政策，实施离岛旅游全覆盖，并且提高免税购物限额以及扩大免税清单的范围，目前每人每年累计免税购物限额已经增至3万元，且不限次；免税清单中增加部分家用医疗器械商品等，进一步推动从出国购物转向到海南购物的发展，带动海南观光旅游、交通运输、住宿餐饮、仓储物流等服务业发展。

（四）其他自贸试验区的先进做法

由于大部分自贸试验区挂牌运行不久，目前还处在学习和借鉴上海、广东等地自贸试验区做法的阶段，本节主要比对上海自贸试验区，选择具有代表性如浙江自贸试验区和天津自贸试验区来梳理其目前的主要先进做法。

一是浙江自贸试验区的先进做法。自2017年4月1日挂牌以来，浙江自贸试验区重点推进以油气全产业链为核心的大宗商品投资便利化和贸易自由化。两年多时间里，浙江自贸试验区初步探索形成83项制度创新成果，全国首创34项。在保税燃料油供应方面，浙江自贸试验区通过在区内设立海上保税燃料油供应仓库，来吸引保税燃料油供应商开展供油服务。同时，

为了完善配套服务、吸引产业集聚，鼓励企业总部或结算中心落户自贸区。在油品储运方面，浙江自贸试验区通过促进油品储运投资主体多元化、创新油品储存模式、加快储运基础设施建设等，来建设国际油品储运基地，承接全球油品资源，面向亚太市场，满足国内需求。在油品加工方面，浙江自贸试验区通过将原油进口资质和配额，授予区内符合条件的油品加工企业，来打造以原油精炼为基础，以乙烯、芳烃等高端产品为特色的国际一流的石化产业集群。在油品交易方面，浙江自贸试验区支持区内企业开展油品离岸贸易和在岸贸易，探索建立中国基准油的定价体系，形成亚太油品交易的"舟山价格"和"舟山指数"。

二是天津自贸试验区的先进做法。融资租赁是天津自贸试验区的一大亮点。目前，天津自贸试验区已经成为国内最大的融资租赁集聚区，整个融资租赁业领跑全国，如飞机租赁、船舶租赁业务分别占到全国九成和八成，尤其是飞机租赁，已经是全球第二大飞机租赁集聚地。为此，天津自贸试验区放宽租赁业的准入限制，如准许飞机租赁企业以绝对控股的方式设立单机项目公司等。同时，天津自贸试验区通过鼓励开展高端装备、股权投资、无形资产租赁等业务来拓展租赁项目公司的经营范围。此外，天津自贸试验区对飞机租赁企业免征购销合同印花税等，还对外资融资租赁公司的外汇资本金实行全额意愿结汇，不断加大对融资租赁业的财政和金融支持力度。

二 中国自贸试验区建设存在的主要问题

目前尽管我国自贸试验区先后围绕贸易投资、政府职能转变等领域推出了一系列改革新举措，已经成为我国对外开放政策创新的标杆，但是仍然存在不少问题，不少举措实际效果和企业获得感之间，还是有差距。具体表现如下。

第一，自贸试验区开放力度整体不高。同国际主要自贸园区相比，我国自贸试验区开放程度还有较大差距，尤其是一些核心领域如电信、文化、医疗等，开放步伐缓慢，外资准入还是有一定的限制，比如根据负面清单内容：在电信增值领域，外商持股比例不能高于50%，基础电信业务须由中方控股。另外，即使已经开放的领域，但是在落地过程中仍然存在诸多限制，使得开放力度和落地程度与预期之间差距较大。

第二，资本流动方面并未取得突破性进展。从上海自贸试验区的实践来看，金融开放步伐较为缓慢，只是构建了一套以分账核算体系和自由贸易账户为核心的风险管理制度。尤其是自由贸易账户，账户功能目前仅停留在支付手段阶段，投资功能和储值功能没有得到充分发挥，资金集聚效应没有得到体现等。目前我国自贸试验区在汇率自由化和利率市场化方面没有实质性开放措施，离资本项目可兑换的目标还有不小的距离。

第三，现行自贸试验区的税率偏高。我国目前自贸试验区改革目标主要定位于制度创新，而非政策优惠，因而目前自贸试验区建设中税制改革主要集中在申报效率、税种选择上，而不涉及税收优惠。比如上海自贸试验区的企业所得税现行规定为：在区内的综合保税区内的企业，按照综保区的税率（17.5%）；不在综保区但是在自贸试验区的企业，税率和全国一样，没有优惠。而从世界主要地区自贸区经验来看，税收优惠是其发展的主要内容之一，目前新加坡的所得税率为17%，中国香港的所得税率为16.5%，相比我国自贸试验区税率偏高。

第四，相关自贸试验区的法律制度有待完善。与美国、新加坡、智利等国制定专门的自贸区法律相比，我国自贸试验区法律制度建设滞后，目前已有的一些"管理办法"和"总体方案"层级较低，与现行法律法规的关系尚未理顺，使得自贸试验区缺少决策的自主权和立法权，大部分事权仍然集中在国家部委，进而使得在金融等领域的深层次改革无法取得实质性突破。

第五，自贸试验区的试点经验缺少系统性。在信息化背景下，制度创新是一项系统性工程，相关改革举措具有内在关联性，需要多个部门相互配合。以上海自贸试验区为例，许多复制推广的试点经验，只涉及单一部门改革，系统性不够。这种碎片化的制度设计使得投资贸易规则设计只是针对价值链的某个环节，忽视了整个价值链的发展趋势，不利于产业发展。

此外，"容错机制"尚未得到复制推广，目前只有广东自贸试验区建立

了容错机制，将容错免责具体化、条件化。作为国际贸易最新发展趋势的数字贸易领域，跨境数据流动受限，使得整个改革试验举步维艰。另外，在知识产权、环境保护等领域的改革试验也很不充分。

三 国外主要自由贸易园区建设的先进做法

国外自由贸易园区主要分为自由港型、保税仓库型、转口集散型、出口加工型、自由边境区等类型，由于起步早，已经在功能定位、管理体制、产业培育等方面积累了一些成熟的好做法，在一定程度上可以为我国自贸试验区未来进一步发展提供借鉴和经验，本节主要梳理美国自由贸易园区、欧盟自由贸易园区和新加坡自由贸易港的先进做法及经验。

一是美国自由贸易园区。由于纽约对外贸易区是美国面积最大的自由贸易园区之一，本节以纽约对外贸易区为案例进行说明。在法律法规上，美国通过采取立法形式在法律上确立美国对外贸易区的"境内关外"的地位，即除法律明文规定外，国内外贸易活动不受海关监管。在海关监管上，美国放松政府自身对日常贸易经营的管辖权，在对外贸易区没有海关相关的派驻机构，区内货物流动采用备案核销制，由对外贸易区来提供海关所要求的安检程序，海关监管重点放在货物进入美国国内的卡扣上。在税收优惠上，纽约对外贸易区主要通过暂缓纳税、免除关税、倒转关税三种模式进行关税优惠。其中暂缓纳税，就是货物入区时，不用缴纳关税，只在货物由区内进入美国国内市场时需要缴纳关税；免除关税，就是货物在区内加工制造后，如果直接出口不用缴纳关税；倒转关税，就是对零部件暂缓征税，组成加工成成品后流向美国国内市场，按照成品缴纳关税。在产业发展上，纽约对外贸易区采用工贸结合的方式，在为进出口贸易提供便利的同时，注重区内汽车、医药、化工等主导产业的发展。

二是欧盟自由贸易园区。目前欧盟自由贸易园区以爱尔兰香农自由贸易园区最为成功，本节将以其作为案例进行说明。在法律法规上，爱尔兰根据香农机场和香农自由贸易园区发展需要制定了一套明确详尽的法律法规体系，比如 1958 年通过的《工业发展（鼓励外部投资）法案》，鼓励香农自由贸易园区大规模使用外资来发展出口加工业，为其进一步发展扫清法律障碍；1959 年实施的《香农自由空港开放有限责任公司法案》，授权香农开发公司全面规划、管理、开发香农自由贸易园区；2014 年颁布实施《国家机场（香农集团）法案》，对香农自由贸易园区在管理体制上进行革新，将香农开发公司重组为香农集团。在科技创新上，香农自由贸易园区聚焦于高科技工业的发展，联合利默里克大学一起，先后建立 4 个科技园，逐渐形成"香农知识网络"，推动香农自由贸易园区向高科技、知识型经济园区迈进。在政策措施上，香农自由贸易园区为了吸引外国投资者，实行免税优惠措施，目前香农自由贸易园区的企业所得税仅为 12.5%，远低于美国和英国的 21% 和 20%。

三是新加坡自由贸易港。目前新加坡自由贸易港并不是指整个新加坡国家，而是其 9 个自由贸易园区，主要集仓储、贸易、加工和金融等功能于一体。新加坡自由贸易园区目前采取的是典型的政企协作的管理模式。在监管模式上，除了危险品、武器、药品和化妆品等特殊物品外，货物都可以自由进出新加坡。在税收优惠上，新加坡对所有外资企业统一征收 17% 的企业所得税，对所有进出口商品免征关税。在金融开放层面，新加坡取消外汇管制，资金可以自由进出，对收入、利息、利润、分红以及投资所得没有限制。在贸易结算方面，企业可以开立新元、美元、港币、欧元等账户，自由决定结算货币种类。在投资开放上，新加坡外资主管部门对金融、保险、证券等特殊领域的外资进入有备案要求，对其他领域的外资进入没有行业限制，并且除银行业、新闻业和广播业外，新加坡对外资也无持股股比限制。

四 推动我国自贸区进一步发展的对策建议

我国自贸试验区建设应该顺应全球新产业革命发展的新趋势，坚持大胆试、大胆闯、自主改，努力把自贸试验区打造成为全方位扩大开放的新高地，成为引领全球自贸试验区发展的标杆。未来自贸试验区建设应该以高质

量制度创新建设为核心，以法治化、市场化、国际化营商环境营造为目标，以服务业深度开放为主要内容。

一是以市场运作为导向进行制度创新。尽管目前我国自贸试验区已经初步建立了"准入前国民待遇＋负面清单"等投资管理体制，但是由于缺少配套的实施细则，很多政策目前无法落地。借鉴国际自贸园区经验，我国自贸试验区管理体制应该以市场机制为主、行政管理为辅，充分发挥市场活力，不断提升经济运行效率。为此，我国自贸试验区建设需要对标"零关税、零贸易壁垒、零政府补贴"的公平贸易新标准，形成与国际通行规则相衔接的基本制度规则体系和政府监管体系。与此同时，我国自贸试验区建设还应顺应数字经济发展趋势，探索建立"白名单"机制，逐渐扩大数据跨境流动范围，比如率先开放自贸试验区内在学术和研发领域相关网站的访问限制等。另外，我国自贸试验区建设还应探索建立竞争中立制度，统筹处理好坚持党的领导与现代公司治理的关系，消除国有企业在投资准入、融资便利、财政补贴和管理豁免等方面特权。此外，我国自贸试验区建设还应加强知识产权保护，尤其是在著作权、商标权、商业秘密等方面的保护，从立法、司法、行政执法等多维度加快对新兴领域知识产权的保护力度。

二是注重服务业核心部分的深度开放。我国现代化经济体系建设，差距主要表现在服务业领域，建议我国自贸试验区建设需要在以下几个方面发力：一方面是扩大服务领域的开放。各个自贸试验区应该依托所在地区的产业优势，聚焦自身最核心、最有优势的领域，坚持精准发力、定向突破，然后向相关领域拓展，逐渐实现服务业全领域开放，比如上海自贸试验区应聚焦于生物医药、集成电路、再制造等领域的保税研发和保税维修等。另一方面是顺应服务业开放创新趋势，创新服务业开放模式，包括放宽跨境自然人流动及执业限制等，尤其是针对特定外国技术专家人才聘用，实施灵活的政策；推动在线教育、远程医疗等新兴服务贸易跨境交付的便利性，促进经济全球化、科技全球化发展。此外，还需要构建面向全球的服务贸易合作平台，形成较强的产业关联和带动效应，比如顺应服务经济数字化趋势，培育一批基于互联网的人工智能、云计算、物联网、3D制造等新技术的创新平台，为跨国公司供应链创新提供产业支撑。

三是赋予自贸试验区更高的自主权。世界主要自贸区发展都依赖于国家层面制定专门的自贸园区基本法，然后依法建立自由贸易区。而我国自贸实验区目前的法律保障等级整体比较低，无法规范层级更高的国际部委层面的行为。因此，首先，全国人大应该出台自贸试验区的专门法律，从最高立法层面确定自贸试验区的法律地位和权威性，有助于打通海关、人民银行、银监会、工商等部门之间由于体制隔阂所带来的束缚。其次，尽管目前各地的"总体方案"均已明确中央和地方的任务，但是中央部委对各地自贸试验区授予的自主改革权还不够，大部分任务的落实中需要地方和中央主管部门一一对接。所以中央应该向地方授权，扩大地方在推进自贸试验区制度创新中的自主性。比如对国务院批准的内容，可以免于请示、上报改革诉求或实施方案。此外，应该尽快在各地自贸试验区建设中健全容错机制，对于干部或企业在推进改革中因缺乏经验而出现的错误，包容对待，同时加大对成功创新的表彰奖励力度，来减少决策和管理层的后顾之忧，激发地方自主决策权和创新积极性。

四是自贸试验区建设要与国家战略融合发展。目前我国自贸试验区主要依托我国经济比较发达的城市，未来自贸试验区建设在带动区域经济发展的同时，还需要与国家战略相融合，将投资管理、贸易便利化、金融开放创新、政府服务管理、事中事后监管等领域的最新改革成果率先向邻近区域复制推广，在放大政策的空间效应同时，充分发挥自贸试验区的制度创新策源地功能。比如上海自贸试验区建设除了探索建立国际航运、金融、物流中心，发挥服务"一带一路"桥头堡功能外，还应考虑对长江经济带沿线省份经济和产业的带动作用。广东自贸试验区除了促进粤港澳一体化发展外，还应兼顾与东盟等"一带一路"沿海主要国家在贸易和投资领域的合作。天津自贸试验区在服务津京冀一体化发展同时，还应辐射东北亚，以天津自贸试验区为平台，加强与东北亚国家的经贸往来，促进东北亚地区经济的发展。

参考文献

张国庆：《我国自由贸易试验区的建设与发展问题》，《全球化》2018 年第 7 期。

范霄文、冯中发：《中国自由贸易试验区发展报告》，载陶一桃主编《中国经济特区发展报告（2018）》，社会科学文献出版社，2019。

吕颖：《国外自由贸易区的建设经验及对我国的启示——以美国对外贸易区为例》，《工业经济论坛》2018 年第 5 期。

王晓辉：《国外自由贸易区发展经验及对我国的启示》，《价格月刊》2017 年第 2 期。

谢守红、蔡海亚：《国外自由贸易区发展的经验及启示》，《浙江树人大学学报（人文社会科学版）》2015 年第 2 期。

陆颖：《全球自由贸易港（区）发展态势》，《竞争情报》2019 年第 3 期。

王胜、康拜英、韩佳、林庚、张东东、陈晓：《新加坡自贸港发展策略探析》，《今日海南》2018 年第 5 期。

B.8
"一带一路"实践六年来的成果、经验及展望

丛晓男　李国昌*

摘　要： "一带一路"倡议实践六年来取得了丰硕成果，"五通"建设进展显著。当前，随着全球政治经济形势出现深刻变革和复杂调整，"一带一路"建设面临着一系列重大挑战，表现为地缘政治复杂、信任危机加剧，文化宗教信仰各异、矛盾和分歧不断，全球经济增长乏力、经济风险增多，全球性挑战增多、安全问题愈加突出，倡议误解较多、顶层设计尚待完善细化等。针对以上问题，应推进树立正确的"一带一路"观，加大宣传引导力度，完善倡议的顶层设计，有效借助市场配置力量，推进对接沿线各国结构性改革、整合区域和全球价值链，推动"一带一路"未来高质量建设。

关键词： "一带一路"　地缘政治　互联互通　全球化　双多边

"一带一路"倡议自提出至今已六年时间。2013年9月7日，国家主席习近平应邀对哈萨克斯坦进行国事访问，并在位于其首都阿斯塔纳的纳扎尔巴耶夫大学发表重要演讲，提出共同建设"丝绸之路经济带"。同年10月，

---

* 丛晓男，博士，中国社会科学院城市发展与环境研究所执行研究员，研究方向：区域经济、区域发展等；李国昌，湖北省社会科学院长江流域经济研究所硕士研究生，研究方向：区域经济学。

习总书记出访东盟，并在印尼国会上发表重要演讲，提出与东盟国家共同建设"21 世纪海上丝绸之路"。"丝绸之路经济带"和"21 世纪海上丝绸之路"两者构成了"一带一路"倡议。"一带一路"倡议具有开放性、包容性、平等性、互补性、务实性，倡导参与国在经济、政治、科技、文化等领域开展深入合作，实现互利共赢。

作为国家级顶层合作倡议，六年来，"一带一路"在建设中不断发展完善，逐步从倡议上升为共识、从理念落实为行动、从愿景转变为现实，建设成就令人瞩目，未来前景非常可观。六年，对于一项造福人类的世纪工程而言，仅能算是开局，在人类的历史长河中更不过是转眼一瞬。但是，它所倡导的价值理念和合作模式，为全球经济发展增添了新动力，为各国合作勾勒了新的发展框架，为全球经济治理带来了中国方案，为世界各国带来互利共赢的新机遇①。

认真总结"一带一路"倡议的实践经验，辨识实践过程中存在的问题进而优化推进策略，对于更好地履行其历史使命，推进"一带一路"高质量发展，具有重要意义。本文系统梳理了"一带一路"倡议实践六年来的成果，总结了宝贵的实践经验，辨识了推进过程中存在的主要问题，并针对性地提出了优化策略。

一 实践成果令人瞩目

"一带一路"建设取得了丰硕成果，表现为合作共识高度凝聚和以"政策沟通、设施联通、贸易畅通、资金融通、民心相通"为主要内容的"五通"建设有效推进。

（一）合作共识高度凝聚

"一带一路"倡议已经成为当今全球发展中的热词，正引领国际合作迈

---

① 黄河：《公共产品视角下的"一带一路"》，《世界经济与政治》2015 年第 6 期。

入新的台阶。一方面，就"一带一路"倡议达成共识的国家和地区持续增加；另一方面，越来越多的国际组织或合作平台如 G20、亚太经合组织、上海合作组织等对倡议表示认可和赞赏，且将其核心理念纳入相关成果文件。2017 年 3 月 17 日，联合国安理会一致通过决议，呼吁通过"一带一路"建设加强区域经济合作，构建人类命运共同体，充分体现了国际社会的共识。2017 年 5 月，首届"一带一路"国际合作高峰论坛在我国成功举办，众多国家、地区和国际组织的代表汇聚北京，共商合作大计，共建合作平台，共享合作成果。此次论坛规模盛大，共吸引了 130 多个国家、70 多个国际组织约 1500 人参会。2019 年 4 月，第二届"一带一路"国际合作高峰论坛也在北京成功举办，与首届高峰论坛相比，第二届高峰论坛在参会国家数、国家元首和政府首脑数、国际组织数、代表人数等规模上进一步扩大（见表1），探讨的内容更加丰富，取得的成果更加丰硕。由此可以看出，"一带一路"已成为具有全球广泛共识和影响力的国际合作倡议，也是全球参与主体最多的国际合作平台和最受欢迎的国际公共产品。

表 1　两届"一带一路"国际合作高峰论坛参会相关数据对比

高峰论坛	国家数	国际组织数	国家元首和政府首脑	代表人数
第一届	130 多个	70 多个	29 位	约 1500 人
第二届	150 多个	90 多个	38 位	5000 多人

注：资料来源于人民网（http://politics.people.com.cn/n1/2017/1229/c1001 - 29734870.html）和一带一路高峰论坛官网（http://www.beltandroadforum.org/n100/2019/0426/c26 - 1260.html）。

（二）战略对接与政策沟通不断加强

2015 年 3 月 28 日，国家发改委、外交部、商务部联合发布了《推动共建丝绸之路经济带和 21 世纪海上丝绸之路的愿景与行动》，这意味着"一带一路"顶层设计初步完成，"五通"建设实施蓝图愈加清晰，区域合作重点更加明确。依据地理分布和合作重点，中国打造了"六廊六路多国多港"的合作框架，即新亚欧大陆桥、中蒙俄、中国 - 中亚 - 西亚、中国 - 中南半

岛、中巴和孟中印缅等六个国际经济合作走廊，公路、铁路、空路、水路、管路和信息高速路等六个互联互通路网，选取若干重要国家作为合作重点，构建若干海上支点港口。

本着"丝路精神"，基于共商、共建、共享的原则，我国不断加强与"一带一路"沿线国家的交流沟通和对话协商，推动了各方发展战略对接，建立了双多边以及地区联合工作机制，形成了区域合作的新格局。截至2019年4月30日，已有131个国家和30个国际组织与我国签署了187份共建"一带一路"合作文件，各领域合作已全方位展开，涉及基础设施建设、经贸、产能合作、生态环保、人文交流等。这些国家不仅分布于"一带一路"沿线，还极大地向非沿线国家拓展，由亚欧大陆延伸到非洲、大洋洲、美洲等区域（见图1），充分表明了"一带一路"倡议的共享性、开放性。

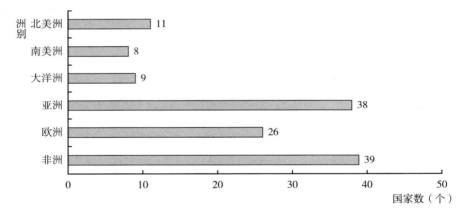

图1　与我国签订共建"一带一路"合作文件的国家的洲际分布

注：根据中国一带一路网（https：//www.yidaiyilu.gov.cn/xwzx/roll/77298.htm）的数据分类汇总。

（三）基础设施联通建设进展显著

基础设施互联互通是推进"一带一路"建设的重要基础。六年来，基础设施建设取得了长足的进步，一大批项目落地实施，沿线区域交通可达性显著增强。

铁路建设方面，中泰铁路、中老铁路、雅万高铁、匈塞铁路等重点合作项目建设稳步推进，中吉乌铁路、泛亚铁路东线等项目前期研究积极推进。中欧班列在"一带一路"倡议下实现了同步快速发展，截至 2019 年 4 月，累计开行了超过 1.4 万列，运行路线达 68 条，联通了中国和境外 100 多个城市①。中欧班列极大地促进了沿线国家的贸易往来，已成为欧亚大陆贸易合作的新桥梁。

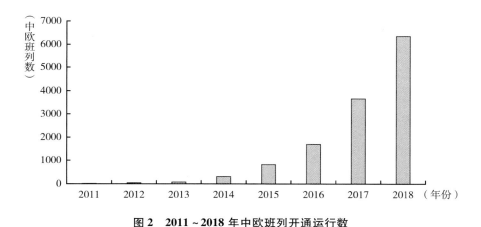

图 2　2011～2018 年中欧班列开通运行数

注：根据中国一带一路网（https：//www. yidaiyilu. gov. cn/xwzx/gnxw/76799. htm）的数据统计整理。

公路建设方面，曼谷 - 昆明公路全线贯通，中国西部 - 西欧国际公路运输走廊中国境内全部贯通，中俄跨境公路大桥黑河 - 布拉戈维申斯克黑龙江（阿穆尔河）大桥实现合龙，全桥全线贯通，中巴经济走廊两大公路等重点项目已开工建设，部分项目已建成并发挥效用。

海运方面，47 个"一带一路"沿线国家与我国签署了近 40 个双边和区域海运协定。我国还参与了沿线国家数十个港口的建设经营，其中，瓜达尔

① 刘叶婷、杨牧：《肖渭明：中欧班列已累计开行 1.4 万多列》，2019 年 4 月 22 日，http：//world. people. com. cn/n1/2019/0422/c1002 - 31043513. html。

港、汉班托塔港、比雷埃夫斯港、哈利法港等建设进展顺利。我国与俄罗斯开展北极航道开发和利用合作，就打造"冰上丝绸之路"达成共识，北极航道具有广阔的经济前景和重要的战略意义①。中新（重庆）战略性互联互通示范项目"国际陆海贸易新通道"稳步推进，国际铁海联运线路、国际铁路联运线路和跨境公路运输线路三条纵向线路加快建设，有效连通我国西部与中南半岛等地区，并通过新加坡等国际枢纽港辐射南亚、西亚、非洲和欧洲②。2019 年 8 月，国家发改委正式印发《西部陆海新通道总体规划》，"陆海新通道"的建设迈入新的阶段。

航空方面，截至 2018 年 8 月，超过 60 个"一带一路"沿线国家和地区与我国签署了双边政府间航空运输协定，特别地，我国还与东盟签订了首个区域性的航空运输协定。此外，我国与多个沿线国家进行了双边航空会谈，并扩大了航权安排③。2018 年，我国航线总数达到 4206 条（国内航线 3420 条，国际航线 786 条），其中新辟国际航线 167 条，其中涉及"一带一路"国家航线 105 条。中国民航已与 45 个沿线国家实现空中直航，"一带一路"空路联系更加畅通便捷。

油气管道方面，我国与"一带一路"沿线国家开展了广泛的能源合作，重点推进油气管道等能源基础设施建设。目前，中国 – 中亚天然气管道 A/B/C 三线已经通气投产，D 线首条管线即将竣工。中缅油气管道成为典型示范项目，中俄原油管道二线于 2018 年元旦正式投入运营。中俄天然气管道西线建设接近尾声，将于 2019 年建成通气；东线天然气管道稳步推进，其中北段工程中方境内管道与俄罗斯境内管道已于 2019 年 7 月连接成功。2019 年 4 月，为解决能源发展面临的问题，更好地保护生态环境，应对气候变化，保障能源安全，促进可持续发展，包括中国在内的 30 个国家成立

① 丛晓男：《俄罗斯北方海航道发展战略演进：从单边管控到国际合作》，《欧亚经济》2019 年第 4 期。

② 杨祥章、郑永年：《"一带一路"框架下的国际陆海贸易新通道建设初探》，《南洋问题研究》2019 第 1 期。

③ 王佳宁：《我国已与 125 个国家和地区签署双边政府间航空运输协定》，2018 年 8 月 10 日，http：//www.xinhuanet.com/politics/2018 – 08/10/c_ 1123253689.htm。

了"一带一路"能源合作伙伴关系，并共同对外发布了《"一带一路"能源合作伙伴关系合作原则与务实行动》。

信息网络建设方面，中国信息通信企业"走出去"步伐加快，积极参与境外信息通信基础设施建设，与多个沿线国家通过跨境陆缆、国际海缆相通，覆盖了欧亚非等广大区域。与此同时，我国加强与信息通信国际组织如国际电联等合作，推动多边合作，有效地促进了多个跨区域信息高速公路建设。2019年6月，《中国 - 东盟信息港建设实施方案（2019~2021年)》发布，中国 - 东盟信息港建设不断加快，通信基础设施互联互通实现突破。此外，北斗系统已于2018年底面向"一带一路"国家和地区开通服务，成为"一带一路"的重要空间信息基础设施，推进我国与沿线国家在高新技术领域的合作，提高产业合作的层次和水平。

（四）贸易规模大幅扩大

随着"一带一路"建设的深入推进，我国与沿线国家经贸往来频繁，贸易规模持续扩大，贸易潜力陆续释放，经贸合作趋向多元化。国家信息中心和商务部数据显示，截至2019年7月，我国与"一带一路"沿线国家货物贸易进出口超过9万亿美元，外贸进出口更趋多元化，新兴市场开拓成效显著。总体来说，我国与"一带一路"沿线国家贸易保持增长态势，其中，2017年和2018年连续两年保持两位数增长。与"一带一路"沿线国家贸易合作潜力持续释放，进出口额占比连续多年超过30%，已经成为拉动我国外贸发展的新动力。

我国积极推动与"一带一路"沿线国家及地区的双多边自由贸易体系建设。我国已经与多个沿线国家签署了自贸协定，还有许多协定尚在研究和谈判中，特别是中国 - 东盟自贸区《升级协议书》于2019年8月正式签订。显著加快了区域经济一体化进程，有助于构建"一带一路"大市场。其中，2019年8月，《区域全面经济伙伴关系协定》（RCEP）部长级会议在北京成功举行，会议推动谈判取得了重要进展，有望在年内完成谈判。

"一带一路"沿线产业园区建设稳步推进。商务部统计显示，截至2018

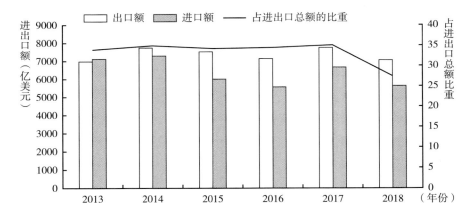

图3 2013～2018年中国与"一带一路"沿线国家进出口情况

注：根据国家信息中心《"一带一路"贸易合作大数据报告（2018）》和商务部网站（http://www.mofcom.gov.cn/article/ae/ah/diaocd/201901/20190102830048.shtml）数据整理。

年底，共计933家高新技术企业入驻园区，累计投资超过200亿美元，创造了约15万个就业岗位，为东道国贡献了约23亿美元税费。目前，苏伊士经贸合作区、泰中罗勇工业园、中白工业园、西哈努克港经济特区等一批园区已经成为"一带一路"示范项目，带动了当地经济、产业和社会发展，境外经贸合作区已经成为"一带一路"产能和投资合作的新抓手和新平台。中国的快速发展和庞大市场也有效带动了沿线国家的出口贸易，世界银行最新研究结论显示：共建"一带一路"倡议将使71个潜在参与国之间的贸易往来增加4.1%。

（五）资金融通能力逐步增强

"一带一路"融资环境有效改善，投融资体系建设不断推进，多双边投融资机制逐渐建立，多方投融资平台发展迅速，"一带一路"资金融通能力逐步增强，为深化各领域合作发挥了强有力的支撑作用。2014年中国出资400亿美元成立丝路基金，随后又增加了1000亿元人民币的资金。丝路基金围绕"一带一路"建设推进与相关国家和地区开展投融资

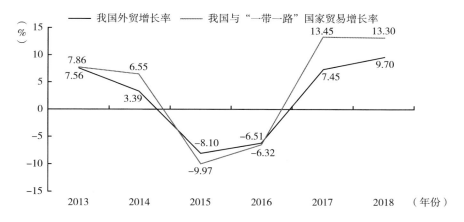

**图 4　2013～2018 年中国与"一带一路"沿线国家贸易增长率和
外贸总增长率对比**

注：资料来源于中国一带一路（https：//www.yidaiyilu.gov.cn/jcsj/dsjkydyl/79860.
htm）。

合作，重点关注基础设施、资源开发、产能合作和金融合作等领域，截
至 2018 年 12 月，已投资 28 个项目，投资金额超过 110 亿美元，覆盖
"一带一路"沿线众多相关国家和地区。截至 2019 年 7 月 13 日，亚洲基
础设施投资银行成员数达到 100 个[①]。成立运营 3 年多来，投资项目不断
增多，有效带动了各类公共和私营资本的投入建设，在"一带一路"基
础设施建设投融资中的支撑作用日益突出。

依托于"一带一路"倡议，人民币国际化进程得以加快，截至 2019 年
4 月，59 个沿线国家和地区加入人民币跨境支付系统（CIPS），促进了"一
带一路"资金融通，发挥了重要的金融支撑作用。中国人民银行与多边开
发机构积极开展联合融资，覆盖"一带一路"广大地区，涉及众多领域，
取得了良好效果。此外，中资商业银行在沿线国家广泛开设分支机构，多个

---

① 央视网：《亚洲基础设施投资银行理事会第四届年会：亚投行成员数量增至 100 个》，2019
年 7 月 14 日，http：//news.cctv.com/2019/07/14/ARTIpBgyGOBp6v3 XhSneGc2z190714.
shtml。

沿线国家的银行也在华设立分支机构和代表处，完善了金融服务网络，提高了金融服务水平，强化了金融领域合作。

（六）人文交流合作水平稳步提升

伴随着"一带一路"建设，我国与沿线国家人文交流日益密切，人文合作领域越来越广泛，人文活动影响力逐步增大。中国与沿线国家互办艺术节、电影节、音乐节、文物展、图书展等活动，很多活动已经形成常态化机制。与此同时，还打造了一大批以"丝绸之路"为主题的大型文化节、艺术节和博览会，为沿线国家提供了良好的人文交流平台。其中，2019年的"欢乐春节"活动在56个"一带一路"沿线国家和地区的396座城市举办演出、展览、庙会等活动。与此同时，中国和"一带一路"沿线国家国际旅游来往日益密切，六年来中国到"一带一路"沿线国家旅游和沿线国家赴中国旅游游客人次均稳定增长，"一带一路"已经成为旅游热门目的地。人文交流合作出现多领域、多层次、多主题的特点，一方面增进了不同国家、不同文化之间的了解和友谊，另一方面也宣传了丝路精神，引导和加深了民间对"一带一路"倡议的理解，为"一带一路"建设奠定了良好的民意基础。

（七）有力推动了节点城市发展

"一带一路"建设推动沿线城市互联互通，主要表现在陆路和公路联通、空中国际航线建设、海上合作与港口发展上。一方面，国内外重要城市积极对接"一带一路"建设；另一方面，城市间相互缔结友好城市关系，以"五通"为重点深入开展各领域合作。随着"一带一路"建设的深入推进，国内外逐渐形成了一批重要的节点城市，例如西欧的柏林、科隆、汉堡、苏黎世，东欧的莫斯科、圣彼得堡，东南亚的新加坡、曼谷、吉隆坡、雅加达，以及中国的重庆、成都、西安、青岛、上海、厦门等。

以国内节点城市为例，各城市纷纷对接"一带一路"建设，不断推出加强国际经贸文化交流合作、基础设施互联互通的新举措新方案（见表2）。如沈阳出台了《沈阳建设"一带一路"东北亚枢纽行动方案》，重点开展空间拓展、通道建设、产能合作、经贸跃升、金融开放、科技创新、人文交流等七大专项行动。青岛致力于建设中国 – 上海合作组织地方经贸合作示范区，大力拓展国际物流、现代贸易、双向投资、商旅文化交流等领域的合作。上海加强"一带一路"智库建设，出台了《上海服务国家"一带一路"建设发挥桥头堡作用行动方案》，依托自贸试验区、进口博览会等平台，重点开展投资贸易、金融开放、科技创新、人文交流等领域的国际合作。厦门提出要打造"一带一路"建设陆海枢纽城市，着力推进互联互通、经贸合作、海洋合作、人文交流四大核心枢纽建设。成都、重庆先后被国家批准设立自由贸易试验区，并开通了中欧班列等。在"一带一路"建设的带动下，沿线重要节点城市发展总体趋势向好，发展潜力逐步增大，发展后劲不断增强，综合实力稳步提升。

表 2　全国主要城市对接"一带一路"建设举措

城市名称	目标或地位	举措
沈阳	打造"一带一路"东北亚枢纽城市	出台了《沈阳建设"一带一路"东北亚枢纽行动方案》，重点开展空间拓展、通道建设、产能合作、经贸跃升、金融开放、科技创新、人文交流"七大专项行动"
北京	"一带一路"建设排头兵	出台了《北京市推进共建"一带一路"三年行动计划（2018 – 2020 年）》
天津	"一带一路"交会点	出台了《天津市参与丝绸之路经济带和 21 世纪海上丝绸之路建设实施方案》
西安	引领向西开放的国际合作前沿城市	出台了《西安建设"一带一路"综合改革开放试验区总体方案》
郑州	打造内陆对外开放新高地	中欧班列（郑州），郑州航空港经济综合实验区，郑州—卢森堡"空中丝绸之路"建设
青岛	"一带一路"新亚欧大陆桥经济走廊的主要节点和海上合作战略支点城市	拓展国际物流、现代贸易、双向投资合作、商旅文化交流等领域合作，建设中国 – 上海合作组织地方经贸合作示范区
武汉	打造内陆对外开放新高地	中欧班列（武汉），武汉自贸试验区
上海	"一带一路"建设桥头堡	出台了《上海服务国家"一带一路"建设发挥桥头堡作用行动方案》，依托自贸试验区、进口博览会等平台，重点开展投资贸易，金融开放、科技创新、人文交流等领域的合作

续表

城市名称	目标或地位	举措
重庆	打造内陆国际物流枢纽	重庆自贸试验区,中新(重庆)战略性互联互通示范项目,中欧班列(重庆)
成都	"一带一路"建设和国家向西向南开放前沿	成都自贸试验区,临空经济示范区,中欧班列(成都),空中丝路建设
南宁	建设面向东盟开放合作的区域性国际城市	推动"一带一路"框架下的大开放大开发,打造"南宁渠道"升级版,夯实中国-东盟平台
广州	打造"一带一路"建设的重要枢纽城市	出台了《广州市参与国家"一带一路"建设三年行动计划(2018-2020年)》
厦门	打造"一带一路"建设陆海枢纽城市	重点推进互联互通、经贸合作、海洋合作、人文交流四大核心枢纽建设
海口	"一带一路"建设面向太平洋、印度洋的一个支点城市	建设琼州海峡经济带、提升国际化水平、发展开放型经济、打造"双创"升级版

二　实践经验弥足珍贵

"一带一路"建设取得成效的原因有很多,但坚持人类命运共同体价值指引、坚持"共商、共建、共享"原则、构建双多边沟通机制、加强民心沟通是根本原因,也是在未来需要进一步坚守的宝贵经验。

一是以构建人类命运共同体为价值指引。人类命运共同体理念彰显了人类社会的共同理想和美好追求,是对西式全球化狭隘理念的重大突破。构建人类命运共同体是"一带一路"倡议的终极目标和价值指引,"一带一路"倡议是实现这一价值的伟大实践行动,也为构建人类命运共同体注入强大动力。作为世纪性国际合作倡议,"一带一路"倡议必须建立起其自身独特的价值理念,并以此作为其核心吸引力。"一带一路"倡议不搞"金元外交",也不搞地缘零和博弈,而是顺应世界和平与发展潮流,以文明互鉴超越文明冲突,开创多元文明交融的新路径,用具体行动体现人类命运共同体的精神实质,真正推动所有沿线国家实现福利的"帕累托改进"。总之,人类命运共同体价值理念是将"一带一路"建设成为和平之路、繁荣之路、文明之路的根本源动力。

二是以共商、共建、共享为基本原则。全球治理体制变革正处在重要转折时期，少数国家在全球治理中起主导作用、其他国家参与较少的状况虽尚未得到根本改观，但这显然与发展潮流不相符合。共商合作大计、共建合作平台、共享合作成果的基本原则是对全球治理倒退的有力反拨，为解决当前世界和区域治理问题提出了中国方案，为实现各自发展基础上的共同发展寻找到新思路，在"一带一路"建设中具有里程碑意义，这一光辉思想必将在"一带一路"建设中进一步发挥指导作用。只有弘扬以"和平合作、开放包容、互学互鉴、互利共赢"为核心的丝路精神，遵循共商、共建、共享的基本原则，才能凝聚共识、汇聚力量，才能让"一带一路"的伟大构想转化为现实。

三是以民心相通为社会基础。"去中心化"的传播机制使得民间意愿在"一带一路"共建过程中发挥了不可估量的作用，加强民间交流有利于夯实"一带一路"合作的社会基础。"国之交在于民相亲，民相亲在于心相通"，"一带一路"倡议认为：各领域的互联互通根本上应造福各国人民，应得到各国人民支持，只有加强各国人民的友好交流，增进相互了解和建立友谊，才能为合作奠定坚实的民意基础，才能规避因政权更替和政策波动造成的风险，才能使合作延伸为长久之计。

四是以双多边机制为沟通渠道。要打造出与"一带一路"倡议理念相匹配的开放、包容、均衡、共赢的国际合作新架构，需要建立顺畅的双多边沟通机制。在相互尊重、相互信任的基础上，推进双边对话机制建设是实现政策沟通的主要渠道。由于沿线国家在发展阶段、宗教信仰、文化背景、资源禀赋、利益诉求上存在很大差异，在具体合作议题上，很难存在一个能够同时满足各方利益的标准方案，只有与沿线国家不断强化双边机制、加强沟通交流，才能够深化重点建设领域的合作，进而推进双方发展战略对接。此外，中国需要积极维护和促进多边合作机制作用，通过上合组织峰会、亚信峰会、中非合作论坛、中国－太平洋岛国经济发展合作论坛、泛北部湾经济合作论坛、金砖国家峰会、中东欧－中国"16＋1"合作等多边平台，开展对话合作，使其成为多边交流合作的纽带。

三　建设中存在的问题

（一）地缘政治复杂，信任危机加剧

自改革开放以来，我国经济实现了跨越式发展，40 年来中国 GDP 年均增长 9.4%，经济增长速度接近两位数，然而，中国的崛起让部分国家产生了不安和恐惧心理，"中国威胁论"甚嚣尘上。尤其是与我国存在领土争议的印度、越南、马来西亚、菲律宾、印度尼西亚等国家，视我国正当宣示主权为"霸权主义"。"一带一路"沿线国家地缘政治复杂敏感，是美国、俄罗斯等大国长期博弈和较量的重要空间，在具体建设过程中，出于地缘利益需要，一些国家污蔑"一带一路"倡议为"地缘扩张论"、"规划破坏论"、"经济掠夺论"、"债务陷阱论"等，加大了沿线国家对中国猜忌的风险。尽管我国一再声称："一带一路"不搞"结盟"，但仍难免让一些国家产生中国插手改变博弈均衡的嫌疑。比如，孟中印缅经济走廊建设进展缓慢，滞后于其他五大经济走廊，其中，印度对"一带一路"倡议态度上的纠结和迟疑，一方面源自政治上的不信任，另一方面也由于地缘政治的竞争态势。

（二）文化宗教信仰各异，矛盾和分歧不断

随着"一带一路"倡议的推进，"一带一路"国家已经从亚洲、欧洲、非洲延伸到大洋洲、南美洲和北美洲，多民族、多宗教、多样文化在这一平台上交会融合。然而，历史遗留问题、文化差异、语言不通、宗教信仰各异等因素在一定程度上阻碍了"一带一路"的建设。研究表明，"一带一路"沿线至少存在 4 种大型文明、53 种官方语言，聚集了全球几乎所有的宗教类型。比如，历史遗留问题带来的民族宗教矛盾如巴以冲突、印巴冲突，导致局部地区局势紧张。就沿线国家宗教信仰而言，中东、中亚地区多信仰伊斯兰教，印度教是印度国教，以色列信奉犹太教，东亚、东南亚中南半岛多信仰佛教，欧洲、大洋洲以及美洲多信奉基督教，虽然"一带一路"建设

不因文化、语言、宗教信仰设置不同圈层，但是，如何与宗教信仰和文化背景不同的国家对接"一带一路"建设仍是一个很大的挑战。

（三）全球经济增长乏力，经济风险增多

自 2008 年金融危机以来，世界经济局势愈加复杂，贸易保护主义、单边主义、孤立主义开始抬头，反经济全球化暗流涌动，经济全球化进程减缓。与此同时，虽然世界主要经济体经济有所复苏，但整体上经济增长乏力，经济下行压力大。特别地，2016 年以来，英国脱欧公投、特朗普上台后推行单边贸易保护主义、中美贸易摩擦等一系列事件相继发生，经济全球化进程进一步受到消极影响。在此背景下，"一带一路"建设将可能面临贸易壁垒和障碍、经济波动冲击的风险、运营环境风险等一系列不利因素。大型经济体之间的贸易摩擦，将对第三方国家体尤其是小型经济体产生严重负面冲击，原有的双多边自由贸易体系也将不可避免地受到扰动。"一带一路"沿线国家经济发展水平差异大，市场开放难度本就较大，逆全球化态势的加剧将更加不利于其市场的开放。作为"一带一路"建设的关键领域和核心内容，基础设施的互联互通往往资金需求较大、投资周期较长、风险相对较高，在经济增长乏力的大背景下实现融资，并保证项目成功落地具有较大难度。

（四）全球性挑战增多，安全问题愈加突出

当今，"一超多强"的世界格局仍将持续保持，"一带一路"建设也面临着更加复杂的安全环境，传统安全威胁与非传统安全威胁并存。"一带一路"沿线中东、中亚、非洲等地区的部分国家政局动荡不安，大规模政治冲突、动乱不断，加上恐怖主义、宗教极端主义，加剧了当地政治的不确定性和社会的不稳定性。非传统威胁，如网络安全、公共卫生安全、跨国犯罪、严重自然灾害、核安全等不确定性和突发性的特点，使得全球性挑战不断增多。能否有效地解决安全问题、与沿线国家共享安全与发展，事关"一带一路"建设的长远发展。

（五）倡议误解较多，顶层设计尚待完善细化

"一带一路"倡议自提出以来就受到众多误解、曲解甚至被妖魔化。有西方国家认为："一带一路"是地缘政治联盟或军事同盟，是带有明显的意识形态、地缘政治色彩的"马歇尔计划"；"一带一路"是中方制造的"债务陷阱"，给合作国家带来了债务危机；中国通过"一带一路"倡议转移落后的过剩产能。这些解读有的存在认知的问题，有的却是某些国家别有用心的恶意中伤，这也是"一带一路"建设道路上的一个巨大的绊脚石，不容忽视。另外，对"一带一路"的误解也与其顶层设计不甚明朗、有关国家无法做出适当解读有关。虽然我国 2015 年出台了《愿景与行动》，初步勾勒出"一带一路"倡议的建设框架，但随着实施环境的演进，战略对接和具体合作仍面临众多不确定性，因此，顶层设计需与时俱进、完善细化，特别是要积极纳入合作对象国的发展战略，形成一个具有充分开放性和弹性的顶层架构。

四 推进策略仍需优化

（一）推进建立正确的"一带一路"认识观

"一带一路"倡议亟待建立系统的价值理念，并围绕这一理念推进舆论宣传，加强话语体系建设。为此，应坚持以习近平新时代中国特色社会主义思想为指导，紧扣义利观、全球治理观、地缘政治观三个基石，全面确立"一带一路"倡议的认识准绳。其中，建立正确的义利观是利益导向，倡导新型全球治理观是确立治理模式，超越传统地缘政治观是格局视野，三者缺一不可[1]。

---

[1] 吴泽林：《"一带一路"倡议的功能性逻辑——基于地缘经济学视角的阐释》，《世界经济与政治》2018 年第 9 期。

一是秉持正确义利观。坚持不忘合作初心，反对"以利为先"的狭隘利益观。寻求义利协调是"一带一路"倡议实现共赢发展的基本价值导向。共建"一带一路"需要超越"非义即利"或"明义暗利"的简单价值取向。要统筹好各参与国家的共同利益和差异化利益之间的关系，弥合利益分歧、寻找利益交点，实现多方共赢。

二是倡导新型全球治理观。共商、共建、共享的新型全球治理观，其核心是治理主体的多元性和协同性、治理空间的开放性和包容性、治理原则的公平性和公正性。"一带一路"倡议旨在实现人类命运共同体这一终极目标，不以地理空间、政治制度、文化形态、发展水平为界。"一带一路"倡议本身不是实体性的国际组织，不会干扰、破坏或替代既有区域协作机制，不会挤压原有区域性国际组织的作用空间。相反，通过双多边对话合作方式，"一带一路"倡议不仅能够加强我国与沿线国家和区域性国际组织之间的交流互鉴，拓展各方发展战略对接深度，还能够进一步激活原有区域协作活力，发挥区域性国际组织的功能。应重点推进"一带一路"倡议与上海合作组织、东南亚国家联盟、欧亚经济联盟、阿拉伯国家联盟、非洲联盟等区域性国际组织的深度交流合作。

三是超越传统地缘政治观。必须跳出传统的地缘政治观，站在当今全球发展的新局势上审视全局。应注意将"一带一路"倡议同传统地缘政治理论的谋霸逻辑相区分，不能将"一带一路"倡议的理论源泉狭隘地限定在地缘学说中。六年来，"一带一路"实践顺利推进并获得巨大成就这一现实，恰恰反映出传统地缘政治经济理论面临的困境，实际上，"一带一路"倡议为建立新的地缘政治经济理论提供了丰富的实践素材。

（二）完善顶层设计

"一带一路"倡议是开放的国际合作框架，并不存在一种固化的合作模式，沿线国家基于自身利益考量，均可灵活参与其中。因此，"一带一路"倡议不存在所谓"战略目标"或"路线图"。然而，这并不意味着我国不需要对"一带一路"谋篇布局。加强顶层设计研究，有助于识别重大风险，

有序、稳健推进"一带一路"建设。首先，应就国别政治、经济、文化等领域开展广泛深入研究，谋划分国别的发展规划对接合作路径。其次，要对合作对象国开展全面的风险识别与评估研究，加快制定风险防控机制。最后，应注意分圈层、有重点地逐步推进合作，加强对关键国际区域、关键合作领域的研究，改变单个国家点状布局的推进方式，形成连点成线、集线成面的布局态势。其中，东南亚、中亚等邻近中国的区域应列为重点合作对象，进一步提升互连互通建设水平，加深合作深度。

（三）有效借助市场配置力量

共建"一带一路"需要促进要素禀赋在沿线国家的有序自由流动，通过市场提高资源配置效率。目前来看，"一带一路"共建过程中的市场配置力量偏弱，主要合作项目集中于投资大、回收周期长、潜在风险较大的基础设施建设项目上[①]，致使资金利用效率低、回收难度大，偏离盈利性目标。此外，国有企业参与比重较高，民营企业参与不充分，两者协同能力较弱，容易给国外造成政治介入过多的印象。为此，需要充分发挥市场配置力量，鼓励企业尤其是民营企业寻找和创造商机，加强国有资本与民间资本的协同，鼓励企业抱团出境，在产业转移、基础设施建设、贸易服务方面形成规模化、一体化合作方案，提高基础设施的利用效率，更好地为产业项目服务。

（四）加大宣传引导力度

"一带一路"倡议顺应了沿线国家谋求和平发展、互利共赢的意愿，深刻反映了全球治理理念的变革，具有旺盛的生命力和光明的发展前景。但即便如此，倡议的推进也非一帆风顺，国际社会经历了从观望到认可再到赞赏的心态变化历程，至今一些消极态度仍未消除。某些合作项目

---

① 吴泽林：《"一带一路"倡议的功能性逻辑——基于地缘经济学视角的阐释》，《世界经济与政治》2018 年第 9 期。

在实施过程中遭受了种种波折甚至流产，这固然与具体项目的风险防范不当有关，也与宣传不力、舆情引导缺失不无关系。因此，在实践过程中，要切实转变"只做不说、多做少说"的做法，改变孤芳自赏的心态，增强文化自信与体制自信，加大宣传引导力度，建立和完善"一带一路"宣传和舆论平台，让更多国家和人民能够感受到"一带一路"建设带来的"正能量"。

（五）推进对接沿线各国结构性改革

当前，不仅中国面临着推进供给侧结构性改革的艰巨任务，沿线各国内部也存在程度各异的结构性失衡问题。这种失衡不仅增大了各国经济发展的难度，也制约了其参与"一带一路"合作的深度和广度。例如，中国－欧亚经济联盟 FTA 的谈判未包含关税削减议题，其重要原因就在于欧亚经济联盟内部存在严重的"荷兰病"，造成其无法有效利用中国的市场开放，掣肘其在双边贸易中的作为。深入对接沿线各国结构性改革，不仅有利于克服单个国家内部的结构性失衡问题，也有利于矫正区域和全球经济失衡，符合各国根本利益。要提高统筹国内国际两个大局的能力，自觉有效地把国内发展提升到国际水平，把国际事务融入国内发展，高效解决各国结构性失调问题，推动结构性改革从单一国家失衡转向全局均衡。

（六）整合区域和全球价值链

在贸易保护主义有所抬头、全球化呈现退化态势的不利局面下，中国始终坚持推进互利共赢的开放战略和维护自由贸易的一贯立场，以更加开放的态度推进新型全球化。"一带一路"倡议也是中国引领新一轮全球化进程的重要空间载体。当前，各国都在加快结构调整，重新定位在全球价值链中的位置。"一带一路"倡议的核心理念与全球价值链合作的理念高度契合，需要将两者结合起来大力推进。中国应将重塑区域和全球价值链作为推进"一带一路"合作的重要抓手，一方面推进自身向全球价值链和供应链中高端升级，另一方面要提升中国与"一带一路"国家乃至全球的价值链融合

程度，反对贸易保护主义、孤立主义扩张，竭力避免形成新的"两个平行市场"，并以此为指引开展自贸区谈判、推进国际产能合作等。

参考文献

前瞻产业研究院：《2019～2024年"一带一路"背景下中国航空运输产业发展前景与投资战略规划分析报告》。

中华人民共和国商务部：《商务部合作司负责人谈2018年全年对外投资合作情况》，2019年1月16日，http://www.mofcom.gov.cn/article/ae/sjjd/201901/20190102827466.shtml。

推进"一带一路"建设工作领导小组：《共建"一带一路"倡议：进展、贡献与展望》，2019。

丛晓男、宫同瑶：《逆全球化背景下中国——加拿大FTA经济影响评估及谈判前瞻》，《经济问题探索》2018年第12期。

丛晓男：《以"一带一路"建设破解发展这一时代命题》，《红旗文稿》2018年第19期。

风险防范篇

Risk Prevention Chapters

B.9

中国房地产市场面临的风险及政策建议

王业强*

摘　要：　本文对当前房地产市场的运行态势进行了概括，认为当前房地产开发投资热情持续高涨，但后续增长乏力；土地市场趋冷进一步拉低市场价格；市场销售增长动力不足，总体将步入下行通道；房地产市场将进一步调整。在市场下行的压力下，一些潜在的风险有可能被激发，如，城市极化带来的房价泡沫风险，棚改退出后中小城市的市场风险隐忧，市场转冷情况下住房空置问题，收缩型城市房地产价格下跌过快的风险，集体土地入市对租赁市场的冲击，土地成交下行带来的地方财政压力等。从维持房地产市场平稳的角度看，政府调控应适度加大热点城市的土地供应，维持地价平稳；重点防范部分三、四线城

* 王业强，中国社会科学院城市发展与环境研究所土地经济与不动产研究室主任，研究员。

市房价快速下跌的风险；坚持宏观审慎监管，多渠道完善政策调控手段；避免增量规划，注重存量土地再开发；适时开征住房空置税，提高住房利用率；加强实时监测、预测和预警。

关键词： 房地产　市场风险　住房控制　集体土地入市

当前，房地产市场在"房住不炒"的战略定位指导下，坚持因城施策、一城一策，落实城市主体责任，房地产市场调控取得了明显成效。在各种因素的影响下，房价上涨趋势基本得到控制，下行趋势逐渐形成并成为市场共识。但在市场下行阶段，各种潜在的风险因素有可能会突发，需要予以重点关注。

一　当前中国房地产市场运行态势

（一）房地产开发投资增速维持高位，但后续增长乏力

2019 年上半年，房地产市场投资依旧维持高位。1 至 6 月，全国房地产开发投资 61609 亿元，同比增长 10.9%，增速比 1 至 5 月份回落 0.3 个百分点，比 1 至 4 月最高点回落了 1 个百分点。1 至 7 月，全国房地产开发投资 72843 亿元，同比增速 10.6%，比 1 至 6 月进一步回落 0.3 个百分点。但仍旧维持 2 位数的高速增长态势。6 月单月开发投资额达 15534 亿元，环比大涨 31.01%，环比增速比 5 月份提高 17.2 个百分点，市场投资热情持续高涨。而 7 月单月开发投资额为 11234 亿元，环比下跌 27.69%。进一步证实了投资增长的乏力。

上半年房地产市场投资热情高涨，主要是因为房地产企业为了加速回款，普遍加快了工期，新开工面积稳步增长，导致房地产开发投资快速增长。6 月份，房地产新开工面积为 2.57 亿平方米，比 5 月增加了 0.45 亿平方米，环比增速达到 21%。而 7 月份，房地产新开工面积回落到 2.02 亿平方

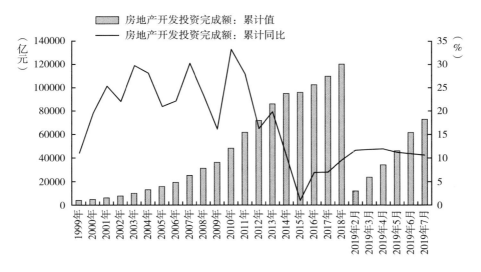

图1　1999～2019年房地产开发投资额及增速

米，比6月下降了0.55亿平方米，环比下降了21%。上半年新开工面积增加，主要是因为受政策放松影响，房企资金相对宽裕，加上有些地方政府也将开工进度作为企业发放回款的重要指标之一，因而多数企业都在加紧工期。在政策收紧之后，新开工面积再次回落，也进一步说明了市场投资信心不足。

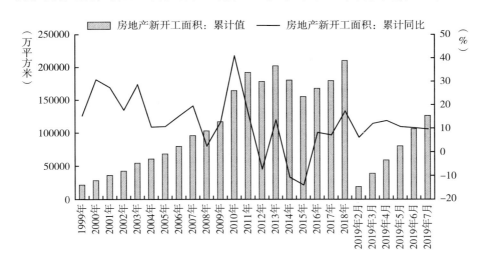

图2　1999～2019年房地产新开工面积及增速

分地区来看，上半年除东北地区投资环比增长 12.7%，增速比 1 至 5 月提高 5.6 个百分点外，东、中、西部地区投资增幅均呈现不同程度的下滑，其中，西部地区增幅下滑较为明显。进入 7 月份后，除中部地区房地产开发投资累计同比增速比 1 至 6 月加快 0.6 个百分点外，其他地区开发投资增速均回落，东北地区增速回落 1.7 个百分点，速度下滑明显。而且，房地产开发投资增速在 4 月份达到高点之后不断回落。由此可见，上半年房地产投资热情高涨，很大程度上是由房企抢开工所致。

（二）大中城市价格涨幅回落，土地市场价格回暖有助于稳定市场信心

2019 年 7 月，百城住宅平均价格为 14948 元/平方米，同比上涨 3.83%，比 2018 年底涨幅下降 1.26 个百分点，比 2018 年 7 月涨幅下降 1.55 个百分点。说明大中城市房地产价格涨幅不断回落。其中，一线城市价格同比涨幅 0.83%，比 2018 年底提高 0.43 个百分点；二线城市同比涨幅 5.26%，比 2018 年底下降了 1.82 个百分点；三线城市同比涨幅 5.66%，比 2018 年底下降 3.05 个百分点。

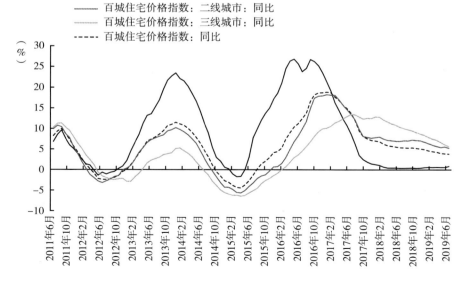

图 3　2011～2019 年百城住宅价格指数同比变化

土地购置面积和土地成交价款仍呈较大跌幅，但土地成交价格有回暖趋势。2019 年 1 至 7 月份，房地产开发企业土地购置面积和土地成交价款的跌幅均维持较高水平，土地购置面积同比下降 29.40%，土地成交价款同比下降 27.60%。2019 年 1 至 7 月份，土地平均成交价格为 4912 元/平方米，同比上涨 2.55%，比 1 至 6 月土地平均成交价格增幅提高了 2.69 个百分点。由于土地价格是构成商品房价格的重要基础，其价格涨跌将会在滞后 1 至 2 年反映到商品房市场价格上。因此，在短期内土地市场价格回暖将有可能会稳定市场投资信心。

图 4　2005～2019 年土地成交价格及购置面积和成交价款增速

（三）房地产市场成交依旧乏力，市场销售跌幅逐步收窄

2019 年上半年，房地产市场总体表现为成交乏力，市场销售不断下行。1 至 6 月份，商品房销售面积 75786 万平方米，同比下降 1.8%，降幅比 1 至 5 月份扩大了 0.2 个百分点。而进入 7 月份以来，销售面积降幅则有所收窄，1 至 7 月份，商品房累计销售面积 88783 万平方米，同比下降 1.3%，

降幅比 1 至 6 月份收窄了 0.5 个百分点。商品房销售额 83162 亿元，增长 6.2%，增速扭转 6 月份回落的态势，加快了 0.6 个百分点。虽然面积、金额累计增速较 1 至 6 月份双双回调态势有所缓和，但当前市场偏冷比较明显。从 6 月单月数据来看，销售面积为 20268 万平方米，环比增长 50.88%，但 7 月份销售面积为 12997 万平方米，环比下降了 35.87%。由此可见，当前市场成交乏力，增长动力略显不足。分地区来看，除西部地区商品房销售面积 24613 万平方米，同比增长 2.8% 外，其他地区均呈现不同程度的下降。

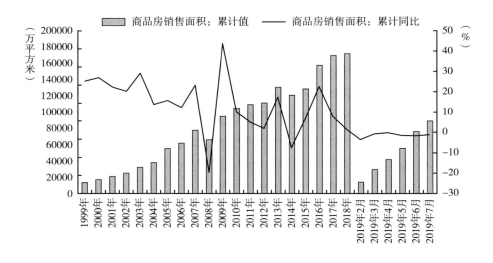

图 5 1999 ~ 2019 年商品房销售面积及增速

可以看出，2019 年上半年三、四月的楼市小阳春并不是各线城市全面回暖，主要是由因城施策深化、信贷平稳增长、房企加快推盘供货共同引起的。因此，随着此前积压的一部分购房需求消化完毕之后，市场结束短暂的回暖反弹，重新进入下行通道。进入下半年以来，市场销售跌幅有所收窄，但全年依旧难以有抢眼表现。

（四）2019 年房地产市场走势展望

从政策层面来看，当前房地产市场将以"维稳"作为第一要务。在

"房住不炒、因城施策"的政策大环境下，中央坚持房地产调控的决心不变，夯实城市政府主体责任，切实把稳地价、稳房价、稳预期的目标落到实处。下半年，热点城市调控政策仍会从紧执行，且不排除加码调控的可能性。而随着房地产市场成交量明显下降，部分二、三线城市库存风险将逐步显现。压力较大的城市有可能逐步放松调控政策，而多数三、四线城市房地产市场仍然面临较大的下行压力，房地产市场调控政策根据市场实际需求进行微调或适度放松。

总体来看，2019年房地产市场平稳调整趋势不会发生根本性的改变。市场销售面积将进一步回落，全年难有抢眼表现；房价涨幅不断收窄，核心城市房价将稳中趋降；土地交易市场逐渐回归理性，土地市场价格回暖有助于稳定市场信心；房地产投资增速维持高位，但后续增长乏力。不同城市能级的市场运行结果呈现明显分化趋势。经历了严苛的市场调控后，4个一线城市均有了不同程度的回调，前期积压的购房需求在持续平稳释放。二线城市整体维稳，在政策边际改善之下，市场成交活跃度将会惯性维持，销售将保持稳中有升；三、四线城市将不断分化。大部分三、四线城市由于失去强政策托底且市场需求明显透支，市场销售有可能明显回落；部分在上一轮的全国房价上涨周期中变动较小，或将继续延续上涨行情。

二 当前房地产市场存在的问题和潜在的风险

综合2018年与2019年上半年的房地产市场情况，房地产市场存在一些潜在的问题，主要包括以下几方面。

（一）城市极化带来的房价泡沫风险

中国的城市化已经走向一个新的阶段，即以部分二线超大城市为核心的城市形成了新的增长极。考虑到中国人口的年龄结构不容乐观，这些二线城市希望能够在当前和未来的城市竞争中获得足够的人口红利空间。在各城市抢人大战背景下，一些城市常住人口大幅增长，例如杭州2017年常住人口

增长了 28 万，几乎等于 2011～2015 年的增长总和；长沙 2017 年人口也增长了 27 万，增长比例甚至超过广州等城市；西安仅 2018 年第 1 季度人口就增长 24.5 万。在过去的数年中，我们再次见证了中国房地产市场的一个显著特征：启动容易刹车慢。只要政策转向宽松，房地产市场的需求就出人意料地大涨，由于短期供给缺乏弹性，房价因此不可遏制地飙涨。进而政策开始收紧，全面打压投机投资性需求甚至伤害到自住需求。只不过在这一轮循环中还是出现了一个新特征，那就是二线城市强势崛起成为主角。无论是房价上涨幅度还是持续时间，一些二线甚至个别三线城市都完全超越了一线城市。

随着部分二线城市强势崛起，其房地产市场的繁荣自然会带来对泡沫和风险的担忧。如果城市的房价上涨是有基本面支撑的，那风险相对来说是可控的；相反，如果城市的房价上涨并没有基本面支撑，纯粹由房价继续上涨的预期支撑，那就是泡沫，需要加强风险控制。当前部分二线城市和个别三线城市的房地产繁荣有基本面做支撑，即大量的青壮年人口流入、城市经济增长、首套房低利率（目前首套房利率尽管有显著上浮，但从长期来看仍处于较低水平且有可能会持续），同时，资本市场优质、安全产品短缺的大环境没有改变，这使得房价的增长带来的投机投资性需求在一些二线城市仍然非常旺盛，房住不炒的局面尚未真正形成。相反，当前各地采取的一些行政性限制措施，如新房摇号，实际上增加了很多套利需求，同时土地拍卖中的竞自持实际上减少了新房供给并助长了房价进一步上涨的预期。

（二）棚改退出后中小城市的市场风险隐忧开始显现

销售价格方面，2018 年，全国商品住宅平均销售价格上涨了 12.2%，其价格涨幅主要是由三、四线及以下中小城市住宅市场销售所贡献的。在市场销售量方面，由于去库存和棚改政策的相互叠加，全国待售商品房面积持续大幅减少，相对于大、中城市而言，三、四线及以下的中小城市对房地产市场销售量增幅的贡献更大。在中小城市对房地产市场销售价格和销售量做出较大贡献的同时，三、四线甚至五、六线城市房地产市场的隐忧已经逐渐开始显现。中小城市市场表现较好的主要原因之一就是棚户区改造的推进，为保障棚户区改造的资金供给，抵押补充贷款（PSL）应运而生，在 PSL 的支持下，棚户区改造规模不断扩大。2015～2018 年，全国棚户区住房改造新开工累计 2442 万套。但是，2018 年下半年较上半年明显收紧，下半年的新增抵押补充贷款（PSL）共计 1944 亿元，仅占全年 PSL 新增规模的 28%。未来棚户区改造的融资模式将由政府购买棚改服务转向以发行棚改专项债为主，通过市场化方式，积极鼓励国开行、农发行对收益能平衡的优质棚改项目继续贷款。2019 年全国棚户区改造任务 285 万套，而 2018 年的开工量为 626 万套。这表明我国的棚改政策发生了重大变化，受棚改政策推动较大的中小城市尤其是棚改货币化安置比例较高的中小城市，其房地产市场必然受到较大的影响。从市场表现来看，40 个大中城市以外的其他中小城市的商品房销售面积增幅由 2017 年的 13.9% 回落到 2018 年的 1.8%。这也说明随着去库存和棚改政策的不断收紧，以及中小城市市场需求的不断释放，缺乏人口流入和产业支撑的中小城市房地产市场风险将不断提升。

（三）在市场转冷情况下住房空置问题将日益凸显

2017 年，城镇住房套户比已达 1.18。其中，家庭自有住房套户比为 1.155，政府及单位提供住房的套户比为 0.029。由此看来，中国住房供应总量趋于饱和，但区域结构性矛盾依然突出。

目前，关于中国住房空置率调查结果影响最大的应该是西南财经大学调研报告中提出的我国 2013 年城镇地区住房空置率达到 22.4%，空置住房约 4898 万套。但是，按照国家电网的标准（即"一年用电不超过 20 度"）来统计，2017 年全国大中城市的住房空置率则是 11.9%，而小城市住房空置率 13.9%，农村住房空置率 14%。那么，为什么在住房空置率居高不下、市场供大于求的情况下，房价却依然不断上涨？

空置住房包括两类：一是仅有一套住房的家庭出于外出务工等原因而空置的自有住房；二是多套房家庭持有的，既未自己居住，也未出租的住房。按照一致口径计算的城镇地区住房空置率在 2011、2013、2015 年及 2017 年

分别为18.4%、19.5%、20.6%以及21.4%。据此可以估算，我国城镇住宅市场空置的住房总数为6500（2017年数据）万套。

住房空置率的区域差异表现在：当前我国二、三线城市住房空置率明显高于一线城市。2017年二、三线城市空置率分别高达22.2%和21.8%，远高于一线城市的16.8%。数据表明，商品房的空置率在所有住房类型中相对较高，达26.6%，且呈现持续上升的趋势。

在市场上行时期，房地产供给和需求的空间错配被价格泡沫所掩盖；而一旦市场转冷，前期通过加杠杆投机买房形成的大量空置房将面临越来越大的财务压力，从而使住房空置问题更加凸显。

（四）收缩型城市房地产价格面临下跌过快的风险

城市收缩主要是指城市人口不断减少的现象。城市收缩通常与城市衰退的概念相混淆。城市衰退是以经济衰退为中心，同时包含了由经济衰退所带来的社会问题和由其引发的人口流失、企业倒闭、建筑空置等现象。

在经历了30多年的高速增长和快速扩张后，中国经济增速逐步回落，以东北工矿城市和资源型城市为代表的局部收缩已见端倪，多数表现出衰退现象。如东北鹤岗现象。在经济全球化、信息化和第四次工业革命的推动下，各种经济要素和社会资源会进一步向特大城市和城市群地区聚集，高速交通网络的全覆盖、户籍制度改革的加速推进，人口红利逐渐消失以及人口老龄化等因素使得中国未来城市人口结构和人口流动将发生重大而深刻的变化，由于全球经济增速不断放缓、房地产泡沫等潜在风险和不确定因素的存在，中国将不可避免地面临城市收缩或城市衰退问题。收缩城市房价下跌过快，有可能导致市场预期发生逆转，从而引发房地产市场系统性危机。在目前中国城镇化进入减速提质的发展阶段，对于那些已经收缩和衰退的城市来说，要最大程度避免不必要的城市扩张和城市郊区的房地产项目，降低后期城市更新发展规划的难度；而对于那些已经有收缩迹象的城市来说，要避免增量规划，逐步转为存量规划，甚至减量规划，要依据城市发展环境与自身优势，调整城市的性质与功能，将城市发展重点转向现有存量土地的再开发。

（五）住房租赁市场或面临集体土地租赁住房冲击

在一系列发展租赁市场的政策措施下，城市住房租赁市场价格总体平稳，并依稀可见稳中有降的趋势。一线城市住房租赁价格小幅上扬，二线城市住房租赁价格有所下降。在"坚持房子是用来住的、不是用来炒的定位，加快建立多主体供给、多渠道保障、租购并举的住房制度"的政策导向下，大力发展住房租赁市场、建立租购并举的住房制度成为各地重要的政策措施。其中，利用集体土地建设租赁住房对房地产市场的影响不可小觑。2017 年 8 月，国土资源部、住房城乡建设部《关于印发〈利用集体建设用地建设租赁住房试点方案〉的通知》（国土资发〔2017〕100 号），确定把北京、上海、辽宁沈阳、江苏南京、浙江杭州、安徽合肥、福建厦门、河南郑州、湖北武汉、广东广州、佛山、肇庆、四川成都等城市作为利用集体建设用地建设租赁住房的第一批试点。以北京市为例，北京市计划在 2017～2021 年五年内供应 1000 公顷集体土地用于集体租赁住房建设，平均每年供地任务量约为 200 公顷；而在 2018 年度北京市建设用地供应计划[1]中，计划供应国有住宅用地 1000 公顷、集体土地租赁住房用地 200 公顷，集体土地租赁住房用地占全部住宅用地的六分之一，2018 年底已实现集体土地租赁住房用地供应 209.2 公顷，完成率达 105%[2]。由此可以预期，在未来几年，随着集体土地建设租赁住房政策适用范围的扩大，相当规模的新增集体土地租赁房源的集中入市，将给当地的住房租赁市场带来较大的冲击。

（六）土地市场成交下降带来财政收入减少的压力

2018 年，土地平均成交价格同比上升 3.3%，远低于自 2013 年以来

---

[1]　北京市规划和自然资源委员会：《关于印发北京市 2018 年度建设用地供应计划的通知》，http：//ghgtw. beijing. gov. cn/art/2018/6/22/art_ 2287_ 557519. html。

[2]　陈雪柠：《北京集体土地租赁房已供地 72 公顷》，《北京日报》，2019 年 3 月 13 日，http：//m. gmw. cn/2019－03/13/content_ 32634585. htm。

10%～30%的价格涨幅，土地平均成交价格增幅明显收窄。2019年上半年，土地购置面积和土地成交价款均大幅下降。土地市场成交量大幅下降，一方面是由于房地产企业融资成本较高，未来形势不明，房地产开发企业在土地价格高位时拿地态度更加趋于谨慎；另一方面是房地产信贷资金总体收紧的情况并未改变，部分地块因出让附带条件过多，从而导致房地产开发企业的拿地意愿降低。但土地出让收入是财政收入的重要来源之一，土地市场成交大幅下降，必将使财政收入减少的压力不断加大。进入2019年下半年以来，土地市场成交虽然降幅有所收窄，但仍旧继续保持下行的态势，而且自2019年起国有土地使用权出让收入就一直处于负增长的状态①。从而导致地方政府财政收入减少的压力进一步增加。

三 促进当前房地产市场平稳发展的政策建议

总体来看，2019年房地产市场整体看来仍将呈现平稳回调态势。自2016年中央经济工作会议提出"房子是用来住的，不是用来炒的"的定位以来，中央坚持不将房地产作为刺激经济增长的手段，延续了两年多的从紧调控政策取得了预期的效果，使得长期形成的房价快速上涨预期发生了根本性的转变。尤其是2018年下半年以来，住房销售涨幅放缓、土地溢价率持续下降、土地流拍数量激增，房地产开发投资增速放缓，市场下行压力增大。市场压力较大的地方政府根据因城施策、一城一策的政策基调，发挥城市市场调控的主体责任，出台相关措施缓解市场压力。同时，在稳健性货币政策基调下，货币政策定向调控力度持续增加，信贷和M2增速将逐渐回升。由于金融去杠杆和严监管政策影响有所减弱，市场融资可得性逐步改善。但受宏观经济增速放缓影响，预期2019年房地产市场平稳调整态势不会发生根本性的改变。

---

① 资料来源：Wind、财政部。2019年2～6月，国有土地使用权出让收入累计值分别同比下降5.3%、9.50%、7.60%、6.00%、0.8%。

第一，适度加大热点城市的土地供应，维持地价平稳。

2019 年上半年部分二线城市市场热度显著回升引发了调控的再次升级，为遏制地价的持续上扬，已经有多城对土拍规则进行了相关调整。如合肥、长沙、西安、苏州等市场波动较大的城市出台了下调土地最高限价、暂停二套房契税优惠、启动公积金风控、限售等收紧政策。以苏州最为典型，目前苏州工业园区全域、苏州高新区部分重点区域，新房实行限售 3 年；苏州工业园区全域二手房，限售 5 年。由此来看，"房住不炒"依然是调控的核心，"以稳为主、一城一策"的政策基调没有改变。如果热点三、四线城市地价持续快速上涨，相信地方主管部门也会快速跟进政策。在政策调控的作用下，土地市场投资热度已经有一定的下降，土拍溢价率明显回落。就各能级城市来看，一线城市的溢价率由 6 月的 23.43% 下降至 4.09%，主要是因为出让地块多为非核心区域的商办用地及保障性宅地，这些地块基本都是底价成交；二线城市的溢价率也呈现下降趋势，整体溢价率由 4 月的 22.44% 下降至 13.21%，除了多个城市采用"限地价"的拍地方式防止地价过快上涨压低了溢价率外，主城区优质宅地的供应占比减少也是导致溢价率下滑的原因；三线城市在市场热度下降的冲击下，成交溢价率由 27.94% 下降到 12.64%。这说明，市场调控已经有所奏效，房企对市场预期逐渐放低，拿地逐渐回归理性。

但是，土拍规则的调整只是治标而不能治本。各类土拍新规调整虽然在一定程度上可以减少地价的盲目追高，短期内缓解部分地市高热现象，但并未对市场长期走向产生实质性作用。房地产市场维持平稳、健康的途径归根到底还是要保持合理的供求关系。"竞配建"等模式则有可能会更进一步加剧商品住宅市场的供求矛盾。要维持土地市场价格的平稳，关键还是要适度加大热点城市的土地供应，以平衡土地市场供求关系，确保"稳地价、稳房价、稳预期"目标的真正实现。

第二，重点防范部分三、四线城市房价快速下跌的风险。当前，中国房地产市场运行呈现明显的分化趋势。一、二线城市需求主要是受到政策的抑制，但强大的市场需求依然潜在。因此，要以保障刚需和改善性需求为重

点，适当松动过紧的行政管制措施。在政策边际改善之下，市场成交活跃度将有所提升，销售面积同比可能实现小幅增长；而对于三、四线城市来说，大部分城市已完成去库存的地区将逐步退出或减少货币化安置。失去强政策托底且市场需求明显透支，前期价格上涨过快的城市有可能出现较大的价格回调压力。因此，下半年房地产市场应重点防范部分三、四线及以下城市房地产价格快速下跌的风险。此外，由于城市收缩有可能带来房屋供给过量、闲置房屋增多、现有基础设施过量等问题，而盲目的城市扩张将会加剧这一结果，并给以后的城市更新带来很大的难度，因此，在中国目前城镇化减速阶段，对于有收缩迹象或已经出现收缩的城市要避免增量规划，逐步转为存量规划，甚至减量规划，将城市发展重点转向现有存量土地的再开发，依据城市发展环境与自身优势，调整城市的性质与功能。要尽可能避免城市扩张和在城市郊区开发新房地产项目，减小后期城市更新发展规划的难度。

第三，坚持宏观审慎监管，多渠道完善政策调控手段。对于当前一些二线城市的房地产市场繁荣，一方面要坚持宏观审慎监管，银行在住房市场繁荣时增加资本金和贷款损失准备金，同时提高首付比例，还要控制按揭者的债务收入比率。这些措施能有效降低杠杆比例和泡沫发生的概率，同时增强银行系统在泡沫破灭后的应对实力。同时也希望这些城市能真正落实打破土地垄断供给、调整建设用地结构、增加居住用地比例，通过公共支出结构的调整切实推进租购同权、分流住房需求从而改变供求态势。在行政性调控方面，保留限购政策并将其长期化、制度化。另外，应通过完善中国的房地产税收体系以实施对住宅持有的调控，并开拓更多稳定收益型的房地产投融资渠道；对首套房购买者，为防止商业银行在紧缩性调控中容易提高贷款利率，除了人民银行和银保监会应尽督促之责外，还应该有切实的激励措施。比如，可以对首套房贷规模和比例达到一定标准的商业银行下调存款准备金。通过这些措施，最终控制这些城市的房地产市场风险并促进中国房地产市场的稳定发展。

第四，适时开征住房空置税，提高住房利用率。在缺乏其他投资渠道的情况下，房地产作为居民家庭有限投资的手段之一，不能一概否定，可通过鼓励空置房屋的出租来发挥居民家庭既有房地产投资对社会经济的贡献作用。要实现这个目标，则需要通过空置税来提高房屋的利用率，促进租赁市场发展，平抑市场房价。但在征收空置税之前还需要建立一个具体的空置率标准，例如在判断房屋空置的标准中增加用水量、用电量等具体指标，通过多个指标的限制提高房主住房空置税的规避成本。对空置的非家庭自用住房征收"空置税"，鼓励住房持有者出租房屋，体现"可持有但不可空置"政策导向。针对住房空置率的问题，仅仅依靠征收住房空置税仍然只是治标不治本的办法。因为，只要买房能赚钱那么就算征收了空置税，这部分税收成本最后很有可能会被投资者分摊到购房者身上。而要想真正地降低空置率还是要让房子回归到居住属性，只有实现了"房子是用来住的"才能真正地让空房子被利用起来，这也是我国楼市调控的一个长期目标。因此，需要明确的是房地产调控长效机制的目标，是保障"房地产市场平稳健康发展"，是"让全体人民住有所居"，而不是增加财政收入。

第五，加强实时监测、预测和预警，细分调控手段，实现"堵""疏"结合。十九大报告指出，要坚决打好防范化解重大风险、精准脱贫、污染防治三大攻坚战。其中，中央将防范化解风险放在三大攻坚战的首位，尤其是上一轮房价快速增长过程中，由房地产资产泡沫化累积的金融风险是重中之重。而不论短期的行政性调控措施还是长效机制及供给侧改革，房地产政策总体目标是一致的，即要保持市场基本稳定，防止大起大落。目前，中央采取的因城施策、分类调控的大方向是正确的，使房地产价格不断上涨的市场预期发生了根本性改变，使房地产市场风险总体可控。而面对市场价格波动压力，一方面要"堵"，另一方面也要"疏"，在压力达到危险边界前进行疏导和化解。因此，需要进一步细分调控手段，进一步加强全国市场压力分布实时监测、预测和预警，对过度上涨和下跌城市及区域进行深度跟踪调研和辅导调控。

参考文献

王业强、赵奉军:《城市体系极化与房地产风险》,《中国金融》2018 年第 12 期。

王业强、董昕:《下半年房地产市场将迎来新一轮调整》,《经济参考报》2019 年 6 月 25 日。

王业强、赵奉军:《防控二线城市房地产市场风险》,《经济参考报》2018 年 5 月 30 日。

王业强:《应对"城市收缩",不是杞人忧天》,《半月谈》2019 年 6 月 17 日。

Wang Yeqiang, Realty Sector to Remain Relatively Stable, *China Daily*, 2019.08.05.

B.10
防范化解经济金融领域重大风险：
形势、成因与对策

董　昀*

摘　要： 本文首先关注全球经济的"长期停滞"，这主要表现为经济增速放缓、贸易保护加剧、杠杆率高企、金融市场动荡。中国经济进入新常态之后，产能过剩、地方政府债务、房地产市场波动等风险也充分暴露。面对复杂多变的形势，中国政府采取了积极有效的应对措施。围绕高质量发展这一中心任务，中国的经济政策致力于实现稳增长和防风险之间的平衡。近年来，中国在防范化解重大风险方面取得了阶段性成果，我国经济金融风险是可控的。

关键词： 新常态　金融风险　去杠杆

近年来，我国经济发展面临的国际国内环境正在发生深刻变化。从国际角度看，可以用"百年未有之大变局"这一判断来概括。从国内角度看，可以用"新常态"这一经济发展的大逻辑来统领。从以上两个大判断出发，本文第一节和第二节拟分别勾勒出当前国际和国内经济金融运行的总体态势，并分析其中存在的重要风险点及其成因。第三节拟梳理2017年以来我

---

* 董昀，中国社会科学院金融研究所副研究员，国家金融与发展实验室国际政治经济学研究中心主任，研究方向：金融与发展、宏观经济。

国防范化解重大风险攻坚战的战略重点和工作主线，并简要介绍其实施成效，最后是简短的对策建议。

一 "百年未有之大变局"与国际经济重大风险分析

从经济角度看，"百年未有之大变局"体现为全球经济的"长期停滞"。具体而言，当前的全球经济仍将延续2008年全球金融危机爆发以来的态势，继续处于以"长期停滞"为主要特征的新常态之中。

（一）经济增长乏力

迄今为止，全球经济并未走出经济低速增长的困局，美国经济在持续震荡中缓慢复苏。尽管2016年之后美国经济曾出现回升迹象，美联储的货币政策也趋于正常化，但从2018年下半年开始，经济增长乏力迹象重新显现，2019~2020年，全球经济下行压力正在持续加大。国际货币基金组织（IMF）在2019年7月23日发布的《世界经济展望》中指出，全球经济增长依然乏力，且经济下行风险持续加大。主要风险来源包括贸易紧张局势升级、避险情绪升温、通货紧缩压力加大、债务问题积重难返、地缘政治形势变动不居等。IMF预计，在多重风险的共同影响下，2019年和2020年世界经济增速分别为3.2%和3.5%，均比2019年4月份的预测值低0.1个百分点。世界银行2019年6月发布的最新一期《全球经济展望》也将2019年世界经济增速预期从之前的2.9%调低至2.6%。欧元区、日本等主要发达经济体和俄罗斯、南非、巴西等大多数新兴经济体的经济增长预期值均被调低。其他权威国际组织的预测也大体类似，均对当前全球经济增长前景持悲观态度。

从短期波动角度看，2019年3月22日美国国债收益率曲线出现了自2006年以来的首次倒挂，从历史经验看，收益率曲线倒挂预示着经济运行中的风险因素正在增加，通常预示着经济衰退的出现。20世纪70年代以来，从出现收益率曲线倒挂到出现衰退之间的平均时间间隔是12个月。按照这一典型化事实推断，2020 年美国经济出现衰退并非没有可能。

从长周期角度看，美国和全球经济增长面临的主要问题是供给侧的潜在产出增速下降，由总需求不足造成的产出缺口问题并不严重（戈登，2018）。导致潜在产出增速下降的原因很多。其中，创新乏力导致的生产可能性边界拓展速度放缓尤为重要。历史事实告诉我们，技术变革的实现并非一日之功，从创意到发明再到商业化需要经历漫长的周期，经济潜在增长率在短期内难以快速提升。因此，发达经济体在危机过后必然陷入增长乏力、信心不足的泥潭，而经济的低迷正是经济金融风险爆发的重要现实背景。这是因为，经济增速的下降可能直接导致宽松货币政策的出台、债务负担的高企、贸易保护的加剧、避险情绪的升温、市场违约率的增加，而这些因素都会加速风险的积累。

（二）逆全球化浪潮诱发多重风险

在经济增长持续低迷的背景下，西方主要发达国家的"逆全球化"思潮甚嚣尘上，美国等发达经济体的贸易保护主义行为使得全球化遭遇重大挫折。回顾历史，经济衰退常常是贸易保护主义的温床。1929 年美国股市暴跌之后，美国关税由 1921～1925 年的 25.9%，飙升至 1931～1935 年的 50%，并引发了恶性贸易战。各国竞相采用的报复性关税，是将资产价格暴跌转化为全球经济大萧条的重要原因。

历史总是惊人地相似，2008 年全球金融危机之后，在经济陷入长期停滞的现实情况下，各主要发达经济体纷纷以维护公平竞争之名义，实行具有扭曲性质的贸易保护政策。这种以邻为壑政策的危害几乎立即显现：在危机高潮的 2009 年，世界出口一度陡降 10.4%，其中发达经济体下降 11.7%，新兴市场和发展中国家下降 7.9%。这一惊人的下跌幅度创了 30 多年来的新纪录，也标志着经济全球化出现了某种程度上的退潮。时至今日，在美国等发达经济体贸易保护政策的影响之下，全球贸易紧张局势持续加剧，贸易增长速度持续走低。贸易增速在 2018 年四季度跌破 2% 以后，2019 年一季度同比增速降至约 0.5%。国际货币基金组织 2019 年 7 月份发布的《世界

经济展望》将 2019 年全球贸易增速从 4 月份预期的 3.4%下调至 2.5%，远低于 2018 年 3.7%的实际增速。

从短期看，这势必导致全球经济政策不确定性上升，令各类市场主体的预期变化不定，从而引起金融体系的强幅震荡，直至冲击效应蔓延至实体经济领域，抑制投资、消费和贸易的扩张，造成总需求萎缩。事实上，2019年中美贸易紧张局势的加剧就已经导致全球风险偏好迅速恶化，目前金融市场上的风险厌恶情绪依然严重，多年低利率政策导致的金融脆弱性并未得到缓释。从中长期看，全球供应链和产业链将被过高的交易成本所拖累，技术的扩散速度必将延缓，全要素生产率的提升速度也将相应下降。最终受损的是全人类的创新能力和全球消费者的福利。综合以上分析，贸易保护主义的加剧对全球经济金融风险的影响是至关重要的。

（三）去杠杆步履维艰

2008 年全球金融危机给人们一个深刻的教训：杠杆率的负面效应不容低估，过高的杠杆率使得发生在住房金融领域的一个次级贷款产品的问题，迅速传染到金融系统的方方面面，进而波及实体经济层面，最终酿成全球危机。因此，杠杆率的过快增长是金融风险酝酿和滋生的重要源头，也正因如此，去杠杆成为各国政府不得不重视的重要战略任务（李扬、张晓晶，2015）。

然而，各国去杠杆战略收效甚微。特别是为了缓解危机的冲击，各国货币当局在救市的旗号下，自身便经历了一次大规模的"加杠杆"过程，其中又以美国、欧元区和日本表现最为明显。各国不遗余力地推行数量宽松政策，前所未有地将利率长期压在零水平上，大规模推行所谓再融资计划，等等，使得各国央行的资产负债表倍增，进而推动全社会的杠杆率进一步提高。

时至今日，全球各经济体的债务风险仍居高不下。全球杠杆率（债务/GDP）自 2008 年危机爆发以来不断上升，这不仅直接降低了货币政策的效力，甚至对去杠杆的合理性也提出了质疑，亦对金融稳定构成严峻挑战。另据世界银行的测算，2015～2018年，全球低收入国家的政府债务占GDP的比重已从30%升至50%。而且债务中越来越多的份额为要支付的利息，而非用于投资和创造就业。在经济萎缩的全球形势下，各国的金融环境将日趋恶化，债务负担将越来越重。可见，高杠杆是金融风险的重要源头。

（四）各国政策周期非同步引发市场动荡

各国政策周期非同步经常是导致重大风险出现或者扩张的原因。2008年危机全面爆发之后，由于各类国家或者处于危机后的不同复苏阶段，或处于不同的发展阶段，它们的政策倾向便显示出南辕北辙的差别。各国经济周期的错位直接导致其政策周期存在差异，因此，各国宏观经济变量的走势千差万别且呈现长期化和无序化趋势，这是孕育大规模息差交易的必要前提。因此我们可以观察到，近年来国际游资出现了大规模跨境流动，这是国际金融市场持续波动的重要支撑性因素，对我国而言则是负向的外部冲击。

以近几年来中国和发达经济体的对比为例，中国是率先摆脱危机从而也是最早强调"退出"宽松宏观政策的经济体。基于对中国经济特质的把握，我们采取了容忍增长率从高速下滑至某种中高速平台的方式来化解前期刺激政策带来的不良资产和产能过剩等问题，并把供给侧结构性改革作为发展主线。然而，在发达经济体一方，美国、英国酝酿退出量宽之际，日本的安倍当局仍在力主扩张性政策，欧央行则索性采取前所未有的负利率政策。如此政策周期的全方位错位，显然会带来诸如息差交易、汇率波动、国际资本大进大出等国际金融市场的动荡。

二 中国经济新常态下的重大风险分析

在外部环境深刻变化的同时，中国经济亦步入新常态，出现了新的经济下行压力。李克强总理在2019年《政府工作报告》□指出，当前经济运行稳中有变、变中有忧，经济转型阵痛凸显，两难多难问题增多。这一表述显示，当前我国经济下行压力正在持续加大，这背后的因素错综复杂：既有外

部冲击增加、民间投资增长乏力等需求侧因素，又有经济发展阶段变化、增长动力未能有效转换、制度扭曲长期存在等供给侧因素。其中，矛盾的主要方面在供给侧。

新常态具有增速换挡、结构优化、动力转换等基本特征。其中，经济增速的下滑使得国民经济运行进入了一个与过去三十余年有着系统性差别的新平台。人口、技术、资本、生产率、投资、储蓄、利率等一系列经济指标，均与过去三十余年存在系统性差异。新变化意味着"水落石出"，即过去被高增长掩盖的问题将逐渐暴露。同时，新变化也意味着新风险的积累，实体经济的下行是金融风险滋生蔓延的温床。

（一）产能过剩

产能过剩是我国经济结构扭曲的集中表现，也是经济金融风险的重要源头。首先，产能过剩的加剧会使企业的投资预期下降，进一步会导致企业破产、倒闭，从而引起失业并打击居民的收入和消费预期，使经济增长面临越来越明显的下行压力。其次，产能过剩还会导致企业利润率下降，负债上升，应收账款增加，并导致不良资产攀升，进而这种风险将传递到整个金融业。这种传递如果持续且规模日益增大，那就离危机不远了。

（二）杠杆率过高与地方政府债务风险

产能过剩和杠杆率过高是一枚硬币的两面。作为一个储蓄率长期高企的经济体，中国的负债率和杠杆率在改革开放之后的三十年间长期处于较稳定的低水平上。尽管储蓄率依然居于高位甚至有所提高，这种低负债率和低杠杆率的局面于2009年开始转变。随着扩张性宏观政策的实施，我国杠杆率迅速而显著地上升。

整体债务水平的变化固然重要，但中国地方政府债务当中存在的风险点尤其值得高度关注。首先，中国地方政府债务大多用于投资活动，特别是基础设施投资。这些项目难以直接产生现金流，从而直接导致我国地方政府债务出现偿付能力欠缺和流动性不足两大根本难题。其次，正是因为这些活动不能产生现金流，基建投资形成的资产很难在市场上被售出，这类无法产生现金流的资产其实并不是经济意义上的资产。为了保证这些资产的安全性和使用价值，地方政府必须对其进行维修养护，这其中耗费的海量资金会使得地方政府的资金缺口越来越大。雪上加霜的因素是，我国金融结构存在着扭曲，长期资金供给严重不足，而地方政府债务期限远远低于投资项目完成所需要的期限，二者之间的期限错配问题日趋严重。在这种状况之下，即便存在还款的现金流，期限错配问题也难以化解。最后，在中国经济进入新常态的背景下，经济下行压力加大，房地产市场持续调整，城市化战略出现根本转型，以上种种因素都将导致地方政府收入增长乏力，支出责任却没有减少，地方政府的举债和还债空间必然进一步受限。

（三）房地产市场出现根本性转折

我国房地产市场正在经历趋势性转折，其中也蕴含着不少潜在风险点。当前，由于人口结构转变，婚姻人口高峰和人口年龄结构变化引起的刚性住房需求正逐渐消退。与此同时，房价告别爆发式增长、反腐败力度加大、各类理财产品盛行，种种新的变化使得投资型住房需求放缓了增长的速度。更重要的是，党的十八届三中全会确立的全面深化改革战略和十九大确立的高质量发展目标，削弱了房地产价格持续上涨的经济社会基础。一是对住房市场进行了重新定位，"坚持房子是用来住的、不是用来炒的定位，加快建立多主体供给、多渠道保障、租购并举的住房制度，让全体人民住有所居"，在很大程度上抑制了房地产市场的投机乃至投资需求。二是城镇化战略出现了新变化，城乡融合发展新战略使得城市规模盲目扩张的现象得到遏制，城市住房市场发展的动力也在弱化。基于以上判断，我国房地产市场的爆发式增长阶段已经过去，尽管在棚改货币化等因素的推动下，2017 年房地产市场也一度出现火爆势头，但总体上仍处于稳中有降的通道。

在房地产市场深度调整的背景下，金融业，特别是处于房地产开发前端的各类融资活动，受到的不利冲击不可小视。一是房地产市场下滑速度如果过快，则会导致一部分住宅的价格可能低于房贷的结欠余额，因而可能出现

"负资产"从而触发抵押品赎回权丧失的浪潮。二是从居民偿付能力看，中国的房价收入比依然较高，且居民部门杠杆率迅速攀升，这就使得房地产金融风险蔓延的基础得到强化。三是近年来住房租赁市场以及与之相关的金融创新供给扩张过快，从 2017 年到 2019 年，住房租赁证券化产品由数亿规模迅速攀升到百亿级别的规模。而且我国多家住房租赁企业均提出了 100 万间的长租公寓运营目标，远高于美日等国该行业领军企业的运营规模。过快的供给伴随着体制机制的不配套和市场乱象的盛行，一些长租公寓企业利用租金收益权属不清晰，租金消费贷款缺乏账户监管的漏洞，大肆收购房源，扩张业务，出现空置和租金倒挂等现象，部分公寓甚至出现"暴雷"现象，其隐含的金融风险不容忽视。

（四）货币金融领域乱象丛生

总体而言，我国银行信贷投放能力受制于多种因素，其中，法定存款准备金率、合意贷款规模、存贷比、资本充足率这四个指标尤为重要。但是，这四类政策的制定权分属不同的政府部门，其间存在诸多掣肘。政出多门导致了多重政策的叠加效应，银行信贷成本相应提高。融资成本高企势必导致一部分急缺资金但地位较低的弱势主体无法获得信贷资源。银行的对策是绕开监管，追求利润。因此，以降低成本、规避监管为目的的各类非生产性活动成为金融部门"企业家才能"的主要配置方向，中国特色的"影子银行"迅速发展起来，成为开展套利活动的重要平台。政府控制银行信贷的本意是去杠杆，然而影子银行的发展却助推经济总体杠杆率持续上升。

风险隐患还不止于此，由于大量融资活动以影子银行为平台开展，因此并没有权威机构和专业人士对这些活动蕴含的风险进行准确评估，定价缺乏科学依据，交易双方也没有采取计提拨备和资本等方面必要的风险管理手段。金融体系内的风险必将持续积累蔓延，直至爆发局部的金融乱象。

实体经济下行压力持续加大，导致企业家的投资回报率必然下降，金融体系，特别是"影子银行"体系的风险进一步积聚。这是因为，无论影子银行如何规避监管，它最终的资金依然要投向与实体经济密切相关的信贷、票据等资产。经济形势的波动和经济政策的变化可能导致资产的兑付风险增加。况且，实体经济投资回报率的下降还会导致资金在金融体系中空转，出现"脱实向虚"的倾向（魏伟等，2018）。

除了影子银行引发的各类风险之外，法定存款准备金率过高引发的流动性风险亦值得关注。由于法定存款准备金率高企，银行大量资金被锁定且不能用于相互间的清算，外汇占款的波动对银行体系流动性的影响愈发明显。在这种情况下，外汇占款增速减缓或减少，都会引发银行体系的流动性紧张，如果中央银行应对不当，这种流动性紧张就有可能演变为全面的流动性危机。从 2019 年起，中国金融开放的步伐明显加快，金融开放度进一步提高和跨境资金流动规模扩大乃是大势所趋，外部环境变化对中国银行体系流动性的影响，或许将越来越明显。流动性风险应当引起更多的关注和警惕。

小微企业及其他相对弱势主体在被挤出正规金融体系之后，不得已转向民间金融以及属于互联网金融范畴的网络借贷，所付出的资金成本远远高于银行信贷。相关数据显示，2013 年以来，民间借贷的平均年利率基本都维持在 20% 上下，网络贷款利率则要更高（李扬、张晓晶，2015）。包括网络借贷在内的互联网金融同样存在各类金融风险。在金融科技迅猛发展的新形势下，金融风险的扩散速度必将加快，金融风险的扩散范围还可能扩展，防范成本也会更高。同时，互联网金融中的交易、支付与服务均在互联网的虚拟世界里完成，交易的虚拟化使金融活动的交易对象变得模糊，交易过程更加不透明，金融风险形式更加多样化。同样值得警惕的是，随着我国金融机构的综合金融业务的开展，互联网金融企业与客户之间逐渐相互渗透，使得各金融机构间、各金融业务种类间、各区域间的风险关联性日益增强，金融风险交叉传染的可能性也会相应增加（董昀，2016）。

以上种种说明，在从货币向信用转换的过程中，存在着多种制度或政策性障碍，这些障碍从供给角度提高了信用成本，导致利率居高不下、金融乱象丛生。乱象首先表现为各类非正规金融、影子银行、互联网金融等高风险活动大行其道。而且，"贷款难、贷款贵"困境必将在乱象之中进一步恶化，从而使得我国经济的长期发展面临更严重的金融约束，金融体系的活动

也日渐脱离服务实体经济发展的天职。

在中央反复强调要大力解决融资难融资贵问题，且债券市场收益率已大幅下降的背景之下，商业银行实际发放的贷款利率上浮占比却在 2016 年底到 2018 年底期间上升了 10 个百分点左右，下浮占比则下降了 15 个百分点左右。可见，企业从银行获得的贷款资金成本总体上升。也就是说在"解决融资贵"政策全面推行的背景下，企业融资却越来越"贵"。这充分表明，仅从政策层面着手而不消除制度层面的扭曲因素，导致金融乱象丛生的"病灶"就难以消除。

三 2017 年以来我国防风险攻坚战的政策主线与工作进展

（一）政策主线

2017 年以来，面对错综复杂的国内外经济金融形势，中国中央政府始终围绕金融服务实体经济这一中心任务，用深化供给侧结构性改革的办法补齐金融制度短板，完善金融基础设施，同时重拳出击，治理金融乱象，引导社会预期。这一套标本兼治的组合拳目前已初见成效。

2017 年 7 月召开的全国金融工作会议高度重视金融风险问题。会议指出，当下中国金融风险点多面广、乱象丛生，整个金融体系的脆弱性在增大。问题的成因主要来自四个方面：全球金融危机的影响、经济下行压力加大、实体经济结构扭曲与金融结构扭曲导致二者循环不畅、市场主体行为异化。可见，导致金融风险丛生的因素既有金融体系自身的结构性缺陷，也有实体经济领域的重大挑战。毕竟金融只是经济运行中的支撑性因素，实体经济才是财富的最终创造者。因此，不能脱离实体经济发展来谈金融风险，增强为实体经济服务的能力才是防范金融风险的根本举措。习近平总书记在此次会议上明确提出，要防止发生系统性金融风险是金融工作的永恒主题，要把主动防范化解系统性金融风险放在更加重要的位置。总书记还围绕推动经济去杠杆、加强互联网金融监管、加强社会信用体系建设等一系列重点任务对防风险工作进行了系统部署。

在 2017 年 10 月召开的党的十九大上，习近平总书记把防范化解重大风险列为 2020 年之前要打好的三大攻坚战之首，并强调要健全金融监管体系，守住不发生系统性金融风险的底线。

在党的十九大精神指引下，国务院金融稳定发展委员会于 2017 年 11 月成立。这个新设立的议事协调机构统筹协调金融稳定和改革发展重大问题，其主要职责之一就是分析研判国际国内金融形势，做好国际金融风险应对，研究系统性金融风险防范处置和维护金融稳定重大政策。

2018 年 1 月，中央政治局委员、中财办主任刘鹤在第 48 届达沃斯世界经济论坛发表题为"推动高质量发展 共同促进全球经济繁荣稳定"的主旨演讲。刘鹤在演讲中指出，在中国经济面临的各类风险中，金融风险尤为突出。因此，中国政府将针对影子银行、地方政府隐性债务等突出问题，用三年左右时间在防风险方面实现以下五个目标：宏观杠杆率得到有效控制、金融结构适应性提高、金融服务实体经济能力增强、系统性风险得到有效防范、经济体系良性循环水平上升。刘鹤强调，中国拥有基本面长期向好的趋势没有改变、未来发展潜能巨大、金融体系总体健全、储蓄率较高等有利条件，且已经开始妥善处置一系列风险因素。从政策效果看，2017 年第四季度的宏观杠杆率增速已经有所下降，各方面的风险防范意识正在强化（刘鹤，2018）。所有这些都增强了我们打好防风险攻坚战的信心。

2018 年 3 月 5 日，国务院总理李克强在十三届全国人大一次会议上作政府工作报告，强调当前我国经济金融风险总体可控，要标本兼治、有效消除风险隐患。其中，在地方政府债务问题上，李克强总理强调，一要严禁各类违法违规举债、担保等行为；二要由省级政府对本辖区债务负总责，省级以下地方政府各负其责，积极稳妥处置存量债务；三要健全规范的地方政府举债融资机制。此外，政府还要在严厉打击违法活动和强化金融监管统筹协调等方面加大力度。李克强总理还特别强调要健全对影子银行、互联网金融、金融控股公司等的监管。

2018 年 4 月 2 日，习近平总书记主持召开中央财经委员会第一次会议，围绕打好防范化解金融风险攻坚战做出部署。在方法论上，总书记强调要坚持底线思维，坚持稳中求进，抓住主要矛盾。此次会议认真研究了防风险攻坚战的战略战术问题，其中有几个要点尤其值得关注：第一，把去杠杆作为防风险的头等大事，放在突出位置加以强调。要求以结构性去杠杆为基本思路开展去杠杆工作，重点推动地方政府和企业去杠杆，从而努力实现宏观杠杆率稳中有降。第二，强调通过实体经济的高质量发展来化解风险。要通过提升创新能力来提高生产率，在改革发展中解决问题。第三，充分把握金融风险的复杂性、多样性，强调分类施策，根据不同领域、不同市场金融风险情况，采取差异化、有针对性的办法。第四，在风险处置中要有优先序，要集中力量，优先处理可能威胁经济社会稳定和引发系统性风险的问题。第五，强调体制机制建设和组织保障，发挥好金融稳定发展委员会的重要作用，抓紧协调建立中央和地方金融监管机制，强化地方政府属地风险处置责任。

2018 年 5 月 15 日，新任国务院副总理刘鹤在出席全国政协"健全系统性金融风险防范体系"专题协商会时指出，要建立良好的行为制约、心理引导和全覆盖的监管机制，使全社会都懂得，做生意是要有本钱的，借钱是要还的，投资是要承担风险的，做坏事是要付出代价的。这实际上是强调要通过制度建设引导社会预期，从深层次消除金融风险生成和传播的基础。

2019 年 2 月 22 日，习近平总书记主持中央政治局第十三次集体学习，集中研究了金融供给侧结构性改革问题，这其中也包含了金融风险管理的新思想。这当中的三句话尤其值得关注：第一，"实体经济健康发展是防范化解金融风险的基础"。这表明金融健康与否，首先取决于实体经济健康与否。第二，"要注重在稳增长的基础上防风险"，也就是说我们应当在实体经济稳定的基础上管理金融风险。第三，要"坚持在推动高质量发展中防范化解金融风险"，处于优先地位的仍然是高质量发展。可见，服务实体经济是防范金融风险的根本举措。

（二）工作进展

各级党委政府和金融系统以习近平总书记系列重要讲话精神为指导，做了大量富有成效的工作，防范化解金融风险攻坚战实现阶段性目标。

在2018年中央政府完成换届之后，新一届国务院金融稳定发展委员会于2018年7月2日成立，国务院副总理刘鹤担任委员会主任。在2018年下半年，国务院金融稳定发展委员会召开了五次会议，其中包括两次防风险专题会议。这几次会议对金融风险防范工作的总体认识是：强调目前我国金融形势总体向好，宏观杠杆率趋于稳定，金融乱象初步遏制，金融风险由发散状态向收敛状态转变，网贷领域和上市公司股票质押风险整体可控。但我国经济仍处于新旧动能转换的关键阶段，在内外因素的共同作用下，历史上积累的一些风险和矛盾正在水落石出，要处理好稳增长和防风险的平衡，聚焦进一步深化供给侧结构性改革，促进国民经济整体良性循环。

李克强总理在2019年3月5日向十三届全国人大二次会议作的《政府工作报告》中指出，过去一年，政府"稳步推进结构性去杠杆，稳妥处置金融领域风险，防控地方政府债务风险"，实现了宏观杠杆率趋于稳定，金融运行总体平稳。

国家金融与发展实验室国家资产负债表研究中心的测算也证实，总体上看，2018年我国实体经济部门杠杆率平稳回落，由2017年的243.99%下降到243.70%，下降了0.29个百分点，实现了7年来的首次下降（见图1）。这主要归因于非金融企业的去杠杆，表明以企业部门去杠杆为重点的结构性去杠杆战略初见成效。

不过，2019年一季度中国宏观杠杆率又出现上升势头。在国内外形势充满不确定性、经济下行压力进一步加大的情况下，采取扩张性宏观经济政策确有必要，但必须充分认识到稳增长对防风险工作的冲击。如何把握好宏观调控的度、保持战略定力，仍是中国防范化解重大风险工作面临的一项严峻挑战。

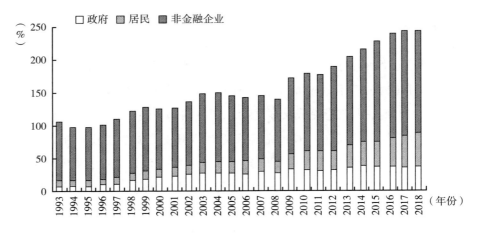

图1　我国实体经济部门杠杆率及其分布

资料来源：国家金融与发展实验室（NIFD）。

四　政策建议

尽管防风险攻坚战初战告捷，但仍不能掉以轻心。当前国际国内形势错综复杂，影响中国经济金融稳定运行的风险仍然较多。总体而言，我国当前经济韧性比较足，回旋余地较大，居民储蓄率较高，经济在合理区间保持平稳运行。我们要用好用足这些基础性条件，强化底线思维，坚持结构性去杠杆，平衡好稳增长与防风险的关系。防控风险必须坚持稳中求进，既要果断实施逆周期调节政策，防止经济过度紧缩引发连锁反应，从而保证宏观经济平稳运行；又不能饮鸩止渴，采取强刺激措施，增加新的风险隐患。建议按照中央部署，重点做好以下几项工作。

第一，继续推进结构性去杠杆。宏观杠杆率的稳定是经济出清、清理僵尸企业、调整国民经济发展结构的必要条件。既要通过在国有企业债务与地方政府的隐性债务领域积极去杠杆，来保证宏观杠杆率的稳定；又要通过制度变革和政策调整使得杠杆率在部门内从低效向高效主体转移，提高资源配置效率，增强我国经济发展的后劲。此外，还要保持政策定力，避免用加杠杆的方法刺激经济。因为不断积累的债务存量最终会形成经济增长的负担，错配资源，压制投资，且不断积累债务风险。

第二，加快金融市场基础设施建设，特别是要根据金融业特点积极施策，加快关键信息基础设施国产化步伐。在中美贸易摩擦的背景下，必须加大自主创新力度，把关乎金融安全的关键信息基础设施国产化上升到国家战略高度。

第三，完善商业性保险制度，建立存款保险制度。这是形成市场化的金融风险防范和处置机制、推动保险业回归本源的重要战略举措。

第四，准确界定政府和市场的边界，明确金融机构破产或退出时的风险补偿和分担机制，既要注重在事后有效处置金融风险，更要注重通过扎牢制度的笼子从根本上防止金融风险的积累。

参考文献

董昀：《互联网金融的发展与监管》，《中国经济学年鉴 2014～2015》，中国社会科学出版社，2016。

董昀：《以供给侧结构性改革推动经济高质量发展》，《金融时报》2019 年 4 月 14 日。

戈登：《美国增长的起落》，中信出版社，2018。

李克强：《政府工作报告——2018 年 3 月 5 日在第十三届全国人民代表大会第一次会议上》，人民出版社，2018。

李克强：《政府工作报告——2019 年 3 月 5 日在第十三届全国人民代表大会第二次会议上》，人民出版社，2019。

李扬、张晓晶：《论新常态》，人民出版社，2015。

李扬、张晓晶：《新常态：经济发展的逻辑与前景》，《经济研究》2015 年第 5 期。

刘鹤：《推动高质量发展 共同促进全球经济繁荣稳定》，在第 48 届达沃斯世界经济论坛上的主旨演讲，http：//politics. people. com. cn/n1/2018/0124/c1001 - 29785064. html。

魏伟等：《中国金融系统性风险：主要来源、防范路径与潜在影响》，《国际经济评论》2018 年第 3 期。

习近平：《决胜全面建成小康社会 夺取新时代中国特色社会主义伟大胜利——在中国共产党第十九次全国代表大会上的报告》，人民出版社，2017。

B.11
去全球化对中国城市产业
结构调整的影响

蔡伟毅*

摘　要： 当前我国产业结构调整正处于关键时期，但在 2008 年全球金融危机之后所出现的欧美国家去全球化趋势却愈演愈烈。这种去全球化趋势对我国城市产业结构调整影响较大。本文首先分析去全球化产生的原因和具体表现，进而分析去全球化对我国城市产业结构转型升级的不利和有利影响，最后针对去全球化的影响提出加快我国城市产业结构调整的政策建议。

关键词： 去全球化　产业结构调整　全球战略

"二战"之后的两轮全球化带动全球经济出现长期高速增长，北美、西欧与东亚的众多国家和地区在这两轮全球化进程中都实现了经济起飞和共同繁荣。同时，伴随着交通基础设施和互联网技术的不断发展，国家之间的贸易往来更加频繁，全球资本及生产要素流动更加便捷，各国进出口总量逐年攀升，全球经济出现长期繁荣。

然而，与此同时，全球范围内也出现了与全球化相对立的声音，尤其是在 2008 年美国发生房地产泡沫破裂的次贷危机之后，伴随着全球金融危机的爆发，贸易保护主义不断抬头，"去全球化"的势力不断发展壮大。全球

* 蔡伟毅，厦门大学金融系副教授，博士，研究方向：宏观经济学与经济政策。

经济中不和谐的声音正越来越大，对全球的贸易稳定增长和各个国家的经济发展都造成很大的负面影响。

在这种全球化与反全球化并存的复杂格局中，我国经济正处于转型升级的重要发展机遇期。产业结构转型升级、经济结构调整是未来保证我国经济长期稳定发展的重要因素，也是宏观经济政策调控的重要着力点。但是，这种转型过程必将受到当前去全球化趋势的影响。如何在全球化的背景下，利用和善用更深层次的全方位对外开放来推动我国的经济体制转型发展，这是一个值得深入研究的重要课题。

一　当前去全球化的主要表现

全球化与去全球化一直是相伴而生的，在全球化进程中，利益受损方出于对全球化的不满，反对自由贸易，并通过支持提倡贸易保护主义的政党或候选人赢得政治选举的方式来推行去全球化政策。自 2008 年美国次贷危机发生以来，欧美大国所受到的经济负面影响逐渐向世界蔓延开来，全球经济落入较为长期的增速减缓和发展预期不稳定时期。尤其是特朗普赢得美国总统大选，英国宣布脱离欧盟，这些事件都标志着去全球化有愈演愈烈之势。当前全球经济所面临的去全球化，主要表现为贸易增长停滞、对外直接投资下降和贸易保护主义抬头等诸多方面。

（一）贸易增长的停滞

全球化的贸易往来一直推动着全球各国之间的商品交易和产业合作，全球贸易额占全球生产总值（GDP）的比重是体现全球化程度的一项重要指标。国际货币基金组织的统计数据显示，20 世纪 60 年代，全球贸易额占全球生产总值比重在 16% 左右，每年逐步稳定上升，到 2008 年达到峰值 52%，然而美国次贷危机爆发之后，全球经济受到重创，全球贸易在 2009 年崩溃，贸易总额也从 16 万亿美元下降到 12 万亿美元，也使得这一比值骤然下降了 10 个百分点，随即在 2010 年出现反弹，重新上升至 50%，原因

是各国出台复苏刺激政策。但金融危机后续影响持续蔓延，贸易额占比从
2012 年起就持续下降，2016 年下降到 42%，全球货物贸易与 GDP 的比值连
续五年下降，而由此引发的一系列经济问题导致全球化进程受阻，全球货物
贸易运输增长缓慢，贸易增长的停滞已经影响到世界各国的合作积极性，到
近两年才开始缓慢回升，2017 年和 2018 年都较上年上升 2 个百分点，占比
达到 46%，但仍低于 10 年前的水平。由此可见，全球化进程的初期各国打
开贸易大门为全球商品的交易注入动力，但当危机出现的时候各个国家出于
利益自保的选择则会造成一定程度的贸易增长停滞。

（二）对外直接投资下降

21 世纪初期，全球对外直接投资（FDI）保持了 15% 的年均增速，但
自 2008 年金融危机之后，全球经济发展的脚步不断放缓，加之各种冲突和
摩擦因素的影响，全球 FDI 流量大幅下降。联合国发布的《世界投资报告》
显示，2017 年全球外国直接投资下降 23%，为 1.43 万亿美元；2018 年下
降幅度变小，较上年下降 9.09%，降至 1.3 万亿美元，已经连续三年下降，
其中流入发达国家的投资降幅最大，达到 37%，影响了国际整体的资本流
动水平，主要原因就是贸易保护主义的盛行和对外资项目审查的力度加大。
同时该报告还认为，未来的对外直接投资总额受地缘政治因素和保护主义的
影响不会大幅上升，预计涨幅在 10% 上下波动，相较金融危机之前还处在
较低的水平。总之，在当前去全球化逐渐扩大的背景下，各国之间的投资领
域合作前景并不乐观，这在一定程度上影响了全球资本的流动和重新配置，
进而弱化了全球化贸易带来的经济效益。

（三）贸易保护主义抬头

2008 年金融危机发生之后，美国的战略重心不断移向本国，经济复苏
的过程中出现了保护主义、本土主义等势力，而且还屡次制定关税协定和相
关贸易限制政策。尤其是当主张"美国优先"的特朗普上台以后，更是反
对自由贸易和全球合作，要求资本回流美国本土，美国厂商要把就业岗位带

回美国，对其他国家采取多项贸易歧视性政策，同时宣布退出跨太平洋伙伴关系协定（TPP），还制定了多项高额关税政策以求磨平贸易逆差。这些强硬的贸易保护主义政策都表明了美国去全球化的态度，这种持续存在的保护主义态度给全球化进程蒙上一层阴影。与此同时，欧洲一体化进程受阻。欧盟作为世界上第一大经济实体，在全球化发展中也扮演着举足轻重的角色，但是受欧债危机、难民潮和英国脱欧等事件的影响，欧盟各国联系的紧密性有弱化的迹象，内部冲突不断增多，加之政治上右翼势力的盛行，对去全球化趋势中反自由贸易、反移民和反一体化都将起到推波助澜的作用。

从人类历史上全球化的发展历程来看，当前人类社会正处于全球化进程中的周期性低谷，人类社会正在进入一个全球化弱化阶段。与此同时，全球技术进步的速度减缓，全球经济正在经历缺乏技术进步所导致的长周期衰退，这种两个周期低谷的相互叠加使得去全球化问题变得更加复杂多变且难以预测，对我国产业结构调整和经济增长的影响也将变得更加复杂和深入。2008年金融危机以来，出于如下两个原因，当前去全球化的趋势变得更加剧烈。

首先，经济上失衡造成合作摩擦持续增加。从宏观失衡的角度来看，长期以来在贸易合作中，拥有比较优势、资源优势和技术优势的国家往往占据着获利的地位，而一些缺少市场份额、提供廉价劳动力又没有自主知识产权的国家往往收益较少，甚至部分国家在全球化中的整体状况不是变得更好反而更差了。此外作为产品制造方的国家在自动化和技术上有所提升，与发达国家之间的生产成本差距在不断缩小，这种新一轮的国际分工体系的重构让原本拿到超额利润的发达国家感到不公平，更何况金融危机后全球需求疲软，各国经济发展势头普遍不明朗，投资更趋向于规避风险的领域，欧美发达国家寻求经济复苏，在资源和政策的重新整合过程中倾向于保护本国利益、控制资本和资源的外流，因此这种结构性的失衡和资源配置的不合理导致总有一方会在全球化的贸易合作中处于不利地位，这是产生去全球化趋势的根本原因，只不过在近几年的发展中被放大。

其次，从微观失衡的角度来看，西方社会不断扩大的贫富差距问题是欧

美国家内在失衡的主要原因，换句话说，全球化对西方国家内部不同阶层带来不同的影响，全球化给占有财富和资源的上等阶层提供了更大的经济参与度，活跃而自由的国际市场给西方国家的商人带来获取利润的机会，但相对而言中下等阶层凭借基础的工资收入没能从中获益，由此造成了穷人更穷、富人更富的两极分化现象。同时，掌握大量财富的富人在全球金融市场中不断运作资本，购买推陈出新的金融产品，极大地增加了全球金融市场的风险，吹大虚拟经济的泡沫，抬高物价和房价，给穷人的基本生活带来很大的困扰。

最后，政治上的"右翼势力"和"民粹主义"加剧去全球化趋势。当前，西方国家普遍存在民粹主义思潮，而且一些打着"民粹主义"旗号的右翼政党受到越来越多选民的欢迎，在右翼势力崛起的过程中，一个不可忽视的现象是右翼与民粹主义的结合势不可挡，打着"民粹主义"的旗号煽动人民，大肆宣扬极端民族主义、制造对立面，给社会带来更多不稳定的因素。而且一些国家例如法国、德国、捷克、匈牙利等欧洲国家的右翼政党凭借着反动浪潮在选举中得到大量民众的支持，其中更多的是全球化的反对者，认为全球化导致了国家经济的衰退，将经济环境的不景气和自身生活的苦难联系在一起，认为当前政府软弱并且无能同时对他们的工作表示失望，他们反对精英主义，崇尚平民主义。这些政党正是利用了普通工人民众的脆弱和敌对心理，不断制造缺少事实支撑的恐慌感，而且当下这个网络媒体的新时代，更是助长了某些政治家有关民粹主义言论的兴起和扩散，反全球化的排外政党煽动鼓吹着民众不断地分化成对立的群体，从而对世界政治经济格局造成影响，内部问题难以得到解决，使得对外的交流合作受到一定阻碍。

二 去全球化对我国城市产业结构调整的不利影响

毋庸置疑，当前的去全球化趋势对我国城市产业结构调整具有非常不利的影响。总体来说，在复杂多变的国际形势下，中国的经济发展和产业结构转型升级将面临众多不确定因素，这将使得城市产业转型时常会在外部因素影响下面临调整甚至是中断。与此同时，外部因素的复杂多变使得宏观经济政策要随时进行调整，企业和居民的预期也变得不稳定。在这样的环境中，我国城市产业结构调整的步伐必将放缓。具体而言，去全球化对我国城市产业结构调整的影响有如下几个方面。

（一）经济增速放缓使得我国产业结构调整步伐放缓

产业结构调整是一项艰巨的结构性变动，但凡是结构性调整，都必将涉及利益调整和生产资源的重新配置，必将会有某些群体的利益受损。因此，结构性调整能成功的前提是经济可以持续稳定增长，从而通过经济增长来弥补利益受损方，才能有更大的空间去进行结构调整。然而在去全球化背景下，我国经济增长速度持续减缓，以出口为导向的外向型经济增长乏力，具体表现为金融危机以后，面对去全球化趋势，中国作为在全球化贸易中的受益国首次出现出口大幅下降的趋势。国家统计局统计数据显示，2008 年之前，中国出口占 GDP 的比重呈现明显上升趋势，这得益于全球化的盛行和贸易的频繁往来，但 2008 年之后，中国出口占 GDP 的比重呈现下降趋势，从 2008 年的 31.4% 下降到 2018 年的 18.2%，出口下降的直接原因在于主张去全球化的欧美发达国家实行的贸易保护主义政策。此外，美国屡次在与中国贸易合作中制造贸易壁垒，针对中国出口商品加大关税，短期内给中国的出口造成不小的影响，多次的贸易摩擦也使得中美关系变得紧张起来，国际贸易环境变得没有之前那么乐观，经济面临内需活力不大及国际市场上交易受阻的情况，产业分工中处于低端制造业、专门负责组装生产的出口企业首当其冲，这也促使扩大内需及维持短期内经济增速成为首要任务，长期结构性调整的任务自然让位于维持短期增速。与此同时，全球经济增速放缓所造成的技术进步速度变慢，贸易出口受阻所造成的短期经营困难，都不利于我国的产业结构调整。

（二）去全球化趋势造成企业短期风险加大，忽视长期调整

企业短期经营风险的一个重要来源是管理和研发人员的调动和调整，而

当前一些引进的外来人才受到去全球化趋势的影响出于政治因素而离开企业回到本国，给企业正常生产经营活动带来一定的阻碍。此外，外国提供的技术和设备的支持也可能会被中断，尤其是关键零部件的对华销售和专利知识产权使用的限制，对高端制造业可能造成巨大冲击，譬如美国对以华为、中兴为首的互联网通信企业和电子硬件生产厂商的限制，通过控制知识产权来达到阻碍中国科技技术进步的目的，对我国工业生产产生一定影响。并且，美国政府减税、关税增加等短期政策的实施，对我国制造业而言，很多产品出口会受到更大的阻力，造成一些关键技术逐渐流失，从而不利于制造业产业改革的有序推进，高额的税费导致制造业企业利润受损，很多原本具有成本优势的产品将不能通过出口的方式来进行销售。制造业发展还需要不断引进相关的先进技术，美国贸易政策的变化，也不利于制造业引进先进的技术和设备。以上所提到的风险都无法在短期内快速化解或就此制定对策，技术的内化过程是需要企业长期坚持和努力后使其成为自身的核心竞争力的，如此才会加快产业升级和结构调整的步伐，一旦出现主张去全球化国家制定针对性政策对技术加以控制，我国自主创新的道路将变得更加艰难，造成企业减产甚至停产也有可能。

（三）全球投资下滑使得我国企业很难利用对外投资来转型升级

联合国 2018 年发布的《世界投资报告》显示，2017 年中国虽然在吸收外资的排名中仅次于美国、位列第二，但对外投资出现了近年来的首次下降，下降了约 36%，主要原因就是在金融危机之后全球资本流动的热度逐渐下降。为规避风险和降低与别国资产的关联性，以美国为代表的欧美发达国家掀起了资本回流的热潮，加强了本国的金融监管，提高了更多外来资金的准入条件，也相应减少了对其他国家的金融投资项目。与此同时，投资者的情绪持续低迷，一些科技公司对华投入减少，而且对中国资本流入设置门槛和监察制度，导致内资外投有限，无法在外建厂，内外投资双向受阻，资本流动减缓，技术的外溢效应降低，降低了第二产业的生产率，减缓了产业升级的速度。而且，高新技术产业本身所带有的高风险特点更加重了投资者的保守态度，缺少资金的中小企业延缓了技术创新和开发过程，企业竞争力降低，产业转型升级面临新的困难。

三 去全球化对我国城市产业结构调整的有利影响

虽然去全球化对我国产业结构调整有诸多不利影响，但是辩证来看，去全球化亦会从诸多方面推动我国城市产业结构转型升级。尤其是在全方位对外开放新格局的推动下，我国城市产业结构调整所依赖的全球化背景支撑条件正在发生转向，新型对外开放战略正在成为推动我国城市产业结构调整的全新力量。

（一）去全球化使得企业转型升级的必要性和紧迫性增强

长期以来，我国所实行的是以投资和出口为主的外向型经济发展模式，出口导向型战略是我国的基本发展战略，也是我国经济增长的主要动力来源。但是，当前在去全球化背景下，我国传统的粗放式的出口产业受到很大冲击，产业改造升级、技术水平提升、营销策略改变等产业发展任务，已经变得十分紧迫。而且我国政府与出口企业亦同时看到转型升级的必要性和迫切性，看到高技术含量与高水平营销的重要性，正在努力补足之前在经济发展中所忽视的短板，正是欧美国家的去全球化趋势使得这种转型升级的必要性和迫切性大幅增强。从某个角度而言，一个国家经济发展的内在动力是由外在困难和冲击所激发和增强的，当前的去全球化趋势反倒可以成为推动我国产业结构转型升级的外在动力。

（二）去全球化促使我国寻找对外开放的全新方向

欧美发达国家对我国贸易实行限制策略迫使我国调整全球化战略，把全球化发展的重点转向愿意同中国进行合作的东欧、中亚、南亚及非洲国家。我国可以继续深化与欧亚大陆国家直接的经济贸易往来，当前"一带一路"建设正如火如荼，我国全方位对外开放新格局建设，不仅仅要着眼于向欧美

国家的海洋开放，还要注重于向欧亚大陆国家的陆地开放，通过陆地开放来减弱当前海洋开放中的逆行力量对我国产业结构调整的影响。"一带一路"建设在带动欧亚大陆国家经济起飞的同时，也将极大地推动我国产业结构转型升级。

（三）去全球化使得全球技术人才流入中国

由于国际上"民粹主义"和"种族歧视"的势力不断扩大，很多在海外工作的华人和留学生最后选择回到祖国。教育部发布的数据显示，从 2010 年到 2018 年，人才归国工作的趋势逐渐上升，二三十岁的社会中坚力量更多地选择回到祖国的怀抱，2018 年留学回国人员总数达51.94 万，比 2017 年增长 8%，且这一数字仍在不断增大。从专业角度看，分布前位的行业大多是金融业、计算机等高新技术行业和高端服务业，这为我国经济发展储备了大量的高素质综合性人才，他们能够带回来国际上的先进经验和方法思路，更好地使企业在技术和管理层面与国际接轨。而且在这种去全球化的国际背景下，超过三成的留学生更愿意选择安全、稳定的政治社会氛围，这也成为人才回流的主要原因之一。同时国家也为归国的人才提供了一系列优惠政策和补贴，为他们提供良好的科研和生活的条件，有利于其潜心进行科技创新工作，进一步推动我国产业结构的转型升级。

四 去全球化背景下我国城市产业结构调整的政策建议

面对去全球化趋势不断强化和国际经济格局的变迁，中国应对世界各国的政策方针也有了相应的调整，尤其是对与我国对外开放方针相背离的主张反全球化的国家，我们更应该做好准备，以继续开展我国现阶段产业升级和结构调整的总体工作，进一步优化产业布局和内部结构，同时继续保持开放的态度，引领新一轮的全球化和全球生产价值链的重构，结合上文总结的原因和困难，提出以下建议措施。

（一）加大鼓励创新力度，提升科技水平，增强全球竞争力

加大鼓励创新力度，让我国的科技水平真正处于世界领先地位。突破发达国家对我们的技术限制，打破发达国家在某些高精尖领域的技术垄断，掌握自主知识产权，全面提高我国制造业的生产效率，降低成本和能耗，引领中国的工业化进入全新的高水平阶段，占据全球生产价值链的主链，而不仅仅是在支链上负责生产和组装的基本任务。同时在技术进步、提高生产率的基础上，逐步提高劳动力的适应水平，在技术创新的同时劳动力应该能熟练运用技术，从旧技能到新技能的转换往往也是对劳动力质量和水平的考验，政府和企业应该给予高素质人才更好的待遇保障，如此才能在激烈的国际人才市场竞争中留住本土的人才不外流，也可以借助高校等平台多开展对外交流项目，因为高校科研人员是技术创新的排头兵，所以更要注重培养具有国际化视野和国际高水平的综合素质人才，为我国科技创新带来新的活力。

（二）推进供给侧结构性改革，稳定工业制造业转型步伐

继续推进供给侧结构性改革，增加有效供给，稳定工业制造业转型的步伐。提高有效供给的目的是满足国内日益增长的产品需求，扩大内需以刺激经济，在"去全球化"的背景下，企业产品的质量决定了消费者的选择，虽然企业面临海外出口的减少，但好的产品能吸引更多的本土消费者选择国产而不是外来进口。国外商品长期以质量优、价格高的特点获取了大额利润，只要我们的产品水平达到国际标准甚至高于其他国家，那么我们的价格优势将会更加显现出来，所以我们要把供给侧结构性改革推行下去，优化资源配置，解决低端产品的产能过剩问题，而且要为企业减费降税，尤其是中小企业和新兴科创企业，为它们提供政策支持。电子信息和生物医药企业作为重点关注的技术型企业是需要政策倾斜和侧重的对象，对高新技术产业的升级可起到至关重要的作用。

（三）大力推进服务业改革，为实体经济服务

首先，从制度上改革，改变我国金融、保险、教育、通信、信息媒体、卫生等行业的垄断经营，打破对外资和国内的民营企业入场的限制，形成良性竞争。服务业国际化水平仍不高，开放程度要进一步提升，赶上国际先进服务业的思维和标准，加深对服务业市场的理解，或许"去全球化"会有一定程度的负面影响，比如对我国服务外包的准入限制以及不公平的竞争环境等，但我们还是要秉持韬光养晦、厚积薄发的理念，把服务业做强，毕竟服务业仍处于相对不成熟阶段。其次，从人才培养、企业管理、经营模式、区域协调、专业性完善等各个方面入手，在现有的国际合作中不断积累经验和方法，坚持更为积极主动的开放战略，为服务企业在国际上搭建发展平台，促进国际交流合作，借鉴国际经验，取其精华，去其糟粕，结合中国本土的实际情况创新服务种类和特色。此外，更要优化风险管理和规章制度的建设，主动对接国际惯例和行业标准，在风险管控上少走弯路，避免经济脱实向虚，更好地为实体经济的上中下游提供服务，创造巨大的经济效益。

（四）以"一带一路"建设为依托，规划国际投资布局

以"一带一路"建设为依托，规划国际投资的布局，让我们的技术、资本、产品等资源流向有需要的地方，引领新一轮的全球化。面对欧美发达国家对我们的贸易限制，正确做法是在不断完善自身产业发展的同时，和这些国家进行友好贸易磋商，面对去全球化的国家并不是把时间和精力放在与之对立上，而是双方在谈判中寻找彼此可以接受的博弈平衡点，大家互惠互利而不是两败俱伤。同时对于全球其他发展中国家，比如"一带一路"上对于我国开放持欢迎态度的发展中国家，我们要增加贸易往来，发挥各自优势，取长补短。一方面构建友好的交流合作伙伴关系，另一方面体现我国敢担当有作为的大国形象，也体现了构建人类命运共同体的决心。此外，我国与东南亚、中欧和东欧地区贸易互补性强，在制造业"走出去"的同时也要在其他部门和产业"引进来"，例如在农产品、动植物资源上进行合作，

形成运用中国技术与自然资源加劳动力的产业合作方式，充分发挥双方产业国际竞争力的优势，弥补对方的弱势部门，从而实现双方的产业分工合作，创造新的贸易增长点，开拓"双赢"的局面，通过相应的设施推动中国及"一带一路"国家融入全球价值链、产业链的分工体系当中，推动上述地区和我国的产业协同发展。

（五）刺激国内市场需求，保障人民福利

在关注全球布局的同时，不要忘记巨大的国内市场能有效缓解去全球化对我国产业的冲击，我国人口基数大的特点也造就了巨大的市场潜力。近年来出现的消费需求下降的趋势需要通过此次产业结构调整来应对，转变依靠投资和出口的经济增长方式，依靠内需拉动经济增长，改善政府支出结构，将节约的资金用于住房、教育与医疗等方面的民生支出，从基建转变到民生，减少居民的负担。大力改革现行的收入分配体制，提升居民收入水平、消费水平和福利水平，实现消费的大增长、大跨越，同时稳定物价，宏观调控货币政策、财政政策，把好货币的闸门，重构基于内需的生产价值链体系，但这并不意味着关起门来搞建设，完全放弃进出口，而是摒弃过去单一的出口导向型经济，促进经济结构优化和供需关系的均衡发展，达到内外市场的动态平衡。

综上所述，当今国际关系变幻莫测，反全球化、去全球化声音逐渐高涨，中国在坚定自己开放态度的同时，同样要关注自身发展的不足，着重处理好去全球化对我国产业结构调整的冲击，明确产业升级和结构调整的目标，保证技术创新稳步进行，保护自主知识产权，全面推动生产力的进步，而且鼓励第三产业参与国际市场竞争与合作，让服务业体系逐步走向成熟。另外，在全球战略布局上，要牢牢把握全球生产价值链的分工话语权，转变我们之前国际代工的角色，以更加包容的态度促进"一带一路"沿线国家产业协同发展，实现互联互通、互利互惠、共建共享的良好合作关系。只有惠及他国，才能在新的全球化背景下实现中国与其他国家的共同繁荣。

参考文献

廖晓明、刘晓锋：《当今世界逆全球化倾向的表现及其原因分析》，《长白学刊》2018 年第 2 期。

孙伊然：《逆全球化的根源与中国的应对选择》，《浙江学刊》2017 年第 5 期。

张斌、齐鹰飞：《去全球化冲击与中国产业结构调整》，《财经问题研究》2017 年第 8 期。

徐坚：《逆全球化风潮与全球化的转型发展》，《社会科学文摘》2017 年第 8 期。

李丹：《"去全球化"：表现、原因与中国应对之策》，《中国人民大学学报》2017 年第 3 期 31 卷。

袁佳：《当前"去全球化"现象、原因及未来趋势》，《华北金融》2018 年第 1 期。

佟家栋、谢丹阳等：《"逆全球化"与实体经济转型升级笔谈》，《中国工业经济》2017 年第 6 期。

郭旭红、李玄煜：《新常态下我国产业结构调整升级研究》，《华东经济管理》2016 年第 1 期。

赵东麒、桑百川：《"一带一路"倡议下的国际产能合作——基于产业国际竞争力的实证分析》，《国际贸易问题》2016 年第 10 期。

李坤：《中国对"一带一路"国家直接投资的产业选择研究》，湖北大学，2016。

江小涓：《服务全球化的发展趋势和理论分析》，《经济研究》2008 年第 2 期。

方毅、崔晶：《扩大服务业对外开放的路径研究》，《理论学刊》2019 年第 3 期。

何德旭、姚战琪：《中国产业结构调整的效应、优化升级目标和政策措施》，《中国工业经济》2008 年第 5 期。

魏杰：《当前中国产业结构调整中的几个问题》，《经济经纬》2006 年第 2 期。

制度环境篇

System Environment Chapters

B.12
新时代减税降费的主要着力点研究

王晓洁　李蔚华*

摘　要： 我国的经济发展由高速度发展走向高质量发展阶段，改革开放已进入深水区。在高质量发展的经济目标下，我国加紧供给侧结构性改革和"放管服"改革的步伐，国家自 2017 年推出的一系列减税降费政策为各项改革加油助力。此次大规模减税降费使企业和个人均获益，进一步增强了市场活力、稳定了宏观经济、推进了税制改革。但仍须注意减税降费背后隐藏的财政资金收支平衡、企业实力差异化等风险，应采取相应的解决措施。

关键词： 新时代　减税降费　政策叠加　税制改革

---

* 王晓洁，河北经贸大学财政税务学院教授，研究方向：财税制度改革，社会保障；李蔚华，河北经贸大学财政税务学院硕士研究生，研究方向：税务理论与实践（通讯作者）。

我国在 2008 年处于"结构性减税"阶段，在 2012 年实施有增有减的税收政策，2015 年开始主要针对减税提出制度改革，2017 年迎来了大规模减税降费政策的推出。新时代减税降费有其时代特征，减税降费作为供给侧结构性改革中的重要内容，对减轻企业负担、激发市场活力、优化税制改革具有重要作用。

一　新时代减税降费的背景

（一）供给侧结构性改革的目标导向

供给侧结构性改革旨在通过制度变革来改变供给方产品、服务输出的质量。通过政策手段减少市场的无效供给、降低制度成本、逐步消除要素流动障碍、增加有效供给、促进产业升级，从而进一步扩大消费者需求，达到供给适应需求的效果，提振经济。供给侧改革采取的路径就是给予市场经济主体更多的自主权，鼓励其优化生产要素。新时代减税降费契合我国转入高质量发展阶段和供给侧结构性改革的目标、要求，它从降低企业生产经营成本的角度出发，着力点在于供给侧，目标具有明确的指向性，促使企业运用富余资金改善生产投资、提高供给质量、增强自主创新力，从根本上解决经济增长动力不足的问题。

（二）全球性减税成为趋势

当前世界经济增长疲软，全球各主要经济体纷纷采取减税的方式来促进经济增长，全球性的减税浪潮已是大势所趋。在美国推出其大规模税改方案前，不少国家就已采取行动。德国 2017 年 1 月宣布要通过减税政策每年为企业和经济发展减负 150 亿欧元。英国继而在 2017 年 4 月也开始实施一系列减税政策，企业所得税和资本利得税都在降低。此外，为应对"脱欧"冲击，英国计划通过减少财政盈余而把企业税率从现行的 20% 降至 15% 以下。澳大利亚目前的企业税率为 30%，高于 OECD 企业所得税平均税率

23.7%，澳大利亚政府计划在 2026～2027 财年将其企业税率逐步降低至 25%。印度也在全国范围内推行大规模减税，实行统一的商品和服务税，预计将显著降低企业税负。美国特朗普减税重点是降低企业所得税和个人所得税的税率，为鼓励企业海外资本回流将企业所得税税率由 35% 降为 21%，同时提高了个人所得税的费用扣除标准，最高边际税率从 39.6% 降至 37.0%。全球性的减税趋势必定对我国经济运行产生影响，依据各国已公布的税改政策分析，我国居民、企业 25% 的税率略高于日本、美国以及新加坡的 20% 或 20% 以下，我国需出台相应调节政策来应对可能出现的资本外流，大规模减税降费不失为有力的调节手段。

（三）顺应数字经济发展潮流

近几年我国数字经济快速发展，新一代的技术浪潮不仅给数字经济领域的市场主体带来了便利，同时为创造良好的营商环境、加强政府监管提供了有效手段。在税收领域，数字经济发挥着重要作用，为打造简税制、宽税基、低税率、严征管的税制体系提供了保障。据统计，2018 年我国数字经济规模达到 31.3 万亿，占国内生产总值（GDP）的比重为 34.8%，预计 2030 年其占 GDP 的比重将超过 50%[①]。恰逢减税降费措施频出，减税降费给数字经济各市场主体带来巨大优惠，激发了市场活力，促进了数字经济蓬勃发展。

此外，数字经济市场主体中，小微企业、个体工商户以及灵活就业人员是其主要的组成部分，该部分市场主体数量巨大，相较于大型企业来说他们的纳税意识较弱、税法遵从度较低，更大规模、更大范围的减税降费能够减轻其税收压力，降低其遵从成本，有助于提高其税法遵从度，进一步提升征纳双方的效率。

（四）高质量发展目标下税制体系优化的需要

我国经济发展进入新时代后，经济由高速增长阶段向高质量发展阶段转

---

① 《中国数字经济发展与就业白皮书（2019 年）》，中国信息通信研究院。

变，高质量发展目标要求我国经济发展方式加快向创新驱动型转换，要求市场充分产出高质量产品和提供高质量服务，以提升供给质量来影响国内需求。税制体系的优化为满足高质量发展目标下的要求提供有力保证，一般来讲，优化税制体系从简并税率、扩大税基、降低税率、完善征管四个层面着手，与政府实施大规模减税降费相契合。降低税率激发企业经营、投资、创新活力，简并税率、保持税收中性，使市场在资源配置中发挥主导作用，减少税收给的经济主体的市场行为带来的扭曲效应。

二 历年减税降费的政策考量

通过梳理2009～2016年减税降费的政策，发现2009～2016年减税政策具有以下特点。

第一是减税红利倾向于中小微企业。中小微企业数量众多、分布广泛，吸纳就业人数较多，是重要的创业、创新力量，有必要加大财税、信贷等扶持力度，改善中小微企业经营环境。2009～2016年对于中小企业直接性减税红利不断提升，小型微利企业的政策优惠范围扩大，主要包括中小企业贷款准备金可税前扣除，增值税、营业税起征点逐渐提高，部分小微企业增值税和营业税暂免征收等；此外，中小微企业一般都会出现融资难的问题，因此对于中小微企业的间接性减税红利主要是贷款给中小微企业的金融机构可享受增值税、营业税税收优惠，间接性地降低中小微企业的财务风险，激发中小企业投资动力，保护中小企业的市场活力。

第二是政策涉及面窄，个性化税收减免。比如减税政策特别针对以下行业/企业：动漫产业、物流企业、公共租赁住房领域、科普事业、国际航运保险、国际电信服务、国际运输服务、电网企业、水电企业等。固定资产加速折旧优惠政策仅限于六大行业、四个领域重点行业，政策优惠没有辐射性。

第三是多数减税政策依赖缩小税基、减免税额。除了小型微利企业的企业所得税优惠上有关于降低税率的政策，其他减税政策基本上只是在缩小税基、减免税额上做文章，优惠政策力度较小，带给企业的降负感不强。此外按照国际惯例，世界银行给税务营商环境排序提供的标准是税率而不是税基，因此以税基作为减税基础，不利于我国构建良好的税务营商环境。

第四是减税政策零散，没有形成合力。我国此阶段处于经济高速增长期，对于减税降费只是做出"结构性减税"的规划。结构性减税不同于全面、大规模的减税，它是有特别倾向的调整、有选择的减税，它强调重点税种的税收优惠、强调税制结构内部的优化。2015 年以前的政策强调税收政策应"有增有减"，减税效果不显著；并且没有系统化地安排不同税种间的税收优惠政策，比如没有发挥好直接税与间接税的政策叠加效应。

第五是减税降费未形成规模效应。通过分析 2009~2016 年出台的一系列税收优惠政策发现，在此期间虽然有零星税费的优惠政策，但税基减免、费用扣除的力度不足。小型微利企业的企业所得税优惠政策变动不大，应纳税所得额的减免标准由 2009 年的 3 万元升至 2016 年的 30 万元，给企业带来的减税效果不明显；此外小规模纳税人免征增值税政策中的月销售额额度在 2009~2016 年基本没有变化。

表1　2009~2016 年分类别减税降费政策数目

年份	2009	2010	2011	2012	2013	2014	2015	2016
中小企业	2		1		2	7	3	
农业发展	1	2	1	2		2	2	
科技	1	2	2	3	3		2	1
节能环保	1	3	1	2		1		
就业	1	2				2		
个人所得税				1				
加速折旧							1	
"放管服"						1	2	
脱贫攻坚								
简并征收率						1		
增值税税率								
社会保险费								
政府性基金								1

续表

年份	2009	2010	2011	2012	2013	2014	2015	2016
物流域				1		1		
养老服务						1		
公共租赁住房						1	1	
科普事业				1				1
国际航运保险		1						
国际电信服务		1						
国际运输劳务		1						
动漫产业	1							

资料来源：依据国家税务总局官网税收政策整理汇总。

三 新时代减税降费主要着力点分析

（一）注重实体经济

我国近年来实体经济发展遇冷、投资环境不佳，越来越多的非金融企业将投资由生产性资产转向金融性资产。实体经济是一国经济发展的基础，任何脱实向虚的发展形势都不会长久。这次减税降费更应注重加强对实体经济发展的支持，其特点主要是涉及范围广、领域繁多、突出重点，尤其是针对制造业出台了大量的税费优惠政策，激发实体经济内生发展动力。降低企业实际税负有利于降低企业资金成本，有利于企业部门回归实体经济领域，眼光放得更长远而不是仅看到短期利益，在研发环节投入更多的资金，更加注重技术进步。

增值税作为我国第一大税种，约占税收总额的40%，也是企业近六成税负的来源。此次减税以增值税税率下调为重点，强化增值税改革，将有助于从实质上降低企业税负。制造业等行业增值税税率从16%降至13%，交通运输业、建筑业等行业从10%降至9%。

此外，在企业所得税的费用扣除层面，企业在2018～2020年内新购进单位价值小于等于 500 万元的设备和器具可以一次性作为费用在应纳税所得额中扣除，远远高于原来限制行业类型的 100 万元和适用于所有行业 5000 元的标准。并且 2019 年 1 月 1 日起将原适用于六大行业、四个领域重点行业企业的固定资产加速折旧优惠政策扩大至全部制造业领域。

此次减税降费的效果已经初步显现：2018 年中出台增值税减税政策在 2019 年一季度翘尾减税 976 亿元[①]，2019 年第一季度制造业减税为 39 亿元；4 月 1 日正式启动的制造业增值税税率下降 3 个百分点的政策减税效应显著：2019 年 5 月国内增值税收入 3942 亿元，与去年同期相比下降约 20%[②]。种种迹象表明减税降费正在给我国经济带来新一轮的深刻变革，不断扩大制造业企业的利润空间，推动我国制造业企业高质量发展，从而使企业可优化配置、节约资金，降低用工成本和优化结构，提升研发能力和产品附加值。

（二）发挥减税降费叠加效应

1. 制度化构建减税降费叠加政策

实现减税降费的预期目标依靠规模性的政策效应。首先税费政策要范围广、数量多，其次要合理搭建政策间的互动关系，最后制度化构建减税降费政策体系，克服过去零散、无联系税费政策的缺陷，保证减税降费政策效应的持久性。

现阶段由税基式减税为主转变为税率式减税为主，能够更加凸显减税政策的效应。税率式减税相比于税基式减税（减免税优惠）具有法定、透明、直接的特点，因为税率的调整一般需要通过法律程序，是一种更具有确定性的方式。2017 年增值税税率 13% 档取消，将农业产品增值税税率与 11% 合并，2018 年将 17% 和 11% 税率调整降到 16% 和 10%，2019 年增值税税率下降幅度增大，由 16% 与 10% 分别降至 13%、9%，此次税改充分体现了较大的减税力度，以及不断向税收中性原则靠拢的目标。此次减税相比以往

---

① 新华社：《3411 亿元！一季度全国减税"成绩单"出炉》，http://www.chinatax.gov.cn/n810341/n810780/c4290734/content.html。

② 财政部官网公布数据。

更注重减税方式的普惠性，几乎所有行业都可以从此次减税降费中获益，税费优惠政策不再以碎片化的方式呈现给大众，而是传递更系统、更全面的减税降费政策，并利用政策效应提高企业投资的积极性，从而在简化税制的基础上扩大税基。

2. 减税降费：直接税与间接税相结合

2019 年个人所得税由分类征收改为分类和综合相结合征收，将工薪所得、劳务所得、特许权使用费所得和稿酬所得由分类征收改为综合征收；由基本扣除改为基本扣除和专项附加扣除相结合，在基本减除费用标准每月由 3500 元提高到 5000 元的基础上，增加子女教育、继续教育、住房贷款利息、住房租金、大病医疗、赡养老人等专项附加扣除，通过改革使中低收入者个税负担大幅降低，稳定纳税人收入预期，降低企业职工流动风险。节省的税负可刺激个人消费需求，进而提高企业收入，个人所得税减负与企业的增值税、企业所得税减负相结合，共同促进经济高质量增长。

3. 稳定预期是关键

过去的减税政策关注点集中在扩大内需与降低企业成本上，新时代减税降费为提高政策实行的效率进行全方位布局，并考虑了稳定纳税人、企业对税费政策实施的预期。

过去缩小税基是比较常用的税费优惠措施，主要是通过增加企业可扣除成本费用来缩小应纳税所得额，但这类减免税优惠未通过严肃、合理的立法程序来公布，一方面企业可能未能充分了解，另一方面企业即使了解也有可能不知道具体如何使用，给企业带来税收政策适用层面的负担。而降低税率相比缩小税基更具有可操作性，企业在原有做账方式的基础上更换税率即可，且这是经过透明度高的立法文件公之于众的，降低税率给社会更加直接的获得感。

4. 优化产业结构

减税降费要协调好不同产业、不同行业间的税负，鼓励优化产业结构。如为生活性服务性行业安排增加税收抵扣的税收优惠。自 2019 年 6 月 1 日到 2025 年底，纳税人若提供了社区养老、托育、家政相关服务，则这部分收入免征增值税，并减按 90% 计入企业所得税的应纳税所得额中；对用于上述服务的土地、房产免征契税、城镇土地使用税、城市基础设施配套费和不动产登记费，对出售用于上述服务的土地、房产免征房产税。从上述优惠政策来看，我国针对改善民生方面的税收优惠由原来的保障性税收优惠变化为生活品质性税收优惠，从侧面也反映出我国社会主要矛盾的变化，人民对美好生活的需求越来越多，未来我国减税降费的方向也是逐步提高社区家庭服务业的税收优惠比重，以税收为手段，促进该行业健康可持续发展，优化产业结构。对此类服务业提供税收优惠政策属于初步阶段，未来仍需继续完善我国服务业加计抵减政策。

5. 创新驱动为导向

此次减税降费推动我国逐渐形成基于创新导向的税收激励政策，将税收政策作为促进动能转换和战略新兴产业发展的加速器。通过系统、多元、动态的税收优惠政策，对高新技术产业、研发费用、成果转化和应用、科技企业孵化器等给予不同形式的税收优惠，鼓励企业加大科技投入，促进全社会的技术进步。未来要继续出台激励高新技术产业、高附加值产业发展的税费优惠政策，比如针对研发支出扣除比例、高端人才引进新设一些优惠措施，同时在制度层面减少对此类产业的准入限制。

（三）"费"仍有很大降低空间

"减税降费"行动中的降费方面，我国这次着力于降低企业社保缴费率。社保缴费作为企业用工成本的一部分，直接影响企业的经营成本，也是企业税费负担的重要来源。世界银行数据显示，2018 年我国企业所承担的劳动所得税和社保缴费占利润的比例约为 45.2%，全球排名第三。此次社保费率降低至 16% 有两项政策意图，一是直接降低企业负担，第二是提高企业参保的积极性，扩大社保费缴费基数，从而通过"摊薄"方式间接降低企业平均缴费水平。

针对社保缴费改革，首先要扩大缴费范围，降低收不抵支的风险，减税降费的效应会增加社会投资从而扩大缴费基数（企业数量、企业投资总额

增加）。其次，降低社保缴费率，同时要加强征管。

组成我国政府收入的除了税收以外还有各类费、基金、住房公积金等，所占比重过高。除了 2018 年提出的降低社保负担外，减税降费中的其他"费"部分还有很大的降低空间，这部分也是下一阶段减税降费的主要方向。

（四）减税降费与税收共治联动

税费负担只是企业负担的一部分，单纯依赖减税降费政策减轻企业的负担很可能达不到预期的效果。成立"减税降费"工作小组，专业地调查、核算各地落实减税降费政策情况，税务机关定期为企业培训"减税降费"政策要点，加强税企合作，优化税收服务质量，政府通过逐步完善权力清单、责任清单及取消效率低下的行政审批和许可事项来深化"放管服"改革等，打造良好的税务营商环境。

减税降费政策的落实离不开高效、规范的税收管理工作。要想达到减税降费的良好预期更需要各个部门（税务、环保、财政、国土、市场监管等部门）的通力合作，对其进行信息整合，实现资源共享，工作的落实情况与效果应受社会集体的监管。同时完善减税降费工作的考核奖惩机制，调动各部门积极性。借助区域性综合治税联动平台，加强对重点行业、重点企业和重点项目的税收跟踪管理，确保税收足额入库。加强非税收入征收管理，严格审查金税三期系统数据，提高管理透明度，强化非税票据发放与使用管理。此外，数字时代的来临为税收管理数字化带来机遇，可将大数据、云数据、人工智能技术充分地融入税收管理的工作中。通过细致化税收收入、非税收入的治理，使减税降费政策的社会效益实现最大化。

（五）推动税制优化和立法进程

当前，我国税制仍存在许多不合理的地方。比如契税与土地增值税存在重复征税；汽车保有购买环节税收重（车辆购置税 10%），而持有环节则明显偏轻（车船税）；制造业增值税税率 13% 明显高于服务业的 6%，两大行业税负不公。我国税制改革的重要思路是，减少税种间重复征税，缩小行业间、各环节税负差距，要降低增值税等流转税负担，扩大个人所得税等直接税征税范围。比如，增值税仍需在简并税率档次中进行改革，逐步解决留抵退税问题，减少零散的税基优惠政策，增加民生方面的政策优惠。同时继续完善个人所得税综合与分类征收相结合的税收制度、推进房地产税的立法进程，实现直接税与间接税改革相辅相成的税制优化进程。

税制改革往往涉及税制要素的调整，调整税制要素须通过立法程序，全国人大立法可以固化减税降费的成果，提升税制改革的整体质量，增强纳税人的法治意识。此外，文件公布透明度较高，带给人更为直接的减税降费感受，稳定市场预期，增强企业实业投资的积极性，引导金融服务实体经济。

（六）完善我国税收体系

新时代的减税是结构性减税与普惠性减税并举，在做好普惠性减税的基础上继续贯彻结构性减税的主要内容。结构性减税是不同税种的税负增减调整，强调有选择地调整，比如简并或降低主要税种的税率、增加主要税种应纳税所得额的扣除项目，辅以开征一些新税种或提高辅助性税种税率。因此从长远来看，大规模的减税需与完善我国税收体系的举措有机结合起来，新时代减税工作才能发挥其长效作用。

我国新时代的发展遵循绿色发展理念，进一步加强绿色税收体系的构建是实现经济高质量发展的路径之一。现行环境保护税征税范围涵盖面较窄，计税依据的确定方式比较模糊，仍存在税务部门、环保部门等部门的沟通协调问题，未来可通过扩大其征税范围、合理明确计税依据、推动各部门间的协调配合和信息共享等方式以实现绿色税收体系的完善。此外，对资源税可采取从价计征方式，消费税税目中增加一些高污染、高耗能产品作为应税消费品，系统性出台增值税、企业所得税中涉及节能环保、资源节约的税收优惠。

从公平的角度看，一个共享发展的公平税制才能适应新时代的发展要求，新时代减税降费政策中增值税税率简并、降低促进了行业间的税负公平，个人所得税改革增加了专项附加扣除，考虑到家庭赡养、住房环境、大病医疗、文化教育等基本民生问题，将个人所得税制推到一个新的台阶。未

来还可以继续通过兼并增值税税率、按家庭征收并考虑通货膨胀率的影响征收个人所得税、减少税种间重复征税问题、适时推出房地产税具体改革方案等措施创造公平的税收环境。基于我国高净值人群数量的不断增加，未来的税费改革还需进一步推进遗产税与赠予税的设立。

（七）多项非税改革方案助力

市场主体不仅仅会受到"减税降费"这单一政策的影响，还会受到其他因素的制约，单纯依赖"减税降费"而不提供相关的配套政策，会很难达到预期效果，因此要出台多项非税改革方案，多手段、多层面地激发市场主体的投资热情。

"放管服"改革是供给侧改革的一项重要内容，它强调优化制度供给，减少政府对市场主体过多的行政审批行为，创新和强化政府的服务与监管职能，为市场主体提供高效服务，降低市场主体的市场运营管理制度成本，激发市场活力，给企业创造公平便捷的市场环境，增强企业创新动力。2019年我国取消了大量的行政审批和许可事项，将自主权归还给市场；推进建设"互联网＋政务"、窗口服务标准化、搭建互联网审批平台等改革措施的落成，给市场主体带来更优质、更便民的服务。

各部门做好减税降费宣传工作以确保减税降费政策的落实，及时开展全方位业务培训，将减税降费政策宣传到位，提高政策透明度，确保减税降费阶段的服务质量，放大其杠杆效应，提高市场投资新兴产业的热情，增强部门对于减税降费的数据统计分析能力，安排监督检查工作小组来确保纳税人切实享受大规模减税降费的政策成果。

四　新时代减税降费的风险应对

（一）提升财政管理水平，应对财政收支失衡风险

短期内减税降费可能会给经济欠发达、小微企业较多的地区带来一定的

财政压力。中西部地区可能因经济规模有限、税源不够充足等问题而面临更大的财政压力。因此，如何缓解这类地区的财政压力，以确保减税降负的平衡性与公平性将是中央政府面临的另一个重难点。计划经济时代我们强调财政收支平衡，但在新时代、新条件下，主要的平衡应是财政风险和公共风险的平衡，经济下行压力较大时，面临的公共风险较大，采取减税降费可有效弱化公共风险，但与此同时财政风险上升。各地方政府若采取有效的应对手段，则可减轻地方政府的财政压力。

首先，地方政府可通过举债支付公共产品的支出，缓解财政资金不足的压力。但同时也要注意控制地方的债务风险，防止其过快增长。中央政府在制定减税降费政策时需要关注各地经济状况的差异，在政策执行层面给予地方政府因地制宜的调整权，同时可以通过转移支付减轻该地财政负担，实现在减税降费政策落实阶段的区域间财政平衡。

其次，完善财政资金使用的监管机制，减少不必要的行政开支。全面监管财政资金的使用情况，积极推行阳光财政；精细化管理财政资金，确保规范、科学地使用财政资金；设立财政资金效益评价标准，保证财政资金的合理、有效分配。

最后，继续推行供给侧结构性改革。减税降费政策极大地鼓励地方企业的生产经营热情，地方政府可趁热打铁地巩固地方实体经济发展、促进地方新兴产业发展、淘汰污染多和技术落后的产能，同时辅以出台相关监督制度以共同保证企业的供给质量，重新布局地方产业结构，保持税源的稳定增长，扩大地方税基以减少地方财政压力。

（二）提升企业的议价能力

减税直观的表现是减少企业的税收，但是减税红利会在上下游链条上的企业间进行分配，同时也会在企业和消费者之间分配。增值税属于价外税，税款不包含在商品价格内，即增值税变化不会影响商品价格，但是从实际来看，如果购买者议价能力很弱，增值税税率下降时上游企业不降低出售价格，那么下游企业的整体采购价格与原来一致，上游销售方获得增值税减税

利益；如果上游企业议价能力较弱，其在定价上处于劣势，则会采取降低整体销售价格，下游购买者则会从减税中获得收益。中小微企业一般是处于供应链中间的制造环节，其上游企业提供电力、设备、经营性房地产，拥有垄断性资源且议价能力强，下游企业一般是大型零售商、连锁店、购物中心等，议价能力也强于中间环节的制造商，那么上下游企业会侵占中小微企业的减税红利。这就意味着，政府减税降费的政策目标就出现了偏差，减税红利可能会从制造业流入零售业（见图1）。

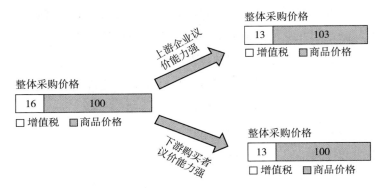

图1　企业间税收示意

为应对这一风险，避免减税降费政策的靶向出现偏差，切实保护处在中间环节的中小微企业的减税利益，企业在签订合同时按照不含税价格（价格与增值税分离）则会减少税收政策对不含税收入的影响，这样减税降费的红利就流回政策特定的目标行业。

（三）统一税负口径

增值税税负的衡量口径问题以及如何使用直接关系到能否客观判断我国减税降费中增值税税率降低的政策效果，这是一个税收基础理论问题，很有必要加以厘清。企业的增值税税负通过哪种口径计算才能比较完善地得出税负增减情况需要我们甄别，且增值税作为流转税，具有转嫁性，税收缴纳者与税负实际承担者有可能不是同一人，通常我们认为消费者实际承担增值税税负，但也有实践表明，没有建立全面的退税制度、企业存在库存和滞销商品、企业转嫁能力的不同都会导致企业与消费者共同承担增值税税负的情形。

此外，增值税税负口径是否在行业间、地区间进行统一计量也是需要加以重视的内容。口径不一带来的政策效果测算是有误差的，误差程度取决于口径差异的程度，为缩小误差，增值税税负需要一个更加规范、有效的测量口径。

（四）加强对企业提供数据真实性的监管

财政部公布的数据显示，2019 年 5 月份国内增值税同比减收接近 1000亿元，降幅达到 20%，增值税减税效果显著。但在减税降费的背后应注意到虚开发票的税收风险。随着税制改革的深化，增值税抵扣链条逐步完善，"营改增"后，金融服务、邮电通信、不动产、租赁服务等行业相继实行增值税并允许开具和抵扣增值税发票，以前购进旅客运输服务不得抵扣进项税，但现在其取得增值税专用发票也可以抵扣进项税额。增值税专用发票开具的行业范围越来越广，发票虚开的空间越来越大。增值税税负中是否包含着空壳公司以收取开票费帮助其他企业虚开增值税发票的情形？我国公安部门在破获虚开增值税发票案时，一般涉案金额都达到亿元，可想而知，若存在大量涉案企业，其对增值税税收的影响将是巨大的，同时影响增值税税负数据的真实性，对我国评价增值税减税政策实施效果会产生不利影响。应对此类风险主要可通过以下几种途径：通过电子支付手段对企业的电子收取款项进行查处可遏制企业的账外经营；通过建立凭票抵扣、单证备查的制度，让纳税人将与交易真实性相关的单证留存备查；关注经营异常或不能正常盈利的企业，遏制其发票虚开；细化交易真实性的法律责任，通过法律法规明确一些需要判断交易真实性的资料。

参考文献

柳美芝：《当前我国减税降费的现状、难点及对策建议》，《财经界》2018 年第 19 期。

姜竹、王润华、岳晓蕾：《"营改增"后"五五分成"的税收分成效应分析》，《经济研究参考》2019年第2期。

安体富：《论结构性减税的几个问题》，《税务研究》2012年第5期。

赵惠敏、蔺大勇：《结构性减税与小微企业发展》，《当代经济研究》2012年第8期。

石坚：《完善我国民营经济税收政策的研究》，《税务研究》2012年第3期。

潘文轩：《完善结构性减税政策的着力点与路径选择》，《税务与经济》2012年第4期。

王国林：《如何源头遏止虚开增值税专票》，《税收征纳》2018年第11期。

冯俏彬：《2019年减税降费的新特点》，《中国党政干部论坛》2019年第6期。

B.13

中国服务市场制度开放新发展
及其对城市经济的影响

鄢雨虹*

摘　要：　"准入前国民待遇加负面清单"模式与《外商投资法》体现
外商投资领域制度型开放新发展，上海自贸区首张跨境服务
贸易负面清单的出台则标志着我国初步构筑起服务市场全方
位对外开放的新格局，并为城市服务贸易进一步发展奠定了
制度基础。依托自贸试验区和城市商务区等国内自主改革平
台也有助于消除边境后贸易壁垒和进一步扩大中国服务市场
开放，推动我国产业转型升级和经济高质发展。

关键词：　跨境服务贸易　外商投资　负面清单　上海自贸区

一　国际服务贸易发展与规制新趋势

当今世界经济是服务经济。随着全球价值链和制造业服务化趋势加深，
服务业成为拉动经济发展的"主引擎"，服务业水平将直接影响一国的全球
竞争力。我国服务业占 GDP 的比重和新兴服务进口持续上升，进口结构不
断优化，与大数据、云计算、边缘计算、人工智能等新技术以及数字经济等
新经济的融合加深[1]。与此同时，我国经济转型呼唤更高质量的服务，但

---

* 鄢雨虹，对外经济贸易大学法学院博士，主要研究方向为国际经济法。
① 资料来源于中国商务部于 2018 年发布的《中国服务进口报告》。

目前我国国际服务贸易逆差不断扩大，成为影响我国国际收支健康性的重大不利因素。主要原因是我国对外开放度不足，缺乏较强的服务业竞争力。根据经济合作与发展组织（OECD）的服务贸易限制指数（STRI），我国 22 个行业中仅 3 个行业的 STRI 得分低于 44 国平均值，服务业限制程度普遍高于国际水平，具有继续扩大开放的空间[①]。此外，尽管中美贸易较量主要集中在货物贸易，但美国在 2019 年 1 月重启的中美经贸磋商中表现出对国有企业改革、补贴等服务贸易结构性问题的关切。可以预见，中美将在未来很长一段时间内就服务贸易问题进行"角力"，培育我国服务业竞争力刻不容缓。

《服务贸易总协定》（GATS）框架下，成员采取正面清单的有限承诺方式、对服务业的分类等问题都使得其滞后于经济和科技发展，难以满足国际服务贸易发展需要。GATS 的进一步自由化谈判停滞不前和 WTO 上诉机构危机均进一步弱化了多边贸易体制的作用。另外，《全面与进步跨太平洋伙伴关系协议》（CPTPP）和《美墨加协定》（USMCA）所代表的新一代区域经贸协定在成员承诺和服务贸易规则的广度和深度上均发生了深刻变革，成为重构国际服务贸易规则的"风向标"。就国际服务贸易而言，本轮规则重构重点围绕中美欧三方在数字贸易与电子商务、跨境数据流动、服务贸易进一步自由化、WTO 改革等新旧议题和问题展开，反映出更高标准的服务贸易规则发展趋势以及对国企补贴、强制技术转让、知识产权保护等结构性问题的更多关切和讨论。由于服务的无形性等特征，影响服务贸易的措施多体现为关税以外的边境后措施，一国通过国内自主改革或引入强有力的条约约束是消除无形的边境后贸易壁垒的重要途径。

党的十九大报告提出推进实施高水平的贸易投资自由化便利化政策，全面实行准入前国民待遇加负面清单管理制度（"准负模式"），降低市场准入门槛和坚持服务业对外开放，保护外资合法权益。2018 年中央经济工作会

---

① 资料来源于 OECD 网站 STRI 专栏。

议则首次强调推动从器物型开放向制度型开放转变。在我国全面深化改革和扩大对外开放的新形势下，我国已先后出台《国民经济和社会发展第十三个五年规划纲要》（2016年3月16日）、《中国制造2025》（国发〔2015〕28号）、《国务院关于积极推进"互联网＋"行动的指导意见》（国发〔2015〕40号）等文件，将服务市场开放和发展制造型服务业、新兴服务业提升到国家战略高度层面，同时通过负面清单和外资产业指导目录等改革逐步取消阻碍国际服务贸易发展的措施。但由于目前与特定国家的双边或区域自贸协定均是基于20世纪80年代到90年代初谈判形成的GATS规则，包括正面清单承诺方式和较为局限的规制范围，我国大量的隐形贸易壁垒仍难以受到有效规制。我国应关注最新国际经贸协定中的服务贸易规则，对内依托自贸试验区和中央商务区（Central Business District，CBD）等国内自主改革平台，迎合并助推全球价值链和制造业服务化趋势，构建国际服务贸易的制度型开放；积极参与国际经贸协定服务贸易议题谈判，通过世界贸易组织（WTO）和"一带一路"倡议等国际平台推动电子商务和数字贸易、国企改革等议题谈判。

二 中国外商投资领域的制度型开放新发展

服务市场制度型开放新发展包括外商投资领域与跨境服务贸易领域的制度新发展。在我国对外开放的基本国策和大政方针下，积极促进外商直接投资是新形势下我国扩大对外开放和构建开放型经济新体制的重要内容。2013年11月通过的《中共中央关于全面深化改革若干重大问题的决定》提出构建开放型经济新体制，包括放宽投资准入和加快自由贸易区建设等内容。党的十九大提出要实行高水平的贸易和投资自由化便利化政策，全面实行"准负模式"和扩大服务业对外开放。国际服务贸易中的商业存在模式属于外商直接投资，是外商投资的重要形式之一。我国外商直接投资自由化的制度新发展，主要与我国在商业存在模式下所承担的市场准入和国民待遇等承诺或义务相关。"准负模式"是我国外商投资领域扩大服务市场开放的重大

新发展，2019年3月通过的《外商投资法》将成为新形势下我国通过负面清单等途径扩大对外开放和吸引促进外商投资的基本法律依据，是打造制度型开放的基石。

（一）外商直接投资：准入前国民待遇加负面清单模式

准入前和准入后国民待遇是外资国民待遇的主要类型①。准入前国民待遇（Pre-establishment National Treatment）通常指外资准入阶段的国民待遇，包括设立、取得、扩大等方面，但不包括管理、运营、经营以及其他投资部署等。准入前国民待遇可按限制程度分为全面或有限的准入前国民待遇。GATS型国际经贸协定采取后者，成员通过采用正面清单列明有关准入后和准入前国民待遇的承诺和限制，从而保留了外资准入和自由化的较大权利；全面的准入前国民待遇最早出现在NAFTA投资章第1102条国民待遇第1款，该款规定一国在投资的设立、取得、扩大股份或投资等方面给予另一国投资者的待遇应不低于相似情况在其领土内下给予本国投资者的待遇，相关承诺通过负面清单方式列明。鉴于外资市场准入的敏感性，世界上大部分国家早期都未在双边投资协定（BIT）中同意给予外国投资者全面的准入前国民待遇，而采取了有限的准入前国民待遇这种渐进式做法。但随着贸易自由化的逐渐深入和各国监管水平的提升，"准负模式"逐渐在BIT和其他国际经贸协定投资章节中被广泛采纳②。

我国以往在BIT中都明确拒绝承担全面的准入前国民待遇义务，哪些领域对外国投资者开放完全由我国自主决定。但2013年7月，中美两国同意围绕"准负模式"开展中美BIT谈判，我国进入外商投资"准负模式"改革的"元年"。全国人大常委会先后两次授权国务院在自由贸易试验区内暂时实施"外资三法"关于外商投资企业审批等规定，以试行

---

① 如无特别说明，本文所说的准入前国民待遇是指全面的准入前国民待遇。

② 比如，大部分欧盟成员缔结的BIT对于市场准入和国民待遇等义务都采取GATS正面清单承诺模式，且仅将国民待遇或最惠国待遇义务适用于准入后阶段。但欧盟－加拿大协定（CETA）表明欧盟层面开始在投资中采纳NAFTA型全面的准入前国民待遇。

"准负模式"①。同年9月出台的《外资负面清单2013》（沪府发〔2013〕75号）率先尝试在上海自贸试验区范围内实施以负面清单编制的外商投资不符措施。《外资负面清单2014》（上海市政府2014年第1号文）进一步调整完善了上海自贸区负面清单管理制度和不符措施编制技术。国务院办公厅发布的《外资负面清单2015》（国办发〔2015〕23号）首次将上海自贸区外资负面清单经验复制推广到广东等其他三个自贸区。国家发改委和商务部发布的《外资负面清单2016》（发改经体〔2016〕442号）将负面清单扩大到上海、广东、福建、天津四个省或直辖市范围内试行。同年，全国人大常委会根据自贸试验区取得的经验修改了"外资三法"，在法律层面确立外商投资企业实行准入前国民待遇加负面清单管理制度，将自由贸易试验区的改革试点经验推广到全国。国务院办公厅发布的《外资负面清单2017》（国办发〔2017〕51号），进一步将负面清单经验推广到全国11个自贸试验区。2018年，国家发改委和商务部发布在全国实行的《外资负面清单2018》（第18号文），不符措施缩减到48条。2019年，国家发改委与商务部发布了全国版与自贸试验区版《外资负面清单2019》，继续有序推进服务市场开放。同年8月，国务院新增山东、江苏、广西、河北、云南、黑龙江共6个自贸试验区，进一步体现全方位开放格局。

通过梳理上海自贸区与全国的外资负面清单，可发现经过7年发展，我国外商投资负面清单管理制度的实施范围逐渐从自贸试验区扩大到全国范围，从自贸试验区的规范性文件上升到基本法层面，透明度和稳定性大幅上升；负面清单管理制度和不符措施编制技术也通过不断调整得到升级优化。具体而言，《外资负面清单2013》规定清单以外领域的外商投资项目和外商投资企业合同章程从核准制或审批制改为备案管理，但未纳入负面清单的不

① 《全国人民代表大会常务委员会关于授权国务院在中国（上海）自由贸易试验区暂时调整有关法律规定的行政审批的决定》（2013年8月30日第十二届全国人民代表大会常务委员会第四次会议通过，已失效）、《全国人民代表大会常务委员会关于授权国务院在中国（广东）自由贸易试验区、中国（天津）自由贸易试验区、中国（福建）自由贸易试验区以及中国（上海）自由贸易试验区扩展区域暂时调整有关法律规定的行政审批的决定》（2014年12月28日第十二届全国人民代表大会常务委员会第十二次会议通过，已失效）。

符措施仍需受限于国家以及中国缔结的国际条约禁止或限制产业的要求；《外资负面清单2014》在保留清单外外商投资项目和外商投资企业设立变更的备案制基础上明确了清单外领域"内外资一致的管理原则"，并明确负面清单领域内的外商投资项目核准制和外商投资企业设立变更的审批制；《外资负面清单2015》初步建构了现行外资负面清单管理制度的"雏形"，删除了"清单外不符措施受限于国家或我国缔结的国际协定禁止或限制投资产业"的表述，代之以不适用负面清单的例外情形（国家安全、公共秩序、公共文化、金融审慎、政府采购、补贴、特殊手续和税收相关情形），还规定了外商投资安全审查要求；《外资负面清单2016》提出根据法治原则、安全原则、渐进原则、必要原则、公开原则进行编制；《外资负面清单2017》将清单领域内的外资项目核准制和外商投资企业设立变更审批制改为许可制；《外资负面清单2018》将不适用负面清单的例外情形限缩到文化、金融等领域且与行政审批、资质条件、国家安全等相关的措施；《外资负面清单2019》基本开放了制造业，服务业开放也得到稳步推进。就不符措施编制技术而言，编制标准均依照国民经济行业分类，列明了不同服务部门及其子部门中的市场准入或国民待遇不符措施，尽管还存在编制技术不成熟和透明度不足等问题，但纳入负面清单的不符措施整体在大幅减少，反映出我国外商投资领域服务市场逐步有序开放的趋势。

（二）外商投资基本法：从《外国投资法（草案征求意见稿）》到《外商投资法》

我国外商投资法律体系在过去很长一段时间内是投资法、商事组织法、政策法的混合体。尽管"外资三法"在改革开放初期发挥了巨大作用，但随着社会主义市场经济体制和中国特色社会主义法律体系的建立和完善，其规制范围和事项已不能适应新形势下对外开放的需要。2015年推出的《外国投资法（草案征求意见稿）》（下称"《外资法草案》"）的一大变化即将"三资企业法"时代区别对待内外资的"复合双轨制"立法转变为"简单双轨制"，并建立准入管理、投资促进、投资保护、投资管理、信息报告、安全审查等外商投资基本框架，除此之外的外汇、税收、公司法等制度则平等适用于内外资企业。

2018年中美贸易摩擦后，外商投资基本法的立法工作进入"快车道"。2019年3月15日通过的《外商投资法》延续了《外资法草案》的基本思路，但在条文篇幅、规制重心上进行了重大调整，更多表现为原则性规定，体现在以下几个方面。首先，《外商投资法》第4条从基本法层面确立了准入前国民待遇加负面清单管理制度。至此，外商投资逐案审批体制随着"外资三法"的废除理应停止适用，但由于国务院和商务部尚未出台新的管理办法，目前纳入负面清单的限制类外商投资仍将继续执行逐案审批制度。并且，由于《外商投资法》未对清单外的外商投资备案管理办法作出任何规定，在信息报告制度具体细则出台前，目前未列入负面清单的鼓励类和允许类外商投资也仍将执行商务部《外商投资企业设立及变更备案管理暂行办法》。其次，仅保留了有关信息报告、外资安全审查等涉及外国投资者管理的原则性规定，具体操作细则需另行制定。比如，尽管《外国投资法（草案征求意见稿）》对外商投资安全审查进行了较为详细的规定，但《外商投资法》并未保留这些规定，这可能与该法出台的急迫性和定位有关。因此，在国务院作出后续规定前，外资安全审查仍将继续执行2011年发布的《关于建立外国投资者并购境内企业安全审查制度的通知》、《商务部实施外国投资者并购境内企业安全审查制度的规定》，以及2015年的《自由贸易试验区外商投资国家安全审查实行办法》等。最后，着眼于增强发展的内外联动性，更加强调投资保护和投资促进，营造公平竞争的营商环境。《外商投资法》新增了许多外商投资企业的权益，如外商投资企业平等参与标准化工作、禁止利用行政手段强制技术转让等，更加强调依法依规办事①。对外资的保护与促进有助于营造公平开放的营商环境，在新形势下促进经济更高质量地发展。但是，《外

---

① 《外商投资法》中为外商投资企业新增的权益主要体现在投资保护和投资促进章节的第9条、第15条、第16条、第22条至第25条。

商投资法》在港澳台投资者是否适用本法、间接投资和 VIE 架构的监管、中国公民与外国投资者能否设立外商投资企业、"三资企业"五年过渡期、基于"外资三法"制定的文件效力等问题上并未明确进行规定，相关规则适用仍有待澄清。

三　中国跨境服务贸易领域的制度开放新发展：以上海自贸区为例

自贸试验区是我国深化改革和扩大对外开放的"试验田"。尽管上海自贸区早在 2013 年开启了外商投资领域的负面清单改革，但仅局限在商业存在模式，对跨境服务贸易三种模式的改革相对缓慢。即便是被认为代表内地对外开放最高水平的"CEPA 升级版"《粤港澳服务贸易协议》①，也仅将负面清单范围限于商业存在模式，对跨境服务贸易三种模式的承诺仍然采取的是正面清单方式。2018 年 9 月，上海市政府发布的《中国（上海）自由贸易试验区跨境服务贸易特别管理措施（2018 年）》（下称"《上海自贸区负面清单》"）和《中国（上海）自由贸易试验区跨境服务贸易负面清单管理模式实施办法》（下称"《实施办法》"）确立了我国投资与跨境服务贸易全方位对外开放的新格局。

（一）《上海自贸区负面清单》的亮点

《上海自贸区负面清单》作为全国首份对跨境服务贸易采用负面清单编制技术的文件，在跨境服务贸易定义、清单技术、禁止当地存在等方面具有亮点。

1. 首次对跨境服务贸易进行专门定义与规制

在《上海自贸区负面清单》出台前，我国缔结的区域或双边经贸协定

---

① 2015 年《内地与港澳更紧密经贸关系安排》（CEPA）服务贸易协议（简称为"《粤港澳服务贸易协议》"）。

均以 GATS 为模板，服务贸易章节的规制范围为国际服务贸易的四种模式。北美自由贸易协定（NAFTA）型国际经贸协定则将商业存在模式置于投资章节规制，跨境交付、境外消费、自然人移动这三种国际服务贸易模式则受到跨境服务贸易章节的规制。代表新一代国际经贸规则"风向标"的 CPTPP 和 USMCA 也延续了 NAFTA 模式。GATS 型和 NAFTA 型国际经贸协定的上述区别使得其不同章节对商业存在模式的规制也存在差异。有学者考察当时部分国际经贸协定后，按照这些协定的投资章和（跨境）服务贸易章在商业存在模式上的互动关系，划分出了不同的规制类型。也即，NAFTA 型经贸协定的投资章和（跨境）服务贸易章在商业存在模式上完全无互动或仅存在有限互动；GATS 型国际经贸协定的投资章和服务贸易章在商业存在模式上的互动关系更多样，分为共同规制型、设置关联条款型和沉默型。《上海自贸区负面清单》首次从 GATS 型国际服务贸易定义转向了 NAFTA 型跨境服务贸易定义，意味着未来我国缔结的国际经贸协定在章节设置、相应章节在商业存在模式上的互动均可能发生调整，应引起足够的关注。

2. 首次对跨境服务贸易采用负面清单编制技术

《上海自贸区负面清单》第 2 条和第 6 条等条款构建了跨境服务贸易负面清单管理制度的基本框架，要求与市场准入、国民待遇不符措施与当地存在要求纳入负面清单，未纳入清单的措施则遵循内外一致原则；有关国内法规可对《上海自贸区负面清单》进行修改调整或制定新措施①。尽管国内外对跨境服务贸易清单方式与服务市场开放的关系有不少针锋相对的意见，但通过负面清单开放服务市场较之正面清单方式的确更具制度优势。GATS 型和 NAFTA 型国际经贸协定的重要区别是对服务贸易和投资章节中国民待遇和市场准入核心义务的承诺方式，即前者通过正面清单进行承诺，后者通过负面清单表述不符措施。尽管 GATS 正面清单要求成员对承诺开放的部门或分部门一一列出，并列明对相关义务的限制，但许多成员的承诺表并未详细

---

① 《上海自贸区负面清单》第 2 条、第 6 条。

说明不一致的具体内容；GATS 也不会将新的服务部门自动纳入，这取决于成员是否对此追加承诺，因而外国服务提供者对这类服务部门受到何种待遇事先便难以得到相关信息。相反，采用负面清单通常意味着除非列入负面清单的不符措施，成员的所有部门都是完全准入。"所有部门"既涵盖国际经贸协定生效时现有的服务部门，也涵盖其生效后出现的新服务部门；"完全准入"要求对新的服务自动适用而不需要成员再进行额外承诺；"列出负面清单的不符措施"指列明对所承担义务的偏离，不仅透明度要求较高，且往往还需受静止条款（Standstill Clause）① 和棘轮机制（Ratchet Mechanism）② 的约束。可见，负面清单技术的上述优势使其不仅更能防止武断的保护措施，而且也能给予外国服务提供者更高透明度，从而使其获得更大程度自由化和更多确定性。正因如此，在贸易谈判中以负面清单载明服务贸易承诺义务的方式得到更多适用。

3. 首次引入禁止当地存在规则

根据上海自贸区跨境服务贸易负面清单管理制度，纳入《上海自贸区负面清单》的当地存在要求，由各部门按照相应规定进行管理；未纳入《上海自贸区负面清单》的当地存在要求，应在上海自贸区范围内对国内外服务提供者按照待遇一致原则进行管理。这是我国首次引入 NAFTA 型协定的禁止当地存在规则。若当地存在要求涉及国家安全、公共秩序、文化、金融、政府采购（下称为"敏感服务部门"），则仍按现行规定执行。对敏感服务部门的保留属于一般例外，即在应纳入《上海自贸区负面清单》但因为立法技术不成熟等原因而未纳入应该保留的当地存在要求时，可作为实施此类禁止当地存在不符措施的法律依据。比如，CPTPP 和 USMCA 通过第 10.7.1 条和第 15.7.1 条允许对当地存在措施进行保留，《韩美自贸协定》

---

① 静止条款要求对负面清单内维持的不符措施的修改、延续或更新不能比之前更加严格。基本目标是通过排除额外的或新的限制来确保不可逆转的自由化最低标准。

② 棘轮机制是与静止条款相关的动态机制，若被列入负面清单的不符措施在将来被修订减少了限制，该新的、更优惠的待遇将会成为停滞条款要求的基础。静止条款是棘轮机制的起点，任何新的自由化措施都会被"锁定"，随着时间推移也不能被撤销或废除。

（KORUS）中《不符措施附件 1 – 韩国》40 个服务贸易行业含多达 31 项的当地存在不符措施。应该说，《上海自贸区负面清单》反映了我国的跨境服务贸易规制从 GATS 型转向 NAFTA 型服务贸易协定的趋势，是对标 CPTPP 和 USMCA 等高标准国际服务贸易协定和进一步推动我国服务贸易自由化的重大举措。

（二）《上海自贸区负面清单》的不足与完善建议

尽管上海跨境服务贸易负面清单管理制度存在诸多亮点，体现出我国服务市场开放的最新发展，但也存在负面清单编制技术不成熟、"自然人移动"不符措施管理路径不明、清单编制标准未与国际接轨等问题。本部分将就这些问题进行阐述并提出相应的完善建议。

1. 负面清单编制技术不成熟

《上海自贸区负面清单》与 CPTPP、USMCA 等新一代国际经贸规则的负面清单相比存在以下差距：第一，尽管规定可修改或制定新措施的法律层级，但《上海自贸区负面清单》并未列出维持不符措施的政府层级和具体法律法规条文；第二，未对修改现有措施和制定新措施是否适用静止条款和棘轮机制予以明确；第三，未对特定政府层级维持的实质阻碍跨境贸易的不符措施规定磋商机制；第四，未对敏感服务部门不符措施制定专门的负面清单。对此，我国可以参考 CPTPP、USMCA 的负面清单技术，有步骤、有选择地逐步提高我国国际服务贸易负面清单的编制技术。此外，还可参考上海市金融服务办公室在 2017 年 6 月发布的《中国（上海）自由贸易试验区金融服务业对外开放负面清单指引（2017 年版）》（沪金融办〔2017〕137 号），该负面清单详细列举了不符措施的效力层级、措施来源和措施描述，是我国目前最接近国际标准的外资负面清单。在完善跨境服务贸易负面清单时，也可参考国家发改委和商务部在 2016 年发布的《市场准入负面清单草案（试点版）》（发改经体〔2016〕442 号）关于我国境内互联网领域涉及的禁止和限制投资经营的市场准入不符措施。

2. "自然人移动"不符措施管理路径不明

自然人移动主要涉及外国人就业和永久居留等问题。我国在对外签署的自由贸易协定（FTAs）中的自然人移动规则和承诺均未超出我国在 GATS 下的承诺，外国自然人来华就业许可制度无实质突破。即使是《粤港澳服务贸易协议》，其在实践中关于高端人才引进等人才流动措施存在的较大障碍仅次于税收措施。在上海跨境服务贸易负面清单制定过程中，有观点认为，外国自然人来华就业应纳入上海跨境服务贸易负面清单，否则可能造成外来劳动力大批涌入；也有观点认为不应将其纳入负面清单。尽管《上海自贸区负面清单》和《实施办法》在跨境服务贸易定义中提到自然人存在，但对是否将自然人存在纳入负面清单制度管理保持了沉默，仅《上海自贸区负面清单》列表中列有与自然人移动相关的禁止措施和职业资格认证限制等措施①。本文认为，在清单技术发生根本改变的情况下，如不澄清负面清单下自然人存在的管理路径，可能会出现"《上海自贸区负面清单》内未列出的自然人移动措施完全解除了市场准入限制"的文意理解，但这显然不符合立法者本意。对此，可效仿 CPTPP 第 10.2.4 条或 USCMA 第 15.2.4 条，在《上海自贸区负面清单》或我国未来将采取负面清单技术的 FTAs 跨境服务贸易章中增加一条："在另一缔约方国民寻求进入一缔约方就业市场或在一缔约方领土内获得永久就业方面，本章不对该缔约方施加任何义务，也不对另一缔约方国民在进入就业市场或获得就业方面赋予任何权利"。这样即便采取负面清单技术，至少也能维持我国在 GATS 等协定下对自然人存在的承诺现状。另外，考虑到优质外国服务提供者对提升东道国服务质量的优势，可继续放宽跨国公司内部商业人员自由流动以及高端人才流动条件，并强化资格相互承认等制度。

3.《上海自贸区负面清单》编制标准问题

《上海自贸区负面清单》和外资负面清单均依据国民经济行业分类，与国际通行分类规则不符。赞成按照国民经济行业分类编制负面清单的人认

---

① 如《上海自贸区负面清单》不符措施第 16 项、第 92 项、第 154 项。

为，这比国际谈判所使用的负面清单更加透明且更具备可操作性。但我国在 GATS 和已签署的双边 FTAs 下的服务贸易具体承诺均是以联合国核心产品分类目录（下称"CPC"，United Nations Central Product Classification）和 WTO《服务部门分类表秘书处注解》（下称"W/120"）为参照的。即便对商业存在模式采取负面清单的《粤港澳服务贸易协议》亦是如此。因此，如果未做好国内外分类标准的对应和解释，可能降低负面清单的透明度，形成新的非关税贸易壁垒。相对成熟的《外资负面清单（2019 年）》也缺乏解释方式和程序等完善的清单解释机制。对此，按照国民经济行业分类标准编制的《上海自贸区负面清单》与 CPC 和 W/120 等国际通行标准接轨有两大路径，一是对外签署服务 FTAs 时改用国际通行标准，二是仍采用国民经济行业分类，但厘清与国际通行标准的对应关系。不论采取何种路径，都会涉及不同标准间的对应或解释。因此，应探索国民经济行业分类与国际通行分类标准接轨之进路，厘清对应关系。工信部制定的 2015 年版《电信行业分类目录》按照国民经济行业分类编制，其末尾的注释规定了与我国 WTO 具体承诺表所列服务项目业务名称不一致时的对应关系。各服务主管部门可借鉴此种接轨路径，但这不仅耗时费力，而且解释主体法律位阶较低，还可能造成对应关系解释的混乱。《外资负面清单（2019 年）》说明第 8 条采用了解释机制，规定清单由国家发改委、商务部会同有关部门负责解释，一定程度上规定了负面清单的解释主体，但多部门解释可能造成权责不清，可择机在服务贸易发展部际联席会议制度中规定其解释负面清单的权力，并将其作为解释我国缔结的 FTAs 的主体。

四 服务市场制度开放新发展对城市经济的影响

中国服务市场的制度型开放有助于为中国城市进一步发展服务贸易、推动其产业转型升级发展奠定制度基础。通过将自贸试验区的服务市场制度型开放经验从区域推广到全国的城市，可促进中国特大城市与中小型城市参考借鉴国外与自贸区先进制度并利用自身优势或基础促进本市服务贸易发展。

例如，在《外商投资法》等法律与《上海自贸区负面清单》等规范性文件中规定的负面清单制度"非禁即准"精神下，中国城市往往因其拥有大量劳动力与消费者以及地理位置等优势，将进一步吸引更多未纳入负面清单的服务的外国服务提供者与外国投资者进入我国城市服务市场，促进我国城市服务贸易进一步发展与产业升级转型，提升我国的城镇化水平与城市国际化水平，并加速培育我国服务贸易的竞争力。并且，自贸试验区政策与城市发展规划政策具有一定的交叉关系。当一个城市被划入自贸试验区时可叠加享受到自贸试验区与城市规划发展的双重政策红利，吸引更多高精尖外国企业和总部入驻本市。例如，上海市作为最早的自贸试验区所在地之一，其强大的城市规划与建设政策，促成了其经济与服务贸易的高速稳定发展。且《上海自贸区负面清单》实施后，上海市的服务提供者原则上还将直接从中受益，因其可提供《上海自贸区负面清单》以外的其他所有跨境服务，有利于上海市跨境服务市场的进一步扩大开放，促进上海市的企业与服务提供者加速融入全球价值链。同时，这也有助于继续强化上海市较之国内其他城市在对外贸易上的领先地位并辐射周边其他城市，并为我国建设亚洲级乃至世界级城市与城市带提供制度经验。

此外，中国服务市场制度型开放与中国城市进行服务贸易制度创新、城市间协同发展是相辅相成、互相促进的关系。中国城市尤其是大城市可发挥服务业集群效应，是服务业创新发展的重要阵地，与自贸试验区一样都是推动我国服务业转型升级的重要试验平台。不论一城市是否处于自贸试验区内，均可根据自身经贸、区位等优势，不断推出进一步促进自身服务贸易发展自由化与国际化的试点或政策文件。例如，广州市立足自身在粤港澳地区的区位优势打造服务贸易重点示范基地，西安市则依托丝绸之路经济带打造"一高地六中心"，银川市依托其地理位置优势致力于建设中阿经贸先行区，杭州市依托其在电子商务领域的领先地位打造跨境电子商务综合试验区等。城市作为我国实施对外开放和合作的重要平台，可以点带面、与周边经济带内外联动协同发展，提升我国对外开放整体水平，并加速我国产业结构升级和经济高质量发展。尽管当一城市未处于自贸试验区内时，可能与自贸试区产生一定的竞争关系，但该城市可分析自身优势、进行合理定位与分工，与自贸试验区实现联动协同发展，为消除我国现行边境贸易壁垒和进一步扩大中国服务市场开放提供经验，从而进一步推动我国产业转型升级和经济高质发展。

参考文献

《关于中华人民共和国外商投资法（草案）的说明》，http：//www. npc. gov. cn/npc/xinwen/2019 – 03/15/content_ 2083626. htm，2019 年 3 月 8 日。

郭亮、单菁菁：《中国商务中心区发展报告 No. 3（2016~2017）——推动 CBD 创新智慧发展》，社会科学文献出版社，2017。

黄琳琳：《上海自贸区跨境服务贸易负面清单制定的法律问题》，《国际商务研究》2018 年第 1 期。

《上海市政府新闻发布会问答实录》，http：//www. shio. gov. cn/sh/xwb/n790/n792/n1038/n1062/u1ai18946. html，2019 年 10 月 9 日。

石静霞：《WTO 服务贸易法专论》，法律出版社，2006。

单文华：《外资国民待遇及其实施条件》，《中国社会科学》1998 年第 5 期。

余劲松：《中国发展过程中的外资准入阶段国民待遇问题》，《法学家》2004 年第 6 期。

臧公庆：《我国外商投资立法修订的整体思路——兼评商务部〈外国投资法（草案征求意见稿）〉》，《经济法学评论》2015 年第 15 期。

张光南、黎叶子、伍俐斌：《粤港澳服务贸易自由化"负面清单"管理的问题与对策》，《港澳研究》2016 年第 2 期。

Marie-France Houde，Akshay Kolse-Patil and Sébastien Miroudot："The Interaction Between Investment And Services Chapters In Selected Regional Trade Agreements"，OECD Trade Policy Working Paper，No. 55，2007，6 – 22.

Shen Wei：Evolution of Non-discriminatory Standards in China's BITs in the Context of EU-China BIT Negotiations，*Chinese Journal of International Law*，（2018）17（3）：799 – 840.

UNCTAD：International Investment Agreement：Flexibility for Development，UNCTAD/ITE/IIT/18，2000.

WTO："Services Sectoral Classification List Note by the Secretariat"，MTN. GNS/W/120，July 10，1991.

B.14
优化城市营商环境的改革
探索、问题和对策

苗婷婷[*]

摘　要： 十八大以来，党中央和国务院切实推进"放管服"改革，优化营商环境，以激发社会主义市场经济的活力，促进国民经济的持续健康发展。各地城市政府在营商环境的市场化、便利化、法治化和国际化层面，不断进行制度创新、改革探索，取得了显而易见的成效。与此同时，由于我国市场经济建立较晚，营商环境与先进国家相比，还存在一定的差距，为应对日益严峻的国际经济形势和国内经济下行的压力，城市决策管理者须总结过去几年"放管服"改革的经验，继续优化营商环境，以保持经济的平稳持续健康发展。

关键词： 营商环境　市场化　便利化　法治化　国际化

一　前言

进入新时期，我国面临的国际形势日益复杂，国内经济下行压力加大。党的十八届三中全会在《中共中央关于全面深化改革若干重大问题的决定》中提出，要加快推进"放管服"改革，优化营商环境，激发国内市场活力，

---

* 苗婷婷，中国社会科学院城市发展与环境研究所博士后，奥克兰大学博士，主要研究领域为城市治理、农民工市民化、公共政策等。

促进社会经济持续健康发展。自 2013 年全面改革至今，"优化营商环境"越发成为公共治理领域流行的热门话题，受到学术界和各地城市政府管理者的普遍关注。在党中央和国务院的战略引领下，很多地方城市政府及相关部门积极进行探索创新，从营商环境的市场化、便利化、法治化和国际化四个层面进行了大刀阔斧的改革，取得了显著成效。

二 优化营商环境的制度创新和改革探索

营商环境是一个国家和地方社会经济发展的制度性安排，其优劣程度直接影响市场主体的活力、生产要素的聚散和经济实力的强弱。自 2001 年开始，世界银行便成立营商环境小组，制定营商环境评价指标体系，从 2003 年连续十几年发布《全球营商环境报告》，对世界各国或各地区的营商环境指数进行计算和比较，进而督促各国优化国内经济环境，促进民营企业的发展，并为全球投资者了解投资选地的商业环境提供客观依据。十八届三中全会以来，我国很多城市认识到优化营商环境的重要性，不仅重视世界银行的指标体系，从经营活动的便利化和法制化两个层面进行制度创新和改革路径探索，着力提升企业的运营效率。另外，城市政府还依据我国国情，从国际化和市场化的角度解放思想、开拓创新，注重营造安全稳定的宏观经济，调节市场经济条件下的政商关系，全面优化营商环境。因此，研究我国城市优化营商环境的制度创新和改革探索，可从市场化、便利化、法治化和国际化四个层面进行概括总结、系统剖析。

（一）城市营商环境市场化的制度探索

促进城市营商环境的市场化，是指尊重市场规律、构建新型政商关系，加快信用体系建设，激发民营经济的活力和要素市场的发育。

1. 建设"亲""清"的政商关系，营造风清气正的市场环境

2016 年 3 月，习近平总书记在全国政协十二届四次会议上提出构建我国"亲""清"新型政商关系。在习近平新型政商关系思想的引领下，很多

城市以"亲""清"二字为标尺，通过构建清单制度，努力廓清政府与市场的边界，对"法无禁止"的行业废除额外设置的门槛，消除对民营企业和外资的歧视待遇；规范行政审批制度和收费制度，降低企业开办和经营成本；对接商事制度改革，向事中事后监督转变，落实企业主体责任；健全对行政权力的监督制约机制，细化、量化行政机关的自由裁量权。通过深化改革，城市政府的"亲民度""便民度""透明度"和"廉洁度"不断提高，城市政商关系健康指数持续提升。

2. 加快信用体系建设，不断完善社会主义市场经济体制

城市是社会信用体系建设的主要阵地。党的十八大以来，随着全面改革的开启，很多城市不断创新信用管理制度，全面推进社会信用体系建设，取得了一系列重要进展，杭州等城市被评为社会信用体系建设示范城市。在社会信用体系建设中，示范城市不断完善信用信息归集共享机制，统一的社会信用代码在各领域广泛应用，信用信息共享平台可公开查询信用信息，通过黑红名单制度落实守信激励和失信惩戒制度，信用信息应用范围不断扩大，信用服务机构健康发展。此外，示范城市还进一步强化组织考核机制，扩大宣传，开展信用惠民等活动，大大提升了群众的信用习惯和城市的信用水平。

3. 激发民营经济的活力，提高市场化水平

民营经济是推动城市经济高质量发展的重要载体。改革开放至今，党对民营经济的地位和作用的认识不断深化。在习近平新时期社会主义思想的引领下，多地城市政府坚持"两个毫不动摇"，通过实施增值税减税政策、降低社保费率政策、所得税优惠政策等，切实减轻了企业负担；通过创新融资产品、融资方式、贷款方式及发展基层金融机构等措施有效缓解了民营企业融资难的问题；在注册登记、投资建设和生产经营环节深化放管服改革，为民营企业的繁荣发展提供了便利。

4. 发育要素市场，发挥市场在资源配置中的决定性作用

随着市场经济的发展，城市管理者开始在国民经济发展中注重要素的市场化配置，不断降低政府对劳动力、土地、资本和技术等生产要素的干预程

度，推动生产要素的市场化进程，建立竞争、开放、有序的社会主义市场体系。举例来说，在劳动力市场化配置改革方面，很多城市为激发自身发展活力，深入推进户籍制度改革，打破城乡、地区和行业分割，促进人力资源的合理流动，尊重市场主体在人才使用上的自主权，依法保障外国工作人员的合法权益；在土地出让市场化方面，土地招拍挂成为城市土地市场上土地出让的主流方式；很多城市大力发展技术市场，促进科技成果向产业的高效转移，比如在技术交易链条上，各节点技术交易中介机构的服务职能不断完善，综合各节点的集成式服务平台得以建立，科技融资、技术交易规则、竞价交易操作细则、专利技术拍卖、专利技术评价估值、国有科技成果转化管理、技术成果转化的简化审批机制和激励机制等陆续完善。

（二）城市营商环境便利化的制度探索

促进城市营商环境的便利化，是指降低对各类经济活动，包括开办企业、获得施工许可、获得电力等公用设施、注册登记、纳税和跨境贸易等监管的复杂程度，减少企业的费用支出。近几年，各地城市政府及相关部门通过提高政务服务水平和质量、实行商事制度改革、加快行政审批制度改革等，着重打造一流的、便利化的营商环境，以保障城市的高质量发展。

1. 提供便捷高效的政务服务，降低企业经济活动的制度成本

为降低企业制度交易成本，推进高质量发展，很多城市从政务服务设施、服务流程、服务效能及评价标准等方面进行了改进和优化，大大改善了政务营商环境。在政务服务设施建设上，在全国各级城市基本实现了综合性政务服务大厅全覆盖，城市行政区内的各类政务服务事项可在政务服务大厅一站式办理，网上平台推广范围有所扩大，各市场主体和群众可通过城市政府、各部门的政务服务平台在线办理相关业务，有的城市还开通了政务服务移动端，利用移动互联网提供方便可及的政务服务；在政务信息数据开放共享方面，截至去年10月底，通过国家共享数据交换平台，已形成覆盖中央71个部门、31个省份的全国政务服务一张网，开通了1000多个数据共享服务接口；政务服务流程不断优化，在政府服务大厅和网上政务服务平台的基

础上，很多城市相关部门间通过并联审批等逐步探索部门间协调机制，通过减少前置审批事项、调整审批时序等优化审批流程，通过施行告知承诺制等优化审批监管模式，大大提高了政府行政管理的服务效率；政务服务标准化体系建设取得重要进展，试点省份通过试点改革，在标准体系建设、标准政策制定、标准化创新平台和示范项目的打造、标准化综合协调推进机制等方面取得了很多可供推广的经验；政务服务监督和评价机制逐步建立，多地政务服务大厅和门户网站的监督窗口为听取社会意见、接受群众监督提供了渠道，政务服务评价制度和行政机关的绩效考核正逐步挂钩，为提高政府服务效能提供了制度保障。

2. 深化商事制度改革，为服务民营经济高质量发展提供便利

自进行商事制度改革以来，很多城市政府先后实行了多项改革措施，成效明显。比如，登记制度改革成效明显，注册资本实缴登记制改为认缴登记制，"先证后照"改为"先照后证"，住所（经营场所）登记条件有所放宽，名称预先核准改为自主申报，电子营业执照与纸质营业执照通用，市场准入门槛大幅降低，登记注册便利化不断提高；在办理破产方面，积极探索与人民法院统一的协调机制，统筹推进破产程序中的业务协调、信息共享等工作；在企业变更和登记制度改革上，企业变更和注销办理流程逐步优化，申请材料有所减免，办理时间不断压缩，办理成本有所降低；在税费制度改革中，税务机关持续优化纳税服务，精简办税资料和流程，减少申报缴税次数，压缩纳税时间，逐步实行全程网上办税，不断扩大电子发票使用范围，涉企收费不断规范，人民政府及其有关部门、行业协会商会按照规定逐步实现了收费目录清单的公开、公示，政府和行业管理与自律不断强化；在公用事业服务方面，不断优化公用事业报装审批流程，压缩办理时间，降低接入成本，大大提升了政府部门和公用事业企业的办事效率。

3. 深化投资审批制度改革，营造便利化的投资营商环境

很多城市按照"放管服"改革的总体背景，纷纷制定改革方案，就我国投资项目审批，尤其是工程建设项目审批制度的优化完善进行了创新性探索。具体看来，在优化审批流程上，按照"多规合一"、"一张蓝图"的原

则明确城市规划的总体发展目标，建立规划协作平台，以统筹项目的开展，通过项目分类、差别化管理、部门协作、并联审批等措施再造、优化审批流程，提高审批效率；整合审批事项，利用"减"、"并"、"调"等多种手段，将审批事项的数量降到最低，使得审批事项的时序安排合理化；转变管理方式和服务理念，充分发挥建设单位的主体责任、政府部门的平台服务和第三方机构的数据保障作用，从而实现效能的最大化；改变监管方式，更好地发挥市场在资源配置中的作用，政府部门将监管模式从规范市场主体"资格"向规范市场主体"行为"转变，即从注重前置审批转为侧重事中事后监管，从而使政府监管更加高效、企业投资更加便利。

（三）营商环境法治化的制度探索

促进城市营商环境的法治化，强调法治理念和法治机制对保障城市社会经济健康可持续发展的重要意义，即通过规范法律政策的制定和执行、完善监管机制等手段，保护公平竞争的市场秩序，维护投资者的合法权益。

1. 立法和执法机制向科学化发展，法律体系逐渐健全

目前，多数城市人民政府及相关部门在制定行政规章和规范性文件时注重法律依据，合法性审核机制和规范性政策文件的统筹协调机制逐步建立；注重听取市场主体、行业和律师协会的建议，广泛征求社会意见；法律政策公布后，政策咨询和解答渠道向社会公开，法律政策的公开、宣传和反馈机制不断完善。在完善执法方面，各地城市政府日益重视严格规范行政机关和行政人员的执法程序，以保障自由裁量权的正确实施，提高执法水平。

2. 创新监管方式模式，市场监管水平持续提升

很多城市政府及相关部门不断创新监督监管方式，通过实施"双随机、一公开"的监管机制和信用监管等手段，注重将监管模式向事中事后监督转变，通过联合检查、综合监管执法等完善监管协调机制，通过包容审慎监管、重点监管等有针对性的监管措施，鼓励新业态的发展，对特殊领域进行风险把控，通过"互联网＋监管"，推动监管信息的共享，降低了监管风险。

（四）营商环境国际化的制度探索

城市营商环境的国际化，强调构建开放型的经济体制，建立符合国际规则的市场经济运行体系，与世界前沿对标。这不仅是我国改革开放的需求，也是我们优化营商环境软硬件的最高标准。近些年来，很多城市，尤其是大城市围绕优化营商环境，不断深化体制机制改革，扩大对外开放领域，构建与国际接轨的经贸投资规则，整体营商环境正在大步迈向国际领先水平。

1. 扩大对外开放领域，构建开放型的经济体制

2019 年 3 月，我国出台了《中华人民共和国外商投资法》，在自贸区试点经验的基础上，在全国推广外资企业准入前国民待遇和负面清单管理制度，在金融、医疗、电信等重点领域进一步加大了开放力度，深化了现代服务业的对外开放，取消先进制造、化工、汽车等重点制造领域的外资准入限制，加大力度消除区域空间、经济形态和产业行业上的各种保护主义，释放了外国企业在城市的经济活动空间。

2. 接轨国际，制定公平、高效透明和便利化的经贸和投资规则

在提供公平的投资环境方面，《外商投资法》的制定、准入前国民待遇和负面清单管理制度的推行降低了国外资本在国内城市市场的进入门槛，消除了在不同产业领域和行业领域的各种保护主义，以知识产权保护为重点的法治建设，法律的修订、普及、援助和执行，为外资提供了公平的竞争环境；在经贸和投资细则上，通过流程优化、数字化升级等方式提升了服务效率和透明度；通过深化商事制度和投资贸易便利化改革，在城市开办企业、办理施工许可证、获得水电气网等公用设施、登记财产、注册商标、申请专利、获得信贷、保护中小投资者、纳税、跨境贸易、执行合同和办理破产等方面积极探索更加详细的、可操作的规章制度，提高了外商投资、贸易通关、工程建设、工商管理等领域的工作效率。

三 城市营商环境存在的问题

近年来，虽然我国各地城市政府非常重视营商环境的优化和提升，在营

商环境的市场化、便利化、法治化和国际化层面，不断进行制度创新、改革探索，取得了显而易见的成效，但是，由于我国市场经济推行较晚，营商环境与先进国家相比还存在一定的差距。

（一）在营商环境的市场化方面，政府与市场的边界尚未厘清，政府公共服务能力有待提升

计划经济时代，我国社会经济资源绝大部分掌握在政府手中，形成了过分依赖政府的制度惯性。随着市场经济制度的建立，各地城市政府努力克服路径依赖，通过转变职能、简政放权，减少政府这只有形的手对市场的过分干预，使市场在资源配置中发挥决定作用。但是，政府作为行政体制改革的主体或主要力量，刀刃向内、加强自身改革具有一定的难度和阻力。

在主观上，受路径依赖和官本位思想的影响，很多城市政府和有关部门不愿放权，利用行政审批强化其寻租行为，旧的审批事项被削减压缩后，又以新的、不必要事项的形式重新设计出来，使得审批程序难以大幅简化、优化；在管理服务过程中，部分政府公务人员还存在服务意识不强，存在在工作中拖拉推诿、故意刁难等现象，为企业和群众办事带来了很多阻力，不利于市场的公平和高效运转。在优化营商环境的制度实践中，政府职能转变不彻底，在社会经济管理中越位和缺位的现象仍然存在。其中，职能越位现象屡见不鲜，城市政府受利益驱动，为刷新政绩搞城市建设，利用手中职权干预市场的现象不在少数，为提高城市财政收入，政府乱收费和增加企业投资成本的现象也十分普遍。另外，政府职能缺位的现象尚未改变，比如政府相关部门还存在办事效率低、监管过程中的协调不力、互相推诿等现象，这些都说明政府对市场的监管职责落实不到位、公共服务质量不高、管理效能低下，无法充分满足群众对公共服务的需求，不利于维护良好的市场经济秩序。

（二）在营商环境的便利化方面，市场准入门槛较高、审批管理程序复杂，影响了企业投资建设和群众创业的积极性

经济活动对商机具有非常高的依赖性，但商机常常是灵光一现、转瞬即

逝的，因此，为提高营商环境的便利性，城市主管部门必须尽量简化办事流程，消除制度障碍，最大限度地为企业争取时间，令其把握商机，促进社会经济和商业的快速发展。

而在有的城市和地区，政府及相关部门在市场和产业准入、项目补贴、信贷融资等方面对民营企业存在歧视现象，使民营企业担负了更高的竞争成本，打击了民营企业投资兴业的积极性。比如，在很多地方政府的 PPP 项目招标中，地方政府故意设置针对民营企业的政策壁垒，明确表示不愿与民营企业合作；银行的某些信贷项目要求民营企业接受更高的兜底条款或担保责任等等。因此，民营企业面临更高的准入门槛、更多的隐形壁垒，这影响了企业参与经济活动的积极性。另外，商事制度和审批制度改革仍不彻底，不利于提高企业办事的便利程度。比如，在制度设计上，"一站式"审批是城市行政服务中心的核心原则，但是在实践中，行政服务中心所承担的实质性审批职责不足，行政审批事项纳入不全，个体工商户的营业执照和税务登记证"三证合一"、工商登记全程电子化、电子营业执照、"证照分离"等制度均有待落实；在管理机制方面，政务服务中心在审批事项、进驻机构、管理方式上存在不一致的问题；在部门协调上，由于部门利益的存在，部门间信息壁垒的问题难以解决，即相关部门虽然统一在一个办事大厅集中办公，但是各单位部门在业务、功能、资源上仍然存在分割现象，各部门为考虑自身利益，避免原有的行政权力流失，在业务出现交叉之时会形成互不信任与"信息孤岛"的现象；最后，被派驻在政务服务中心工作的办事人员由于其人事关系、工资福利、绩效评估等都在原单位，只有具体工作归中心管理，办事员缺乏对服务中心的归属感、认同感，影响了公务人员的办事效率与效果。

（三）在营商环境的法治化方面，营商法律体系不健全，执法水平较低

完善的营商法律体系是规范市场运行的前提和保障。近年来，各城市领导者非常重视营商环境的法治化，在法律法规体系建设、执法水平的提高等

方面做出了不少努力。但是，当前我国营商法律体系仍不健全，执法水平仍然较低，影响了企业投资的信心和良好市场秩序的构建。

其一，营商法律体系不健全。改革开放后，通过建章立制，我国社会主义市场经济法律体系取得了突破性进展，为保障社会经济的有序发展提供了法律保障。但是，客观来讲，我国的法律层次较多，但具体到各行业领域，规范营商环境的法律层次较低、刚性不足，使法律的权威性大打折扣；一些领域的立法滞后于技术进步和社会经济发展的步伐，无法满足实践需要；立法过程中，合法性审核机制不健全，导致部分法律之间相互矛盾，互相冲突；约束政府权力的法律法规不健全，在很多地方，政府利用行政手段干预地方经济发展的现象仍十分突出，影响了企业的公平竞争，滋生了很多腐败问题；产权保护制度不到位，私有财产权和知识产权的保护制度有待完善，相关政府部门的产权保护意识有待加强，产权保护机构需继续完善，纠纷协调能力需进一步提高。

其二，在我国当前城市营商环境法治化建设过程中，很多地方行政执法部门依法行政和依法执法水平较低。很多行政执法部门执法不公、程序不规范、以权谋私和滥用职权的现象仍然不在少数，依法公正执法的问题没有得到解决；另外，执法部门在管理执法过程中，戴着有色眼镜对待非公有制企业，认为非公有制企业的诚信缺失问题更严重，所以在管理和服务非公有制企业的过程中，重检查、重处罚、轻服务，影响了非公有制企业的发展活力。

（四）在营商环境的国际化方面，我国大部分地方的营商环境与国际先进水平相比仍有较大差距

营商环境的国际化，侧重于通过扩大开放和交流，消除内外资壁垒，调整产业结构，加强创新驱动等，进一步刺激我国中高端产品的研发和经济的中高速增长，是优化营商环境的最终目标。我国进入新时期，很多大城市的经济开放程度进一步提高，但与国际一流的营商环境相比，还有很大差距。

比如，首先，由于我国进入市场经济的时间较短，营商环境的市场化水平与市场发达的国家相比还有待提高。其次，在营商环境的便利化方面，按

照世界银行的指标体系，我国营商环境（以北京和上海为评价样板）在过去一年获得很大改善，世界排名从第 78 位上升至第 46 位。但与世界其他先进国家和地区相比，我国营商环境的便利性还有很大的提升空间，比如，我国办理施工许可证和纳税两个指标在世界的排名分别为第 121 位和第 114位，这代表在我国开办企业，部分程序用时过长，时间成本过高，营商环境的便利性有待突破。再次，在营商环境的法治化方面，我国知识产权保护仍然滞后。按照世界知识产权组织的统计数据，目前我国国际专利申请排行第2，企业的技术创新能力和综合实力有了很大提升，但是与新加坡、美国、新西兰等国家相比，我国对知识产权的保护不够，知识产权法律保障体系不健全，纠纷协调机制不完善，导致我国山寨现象屡禁不止，知识产权的维权成本过高，严重打击了企业的技术创新积极性。最后，出于历史原因和其他因素的影响，我国的营商惯例和法律法规与世界通行规则还有很多不一致的地方，在市场准入、跨境贸易、行政审批等领域与先进国家和地区，比如新加坡、新西兰、美国和欧盟等相比，仍存在门槛过高、程序过于复杂的现象，这些问题说明我国营商环境的国际化水平不高，各大城市在参与国际贸易和国际竞争中仍有较大劣势。

四　优化城市营商环境的对策建议

最近几年，我国经济运行总体平稳。但受外部环境挑战和经济下行压力的影响，未来几年我国面对的形势更加严峻，不稳定和不确定因素逐步增加，风险和挑战比以往更多。对此，各地城市政府必须总结过去几年"放管服"改革的经验，继续深入推进优化营商环境改革，以保持城市经济的平稳运行。

（一）发挥市场在资源配置中的决定性作用，继续构建以服务为导向的新型政务营商环境

改革开放的经验表明，我国经济能够取得世界瞩目的成就，主要贡献来

自市场。因此，我们需尊重市场的地位，发挥市场在资源配置中的决定性作用。在全面深化放管服改革、优化营商环境的背景下，城市政府需要进一步找准定位，加快理念和职能转变，推进简政放权，通过完善督察、评价和问责机制等，为城市经济发展提供高效优质的政务环境。

具体来说，政府部门要转变理念，改变过去"全能政府"的理念，通过简政放权赋予企业和社会更大的自主权，通过引进负面清单制度，减少不必要的干预，通过外部监督，为经济主体提供公平竞争的发展环境；以服务为导向，政府部门要学会换位思考，充分尊重市场主体的真正需求，提高服务效率，改善服务，完善政务服务评价机制，以提高企业的获得感为最终目标，打造服务型政府；建立约束机制，政府自身要加强自我约束，健全权力清单制度，做到"有求必应、无事不扰"，建立起清晰的政企边界；继续深化考评制度改革，完善营商环境评价指标体系和考核体系，建立开放式评价评估机制，通过运用第三方评估机构、多种评估方式对政务服务情况开展考评，同时强化考核结果运用；建立督查问责机制，明确优化营商环境改革的进度安排和责任分工，定期开展落实情况专项督查，问责机制要常态化和制度化，实现政府服务水平的不断提升。

（二）深入推进审批制度和商事制度改革，提高企业办事的便利程度

提高企业办事的便利程度，即提高政府和企业的工作"效率"，节约制度成本，这主要体现在审批制度改革和商事制度改革两个层面。

在审批制度改革方面，城市政府需全面推行"一个窗口"受理和限时办结制度，进一步精简事项、优化流程，公开政府各部门审批事项清单，参照《行政许可标准化指引》进一步规范审批服务全过程；实行事前宽进、事中快办、事后严管的审批与监管模式，进一步为企业赋权，加大企业在经济活动中的决定权；继续推进"互联网＋审批"改革，从横向和纵向两个维度打造大数据全系统审批平台。在横向上，实现审批数据在各部门之间的互联互通；在纵向上，实现中央与地方政府以及地方政府之间审批数据的共

享，逐步实现大部分审批事项网上办理。再就是，继续推进商事制度改革，加强商事管理基础性立法，就商事登记行为的具体内容、实施流程、办理手续、所需材料等方面都做出详细、统一的规定；持续推进"证照改革"，在传统整合工商、质监、税务"三证合一"的基础上，再整合社会保险和统计登记证，实现"五证合一、一照一码"，降低创业准入的制度性成本，最后全面推行"多证合一"，为市场主体创造良好的环境；完善市场退出机制，尽快完善企业简易注销登记制度，简化办理注销登记手续，压缩审理环节，运用互联网技术进行电子化改革，提高工作效率；加强信息共享与业务协同，实现相同信息"一次采集、一档管理"，避免让企业重复登记、重复提交材料，提高市场主体的运营效率；运用现代化信息科技努力推进"一网通办"，加快实现一网通办、就近能办、异地可办，使更多事项可不见面办理，确需到现场办的要"一窗受理、限时办结"、"最多跑一次"，不能让烦琐证明来回折腾企业和群众。

（三）不断完善法治建设，用法制为一流的营商环境护航

进入新时代，全球竞争压力不断扩大，我们须针对自身法治状况进行改革，进一步提升我国各城市营商环境的法治化水平，降低经济活动的制度性交易成本，促进经济的转型升级和高质量发展。

展开来说，城市立法者要进一步健全营商环境法律体系，从当前我国的社会经济发展需求和发展水平出发，借鉴国际市场经济的通行规则，吸收各市场主体的意见，尊重利益相关者的诉求，建立适合我国社会主义市场经济的法治体系，完善各项制度和规范；不断优化法律的实施机制，在法律的制度设计上注重可操作性，减少法律制度的干扰、抵制或扭曲空间；完善法律救济机制，通过优化矛盾纠纷的表达、调解、仲裁和诉讼等制度设计，保护利益主体的合法权益和市场秩序。为提高行政执法者的执法水平，我们还需进一步提高城市执法者的法治观念，充分尊重非公有经济主体的合法权利，做到法律面前人人平等、公平公正执法；加强对政府行政执法权力的制约，构建公开透明、严格高效的行政权力监督体系，完善监督问责制度，对徇私

枉法、以权谋私等执法违法行为进行严厉惩治；制约行政执法者，保证政府依法行政。

（四）对标国际一流，建立与国际接轨的营商规则体系，同时扩大开放，引领全球化的新进程

国际化的营商环境代表一个国家或地区开展国际交流与合作、参与国际竞争的软实力。在新时期，我国面临的国际经济局势日益严峻，投资保护主义兴起，TTP、TTIP等排他性区域协定再次抬头。新时期新起点，我们应主动与世界接轨，发展更高层次的开放型经济，主动承担责任，引领全球化的新进程。

一方面，我们要在规则体系、产业体系和文化理念上与国际接轨。为实现规则体系与世界接轨，我们需进一步理顺政府与市场的关系，尽快落实负面清单管理制度，扩大投资开放，深化贸易监管制度改革，提高贸易的便利化水平；以国际通用的行业规范和管理标准严格要求自己，鼓励企业参与制定标准，支持企业平等活跃地参与国际竞争；进一步优化法治环境，加快统一内外资法律法规，实行外资企业准入前和准入后国民待遇，完善知识产权保护相关法律法规，提供稳定、公平、透明、可预期的发展环境。在产业体系的国际化方面，我们要深入了解国际产业布局和科技发展趋势，调整产业结构，大力发展战略型新兴产业和知识密集型产业。在文化理念上，我们需提供高质量的公共安全环境、优质的公共服务、多元包容的文化氛围，提升城市的文化品质和开放程度。另一方面，我们要继续推进自贸区建设。在现有自贸区的基础上，我们要继续增加试点城市，利用自贸区的制度优势，打破国际贸易壁垒，提高全球化贸易水平；与此同时，我们要不断扩大与世界各国和各地方的经贸往来，通过"一带一路"建设，充分发挥我国在资金、基础设施建设、工业、技术等方面的优势，加强互联互通与贸易合作；继续加强与发达国家、新兴经济体及其地方的对接，实施更加开放的经济大循环战略，建设互利共赢、多元平衡的经济体系。

参考文献

满姗、吴相利：《国内外营商环境评价指标体系的比较解读与启示》，《统计与咨询》2018 年第 3 期。

《发改委公布社会信用体系建设四大成果》，2018 年 9 月 6 日，http：//www. mnw. cn/news/cj/2056324. html。

国家发改委：《社会信用体系建设重点领域专项治理成效显著》，信用中国网站，2019 年 1 月 23 日。

《首批社会信用体系建设示范城市名单公布》，信用中国网站，2018 年 1 月 9 日。

张辉：《土地市场化改革城乡一体化突破》，《中国国土资源报》2018 年 3 月 26 日。

黄晓艳：《让技术交易更加市场化——访中国技术交易所总经理郭书贵》，《高科技与产业化》2014 年第 1 期。

彭向刚、马冉：《政务营商环境优化及其评价指标体系构建》，《学术研究》2018 年第 11 期。

宋林霖、何成祥：《优化营商环境视阈下放管服改革的逻辑与推进路径——基于世界银行营商环境指标体系的分析》，《中国行政管理》2018 年第 4 期。

国内案例篇

Chinese Experience Chapters

B.15
推动新时代粤港澳大湾区融合
创新发展：基础、问题与对策

单菁菁　张卓群*

摘　要： 粤港澳大湾区是习近平总书记亲自谋划部署的国家战略，旨
在推动粤港澳地区深度合作，打造世界一流湾区城市群，在
国家经济迈向高质量发展和全方位开放中更好发挥引领作用。
本文分析了三地在区域协同发展方面存在的问题和障碍，提
出要加强基础设施互联互通，打造粤港澳大湾区 1 小时快速
交通圈，推动世界级国际航运物流中心建设；构建粤港澳产
业协同发展体系，共同打造产业转型升级先导区，进一步提
升市场一体化水平；建设国际化科技产业创新走廊和创新中

---

* 单菁菁，中国社会科学院城市发展与环境研究所城市规划研究室主任、研究员、博士，主要
研究方向为城市与区域发展规划、城市与区域经济等。张卓群，中国社会科学院城市发展与
环境研究所助理研究员，博士，主要研究方向为数量经济学、城市经济学。

心，围绕重点产业完善科技创新链，建设人才合作示范区；打造"一带一路"交通物流枢纽，共建"一带一路"文化经贸交流平台；充分发挥三地比较优势，大胆创新合作模式，形成互惠互利互补的协同发展机制，实现粤港澳大湾区的融合创新发展。

关键词： 粤港澳　大湾区　产业协同发展

湾区经济是以湾区自然地理条件为基础、以发达的港口物流运输为依托，逐步发展形成的一种滨海型区域经济形态。通常情况下，湾区经济具有便捷的港口运输、发达的国际交通网络、开放的经济结构和高效的资源配置，产业链条相对完善，集聚辐射能力很强，是国际经济版图的重要构成。从国际层面看，那些发展条件最好、经济最繁荣活跃、最具竞争力的世界级城市群，大多聚集在海湾地区，是带动全球经济增长的重要引擎（单菁菁，2017）。

粤港澳大湾区由珠江入海口周边的海湾区域构成，主要包括珠江三角洲地区（以下简称"珠三角"）的广州、深圳、东莞、佛山、珠海、江门、中山、惠州、肇庆9座城市和中国香港、澳门两个特别行政区。粤港澳大湾区是习近平总书记亲自谋划部署的国家战略，旨在推动粤、港、澳深度合作，打造一个可与纽约、东京、旧金山等大湾区相媲美的世界一流湾区城市群，在中国经济迈向高质量发展和全方位开放中发挥引领作用。

在推进粤港澳大湾区建设的过程中，如何发挥三地各自的比较优势，形成互惠互利互补的协同发展机制，实现粤港澳地区融合创新发展，是现阶段迫切需要研究的命题之一。本文立足于粤港澳大湾区的历史责任与战略使命，首先分析粤港澳地区融合发展的基础与优势，继而分析找出当前存在的主要问题，最后基于上述分析，提出推动粤港澳大湾区融合创新发展的总体思路和对策建议。

一 粤港澳大湾区担负的战略使命

2014 年深圳市政府工作报告首次提出"湾区经济"概念，2017 年粤港澳大湾区建设被正式写入党的十九大报告和两会政府工作报告。2018 年《粤港澳合作框架协议》出台，明确提出要将粤港澳大湾区打造成为国际一流湾区和世界级城市群，在国家经济发展和深化开放中发挥引领作用。同年，中央成立粤港澳大湾区建设领导小组，港澳特首第一次被纳入中央决策领导组织。2019 年初中共中央、国务院正式发布《粤港澳大湾区发展规划纲要》，明确指出建设粤港澳大湾区，既是新时代推动形成全面开放新格局的新尝试，也是推动"一国两制"事业发展的新实践（中共中央、国务院，2019）。这一系列举措意味着粤港澳大湾区建设已被正式列入国家战略，在中国经济进入新常态、迈向高质量发展进程中，被赋予特殊的历史使命与战略担当。

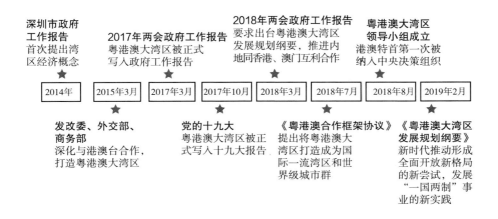

图 1 粤港澳大湾区的相关政策演进

资料来源：作者根据相关文件整理。

（一）新时代推动形成全面开放格局的新举措

建设粤港澳大湾区是新时代推动形成全面开放新格局的新举措。我国

正处于深化改革、扩大开放、加速转型的关键时期，而包括港澳在内的珠三角地区一直走在我国改革开放的最前沿，有着深刻的改革基因、坚实的开放基础、活跃的创新文化和强大的经济实力，建设粤港澳大湾区有助于进一步发挥该区域的独特优势，促进开放式经济发展，加快形成全面开放的新格局，在我国迈向高质量发展中更好发挥引领作用（单菁菁，2017）。

（二）促进"一国两制"深化发展的新实践

建设粤港澳大湾区是促进"一国两制"深化发展的新实践。21世纪以来，粤港澳地区经济社会联系更加广泛和紧密，已经从最初的产业合作进入到全面协同发展的新阶段。建设粤港澳大湾区，就是要在"一国两制"的背景下，坚守"一国"之本，用好"两制"之利，深入探索粤港澳地区的合作共建，进一步深化港澳地区与大陆的经济社会联系，促进港澳地区经济多元化和拓展经济腹地，保持香港、澳门长期繁荣稳定发展。

（三）引领中国经济高质量发展的新引擎

建设粤港澳大湾区是引领中国经济高质量发展的新引擎。当前中国经济进入新常态，内部面临转型升级的需求，外部面临新贸易保护主义的挑战。迫切需要根据新时期的新形势，搭建新平台，发掘新动能。通过建设世界级湾区城市群，进一步优化粤港澳地区的经济空间组织关系，提升区域资源要素配置效率，更加深刻地融入世界经济体系，有助于在更高水平参与国际竞争与合作，把握和抢占国际经济产业链、价值链的制高点，为中国经济迈向高质量发展注入新动力、培育新引擎。

二　粤港澳大湾区融合发展的基础与优势

我国拥有渤海湾、杭州湾、北部湾等湾区，其中粤港澳大湾区是我国现有各湾区中发育程度最成熟的地区。中国香港是具有全球影响力的国际金融中心，珠三角地区拥有雄厚的制造业基础，深圳有着强大的创新创业实力，已经兼具了纽约湾区（金融中心）、东京湾区（先进制造业基地）和旧金山湾区（创新中心）的主要功能。据统计，2015年粤港澳大湾区的地区生产总值达到1.3万亿美元，是旧金山湾区经济总量的2倍；进出口贸易额约1.5万亿美元，是东京湾的3倍以上；总经济体量接近纽约湾区的水平（彭澎，2016）。从当前的发展情况看，粤港澳大湾区在制度建设、产业基础、交通区位、文化积淀和人力资源等方面都已具备了打造世界一流湾区的基础与条件。

（一）"一国两制"和改革开放前沿的政策优势

粤港澳大湾区是中国改革开放的最前沿、"一国两制"的实践区，1980年设立深圳特区、珠海特区，2009年设立横琴新区，2010年设立前海深港现代服务业合作区，2012年设立南沙新区，2014年设立中国（广东）自由贸易试验区，2015年设立珠三角国家自主创新示范区，2019年设立深圳中国特色社会主义先行示范区等，被赋予国家级特区、新区、自主创新示范区、自由贸易试验区、区域合作示范区、特色社会主义先行示范区等一系列改革开放示范任务，拥有改革开放创新先行先试的政策集成优势（单菁菁，2017）。

（二）现代服务业与先进制造业集聚的产业优势

香港是著名的国际金融中心、航运中心和国际自由贸易港，金融服务业、商贸物流业、商务服务业和会展旅游业等现代服务业高度发达。

澳门是与蒙特卡洛、拉斯维加斯齐名的世界三大赌城之一，也是全球知名的旅游目的地，旅游业、酒店业、娱乐业等长盛不衰。

珠三角是全球最大的制造业基地之一，具有发展先进制造业的坚实基础（见表1）。其中，广州自古以来就是华南地区的政治、经济和文化中心，除了汽车、石化、电子信息三大传统支柱产业外，电力热力生产供应、电气机械及器材制造、批发零售、金融、房地产、租赁和商务

服务、交通运输等多个产业集群规模均超过千亿元，目前正致力于 IAB（新一代信息技术、人工智能、生物医药）和 NEM（新能源、新材料）等战略性新兴产业的发展；深圳是我国四大金融中心之一，也是"四新"经济（新技术、新产业、新业态、新模式）发展最活跃的地区，高新技术企业累计超过 1.1 万家，拥有华为、中兴、腾讯等行业"巨无霸"企业，是全国第一个被联合国教科文组织评为"设计之都"的城市，也是高新技术成果产业化的重要基地；珠海拥有电子信息、生物医药、家电电气、电力能源、石油化工和精密机械制造六大支柱产业，目前正在加快发展新一代信息技术、高端装备制造、绿色低碳、生物医药、数字经济、新能源、新材料、海洋经济等战略性新兴产业；佛山是我国近代民族工业的发源地之一，工业门类齐全，轻工业尤为发达，家用电器、光机电一体化、电子信息及装备制造、陶瓷及建材、纺织服装、化工医药等十大行业产值占工业总产值80%以上，被列为国家制造业转型升级综合改革试点城市；中山是国家历史文化名城，传统优势产业包括灯饰、五金、家电等，目前正在积极培育高端装备制造业、新一代信息技术产业和健康医药产业 3 个千亿元新兴产业集群；东莞被誉为"广东四小虎"之首，民营制造业非常发达，拥有电子信息制造、服装鞋帽制造、电气机械设备制造、食品饮料制造、纸制品制造等五大支柱产业，以及家具、化工、包装印刷、玩具及文体用品制造等四大特色产业；惠州是客家文化发祥地之一，拥有电子、石化两大支柱产业，目前正在大力发展新能源汽车、环保新能源、工业新材料等战略新兴产业和中高端先进装备制造产业；江门是粤港澳大湾区与粤西连接的重要交通枢纽，其一方面在改造提升机电、纺织、食品、建材等传统优势产业，另一方面在重点打造轨道交通装备、汽车制造及零部件、船舶与海洋工程装备等新型制造业，力争把江门打造成为珠西战略的主战场和珠三角新的增长极；肇庆是广东省的传统农业大市，目前正在积极发展现代农业，同时还提出用 5 年时间打造新能源汽车、先进装备制造、节能环保 3 个超千亿元产业集群。

表 1　粤港澳地区产业分布状况

城市	支柱产业	重点发展产业
广州	汽车、石化、电子信息、电力热力生产供应、电气机械及器材制造、批发零售、金融、房地产、租赁和商务服务、交通运输	IAB（新一代信息技术、人工智能、生物医药）、NEM（新能源、新材料）
深圳	金融、物流、文化、高新技术	生物、新能源、互联网、文化创意、新材料、信息技术、节能环保
珠海	电子信息、生物医药、家电电气、电力能源、石油化工、精密机械	新一代信息技术、高端装备制造、绿色低碳、生物医药、数字经济、新能源、新材料、海洋经济
佛山	装备制造、家居	新能源、军民融合及电子信息、智能制造装备及机器人、新材料、食品饮料、生物医药及大健康
中山	灯饰、五金、家电	高端装备制造、新一代信息技术、健康医药
东莞	电子信息、电气机械及设备、纺织服装鞋帽、食品饮料加工、造纸、玩具及文体用品、家具、化工、包装印刷	新一代信息技术、高端装备制造、新材料、新能源、生命科学和生物技术
惠州	电子、石化	新能源汽车、环保新能源和工业新材料、高端先进装备制造
江门	机电、纺织服装、电子信息、食品、造纸、建材	轨道交通装备、汽车制造及零部件、船舶与海洋工程装备
肇庆	农业、金属加工、电子信息、汽车零配件、食品饮料、生物制药、林产化工	现代农业、新能源汽车、先进装备制造、节能环保
香港	金融、商贸物流、商务服务、会展旅游	—
澳门	博彩业	旅游业

资料来源：依据各地政府工作报告和产业发展规划等官方资料整理。

　　总体来看，粤港澳大湾区具有现代服务业与先进制造业集聚的产业优势，港澳与珠三角城市之间的产业互补性较强、经济实力雄厚。2018 年，粤港澳大湾区的地区生产总值高达 10.9 万亿元（见表 2），其以占全国不足 6‰的国土面积，创造了全国 12% 的 GDP。

表 2　粤港澳大湾区经济发展情况（2018 年）

城市	土地面积平方千米	地区生产总值（亿元）	服务业比重（%）	社会消费品零售总额（亿元）
香港	1106.3	23957.5	88.6*	—
澳门	32.8	3600.0	93.0*	—

续表

城市	土地面积（平方千米）	地区生产总值（亿元）	服务业比重（%）	社会消费品零售总额（亿元）
广州	7249.3	22859.4	71.8	9256.2
深圳	1997.5	24222.0	58.8	6168.9
珠海	1736.5	2914.7	49.1	1160.6
东莞	2460.1	8278.6	51.1	2905.6
佛山	3797.7	9935.9	42.0	3287.5
江门	9506.9	2900.4	44.5	1407.6
中山	1783.7	3632.7	49.3	1490.8
惠州	11347.4	4103.1	43.0	1479.0
肇庆	14891.2	2201.8	49.0	866.7
合计	55909.4	108606.1		

资料来源：根据各城市 2018 年度国民经济与社会发展统计公报、香港特别行政区政府统计处、澳门特别行政区政府统计暨普查局、世界银行相关数据进行整理；＊表示 2017 年数据。

（三）背靠大陆、连接港澳、面向东盟的区位优势

粤港澳大湾区背靠大陆，连接港澳，面向东盟。从大湾区出发，通过海洋运输往东可直达中国台湾和海峡西岸经济区，往西可直抵北部湾经济区和东南亚各国，往北通过南广铁路、贵广铁路、武广高速铁路等陆路交通可快速连接湖南、湖北、江西、贵州等广阔的中国内陆腹地，是国际国内物流运输航线的重要节点和"21 世纪海上丝绸之路"的重要枢纽（单菁菁，2017；陈恩等，2019）。

（四）四通八达的海陆空立体交通网络优势

粤港澳大湾区滨江临海、河网密布，机场和港口资源丰富。区域内拥有5 个国际机场（香港、澳门、广州、深圳、珠海），2018 年旅客吞吐量超过2 亿人次，货邮吞吐量超过 800 万吨，运输规模已经超过伦敦、纽约、东京等世界级机场群，位于全球各大湾区机场群之首（阮晓波，2019）。同时，

粤港澳大湾区还拥有香港港、广州港、深圳港、珠海港、东莞港、中山港等一批优质港口，是目前世界上水深条件最好、通过能力最大、最繁忙和最高效的区域性港口群，是全球供应链上主要的港口枢纽区域之一。其中深圳港、香港港、广州港都是世界上集装箱吞吐量排名前10的国际性大港（见表3），区域港口集装箱吞吐量居世界第一，达到世界三大湾区总和的5倍以上。

表3　粤港澳大湾区主要港口及机场运输情况（2018年）

城市	港口货物吞吐量（万吨）	旅客吞吐量（万人次）	同比增速（％）	货邮吞吐量（万吨）	同比增速（％）
香港	25854	7474	2.5	509.2	3.1
澳门	—	826	15.2	4.2	10.7
广州	59396	6972	5.9	189.0	6.2
深圳	25127	4935	8.2	121.9	5.1
珠海	13799	1122	21.7	4.6	24.1
合计	124176	21329	—	828.9	—

资料来源：根据中国民航局官网、各机场官方网站等相关数据统计，以及2018年中国主要港口吞吐量排名，中港网，http://www.chineseport.cn。

粤港澳大湾区内高速铁路网、高速公路网密布，城际交通发达，特别是港珠澳大桥建成通车后，更使长期被珠江相隔的东西两岸形成了完整的交通闭环，有效促进了区域经济要素的流动，增进了珠江两岸的交流合作，极大提升了粤港澳三地的互补功能和人民生活往来的便利性，也为大湾区内机场群、港口群的协同发展奠定了坚实的基础。四通八达的海陆空立体交通网络使粤港澳大湾区具有运输快捷、物流成本相对较低的突出优势（单菁菁，2017）。

（五）兼具华侨、英语和葡语三大基因的文化优势

自秦汉以来，随着海上丝绸之路的不断发展，广东岭南地区作为始发地和通商大港，一直是海内外文化交流的重要平台，逐步形成了开放、

兼容、务实、创新的岭南文化。而珠三角自古以来就是我国进行海外贸易和海外移民最早最多的省份，拥有江门、中山等著名侨乡，再加上香港、澳门的特殊历史，更使该区域兼具了华侨文化、英语文化和葡语文化三大文化基因，成为连接"21世纪海上丝绸之路"沿线国家的重要文化纽带。

（六）人力资源密集区和人才高地优势

截至2018年，粤港澳大湾区总人口规模已经超过了7100万人，分别是纽约湾区的7.5倍、东京湾区的4.7倍和旧金山湾区的8.3倍，人力资源储备丰富，市场容量潜力巨大。同时，粤港澳大湾区也是著名的智力密集区和人才集聚高地，各类高校和专业研究机构云集，有着香港大学、香港中文大学、香港科技大学、澳门大学、中山大学等众多名校。据不完全统计，该区域拥有全球排名前100的高校4所，985大学2所，211大学5所，仅在校大学生和研究生就至少超过了200万人，平均每30多人中就有1名在校大学生或研究生，劳动力综合素质高，国际化高端人才储备丰富（见表4）。

表4　粤港澳大湾区人口规模和人才储备情况（2018年）

单位：万人

城市	总人口	在校大学生数量	城市	总人口	在校大学生数量
香港	748.6	—	佛山	790.6	12.4
澳门	66.7	—	江门	459.8	5.6
广州	1490.4	108.6	中山	331.0	5.7
深圳	1302.7	10.4	惠州	483.0	4.0*
珠海	189.1	13.9	肇庆	415.2	6.9*
东莞	839.2	12.1	合计	7116.3	179.6

注："—"表示具体统计数据暂缺。目前，珠三角9市的在校大学生约合180万人（其中，惠州、肇庆为2017年数据），如再加上研究生（硕士、博士）以及香港、澳门地区的高校在校生，粗略估算该区域的在校大学生和研究生总数至少超过200万人。

三 粤港澳大湾区协同发展面临的主要问题

（一）三地社会制度差异阻碍经济深入交流

香港、澳门实行资本主义制度，内地实行社会主义制度。"一国两制"的伟大创举从长远来看对缓解社会矛盾、维护祖国稳定、实现民族复兴大有裨益。不过不同社会制度的差异在客观上的确加大了三地之间经济的交流成本。法律制度方面，内地与澳门属于大陆法系，香港属于英美法系。法律体系的差异为处理经济问题、解决经济纠纷带来了壁垒与成本。货币系统方面，内地使用人民币作为法定货币，香港和澳门则分别使用港元和澳门元作为法定货币。货币系统的差异为三地经济往来增加了结算成本，增长了企业在长期经营中的汇率风险。贸易往来方面，粤港澳三地存在三个独立关税区，客观上对资源在三地之间的自由流动产生了阻碍。此外，粤港澳三地在行业准入、税制、人才政策等方面同样存在差异，如何理顺三地资金流、物流、人流存在的问题，提高经济运转效率，是目前迫切需要解决的问题。

（二）三地思想文化差异增加融合发展难度

从文化渊源来看，粤港澳三地文化都属于中华文化的有机组成部分。香港、澳门均有超过百年的殖民历史，两地在近代以来又深受西方文化影响，成为中西方文化的汇集之地，因此港澳人民的思想及生活方式与内地具有了一定差异。长期的殖民统治，加之港澳长期以来经济发展水平高于内地，这就致使部分港澳人民对内地缺乏认同感和归属感。港澳回归以来，随着三地交流逐步增多，这种趋势有了很大的改善，但是不可否认，文化交流不够顺畅对三地产业融合发展具有一定的阻碍作用。

（三）协调机制匮乏导致产业发展各自为政

从产业的演进阶段来看，目前粤港澳大湾区正处于由工业向服务业转型

的关键阶段，结合大湾区产业发展的具体状况来看，目前现存产业同质化突出、发展产业差异化不明显、有效协调机制未能建立等问题亟待解决。

现存产业方面，整个粤港澳大湾区基本以制造业为主，即便是广州、深圳以服务业为主的城市，其制造业同样也占有相当高的比重。现存产业中，汽车、电子、石化、轻纺等产业在多个城市均有布局，粤港澳区域内同质产业的竞争较为严重，部分行业产能过剩的倾向较为明显。

发展产业方面，各城市基本将重点放在战略性新兴产业方面，当然这种趋势符合经济发展规律。不过各城市之间缺乏有效协调机制，各自发展各自为政，致使新材料、新能源、装备制造等项目在各地重复上马，造成了行政资源、财政资源、人力资源和土地资源的极大浪费。以产业集群、产业链思维构筑的城市间产业精细化分工制度有待形成。

（四）新时期三地经济发展面临不同瓶颈

2008 年金融危机爆发至今，全球经济整体仍处于低迷状态，需求不足、产能过剩态势进一步增强，中国经济也由高速增长进入到中高速增长的新常态，迈入高质量发展的新阶段。在此背景下，粤港澳经济发展均面临不同瓶颈。

香港方面，随着大陆地区的对外开放，外贸经济的蓬勃发展，上海、深圳的金融中心建设，广州港、深圳港等港口的快速发展，互联网经济和跨境电商的冲击，等等，香港的国际金融、航运、贸易中心地位都受到不同程度的挑战。

澳门方面，博彩业长期"一业独大"，澳门经济发展和公共财政均高度依赖于博彩业的发展，而博彩业的高利润又吸附了绝大多数金融资本和优质资源，对其他产业产生了明显的挤出效应和抑制效应。作为微型经济体，澳门经济本来受外部环境的影响就很大，博彩业"一业独大"更增加了其经济风险，降低了可持续发展能力。

珠三角方面，随着中国经济进入新常态和高质量发展的新阶段，传统制造业迫切需要转型升级，城市建设和经济发展质量迫切需要提升，但珠三角很多城市在科技、人才、创新能力、管理能力和国际化水平等方面都存在不同程度的短板。

四　推动粤港澳大湾区融合创新发展的对策建议

当前全球经济格局风云变幻，中国经济正在快速崛起，并日益步入世界经济体系的核心。无论是应对外部挑战，还是自身可持续发展的需要，中国经济都迫切需要发掘新的增长动力，培育新的经济引擎，谋求更高质量的发展。在此背景下，规划和建设粤港澳大湾区，以开放性、创新性的"湾区"思维，进一步深化粤港澳之间的全面合作，共同打造更具竞争力的国际一流湾区和世界级城市群，是新时期国家赋予粤港澳大湾区的历史使命，也是战略要求，为此必须加快推动粤港澳大湾区融合创新发展。

（一）加强基础设施的互联互通

加强香港、澳门与珠三角及大陆其他地区的交通联系，强化基础设施的互联互通，以建设世界级国际航运物流中心为目标，打造沟通内地、连接港澳、辐射海内外的现代化立体综合交通体系。

首先，打造粤港澳大湾区1小时快速交通圈。推动区域交通一体化发展，进一步优化和完善粤港澳大湾区城际快速轨道交通网和高速公路网布局，加快推进广深港高铁、深中通道、粤澳新通道等重点项目建设，提高港珠澳大桥的管理利用效率，在大湾区内建立起以轨道交通为主、公路交通为重要补充的快速交通网络，打造1小时便捷交通圈。

其次，加强大湾区与粤东西北中心城市和泛珠三角周围省份的交通联系。加快推进广湛、赣深高铁和广汕、深茂、肇江珠铁路等重点工程建设，引导粤东西北地区加快融入粤港澳大湾区经济生活圈，更好承接大湾区经济发展的辐射带动。同时，串联珠三角、长三角、海西城市群、北部湾和东盟贸易区等重要区域，进一步拓展粤港澳大湾区的经济发展腹地。

最后，推动世界级国际航运物流中心建设。依托区域内的五大国际机场

和优质港口，加强世界一流空港群和港口群建设，强化港口、机场、铁路、公路等各种运输方式的无缝衔接和一体化发展，不断提升区域信息化基础设施水平，粤港澳携手共建世界级国际航运物流中心。

（二）构建粤港澳产业协同发展体系

立足粤港澳大湾区不同城市的资源禀赋和产业优势，以优化产业链、提升价值链为目标，推进区域产业链式发展、互补发展、协同发展，逐步形成区域产业集聚发展格局和协同发展体系，实现区域经济转型升级和高质量发展。

一是深化粤港澳现代服务业合作。深化服务业合作，是构建粤港澳产业协同发展体系的重要内容。2017年商务部、国家发改委等13个部门共同发布的国家《服务贸易发展"十三五"规划》提出，"深入推进粤港澳服务贸易自由化，提升对区域服务贸易发展的辐射带动力……努力把泛珠三角建设成为引领华南、携手港澳、辐射东南亚、面向全球的服务贸易发展高地和综合服务枢纽"。粤港澳服务业合作的需求和市场潜力巨大：香港要巩固提升其国际金融、航运、贸易三大中心地位，需依托珠三角作为直接经济腹地和进入内地市场的重要桥梁，通过与珠三角及内陆其他地区合作发展服务贸易，不断拓展其服务业发展空间，提升专业服务枢纽地位，更好融入国家经济发展大局，如依托其金融服务优势，成为中国企业在海外最重要的上市融资中心、最重要的人民币离岸结算中心和最重要的国际资产管理中心等；澳门要解决博彩业"一业独大"和发展空间有限的问题，应发挥自身在娱乐业、酒店业、旅游业等方面的优势，与大湾区共同打造世界级旅游休闲目的地，同时利用资金、文化和服务业发达等优势，深度参与粤港澳大湾区建设，最大限度地拓宽发展空间，促进澳门经济适度多元化可持续发展；珠三角要推动传统制造业转型升级，需充分利用香港、澳门在金融、商务、法律、咨询、国际贸易等方面的国际化、专业化服务优势，引进和开展生产性服务业的深度合作，通过发展生产性服务业，进一步带动制造业转型升级，从而构建和形成更具竞争力的先进制造业集群和现代服务业基地。

二是共同打造产业转型升级先导区。立足珠三角雄厚的产业基础和临海临港优势，借助港澳发达的生产性服务业和金融资本优势，加快推动珠江东岸电子信息产业带和珠江西岸先进装备制造产业带建设，紧紧围绕《中国制造 2025》和新时期产业前沿，重点发展科技含量高、市场前景好、关联带动性强的电子信息产业集群、先进制造业集群、海洋产业集群和临港工业产业集群等，着力培育新一代信息技术、生物技术、节能环保、高端装备、新能源、新材料等战略性新兴产业集群，加快推动珠三角由"制造业大区"向"制造业强区"转变。充分发挥大湾区各地各市的产业比较优势，培育形成错位发展、互为补充、利益共享的产业链，协同共建产业转型升级先导区，联合打造更具国际竞争力的现代产业聚集区，加快向全球价值链的高端环节迈进。

三是进一步提升市场一体化水平。由于粤港澳分属不同的独立关税区，不断提升其市场一体化水平至关重要。从目前来看，市场开放程度相对滞后、一体化程度不足，仍然是阻碍粤港澳产业深度合作和协调发展的重要制约。如最新版《内地在广东省向香港开放服务贸易的具体承诺》中，在教育、金融、会计等专业服务领域仍然有 130 多项限制性措施，在电信、文化及跨境服务领域仍然实行正面清单管理。为此建议：率先将广东自由贸易试验区的开放政策扩大到整个大湾区，率先实现对港澳服务业开放的全面突破（迟福林，2018 年）；率先在大湾区将港澳资本纳入内资范畴，实现港澳资本在市场准入与经营范围上与内资企业"一视同仁、平等对待"；尽快改变部分服务领域的正面清单管理模式，在负面清单制定中赋予粤港澳大湾区更大的自主权；扩大金融业对港澳开放，推动粤港澳人民币信贷市场对接，建立粤港澳货币结算系统，形成人民币与港币、澳币联系汇率制度，逐步实现人民币在粤港澳大湾区的自由流动、自由兑换；建立粤港澳金融风险共同防范机制，推动粤港澳市场标准、行业标准与管理规则的对接，加快推进区域市场一体化进程；提高三地通关便利化水平，促进人员和货物往来便利化，进一步提升资源要素配置效率，打造更具竞争力的国际一流营商环境。

（三）建设国际化科技产业创新中心

从发展规律看，全球湾区经济一般呈现由港口经济、工业经济向服务经济、创新经济逐渐演化的过程，并在创新发展中释放出巨大的经济增长潜力。粤港澳地区拥有众多亚洲一流学府、科研机构、国家级实验室和企业实验室，香港、深圳、广州具有较强的原始创新能力，港澳具有很强的全球创新资源配置能力，珠三角各市具有极强的科技成果转化生产能力，未来应把科技创新作为粤港澳大湾区的主攻方向，携手共建一个世界级、国际化的科技产业创新中心。

一是加快营造创新生态系统。充分发挥粤港澳地区高端人才聚集、创新资源丰富的优势，联手共建粤港澳大湾区创新共同体，统筹利用粤港澳和国际国内科技创新资源，完善合作机制，搭建创新平台，创新合作模式，营造更加自由开放、有利于激发创新创业的生态环境，构建国际一流的创新创业生态体系，鼓励粤港澳成立联合实验室，围绕重点产业加强高新技术的研发应用，并同步开展相关领域的基础科学研究，逐步把粤港澳大湾区建设成为全球领先的科技创新中心。

二是围绕重点产业完善科技创新链。粤港澳地区是国际重要的金融中心、商贸中心、航运中心、物流中心和制造业中心，拥有相对完备的产业要素和产业链条。未来可围绕区域的核心产业及其发展需求，积极吸引和对接全球创新资源，建设以"广—深—港—澳"为核心的科技创新走廊，围绕重点产业发展组织开展科技攻关和创新，不断完善产业创新链，逐步提高科技创新成果的转化水平和效率，鼓励支持新技术、新思维、新经济、新业态的发展，加快形成以创新为驱动、以科技为引领的经济体系和发展模式。

三是推动建设人才合作示范区。高效利用区域内不同城市的竞争优势，如香港的金融优势、科技研发优势，澳门雄厚的资金实力，华南地区的高端制造业、信息技术产业优势等，着力吸引国际化高端人才；加快构建粤港澳三地人才综合管理平台，鼓励大湾区各市、各地区根据自身发展需求和特点，引进和培养所需的科技创新人才、组织管理人才、投资运营人才等；加快推进粤港澳职业资格互认试点，逐步取消对港澳专业科技人员的执业、从业等各类限制；允许港澳专业技术人员到珠三角地区提供专业技术服务，鼓励港澳人才到大湾区就业创业，也允许港澳地区吸收珠三角专业人员赴港澳工作；积极推行高端人才绿卡制度，让高端人才的跨地域流动和发展更加便利化。

四是建设智慧城市、智慧湾区。以数字化、智能化为核心，建设具有良好连通性，智慧、高效的智慧城市、智慧湾区，搭建各类开放式智慧创新平台，促进人才、技术、资本、信息、创意等各种创新资源的充分流动和高效配置，推动科技创新活动从以技术发展为导向、科研人员为主体、实验室为载体的传统模式，转向以用户为中心、以社会为舞台、以共同创新、开放创新、大众创新、万众创业为特点的社会参与式创新，更好地激发社会创新潜能，更有效地推动知识和创新的转化、应用、共享和扩散。

（四）打造"一带一路"重要枢纽和平台

湾区经济因湾而聚、依港而生、靠海而兴，天然具有开放性特征。应充分发挥粤港澳大湾区"背靠大陆、连接港澳、面向东盟"的区位优势，用好用足华侨文化、英语文化、葡语文化三大文化纽带，不断加强与21世纪"海上丝绸之路"沿线国家在基础设施方面的互联互通，在经贸文化领域的交流合作，把粤港澳大湾区建设成为全方位、多层次、复合型的"一带一路"合作平台和重要枢纽。

首先，打造"一带一路"交通物流枢纽。粤港澳大湾区背靠大陆、面向南海，处于国际航线的要冲位置。同时，粤港澳大湾区内的广州、东莞也是国际物流陆路运输骨干——中欧班列的始发站之一。应充分发挥区域内国际机场和优质港口集聚、铁路网和公路网密布的优势，打造一个优势互补、资源共享、陆海空衔接、辐射亚太、面向全球的世界级综合枢纽港，使之兼具"一带一路"航空枢纽、航运枢纽、多式联运枢纽和现代物流管理中心的职能。同时，加强与"一带一路"沿线城市基础设施的互联互通，共建港口联盟、空港联盟或数字联盟等，共同推动"一带一路"空中走廊、海上走廊和数字走廊建设，更好地融入和服务"一带一路"发展。

其次，共建"一带一路"文化经贸交流平台。粤港澳大湾区是中国与"海上丝绸之路"沿线国家进行海上文化经贸往来距离最近的经济发达地区，且兼具华侨文化、英语文化、葡语文化三大文化纽带，是连接"海上丝绸之路"沿线国家的重要桥梁。应充分发挥大湾区的独特优势，深化大湾区与"海上丝绸之路"沿线国家在经贸、文化、能源、基础设施、环境保护等领域的交流合作，支持大湾区企业开展国际产能合作和"走出去"，在更高层面参与国际合作与竞争。

（五）不断创新粤港澳大湾区合作模式

粤港澳大湾区建设标志着粤港澳地区从以"经济特区"为主要平台的"前店后厂"式合作、以 CEPA 为基础的传统服务业合作，正式进入到以高度开放为特征、以服务贸易自由化为导向的全新合作阶段，迫切需要根据新时期的新要求，进一步优化合作平台，创新合作模式。

首先，提升优化合作平台。继续推进广州南沙新区、深圳前海深港现代服务业合作区、珠海横琴粤港澳紧密合作示范区等粤港澳重大合作平台建设，充分发挥其在推动改革、扩大开放、鼓励创新、深化合作中的先行示范作用，大胆试、勇敢闯，积极探索成功经验并复制推广；加快推进港深创新及科技园、江门大广海湾经济区、粤澳全面合作示范区等合作平台建设，进一步拓展粤港澳合作空间，优化提升合作载体，引领带动区域融合创新发展。

其次，不断创新合作模式。以往的新区、合作区等合作模式，多采用大陆地区单方面规划－建设－管理－招商引资的模式，而港澳地区在其中往往处于"被招商""被引资"的被动地位。为提升港澳参与大湾区建设的积极性，促进粤港澳地区深度合作，建议可进一步创新合作模式：①共建产业园区。借鉴新加坡苏州工业园区和中新天津生态城的合作模式，由粤港澳三方或粤港、粤澳双方在珠三角选择适宜地块合作共建产业园区，共同建立管理机构，让港、澳方面直接参与园区规划、建设、管理、主导产业选择和招商引资等工作，更好地发挥港澳的主动性和积极性。②飞地经济合作模式。由珠三角提供土地，由香港或澳门直接承租，合作区的规划、建设和产业选择等主要由港方或澳方决定，管理机构由香港、澳门与广东政府共同组成，双方或三方谈判制定互利共赢的利益分配方案。③城市新区合作模式。由粤港澳合作建设城市新区，推动经济社会一体化发展，城市新区的主体功能是发展先进制造业或现代服务业，但同时也适度发展文化、教育、医疗、休闲、娱乐、餐饮、住宿等公共服务和相关配套产业。城市新区的规划、建设、管理以及利益分配办法，由参与建设的粤港澳三方或双方按照互利共赢原则协商制定。城市新区既是所在城市的有机组成部分，可以借助港澳的资金、技术和现代化管理经验加快发展；又在一定程度上相当于香港、澳门城市空间的延伸，可以解决港澳地区人口过度密集、发展空间狭小的桎梏。

（六）逐步完善区域合作体制机制

在粤港澳大湾区合作共建的过程中，既要充分发挥三方的比较优势、形成发展合力，又要确保"一国两制"的实践"不动摇""不走样"，因此加强区域合作体制机制建设至关重要。

一是创新合作体制机制。支持广东全面深化改革，在落实CEPA的基础上，进一步拓展合作领域，深化合作内容，逐步将粤港澳合作从经贸领域拓展到社会、文化、生态、环境等更多领域，在经济合作、文化交流、社会治理和环境保护等方面大胆探索，推动主要合作区域和重点领域的体制机制创新，以点带面，全面深化合作；畅通社会公众的参与渠道，积极鼓励和吸纳内地和港澳各界代表及专家，参与粤港澳大湾区建设发展的研究讨论和决策咨询。

二是完善协调机制。在《粤港澳大湾区发展规划纲要》框架下，充分发挥粤港澳大湾区建设领导小组的作用，定期召开工作会议，协调解决大湾区发展中的重大问题和重要合作事项；建立港澳与珠三角各市的联席会议制度，加强沟通协调，共同协商解决大湾区发展中遇到的具体问题，确保大湾区建设顺利进行。

三是强化实施机制。由国家发改委根据《粤港澳大湾区发展规划纲

要》，制定任务台账和年度工作重点，报粤港澳大湾区建设领导小组审议通过后，由广东省人民政府和香港、澳门特别行政区政府共同推动落实。三地政府应建立推进粤港澳大湾区发展的日常工作机制，指定牵头负责部门，推动规划实施，保证任务落实。

参考文献

单菁菁：《粤港澳大湾区：中国经济新引擎》，《环境经济》2017 年第 7 期。

中共中央、国务院：《粤港澳大湾区发展规划纲要》，中华人民共和国中央人民政府网，http：//www. gov. cn/zhengce/2019 – 02/18/content_ 5366593. htm。

彭澎：《以"湾区"思维提升大珠三角的发展》，《羊城晚报》http：//views. ce. cn/view/ent/201612/16/t20161216_ 18754754. shtml，2016 年 12 月 16 日。

陈恩、刘熙龄、于倩文：《粤港澳大湾区城市群建设的优势、瓶颈与路径研究》，《城市观察》2019 年第 1 期。

阮晓波：《紧抓粤港澳大湾区建设机遇推进广州第二机场建设》，《广东经济》2019 年第 6 期。

迟福林：《粤港澳大湾区：关键在加快服务贸易一体化》，《经济参考报》2018 年 9 月 10 日。

B.16
经济转型下的京津冀城市群协同发展研究

付梅臣　邸梦雅 *

摘　要： 在经济转型的带领下京津冀协同发展虽卓有成效，但依旧存在诸多弊端。本文通过文献资料分析，结合当前发展进程，在功能定位的基础上依次分析了协同发展在产业、生态、交通三大重点领域的发展历程，探究协同发展重点领域对城市群房价的影响。从研究结果来看，三省（市）的功能定位虽已确定但仍有部分尚未真正实现：2014 年之后，产业转移的方向多向发展，转移的结构不断优化，产业合作在功能定位的基础上以产业链为形式展开，在产业协同发展中逐步实现产业转型；京津冀区域生态建设初步格局大致形成，生态环境协同治理要求在区域之间逐渐统一，防污联防联控机制和横向生态补偿试点不断完善；交通运输体系及网络格局已初具规模，运输服务与管理一体化有序进行。此外，协同发展战略还拉近了京津冀城市群的房价网络联系，改变房价地位。总体来说，京津冀协同发展在这三大重点领域已经从蓝图变为现实，在未来发展中，应继续加快建设步伐，建立健全相关机制，具体落实

* 付梅臣，中国地质大学（北京）土地科学技术学院，教授，博士生导师，研究方向：土地利用与评估；邸梦雅，中国地质大学（北京）土地科学技术学院，硕士研究生，研究方向：土地利用与规划。

相关政策，同时要关注河北"短板"问题，通过网络分析视角为京津冀城市群房价的健康持续发展提供有效的建议。

关键词： 京津冀城市群　产业转型　生态环保一体化　交通一体化

一　引言

作为我国北方重要的经济增长极，京津冀城市群是带动全国经济转型的重要发展区域。2014 年京津冀协同发展上升至国家战略层面，推动京津冀一体化进入经济转型的全新发展阶段，随后的《京津冀协同发展纲要》以及系列一体化发展规划的连续颁布，为京津冀区域一体化发展设立了发展目标。产业结构的调整与升级作为区域经济转型与协同发展的共同重要内容，在区域产业协同发展中要率先突破。2017 年，津冀两地为承接北京产业构建"2＋4＋46"承接平台，在产业转移的同时强化产业分工合作力度，大大疏解了非首都产业的压力，并随之带动生态环保、交通一体化发展。目前，京津冀城市群协同发展的研究大多数是关于产业（石林，2015；吴爱芝等，2015）、生态（李惠茹，2016；冯海波等，2015）、交通（孙明正等，2016；王兴举等，2016）三大重点领域的独立研究，或是对京津冀区域协同发展多个领域的汇总研究（薄文广等，2017；武义青等，2017；宋迎昌，2016），以及京津冀一体化的影响研究（Nachuan Lu 等，2018），虽然有关京津冀协同发展的研究不在少数，但是缺少有关区域协同发展三大重点领域的综合分析，更缺乏京津冀协同发展战略对区域城市群的影响探究。鉴于此，本文将以产业转型为切入点归纳京津冀城市群在产业、生态、交通三大重点领域的历程，探讨京津冀城市群协调发展轨迹及未来发展趋势。

二　京津冀城市群发展与功能定位

（一）京津冀城市群发展历程

京津冀协同发展的目的与本质就是以京津为"双核"带动河北和谐发展，最终实现区域一体化，然而由于河北存在地域广阔、各城市距京津远近不一、自然条件各异等现状，难以实现京津带动河北各城市同步发展，达到同一的城镇化水平，所以京津冀城市体系的完善是随时空地域呈阶段性变化的（孟祥林，2014；张可云等，2014；周晗，2016）。新中国成立后作为河北省会的保定率先与北京、天津形成"京津保"三角区域。廊坊以其地理优势紧随其后进入京津冀城市群，在区域交通互动上格外频繁。随后京津分别向南、东方向延伸至保定、唐山中等城市，出现了"京津保"与"京津唐"三角发展格局。2000 年吴良镛首次提出了包括"京津唐"与"京津保"两个三角区在内的"大北京"概念，"京津唐保"城市体系逐渐形成，这也是真正意义上的京津冀区域一体化发展的开端。在"京津保"城市群的基础上，继续向南延伸到石家庄形成"京津石"三角格局城市体系，并以"京津唐保石"城市群有效带动其周边的"环京津贫困带"及"冀中南贫困带"的城市发展。"十一五"期间形成了以京津为核心，石家庄、秦皇岛、唐山、廊坊、保定等河北省 8 个地市在内的"2 + 8"京津冀都市群。2014 年，京津冀城市协同发展体系已包含京津及河北在内的 11 个地市，以环京津城市带领冀中南城市、面积由小及大、距离由近及远为发展模式的城市体系基本形成，在未来发展中，也将逐步形成"一核、双城、三轴、四区、多节点"的城市空间格局。

（二）京津冀城市群的功能定位

1. 北京市的功能定位

新中国成立初期至今，北京市经历了消费型城市到重工业型城市、再到

消费型城市的功能转型，目前北京基于全国政治、文化、国际交往、科技创新中心的发展定位发挥其功能，其中对政治、文化、国际交往中心的定位已基本形成，科技创新功能还在进一步建设当中（李子祥，2014）。同时，北京不再将全国经济中心作为功能定位。近几年，北京在疏解非首都功能的过程中，不断弱化自身的经济功能，但从实际情况来看仍旧聚集着大量国际经济机构（陆大道，2015），仍保留着以高端服务业为主的部分经济功能。

2. 天津市的功能定位

新中国成立前天津市曾是北方工商业中心（肖金成，2015），后来由于北京第二、第三产业的兴起随之没落，近几年来在疏解北京非首都功能的过程中天津逐步确立了北方经济中心的地位。当前，天津基于其发展定位，是经济转型中的"先进制造业研发基地""北方国际航运中心""金融创新运营示范区"和"改革先行示范区"，天津制造业基础雄厚，正处在从一般制造业向先进制造业和高端产业转型的阶段，并凭借得天独厚的区位优势实现了北方航运中心的功能定位，其他功能定位正处于飞速形成阶段。

3. 河北省及其城市的功能定位

河北省是全国现代商贸物流重要基地、新型城镇化与城乡统筹示范区，是京津冀经济转型中的"生态环境支撑区"和"产业转型升级试验区"。其中保定、廊坊以其邻近优势大力承接京津产业，是协同发展的先行区，石家庄、唐山作为省域的副中心城市，带动冀中南、冀东北城市群的协同发展，张承两地利用自身的生态功能承担京津冀生态环境支撑区的建设（马树强，2015）。总体来看，河北各市在京津冀协同发展中发挥着不同的作用，功能定位虽确立但尚未实现，正处于一般工业向先进工业、传统农业向现代农业的转型阶段。

总之，在确立的区域功能定位中，北京侧重科技创新中心的功能，天津偏重先进制造业、金融业的加强及航运中心的打造，河北利用其资源禀赋在构建区域生态环境支撑区的同时，重点发展传统产业结构的优化升级，加速河北产业转型，但是从现实来看，部分城市功能处于形成的前期阶段，尚未真正实现。

三　京津冀协同发展与一体化战略

（一）产业协同下的产业转型

产业结构的调整与升级是京津冀经济转型的核心内容，也是区域协同发展的重点领域之一，要求率先实现突破。产业转移、产业分工合作成为实现产业转型的主要手段，在京津冀区域同步进行：一方面，工信部联合三省（市）政府印发《京津冀产业转移指南》，引导区域有序进行产业承接，构建和提升"2＋4＋N"产业合作格局，加快区域产业转型；另一方面，国家设立雄安新区为京津冀产业分工合作提供了发展空间，带动区域产业协同发展。

1. 产业转移与结构调整

区域产业转移在协同发展战略正式提出之前，北京向津冀转移成为主要方向，转移的产业主要是第二产业中的传统制造业，尤其是河北承接了北京批量低端劳动密集型产业。自 2014 年以来，区域产业转移的方向开始多向互动，转移的产业结构也不断优化。从 2014 年以来京津冀产业转移关系（张贵等，2014；杨雨然，2018）看（见图 1）：一方面，在转移方向上，北京仍是以产业转出为主，天津转移与承接同时进行，河北在承接京津两市产业的同时开始向天津输出产业；另一方面，转移产业的结构逐渐转型，河北作为京津两市产业转移的最大承接方，第二产业的转移仍占主导，但近几年通过建立工业园区、签署合作协议等方式承接了批量绿色产业和高新技术产业，转移的产业逐步向清洁化、精准化、高端化的方向发展。天津作为第二大承接方，从简单的产业承接向建立产业园区精准对接相关产业的方向发展，主要承接高端制造业和生产性服务业，在承接的过程中优化产业结构，逐步实现产业创新。

目前，京津冀产业结构在产业转移中不断调整，推动城市群产业转型。北京作为处于后工业化阶段的城市，"三二一"产业结构布局已经形成，实

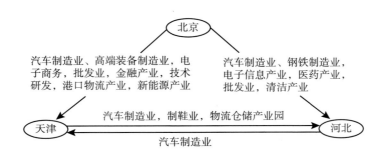

图1 京津冀产业转移关系

现了以高新技术产业和现代服务业为主的第三产业转型；天津作为处于工业化后期阶段的城市，第二产业正向第三产业过渡转型，"三二一"产业结构布局基本形成；作为处于工业化中期阶段的河北发展较为落后，在产业转移中承接了大量落后产业，"二三一"产业结构布局在较长时间内不会发生变化，如今正处于向现代工业及现代农业转型、优化第一、第二产业结构、发展第三产业的阶段。

在未来的产业转移中，河北与天津作为两大产业承接主体，在不同的领域发挥特有的作用。天津制造业基础雄厚，要充分发挥自身产业优势，积极承接北京信息技术、高端装备、新能源（电动）汽车等高端制造业和新兴产业，在扩大优势产业规模的基础上，推动产业创新升级，通过建立高端制造业产业园区和研发基地来吸引北京科研成果转化型企业入驻投资以期精准对接北京产业，最终实现产业转型（于化龙等，2015）；河北则在产业转移承接中要始终立足于一个理念—产业的转移不等同污染源的转移（李晓欣，2015），在承接京津产业时应避免落后产业，尤其是高污染产业。一方面，在承接中应该发挥各个城市的优势精准对接京津产业：环京津的廊保地区应积极承接电子信息、高端制造业等产业，张承地区应主动承接新能源、旅游等绿色产业，唐山、沧州借助沿海及工业优势承接物流产业、汽车装备等传统制造业，以石家庄为首的冀中南地区应积极打造商贸物流基地等（周毕文等，2016；冯红英等，2016）。另一方面，河北应借助雄安新区优势，承接并培养高新技术产业和新兴产业，以雄安新区作为河北产业转型的主要驱动力，率领整个河北地区的产业协同发展（安岩等，2017）。

2. 产业分工与合作

区域产业分工合作在协同发展战略正式提出之前，京津冀产业合作的主要形式是建立产业园区，尤其是第二产业园区的构建。自产业一体化成为区域协同发展战略重点领域之后，简单的产业转移承接已不再适应协同发展的需求及一体化的进程，为加快产业转型，京津冀城市群之间开始以功能定位和产业优势为依据，发展以产业链为主要形式的分工合作（吴爱芝等，2015；左惠等，2018）。其中，在以农业产业链为主要形式的第一产业分工合作中，河北作为农产品的生产基地，主要负责农产品生产、加工环节，京津负责在销售环节开拓农产品市场，成功实现了产销对接；在以制造业产业链为主要形式的第二产业分工合作中，京津在医药、汽车、钢铁、电子信息制造业等产业链的上中下游依次负责产品的设计研发、生产制造中的整车组装、销售及售后服务等环节，河北主要负责原料及零部件的供应；第三产业合作起步晚，但是发展较快，在旅游业、金融业、港口物流业、文化产业等领域通过建立产业园区、对接合作项目、互设分支机构、共建合作场地等方式搭建合作平台。

目前，京津冀区域产业合作形式除构建产业园区、签署协议以外，开始凭借产业优势以产业链的形式分工合作。其中，第一、第二产业链基本形成，第二产业链分工合作成效突出，第三产业链尚未形成，但产业合作力度逐渐加强。从京津冀第一、第二产业链条分工情况来看（见图2），京津冀区域之间逐步形成"京津研发，河北转化"的分工合作模式，然而产业链的构建十分不完善，链条缺乏中间产业，产业之间关联性能较差（周伟等，2017）；从实际情况来看，天津与河北在研发设计环节中，无论是在研发设计的能力上还是研发机构的数量上都存在较大差距，河北在生产加工环节中由于没有及时与京津进行技术交流，生产制造水平较为落后（王得新，2018）。

在以后的产业分工合作中，需要继续深化三次产业链的构建（李子彪等，2017；杨维凤，2016）。其中，在第一产业分工合作的农业产业链中，

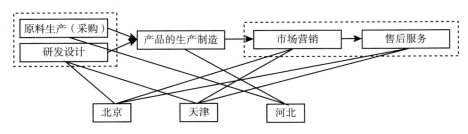

图2 京津冀一、二产业链条分工情况

京津应协助河北在加工制造环节提升农产品的技术加工水平,在销售环节做好农产品的品牌建设;在第二产业分工合作的制造业产业链中,应继续加强电子信息产业链、医药产业链、汽车产业链及钢铁产业链的关联度,京津在设计研发环节应强化研发能力,比如在钢铁产业链中发展节能减排技术,推动产业协同创新,河北可在发展较好的制造业顺势提高研发能力,比如在医药制造业产业链上游良好的加工制造环节两端延伸产业链至研发设计环节,并与京津通过竞争合作的方式提高研发能力;在第三产业的分工合作中,应加快完成产业链的构建,依据产业优势明确区域分工,借助协同发展其他重点领域的优势构建产业链,尤其是物流业产业链的打造,应充分发挥京津冀区域的交通优势,在交通一体化的基础上实现物流业的协同发展。此外,北京、天津可以分别利用自身的服务业、制造业优势与河北的农业优势构建产业互补的区域三次产业链,深化京津冀产业合作。

(二)生态环境保护一体化

"绿水青山就是金山银山",这是在京津冀协同发展过程中不可忽视的一点,生态环保一体化作为三大重点领域之一,支撑着京津冀其他领域的协同发展。伴随着区域生态建设初步格局的形成与环境质量的提升,大力推动京津冀生态环保与协同治理,为打造世界级生态城市群夯实了基础。

1. 生态格局与环境质量

河北基于京津冀生态环境支撑区的发展定位,在首都水源涵养功能区建设中发挥着重要作用,并使得京津冀植被得到明显改善。近年来,环京津北部的张承两地根据其发展定位，坚定不移地推进京津冀地区的生态环境建设，围绕大气污染防治、水土保持治理、绿化造林等大力展开工作安排，为京津区域在输清风、涵水源、挡沙源等方面送来了福音，筑起了一道绿色生态屏障。另外，河北省在除张承两地以外的地区也在为改善区域大气、水等环境质量积极展开各项工作，各市齐心推进京津冀地区的生态环境治理，逐步形成了以张承两地为主力，其他地区为辅助的区域生态建设的初步格局。

作为京津冀生态环境支撑区的河北，也是京津冀城市群生态环保一体化发展中的"短板"，生态环境问题较为突出，可以说河北省的生态环境问题在很大程度上制约着京津冀生态环保协同发展（冯海波等，2015）。但自2014年后，河北立足其功能定位，空气优良天数逐步增加，水环境质量通过提高污染排放标准、完善污水处理设施等措施也得到极大的改善，总体来说，河北在为京津区域送去福音的同时，自身的环境质量也得到很大程度的优化。

2. 生态环境保护与治理

（1）统一生态环保与治理的要求

当前，在统一规划方面，京津冀共同签署相关合作协议书深度推进生态协同合作；在统一标准方面，共同制定污染物排放标准及其他标准规范；在统一执法领域，跨区域形成了生态环境执法联动工作机制，积极开展统一执法试点工作；在统一监测方面实现了京津冀应急预警分级的统一，共同监测重点污染源，当前已统一建成水环境监测网；在统一治污领域，京津冀在减排措施上联合制定相关防治措施，共同划定禁煤区，加快"电气代煤"工作的有效实施，但"电气代煤"大气污染治理工程中的巨额资金投入，也是工作进展中的一大难点。

（2）建立生态环保联防联控机制

目前，主要有两种生态环保联防联控机制。一种是大气污染联防联控机制，这是京津冀生态环保联防联控的突破口，2015年已经初步形成（李惠茹等，2016），随后在区域防污治理的工作方案中将减少重污染天气数作为

工作的重点（李云燕等，2017），近五年来区域重污染天数整体呈下降趋势（见图3）。从图3中也可以看出在重污染天气数下降过程中有几次上升的年份，间接说明大气污染联防联控成效在最近几年出现反弹，反映出有些联防联控措施只是对污染后进行的应急准备，而不是源头治理，致使治理效果的长期性和持续性效果较差；另一种是水污染联防联控机制，目前还未真正建立，缺乏权威机构的强制约束，实施进程缓慢（牛桂敏等，2019），但是自2014年区域共同签署相关合作协议之后，针对水污染联防联控工作安排及应急措施演练不断积极开展，尤其是区域边界的水污染防控，2018年又再次针对排水建立起多项应急联动机制，从多方面构建水环境保护联防联控机制。另外，为健全区域环境污染联防联控机制，扩大京津冀大气污染的治理范围，将与河北相邻的河南、山东部分地区也纳入其中。

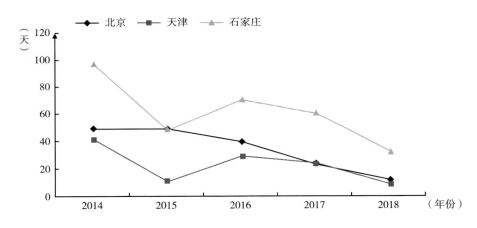

图3　主要城市近五年重污染天气数量比较

资料来源：https：//www.aqistudy.cn/historydata/。

在未来的一体化进程中，应以长效保护为构建原则继续完善区域生态环保联防联控机制。首先是顶层设计，跨区域建立京津冀污染防控合作制度，协调各个级别的利益和冲突，加深区域合作的融合度和包容度，将合作效益达到最大化。其次就是源头防控，京津冀加强对车的限制、扬尘的治理、煤炭的管制，京津冀共同发展绿色低碳产业，使用清洁能源，减少污染源，京津冀之间还可以利用市场限制污染物的排放，跨区域建立排污权交易市场，推行环境友好型市场（李云燕等，2017），从源头上控制调节污染物总量的排放。最后是加强污染监测防控，建立污染监测信息平台，保障公众对当地污染现状的知情权（陆小成，2017），在实现信息共享的同时，加大污染执法力度，做好污染预警应急措施准备工作（周潮洪等，2019）。

（3）推动跨区域横向生态补偿试点

跨区域生态补偿起源于21世纪初期，北京对密云水库涉及张承两市上游部分的"稻改旱"工程进行了资金上的支持和补偿，与此同时，北京、河北联合启动保护机制以确保张承水源涵养区的发展定位；天津也对河北境内的引滦入津工程进行了经济补偿，在将引滦入津工程纳入横向生态补偿试点之后，河北在滦河流域环境保护与治理中稳步前进。目前，河北作为北京、天津的生态环境支撑区，通过资金补偿在保护京津区域生态环境的同时，其自身的环境质量在修复保护中也得到改善。可从构建横向生态补偿机制的实际情况来看，生态补偿金额远远小于上游地区的环境治理投资，这就给予了上游地区较大的财政压力。此外，生态补偿的重点领域没有涉及对特定污染物治理的生态补偿（杜纯布，2018），补偿的主客体不明晰，方式也比较单调，缺乏与生态补偿机制相配套的监督、奖惩、效果评估等机制的构建（徐晓航等，2017），区域生态补偿仍处于摸索阶段。

在以后的试点工作中，应继续秉承"受益者付费，保护者得到相应补偿"的原则推动跨区域生态补偿的多元发展。首先，共同成立权威性机构负责生态补偿中的各种工作；其次，生态补偿资金的来源不应局限于中央财政，还可以确立生态环境保护基金以多种金融方法来保障生态补偿资金的长期有效供给，对于生态补偿的方式，除了资金补偿以外，也应该适当从政策、技术、实物、教育等多方面考量，使保护者获得同等资金的补偿（孔伟等，2019）；最后，加强与生态补偿相关法律法规的建设，规定生态补偿的标准、对象、程序等，使其在试点过程中做到有法可依，保障涉及人群的利益。

（三）交通一体化

交通发展问题是京津冀协同发展的基础框架，交通一体化作为区域协同发展的重点领域之一，在发展过程中着重打造区域轨道交通。随着京津冀交通运输体系与网络格局的初步形成，区域交通服务与管理水平也成为京津冀交通一体化的重点建设内容。

1. 交通运输体系与网络格局

在轨道交通建设领域内，干线铁路、城际铁路、市郊铁路和城市轨道交通（王兴举等，2016）发展程度各有不同。其中，干线铁路网发展早，在京津冀区域内已经形成以北京为核心呈放射状的铁路交通网；"四纵四横一环"城际交通网络是京津冀交通一体化的核心，但城际铁路网基础薄弱，在2014年之后发展迅速尤其是京津城际。近五年来，京津两市使用京津城际的旅客高达2亿多人次，此外京唐城际、京雄保城际、津承城际项目前期工作也在加快实施中；市郊铁路网也十分薄弱，目前北京已开通S2线、副中心线和怀密线三条市郊铁路线，天津只有津蓟市郊铁路这一条，京津冀"一小时通勤圈"与"二小时交通圈"的实现还处于起步阶段（见图4）；城市轨道交通作为交通一体化发展中的重点建设对象在协同发展过程中稳步前进，其中北京城市轨道系统已十分完善，天津其次，石家庄作为河北省内唯一拥有地铁的城市也在加速推动自身及周边城市的轨道建设进程。

在公路建设领域中，河北与京津两市的公路网络建设密切，截至2018年底，河北与京津一同完成了京台、京港澳、首都地区环线等多条高速公路和干线公路的建设任务，河北与京津之间的"断头路""瓶颈路"被逐步打通。如今不管是高速公路网还是干线公路大多数都处于修建完成、在建或已批复阶段，区域公路交通网基本形成。近几年，随着雄安新区交通运输规划的实行，京津与河北雄安互联互通的交通网络建设快速稳步进行。

在港口、航空运输领域，着力打造津冀之间的港口群及京津冀区域的机场群建设（韩兆柱等，2019）。黄骅港、天津港、曹妃甸港、京唐港、秦皇岛港五大沿海港口群作为京津冀对外进行能源与物流运输的重要基地，在加

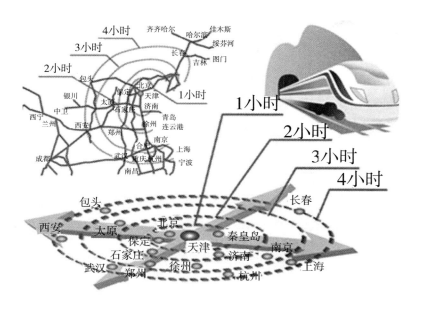

图4 京津冀交通格局

资料来源：http：//www.achie.org/jingjinji/jt/20150924515.html。

强区域交通合作方面发挥着重要作用。从机场吞吐量来看，近几年的北京首都机场、天津滨海国际机场、石家庄正定机场逐渐上升。河北境内新建的承德普宁机场和北戴河国际机场也投入运营，北京新机场已处于质量竣工验收阶段，京津冀机场群规模日渐庞大。

由此来看，目前京津冀已经形成集海陆空多种运输方式于一体的空间立体交通运输体系，以轨道交通为主干、以主要城市为节点、放射性网络状的交通格局已初步形成。从现实来看，交通运输体系与网络仍旧存在疏漏：以城际和市郊铁路为主的轨道交通系统建设较为薄弱；各个交通运输方式之间的关联度较差，衔接程度不充分；交通运输结构失衡，大多数交通运输网络都是以北京为中心向外放射，不仅增加了北京的运输压力，还导致了天津、河北交通运输资源的过剩，降低了区域运输效率。此外，一些跨区域建设项目进程缓慢，交通投资成本大、周期长也严重制约着京津

313

冀一体化发展。

在未来的交通一体化发展中，对于京津冀交通网络的构建：强化轨道交通建设，尤其是城际、市郊铁路建设，但是由于市郊铁路网建设基础薄弱且发展慢，区域可共同出台市郊铁路规划（杨永平等，2018），统筹安排京津冀市郊铁路建设；提升运输方式的关联度与衔接度，机场作为一个影响范围最广的运输方式（王兴举等，2016），应以它作为接口加强机场与轨道交通、公路的衔接度，实现空铁联运、空路联运，利用机场对片区的带动效应推进京津冀铁路、公路、机场一体化发展；改善交通结构，减轻北京交通承载压力，提升天津、石家庄的交通运输能力。此外，为解决交通建设项目成本问题，可拓宽资金来源渠道和投资主体，发挥市场的作用吸引各界人士对交通的投资（韩兆柱等，2019），以加快交通建设步伐。

2. 交通服务水平与管理一体化

在京津冀区域交通运输服务水平提升过程中，为提高城乡客运一体化服务程度，京津冀区域客运班线公交化改造试点已经累计共 10 条（杨永平等，2018），未来两年区域重点省份的省界高速收费站也将逐渐取消；为加快交通联网建设，京津冀实施客运网络售票服务系统，并实现了不停车收费联网；为提升区域旅客换乘的便利度，天津、河北机场积极承接北京人流量，在空铁联运、空路联运等方面增添铁路、公路线路，推行行李联运服务，在疏解北京首都机场过剩资源的同时促进了交通方式的衔接。

在京津冀交通管理一体化进程中，天津、河北利用港口优势先后共建港口、集装箱码头有限公司加强津冀港口管理一体化，北京将河北机场集团纳入首都机场集团管理促进京冀机场管理运营一体化；为统一区域交通运输管理的政策、执法、信息、标准等四大领域，京津冀三省（市）联合印发交通执法管理的合作办法，积极开展各项工作制订地方标准；为实现公交管理一体化，区域发行京津冀交通一卡通，这一举措不仅深化了交通管理水平，还缩小了京津冀之间的心理差距，使交通管理一体化进入智能化发展阶段。

当前，京津冀区域交通服务水平逐渐提升，管理一体化多层次发展，尤其是近几年进展迅速，成果显著。但从实际情况来看，也存在服务领域不全面、管理标准制订不完善、政策落实到不到位、一卡通实行范围受限等问题。

在之后建设区域交通服务与管理的过程中，运输服务方面，京津冀客运联网售票服务系统要全面落实，不停车联网收费范围要全面覆盖，客运班线公交化试点要大力推广；交通管理方面，应打破行政界线的限制，建立健全跨区域交通管理执法联动机制，有效对接区域之间的政策、信息及标准，不断扩大京津冀一卡通的空间范围。同时，借助2022年北京冬奥会交通发展的机会，在完善交通基础设施的基础上，逐步提升交通服务管理的质量。

四　京津冀协同发展战略对城市群房价的影响

（一）协同发展与城市房价网络

以2014年为时间节点划分2010年6月至2013年12月、2014年1月至2018年6月的两个时间段，通过测算北京、天津、石家庄、廊坊、保定、唐山、秦皇岛、衡水和邯郸9个城市的网络密度、网络关联度和网络等级度三个指标探究城市房价网络之间的联系（见表1）。

从表1可以看出，2010年6月至2013年12月京津冀9个城市的网络密度为0.29，说明9个城市在2014年之前房价网络联系不是很紧密，且中心度最高的城市与最低的城市差距不大，房价网络关联度为1，说明各城市房价序列在2014年之前就存在直接与间接联系；2014年之后9个城市网络密度为0.68，表明9个城市房价网络联系紧密，各城市中心度均较高，房价网络关联度仍为1，说明9个城市房价的稳健性连续性较好，各城市房价之间普遍存在传导关系；2014年以后房价网络等级度从0.57降至0.5是由于城市群内不同城市房价之间双向传导关系增多，边缘城市减少，但是整体看来，房价网络等级度依然较高。

表 1　京津冀城市房价网络结构特征

指标	2010 年 6 月～2013 年 12 月	2014 年 1 月～2018 年 6 月
网络密度	0.2917	0.6806
网络关联度	1	1
网络等级度	0.571429	0.5

资料来源：《2018 年环渤海地区城市地价动态监测分析报告》。

　　2014 年以后，网络密度增强，网络等级度略微下降，表明 2014 年以后京津冀城市群房价传导关系更加密切，房价网络联系更为紧密。这是由于 2014 年京津冀城市群协同发展战略的提出以及系列一体化规划的颁布，从交通一体化的角度来看，随着区域交通网络格局的形成，城市群之间的联系不断增强，房价得以传导，增强了城市间房价的联动性；从产业协同发展的角度看，2014 年以来，京津冀根据产业空间布局规划积极开展产业转移及产业分工合作，很大程度上增强了京津冀区域房价传导性。总之，跨区域城市之间各个要素联系越来越密切，房价互相影响程度也越来越高，使房价网络更加紧密且稳健。

（二）协同发展与城市房价地位

　　从表 2 可以看出，北京市、保定市一直处于"发起者"的地位，唐山市和邯郸市始终是房价的"接收者"，石家庄市也始终扮演"桥梁"的角色，在房价传导中发挥着"中介"作用，秦皇岛市由"发起者"变为"接收者"，衡水市从网络中心变成了网络边缘，天津市从网络边缘变成了"发起者"，廊坊市 2014 年以后成为城市群房价网络中心。

表 2　京津冀城市"房价"影响关系

指标	2010 年 6 月～2013 年 12 月	2014 年 1 月～2018 年 6 月
房价"发起者"	北京、保定、廊坊、秦皇岛	北京、保定、天津
房价"接收者"	唐山、邯郸	秦皇岛、唐山、邯郸
房价"桥梁"	石家庄	石家庄
房价网络中心	衡水	廊坊
房价网络边缘	天津	衡水

资料来源：《2018 年环渤海地区城市地价动态监测分析报告》。

2014 年以后京津及南部环京津城市对京津冀其他城市房价的影响变大，可以看出城市群协同发展政策提升了环京津的廊坊市和保定市在区域内城市房价网络中的地位，降低了石家庄市和衡水市的地位，这主要是京津冀交通和产业因素的影响结果，环京津城市交通较发达，尤其是南部环京津城市的产业受京津影响最大，也就是说，南部环京津城市在京津冀区域交通、产业一体化中发展效果最为突出，根据协同发展与城市房价网络的关系，其自身的房价影响力也随之变大。

五 结论

京津冀三省（市）的功能定位虽有不同却相互联系，北京主打科技创新，发展高新技术产业和现代服务业，天津侧重先进制造业的研发及航运核心区的建设，河北重点打造商贸物流基地和生态环境支撑区，优化第二产业内部结构。目前，京津冀虽然已确定功能分工，但是尚未真正实现对自身的定位要求。

在产业协同发展的领域内，应积极倡导河北承接京津两市的清洁、高端产业，并依据自身的功能优势精准对接京津产业，天津应大力承接高端制造业，在产业转移过程中加速产业转型，此外，加强京津冀第一、第二产业链的完善，以及第三产业链的构建；在生态环保一体化的领域内，以张承两地为主力，其他地区为辅助的区域生态建设初步格局基本形成，京津冀在生态环保与协同治理方面效果突出，应进一步完善大气污染联防联控机制，建立健全水污染联防联控机制，探索土壤污染联防联控机制；在交通一体化的领域内，在交通网络格局初步形成的基础上重点加强市郊、城际铁路交通网络的建设，改善区域交通结构，提高交通运输方式的衔接度和关联度，尽快实现"铁公机"一体化发展，将提升交通运输服务管理水平的政策落实到具体措施上。值得关注的是，河北省作为京津冀乃至全国经济发展较为落后的工业大省，应抓住京津冀协同发展的时机，实现在产业、生态、交通区域的一体化，弥补打造世界级城市群的"短板"。

在房地产市场中，协同发展战略中的产业、交通重点领域是京津冀城市群房价传导网络和房价地位变化的主要影响因素。在未来的发展中，应充分利用协同发展的具体措施为京津冀城市群房价健康持续发展提供有效建议，运用网络治理思路对京津冀住房市场进行协同管理。此外，关注区域房价地位变化，及时对房价地位不同的城市采取不同的措施，对于处于房价"接收者"的城市要时刻警惕其他城市房价的外部影响，对于房价"桥梁"城市要发挥其"中介"作用慎重调控房地产市场，对处于房价网络边缘的城市应加强与其他城市的合作，以南部环京津城市带动周边城市的协同发展。

参考文献

Nachuan Lu，Hejie Wei，Weiguo Fan，et al，"Multiple influences of land transfer in the integration of Beijing-Tianjin-Hebei region in China"，*Ecological Indicators*，（90）2018：pp. 101 – 111.

石林：《京津冀地区产业转移与协同发展研究》，《当代经济管理》2015 年第 5 期。

吴爱芝、李国平、张杰斐：《京津冀地区产业分工合作机理与模式研究》，《人口与发展》2015 年第 6 期。

李惠茹、杨丽慧：《京津冀生态环境协同保护：进展、效果与对策》，《河北大学学报》（哲学社会科学版）2016 年第 1 期。

冯海波、王伟、万宝春等：《京津冀协同发展背景下河北省主要生态环境问题及对策》，《经济与管理》2015 年第 5 期。

王兴举、范胜楠、周杨等：《京津冀轨道交通一体化发展对策》，《铁道运输与经济》2016 年第 11 期。

孙明正、余柳、郭继孚等：《京津冀交通一体化发展问题与对策研究》，《城市交通》2016 年第 3 期。

薄文广、殷广卫：《京津冀协同发展：进程与展望》，《南开学报》（哲学社会科学版）2017 年第 6 期。

武义青、田学斌、张云：《京津冀协同发展三年回顾与展望》，《经济与管理》2017 年第 2 期。

宋迎昌：《京津冀协同发展相关研究文献综述》，《城市》2016 年第 2 期。

孟祥林：《京津冀一体化"四步走"》，《中国经济报告》2016 年第 4 期。

张可云、蔡之兵：《京津冀协同发展历程、制约因素及未来方向》，《河北学刊》

2014 年第 6 期。

周晗：《京津冀一体化发展历程、问题与对策》，《中国市场》2016 年第 42 期。

李子祥：《京津冀一体化下的北京城市功能定位研究》，《中国经贸导刊》2014 年第 23 期。

李卓、孙然好、张继超等：《京津冀城市群地区植被覆盖动态变化时空分析》，《生态学报》2017 年第 11 期。

陆大道：《京津冀城市群功能定位及协同发展》，《地理科学进展》2015 年第 3 期。

肖金成、李娟、马燕坤：《京津冀城市群的功能定位与合作》，《经济研究参考》2015 年第 2 期。

马树强、金浩、张贵等：《京津冀功能定位暨河北布局》，《中国经济报告》2015 年第 10 期。

张贵、王树强、刘沙等：《基于产业对接与转移的京津冀协同发展研究》，《经济与管理》2014 年第 4 期。

杨雨然：《京津冀协同发展背景下天津承接北京非首都功能产业转移问题研究》，《中国经贸导刊（中）》2018 年第 20 期。

于化龙、臧学英：《非首都功能疏解与京津产业对接研究》，《理论学刊》2015 年第 12 期。

李晓欣：《京津冀区域产业一体化发展的统计研究》，天津财经大学，2015 年。

周毕文、陈庆平：《京津冀一体化中的产业转移》，《经济与管理》2016 年第 3 期。

冯红英、赵金涛：《北京非首都功能疏解与河北产业承接问题研究》，《中国商论》2016 年第 3 期。

安岩、王梅、陈胜开等：《河北省在京津冀产业转移对接中需厘清的几个问题》，《合作经济与科技》2017 年第 12 期。

左惠、王慧：《京津冀文化产业链协同发展的现状、问题与对策》，《产业与科技论坛》2018 年第 6 期。

周伟、马碧云：《京津冀产业分工与可持续发展的实证分析》，《商业经济研究》2017 年第 3 期。

王得新：《构建京津冀协同发展的现代产业体系研究》，《天津行政学院学报》2018 年第 2 期。

李子彪、李少帅：《产业链视角下京津冀产业创新合作发展》，《技术经济》2017 年第 10 期。

杨维凤：《京津冀产业链构建研究》，《时代经贸》2016 年第 9 期。

李云燕、王立华、马靖宇等：《京津冀地区大气污染联防联控协同机制研究》，《环境保护》2017 年第 17 期。

牛桂敏、郭珉媛、杨志：《建立水污染联防联控机制促进京津冀水环境协同治理》，《环境保护》2019 年第 2 期。

陆小成：《京津冀大气污染联防联控机制构建研究：以五大发展理念为统领》，《北京城市学院学报》2017 年第 3 期。

周潮洪、张凯：《京津冀水污染协同治理机制探讨》，《海河水利》2019 年第 1 期。

杜纯布：《雾霾协同治理中的生态补偿机制研究：以京津冀地区为例》，《中州学刊》2018 年第 12 期。

徐晓航、马文杉：《河北省张承地区生态补偿机制构建浅析》，《河北旅游职业学院学报》2017 年第 1 期。

孔伟、任亮、治丹丹等：《京津冀协同发展背景下区域生态补偿机制研究：基于生态资产的视角》，《资源开发与市场》2019 年第 1 期。

韩兆柱、董震：《基于整体性治理的京津冀交通一体化研究》，《河北大学学报》（哲学社会科学版）2019 年第 1 期。

杨永平、赵东、边颜东等：《加强协同发展，促进京津冀交通一体化发展》，《铁道经济研究》2018 年第 5 期。

国际经验篇

International Experience Chapters

B.17
西雅图城市经济转型发展路径与经验

耿 冰 赵骏腾*

摘　　要：　西雅图经历了由海港之城到航空之城再到科技之城的成功转型，发展成为如今举世瞩目的世界科技中心。本文介绍了西雅图经济转型的历史背景，从产业空间布局、产业多元化发展、职业教育及培训、营商环境打造、基础设施建设和创新创业企业六个方面分析了其经济转型的路径，总结西雅图城市经济转型为我国带来的经验启示。

关键词：　经济转型　产业发展　西雅图

---

* 耿冰，中国社会科学院城市发展与环境研究所博士后，研究方向：城市与区域规划；赵骏腾，美国哥伦比亚大学，博士，研究方向：城市规划。

西雅图经过近百年的发展，成功地从一个沿海小镇发展成为如今科技之城。纵观其发展历程，既经历过淘金热的疯狂时期，也见证过波音公司的辉煌时刻，但同时也遭遇了航空业的萧条时期。通过不断改革更新，如今的西雅图已成为美国乃至世界的科技中心，始终保持着经济的高速增长。借鉴西雅图政府推动经济转型的成功经验，可以为当前我国经济转型升级提供一定的借鉴。

一 西雅图概况及转型背景

西雅图是美国西部华盛顿州的第一大城市，也是美国太平洋西北区最重要的商业、文化、交通、旅游中心和贸易口岸。从一个名不见经传的渔港小镇发展成为如今美国第二科技强市和最重要的高科技产业中心，西雅图的经济发展经历了几次重要的转折。如今的西雅图已成功地从军工制造业和航空制造业过渡为高科技产业和总部产业，引领了世界科技的发展，同时也带动了西雅图经济快速增长。

然而，随着全球经济结构发生变化，西雅图在经济发展的过程中也遇到了一系列的问题。

首先，产业结构过度单一带来了经济风险问题。历史上，西雅图的主导产业是以波音公司为主的航空制造业，产业结构较为单一，容易受到国内国际环境变化影响而使城市经济产生剧烈波动。第二次世界大战以后，波音公司的进入带动了西雅图的兴旺发展，创造了大量就业岗位，当地住房需求随之上升，房价倍增。但是，20世纪60年代末至70年代，美国航空业的萧条使得波音公司经济受到重创，西雅图城市发展也深受其害，大量人口离开西雅图，经济快速萧条，房地产业一落千丈。1997年，波音公司和麦克唐纳·道格拉斯公司合并，2001年将总部由西雅图搬离到芝加哥。随着波音公司的全球资本扩张，其飞机制造业被越来越多布局在劳动力成本更低、市场更广阔的地区，这也使得西雅图的航空业和经济发展受到强烈挑战，单一产业结构的不稳定性和高风险性暴露无遗。

其次，快速的经济发展带来了一系列的城市问题。20世纪90年代，随着西雅图经济的繁荣发展，人口数量迅速增长，外来人口占总人口数的70%。大量外来人口的进入给西雅图经济发展带来了巨大的活力，但同时也使其城市发展面临诸多压力和挑战，如住房郊区化和都市化无序蔓延、土地蚕食与浪费、交通堵塞日益严重、空气和水质量恶化、住房成本上升等问题凸显。一系列的城市问题使得西雅图这个世界著名的宜居之城不再宜居，巨大的生活成本和恶化的生活环境迫使一部分劳动人口流出，尤其是高层次就业人口的流失严重阻碍了西雅图的经济发展。

面对经济发展遇到的一系列问题，西雅图政府从顶层设计着手，实施了一系列的经济转型策略。

二 西雅图经济转型主要策略

增强产业可持续发展能力，创造更加充足的就业机会是西雅图经济转型的重要目标之一。西雅图通过加强职业培训、增加基础设施投入和扶持创新创业等策略打造出更具吸引力的营商环境，有效提升了其经济发展活力和综合竞争力。

（一）优化产业空间布局

西雅图经历了从航空制造业一枝独秀到高科技产业多样化发展的经济转型过程。如今的西雅图拥有微软、亚马逊等世界知名信息技术公司，这两家企业同时也是提供就业岗位最多的雇主。但是，仅仅依靠几家总部企业提供就业岗位是不够的，不仅存在着严重的经济风险，而且中心集聚型的就业布局也导致了经济发展的不均衡性，使城市中心的高物价、高房价、交通拥堵等问题突出。

为保证经济的健康发展，优化产业空间布局显得至关重要。为此，西雅图提出了"次级村"策略，通过优化产业空间布局的方式提供更多的就业岗位。所谓"次级村"，是城市的一种商业聚集次中心，其相对于市中心的

商业聚集程度低，但又比一般住宅区的商业聚集程度高，形成城市内部等级结构支点。与市中心着力吸引有潜力的专业服务公司、高科技公司、地区性零售商以及文化、历史、娱乐、大型机构、旅游设施的产业发展目标不同，"次级村"着力发展各种零售小商业，为居民和企业提供广泛的商品和服务，促进社区融合，创造当地就业机会。"次级村"与市中心相互配合，市中心提供西雅图的大部分就业岗位，"次级村"则解决当地少部分居民的就业，同时保护小商业免于市场驱离和成本压力过大的威胁。"次级村"与市中心的结合，不仅可以提高就业岗位数量，促进当地经济增长，同时也可以缩小收入的不平等差距，改善就业和居住环境。通过"次级村"策略，西雅图预期在未来的 20 年内产生 11.5 万个新就业岗位。

（二）推动产业多元集聚发展

西雅图以制造业、航空业、海洋业、生命科学、健康产业、高科技产业、信息行业、清洁能源、旅游业等为主要支柱产业。西雅图通过构建强大的制造业体系和多元化的经济结构，提升其在全球贸易体系桥头堡的地位。

在鼓励支持多元化产业发展方面，除制造业和高科技产业等支柱性产业外，西雅图还大力支持那些能够支付高薪水、能够为经济注入新的资本力量、拥有良好的发展前景的产业。旅游业、食品种植业、创新性中小企业、高端制造业相关服务产业、海运业等行业也是西雅图着重扶持的产业。

除产业结构的多样性外，西雅图还鼓励产业集聚发展。西雅图的战略性产业聚集策略是选择西雅图具有比较优势的产业，鼓励加强它们的聚集。西雅图所有的主要行业，诸如制造业、海洋行业、生物科技和生命科学业、全球健康和保健业、清洁科技业、信息行业和旅游业、影视音乐行业都是以聚集的形式存在的。西雅图最大的经济优势在于保护产业聚集，使落地公司能够有效共享技术、市场和技术工人，并可以相互促进，使各产业的发展形成良性循环，逐步形成规模并做大做强。具体采取的措施包括：加强产业聚集、加强与研究机构、医院、教育机构以及其他科技技术公司的联系；鼓励产业聚集内的企业形成对市场、研究、资本、智力资源、工作培训、高技术岗位扩张的合力和共享；加强其他教育机构、研究机构和企业、经济体之间的技术转化；鼓励企业雇佣非白人族群，促进多种族平等发展，减少种族不平等性；鼓励协作性经济发展和社区发展；鼓励社区和各级政府进行合作、鼓励各种经济体和商业实体、非商业组织、非营利组织等各机构共同加强产业聚集。

（三）加强职业教育和就业培训

技能熟练、富有竞争力的劳动力对城市经济和企业健康发展至关重要。西雅图拥有众多高科技和高端服务企业，这些企业需要具有熟练技能和高水平的从业人员。为此，西雅图政府提出了居民教育、发展和培训计划。

在居民大众教育方面，西雅图政府与公立学校进行合作，提高公共教育的质量，寻找有助于实施地区战略规划目标的机会，并尽可能地促使所有年轻人完成高中学业以使其具备继续接受教育或者加入劳动者大军所需的能力。同时，还鼓励教育培训机构提供外语、地理和国际事务教育，使广大居民更好地参与到国际经济活动中。

在职业发展培训方面，西雅图建立了企业、劳工、公民和教育机构联盟，包括社区学院，为有业务需求的社区成员开展基于能力的教育和培训计划。其中包括职业培训计划、学徒计划、创业技能培训、客户定制培训、高中水平的技术和职业预备课程。此外，西雅图政府与雇主、非营利组织、教育机构和社会服务机构合作，为人们提供培训、再培训或者工作的机会。西雅图政府还鼓励为就业人员制定培训计划，以便增强他们现有的技能或者是发展新技能，进而进入新的工作场所。

在特殊人群就业培训方面，西雅图政府为低收入青年和成年人、有色人种、妇女、残疾人和无家可归者的就业能力培养、入门级和职业级就业提供支持；为贫困社区的居民提供就业服务；协助流离失所的无产者成功寻求到新的工作岗位；为语言障碍人士提供读写能力培训和英语语言培训；为来自不同文化和种族的低收入青年提供学徒和其他工作机会；为工薪家庭提供更多的培训和社会服务资源。

（四）提升优化营商环境

良好的商业环境是经济发展的基础，它可以吸引新投资、创造就业机会、提高城市文化的多元性和包容性。为了营造良好的营商环境，西雅图在政府服务、国际影响、文化氛围、市场监管等方面采取了一系列举措。

高效的政府服务是打造良好营商环境的前提。在企业创办之初，西雅图政府就为企业的创立和未来发展提供了良好的商业环境。在企业经营过程中，西雅图政府努力加强政府、企业、主要机构之间的沟通，以便增进在提升就业、企业竞争力、公共政策和政策执行方面的共识，促进政府和企业之间的合作关系。在政府服务水平方面，西雅图政府为企业提供良好的发展机会，以减少企业的流失：一方面，西雅图政府提高部门间协调沟通能力，不同管辖区之间职责明晰，相互沟通协调不同辖区的企业服务政策，以便更好地相互衔接，同时也更加有效地与国家、地区和县域经济发展目标相对接，减少政策方面的冗余或叠加，从而提高企业的办事效率。另一方面，西雅图政府也定期开展经济分析，了解城市和区域的经济状况，从而及时地调整政策，对企业提供良好的引导作用。

作为国际大都市，西雅图人口中有70%都是外来人口，微软和亚马逊公司每年也吸引了大量各国的高端就业人口，努力提升国际影响力是西雅图政府发展经济的重要策略。西雅图非常重视商业环境在国际贸易扩张中的作用，支持能够扩大商品和服务出口的计划，同时也支持能够改善和维持国际合作的项目。

优美宜居的环境是吸引企业和就业者定居西雅图的重要因素之一。因此西雅图更加重视生态环境保护和文化氛围打造。一方面，西雅图政府大力支持艺术家、艺术组织和机构的发展，因为他们对发展健康的城市营商环境做出了重大贡献，也对文化环境的创造起到很大的作用。另一方面，西雅图政府还鼓励主要公营和非营利机构的发展，进而形成多元化的经济结构，刺激新的经济活动，发展和推广先进技术，为当地经济发展提供资本支持，也为西雅图居民提供大量的公共福利和服务。

在税收方面，西雅图重视维护和加强城市税基，包括财产税、销售税以及营业税和职业税，以便为现有及未来人口提供有关资本设施和城市服务方面的资金支持。另外，考虑到经济发展、累计债务、重叠管辖区的税负与综合规划目标之间的平衡，西雅图定期评估城市有关税收、费用或公用事业费率对经济发展目标的影响。

在市场监管方面，西雅图开展了监管改革，以平衡监管对企业的财务影响，为就业人员提供合理的政策保障。

（五）加强基础设施投入和建设

西雅图着力建造灵活的、安全的、可靠的和经费可承担的基础设施，尤其注重科技和通信领域的基础设施建设，以期通过基础设施的完善，改善工作和居住环境，吸引更优质的企业在西雅图落户。

交通运输条件影响了地区经济发展。西雅图市共有6个辖区，而大中型企业均位于市中心，从而形成了中心集聚现象。为了实现经济的均衡发展，需要依靠道路交通的合理布局。西雅图政府提出要重点协调公用事业、交通运输业和其他公共设施方面的投资同商业、就业以及经济发展之间的关系，科学规划和布局城市道路交通，促进经济均衡发展。此外，为解决城市道路拥挤的问题，改善居民生活环境，保护生态环境，西雅图还倡导优先发展公共交通，以期降低对私人汽车的依赖程度。一方面，鼓励公交、小巴、自行车、步行等多种出行方式，并为其规划和设计完善的设施及环境。另一方面，配合城乡发展战略的布局，在交通规划中提出了LINC计划，力图使每个家庭便捷地获取公共交通服务。

西雅图互联网信息科技发达，拥有世界上最大的电子商业服务公司——亚马逊。因此西雅图政府格外重视电信通讯基础设施建设，鼓励全市和全区范围内的技术和电信基础设施的发展。通过技术提升等手段，西雅图为所有使用分销网络联系客服的服务提供商提供公平的接入，为用户提供具有灵活性、系统安全性、可靠性和可承受性的电信服务。同时，在投资电信通讯项

目建设时，能否加强城市对市民和企业提供服务的能力是西雅图重点考虑的因素之一。

（六）鼓励扶持创新创业企业

西雅图市是许多大型企业的摇篮，包括星巴克、亚马逊、菲尔森（Filson）等。但是，更多的是雇员少于 10 人的小企业，这些小企业涉及的领域包括建筑、批发、零售、制造、新兴科技创业和其他创意产业等多元化产业。针对这些初创小微企业，运营资金和其他形式的经济援助政策是企业创立和成长的重要组成部分，为此西雅图提供了一系列的支持政策来帮助创新创业企业完成初期的搭建。

例如，促进西雅图金融机构与其商业社区之间的密切合作关系，在适当的情况下通过提供更多的资金渠道，推动创新计划的落地，以降低小微企业的借贷成本；为初创小微企业提供技术支持；重点支持艺术和创意产业的创新发展。

三　西雅图经济转型的经验启示

改革开放以来我国经济持续保持较快增长，城镇化进程快速推进，城市经济实力持续增强。但过度依赖低成本资源和高强度要素投入发展经济的模式已难以为继，正确引导和促进城市经济转型是确保城市持续健康发展的关键。尽管西雅图的社会发展背景与我国城市经济发展不尽相同，但在经济全球化背景下的转型之路却存在某些共性。西雅图通过市场自身的发展完善和政府的辅助引导，实现了城市经济的成功转型。总结归纳西雅图经济转型经验，可以为我国城市经济转型发展提供一定的借鉴。

（一）调整产业结构，促进产业多元化发展

纵观西雅图的几次经济转型，都经历了产业结构的重大调整。从渔港小镇转向航空制造业，实现了第一产业向第二产业的转变；从航空制造业转向

高科技产业，实现了第二产业向第三产业的转变。如今，西雅图大力发展高附加值产业，吸引和培育高、精、尖产业，以微软、亚马逊、波音公司为代表的总部企业蓬勃发展，带动了西雅图经济高速稳定增长。与此同时，西雅图对重点企业的发展情况高度敏感，为防止因过分依赖波音、微软、亚马逊等大型企业带来的经济风险，西雅图政府非常重视产业的多样化发展。从开埠的港航贸易到以波音为主的制造业直到现在的以科技、创意产业为主，每个阶段的更新都为城市发展带来了新的活力。

借鉴西雅图成功转型经验，我国城市在未来转型之路上应进一步调整产业结构，促进产业多元化发展。新中国成立以来，我国产业结构发生了深刻的变化，从以农业为主向工业、服务业转变，从低附加值产业向高附加值产业过度，从劳动密集型产业向资本、技术密集型产业发展。然而，由于区域条件和资源禀赋的差异，城市与城市之间存在明显的经济上的差距。东部沿海地区城市经济水平较高，第三产业发达，高附加值、资本和技术密集型产业所占比重日益增加；而中西部地区城市经济水平欠发达，低附加值、劳动密集型、资源消耗型产业仍是主导产业。为改变这种地区经济发展不均衡的状况，实现城市经济转型升级，重中之重就是要调整产业结构，缩小城市之间的经济差距，整体优化提升我国产业结构。同时，为降低经济风险，我国城市经济转型过程中还应构建多元化的产业结构，扶持中小型企业发展，避免形成"一支独大"的现象。

（二）突出比较优势，布局构建完善的产业链

尽管西雅图努力向高科技高附加值产业转变，但也没有摒弃原有优势产业，而是在原有制造业的基础上进行更新和拓展，不仅进一步突出了原有制造业的优势，还结合市场需求和新技术方法，充分挖掘市场价值，提高已有优势产业的附加值，提升西雅图制造业在全球产业链的位置。此外，西雅图在经济转型过程中还打造了一个良性循环的商业氛围，这不得不归功于其拥有一个健全的商业产业链，该产业链不仅仅包括产业内部的上下游，同时也包括各种支持性、辅助性、促进性的服务。这些细分专业化的辅助性产业的

存在，一方面为市场提供了更多的选择，增加了市场竞争力，推动产品的更新完善，另一方面，企业也通过降低服务成本进一步提升了利润，并形成跨行业溢出效应。通过西雅图政府的统筹协调，保证产业链各环节的顺利对接，从而形成良好的商业环境，吸引更多的企业入驻，带动城市经济良性发展。

借鉴西雅图的成功经验，我国城市在经济转型过程中应保护和发展已有的优势产业，推动城市主导产业向高质量、高产值、高附加值、高科技的生产模式升级，促进优势产业集聚发展。同时，围绕主导产业形成相关的细分产业市场，从而构建一个集生产与服务为一体的专业化产业链。

（三）激发企业创新活力，提高技术转化能力

西雅图之所以成为初创小微企业的摇篮，与其大力扶持创新创业企业的政策密不可分。西雅图政府不仅在企业创办之初给予大量的优惠政策，而且还持续地为企业的发展营造良好的环境，保护小微企业发展并支持其不断做大做强。正是这种不断激励和扶持，西雅图成功地成为美国甚至全世界科技发展的风向标，每年都吸引大量的创业者，为西雅图的经济发展源源不断地增添活力。

我国目前的创业环境尚不如美国发达，因此，未来在城市经济转型过程中更应努力营造一个健康有序的创业环境。例如，鼓励和扶持创业，依托社会资源，建立企业家培训、天使融资、产业孵化机构等。另外，充分利用当地高校和科研机构的优势，促进产学研深度融合，加速科技成果的转换。

（四）坚持教育优先，提高人力资本存量

西雅图建市以来的教育优先理念完成了其人才的原始积累，华盛顿大学、西雅图大学等世界名校为西雅图高技术产业的发展提供了强有力的科技支持及丰富的人力资源，大量高质量、精准的人力资源成为西雅图吸引公司的最大宝藏。此外，政府通过增加就业岗位、提供职业培训、增加基础设施投入和扶持创新创业等策略，打造更具吸引力和竞争力的就业环境，增强产

业可持续发展能力。2018 年，西雅图市人口总数达到 72.5 万人，西雅图大都市圈的人口达到 387 万，且常住人口增长稳定，年均增速达到 2.5%。与此同时，西雅图还有着 3.7% 的极低失业率，低于华州 4.5% 和全美 4.3% 的平均失业率水平，已成为仅次于旧金山的美国第二大科技人才市场。西雅图还是全美教育程度最高的城市，25 岁以上居民中，62.1% 的人拥有学士及以上学位。相关统计数据显示，2015 年，华盛顿州国王郡（包括西雅图及其他一些周边城市）与科技相关的工作岗位数量从 2005 年的 8.8 万个增加到 2015 年的近 13.8 万个。西雅图人口的快速增长和教育优先理念，使其迅速地吸引了高质量就业人口，为企业提供了大量的人力资本。而高素质的人力资源反过来也吸引更多企业落户于此，从而促进了经济发展的良性循环。

目前我国许多大中型城市开展了人才战略，通过一系列优惠政策吸引高端人才。然而，我们在过度重视高学历人才的同时，忽视了中低端就业人群。一个城市的发展不仅依靠高端人力资源，同时也需要技术工人等从事一线工作的劳动人员。对于一线工人，应提供更多的教育和职业培训的机会，提高就业人员的整体水平，结合高端人才战略，构建不同层次的立体的人才结构，为企业提供更精细化的人力服务。

（五）提高城市生活品质，留住企业和人才

随着大量科技企业和高端人才的快速涌入，西雅图的生活成本快速增长。数据显示，2017 年西雅图公寓的平均租金达到 1694 美元/日，较 2011 年增长 37%；科技从业人员的年薪同期增长 20.7%。但与旧金山相比，西雅图的生活成本仍然是低的，公寓房月平均租金与旧金山相比少了 1100 美元，办公空间的租金更是只有旧金山的一半。为了防止西雅图出现旧金山高房价、高生活成本、交通拥堵等城市问题，西雅图政府通过强制性住房可负担性计划、实行租金控制单元和调整税费等策略，提升城市生活品质。目前，西雅图是世界科技企业首选的落户城市之一。

我国各大城市为留住企业和人才，通常采用一系列的政策手段，提供相应的优惠政策。然而，随着生产方式发生重大变革，如今城市经济增长更依

靠技术而非传统的资源禀赋，因此，地理区位对于产业发展的影响逐渐弱化。对于企业和就业人口来说，在城市选择的过程中，除了考虑企业自身未来的发展，也会考虑到城市居住的舒适程度。因此，调节房价和物价、合理规划交通布局、营造优美的生活环境、保护城市生态系统等城市管理问题对于城市经济的发展、留住企业和人才至关重要。

参考文献

Cityof Seattle Comprehensive Plan：*APlanningformanaging Growth*（2015－2035）．*City of SeattleDepartment of Planning & Development. 2005.*

邓一凌、过秀成、叶茂等：《西雅图步行交通规划经验及启示》，《现代城市研究》2012 年第 9 期。

顾朝林：《转型发展与未来城市的思考》，《城市规划》2011 年第 11 期。

张雨：《开放型经济转型发展的国际经验及其借鉴》，《国际贸易》2016 年第 4 期。

《西雅图，不想成为下一个被科技公司扎堆害了的旧金山》：http：//www.qdaily.com/articles/15968.html。

B.18
从制造业之都到知识墨尔本

——墨尔本经济转型路径及其经验借鉴

武占云　王斐*

摘　要： 随着中国经济进入高质量发展阶段，众多城市面临产业结构
的转型升级，以及与产业结构转型相伴随的社会结构、空间
结构等多维度的转型发展。面对日益激烈的国际竞争和制造
业地位的下降，墨尔本由20世纪80年代的澳大利亚制造业
之都成功转型为21世纪的知识服务型城市，成为全球最适合
居住、最受尊重的知识城市。墨尔本的转型路径既包括经济
维度的产业多元化发展策略，也包括空间维度的产业空间优
化策略和宜居维度的可负担住房策略，其转型路径为全球城
市提供了可资借鉴的经验。本文在分析墨尔本城市发展演进
和转型背景的基础上，重点从经济维度解析墨尔本转型路径，
同时总结墨尔本从空间结构优化、城市品质提升和创新活力
培育等方面支撑经济转型的成功做法，以期为中国的城市转
型发展提供经验借鉴。

关键词： 经济转型　知识服务型城市　墨尔本

* 武占云，中国社会科学院城市发展与环境研究所副研究员，博士，研究方向：城市规划、城
市与区域经济学。王斐，上海大学上海研究院，研究方向：城市经济、城市管理。

一 引言

新中国成立 70 年来，中国城镇化水平由 1949 年的 10.64% 提高至 2018 年的 59.58%，全国城市数量由 132 个增加到 672 个，城市的快速发展促进了中国经济稳定和持续增长，也为开放型经济体系的构建做出了巨大贡献。然而，随着中国城镇化进入中后期，城市规模增长速度将趋于放缓，传统的粗放型经济增长模式难以为继，无法支撑中国城市融入全球价值链网络。面对复杂多变的国际贸易环境、要素成本不断上升的国内环境，如何通过城市转型实现经济高质量增长，如何通过创新发展提升产业在全球价值链中的地位，是当前中国城市发展面临的关键问题。

虽然世界各国的城市在经济体制、城镇化模式、城市行政体制等方面存在较大差异，但在城市发展的历史长河中，均经历过产业结构、空间结构、人口结构以及生态环境等多维度的变化，尤其是在全球经济一体化的冲击下，基于经济转型的迫切需求进行城市发展的长远谋划是全球城市的普遍做法。其中，城市转型过程的漫长性、转型结构的多维性、对外部环境的依赖性以及最终目标的稳定性是全球城市转型的共性特征。尤其是随着全球城市一体化进程的推进，中国城市想要链接全球城市网络，其转型发展更需要关注与国际城市所具有的共性特征，借鉴国际上成功转型的经验，探索自身城市转型发展的路径。

在众多的全球城市中，墨尔本由 20 世纪 80 年代的澳大利亚制造业之都成功转型为 21 世纪的知识服务型城市，成为全球最适合居住、最受尊重的知识城市，其转型路径既包括经济维度的产业多元化发展策略，亦包括空间维度的产业空间优化策略和宜居维度的可负担住房策略。本文重点分析墨尔本城市发展演进、面临转型困境及成功转型路径，以期为中国的城市转型发展提供经验借鉴。

二　墨尔本概况及经济转型背景

墨尔本是澳大利亚南部滨海城市，维多利亚州首府，世界著名旅游城市，世界著名国际大都市，同时拥有现代化的繁忙港口墨尔本港，长期以来是澳大利亚的工业中心城市，亦是全澳的汽车工业中心。进入 21 世纪，随着全球经济一体化的深入推进，面对日益激烈的国际竞争，墨尔本的制造业竞争力不断衰落，同时人口快速增长带来了住房成本上涨、公共服务短缺等一系列问题，如何推动城市经济转型、重塑全球竞争力成为墨尔本面临的重要问题。

（一）制造业日渐式微亟须重塑产业竞争力

墨尔本一直以来都是澳大利亚的制造业中心，在航空、自动化、食品生产以及纳米技术等方面经验丰富。从历史演变来看，墨尔本的经济发展大致经历了殖民地、淘金城、制造业中心等几个发展阶段。1847 年，墨尔本正式立市，作为殖民地的墨尔本开始借鉴英美规划模式构筑现代城市网络；1851 年，金矿的发现吸引大量世界各地人口涌入墨尔本淘金，人口规模快速上升；1901 年~1927 年，澳大利亚临时首都设在墨尔本，包括联邦议会和很多政府机构相继设置，这一时期的淘金热、联邦首都带来的大量投资以及深水良港为墨尔本的工业化之路奠定了良好的基础，墨尔本逐渐成为澳大利亚的工业重镇，纺织、造纸、化工、金属加工等工业快速发展。第二次世界大战结束后，随着国际移民和战后生育率提高带来的人口增加，墨尔本经济开始快速增长，尤其是福特以及丰田等汽车制造业的投资有力推动了墨尔本由传统重工业城市向现代制造业基地的转型。随后半个世纪的快速发展，奠定了墨尔本作为澳大利亚工业中心的地位，航空产业占澳大利亚经济比重一度达到40%，澳洲四家大型汽车生产商中的三家将生产线设在墨尔本，1997 年，制造业占墨尔本经济比重为16%。随后，福特汽车制造厂和霍顿汽车制造厂相继关闭，墨尔本制造业逐渐衰退。尤其是 20 世纪末和 21 世纪

初期，墨尔本经济严重衰退，如何寻找新的经济增长点，重塑国际竞争新优势成为墨尔本面临的棘手问题。

（二）住房价格上升导致城市对人才吸引不足

进入 21 世纪，全球经济繁荣导致全球城市房价和租金上涨，墨尔本尤为如此，墨尔本的房价自 1990 年开始逐年递增，涨幅在 20 年间达到 400%，2016 年的房价涨幅在 9% 左右，甚至超过了悉尼，成为澳洲涨幅最大的城市。加之大量移民的进入导致住房需求急剧上升，收入增速慢于房价增速的中等收入群体无力承担适当通勤距离内的非公住房价格，而传统的公共住房体系又无法满足庞大的需求群体。根据预测，2050 年墨尔本人口将达到 770 万人，人口相比当前增加 340 万，需要大约 160 万套住房。虽然大量外来移民给墨尔本注入了生机活力，但助推了住房价格的进一步上升，从而导致城市对产业人才的吸引力有所下降，加之制造业的衰落，新兴经济增长的培育缓慢，墨尔本经济进入衰退期。

（三）人口规模快速增长带来公共服务压力

近 20 年来，墨尔本城市化发展迅速，直接促进了墨尔本及大墨尔本地区的快速扩张。2017 年，大墨尔本地区人口达到 500 万，人口增长速度高达 2.7%，增速位列全球发达国家第一；人口密度达到每平方公里 453 人，也是全澳洲人口密度最大的城市。人口规模的快速增长使其基础设施和公共服务亟待完善。虽然墨尔本的主干线网络较为发达，有轨电车系统也位居世界前列，但人口规模的快速增长和城市空间的迅速扩张给既有交通体系带来了巨大压力，中心城区在高峰时段的拥堵情况日益严重，外围郊区的交通设施不能满足大量就业人口的通勤需求，交通基础设施在 21 世纪初已达到容量上限（郑泽爽，2015）。日益饱和的交通系统和公共服务压力严重影响了墨尔本的经济发展潜力。

三　墨尔本经济转型路径分析

面对日益激烈的国际竞争和制造业地位的下降，墨尔本政府开始实施各种政策，不断寻找新经济增长点，重塑全球经济竞争优势，并连续多年被联合国人居署评为"全球最适合人类居住的城市"。从昔日的淘金城到制造业中心，再到全澳科技中心、最受尊重的知识城市，墨尔本为全球城市的经济转型树立了典范。

（一）构建多元化产业体系，增强经济韧性

随着全球经济格局的变化，墨尔本制造业竞争力不断衰落，墨尔本开始探寻产业向知识型、科技型转型。近年来，政府通过鼓励科技创新、激发经济活力、发展多元化产业推动经济转型，引导经济增长结构和出口结构向高科技附加值产品转型。

一方面，着力促进科技创新领域的发展，打造全澳科技中心。包括推动科研及成果转化、降低创业者成本、培育创新文化、注重以创新为导向培养人才，全面推动墨尔本创新经济发展。随着上述创新举措的实施，墨尔本创新氛围逐渐改善，全球众多高科技公司均将总部设立在墨尔本，这些总部企业涉及电子信息、生命科学、新能源等行业。截至 2018 年，这些高科技企业已为墨尔本提供了 8.5 万个就业岗位，产生 350 亿澳元的经济收入，约占整个城市 GDP 的 10%；墨尔本大区已有 27 家生物技术研究所、7 所教学型医院和 9 所大学医学院和 150 多家生物研究中心，拥有大量高端科学家、企业家和专家，墨尔本已经成为全球生物科技中心城市之一和全澳科技中心。根据 Savills UK 的《科技城市发展》报告，墨尔本在全球科技城市中排名第22 位。

另一方面，积极发展专业服务、金融和保险业，打造知识服务型城市。近年来，澳大利亚积极推进包括澳元汇率浮动制、强制退休储蓄制、强力的政府监管和消费者保护等措施在内的金融市场改革，墨尔本借力国家金融市

场的改革着力发展金融服务业，吸引澳大利亚乃至全球的金融机构总部及其分支机构落户，金融服务业占整体经济比重达到12%，与悉尼构成了澳洲双轴金融中心。根据2019年英国智库Z/Yen集团发布的全球金融中心指数，墨尔本已进入全球金融中心前15位，被称为南半球伦敦。同时，银行、保险和财富管理机构大力投资金融技术主导型创新产业，不断成长的创新型企业显著提升了城市的生产力和竞争力，并带动了为金融机构、总部企业服务的会计、咨询、法律等专业服务业的快速发展。近年来，墨尔本的产业结构不断优化，2018年，专业技术服务和金融保险的产值占GDP比重达到21.7%，与1998年相比上升了15.4个百分点，而制造业占比由1998年的15.3%下降至2018年的6.4%（见图1）。

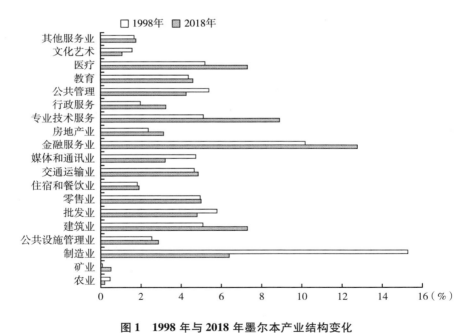

图1　1998年与2018年墨尔本产业结构变化

资料来源：*Economic Performance of Australia's Cities and Regions* 2017 – 2018，SGS Economics and Planning，2018。

在产业多元化策略下，墨尔本逐渐从制造业繁荣走向更加多元和更加强劲的新经济，多项经济指标开始赶超悉尼。2017～2018年度，墨尔本的

GDP 达到 351016 百万美元，占澳大利亚 GDP 总量的 19.3%，GDP 增长率达到 4.3%，不仅高于全国 2.8% 的平均增长率，也高于悉尼 3.1% 的增长率（见表 1），对全国的 GDP 增长贡献率达到 28.9%，高于悉尼 26.3% 的贡献率。

表 1　2017~2018 年度澳大利亚首府城市和区域 GDP 增长情况

首府或区域	GDP（百万美元）	2017~2018 年增长率（%）	2007~2018 年平均年增长率（%）	GDP 占全国比重（%）
悉尼	443090	3.1	2.7	24.4
新南威尔士州	150185	1.1	1.7	8.3
墨尔本	351016	4.3	3.0	19.3
维多利亚州	72945	-0.1	0.8	4.0
布里斯班	170505	3.4	2.3	9.4
昆士兰州	168999	3.3	2.2	9.3
阿德莱德	82531	3.2	1.7	4.5
南澳大利亚州	23473	-2.1	0.7	1.3
珀斯	150287	2.7	3.3	8.3
西澳大利亚州	105596	0.8	4.5	5.8
塔斯马尼亚州	30266	3.3	1.4	1.7
北领地	26200	1.7	3.4	1.4
堪培拉	39442	4.0	3.0	2.2
澳大利亚	1814535	2.8	2.5	100.0

资料来源：*Economic Performance of Australia's Cities and Regions 2017 – 2018*, SGS Economics and Planning, 2018。

（二）打造知识墨尔本，提升全球人才竞争力

墨尔本拥有丰富的教育和研究资源，为了利用智力资本来提高墨尔本的国际竞争力，墨尔本制定了"知识墨尔本"计划（A Knowledge City Strategy），以期打造具有全球竞争力的"知识墨尔本"。一是强化知识城市的关键基础设施和组织。政府全力支持包括墨尔本大学、莫纳什大学、墨尔本皇家理工大学等高等学府在内的人才引进和培养。近几年，政府又在墨尔本西部打造了"澳洲教育城"（Australia Education City）项目，此项目的建

成将使墨尔本成为全澳最大的留学生集聚地。二是将知识置于城市社会经济发展的核心地位，推行"企业墨尔本"和"城市 LAB"计划。"企业墨尔本"计划为中小型企业提供技术支持、授权赞助、规章指南和其他资源信息，鼓励技术创新和科学研究。城市 LAB 是一个开放创新的实验室，可促进政府与创新者之间、创新者与创新者之间的交流与合作，降低初创企业的风险，鼓励各个领域的创新，从而提高城市的原始创新能力和国际竞争力。三是加深公众对于"知识墨尔本"的了解，成立墨尔本知识周（MKW），MKW 是一个多学科、跨领域的年度节日，旨在展示产业的多元化和创新，在知识周期间，政府和活动合作伙伴举办知识墨尔本的相关活动，包括博览会、互动活动、巡回展示、嘉宾座谈、"编程马拉松"等，最大限度地加强地方社区、政府部门、研究机构和企业的合作与沟通。

（三）建设就业和创新中心，优化产业空间布局

墨尔本历来重视引导产业空间集聚带来的知识溢出效应，特别是科技含量较高的高端制造业、生物医药、金融和商业以及信息和通信行业四大行业高度聚集在特定区域，产业高度集聚带来的人力资源市场共享、知识溢出效应提高了产业竞争力。近年来，墨尔本聚焦创造更多就业、培育新经济增长点，规划建设了 6 个国家级就业与创新聚集区（National Employment and Innovation Cluster），即优化发展 Parkville、Monash、Dandenong South 三个聚集区，分布在环 Port Phillip 海湾东侧的发展廊道上；未来新建 La Trobe、Sunshine、East Werribee 三个聚集区，分布在即将新建的 East West 至 North East 的快速连接线附近。每个就业与创新聚集区根据自身产业基础，聚焦生物医药、专业服务、科研教育和高新技术等知识型、技术型产业领域，形成富有活力的创业就业中心（见表 2）。同时，政府对这些区域的发展提供不遗余力的支持，配套大学、研究中心、医疗设施等完善的公共服务，并通过火车站点的建设将就业创新聚集区与中心城区相连接，在空间上推动形成特色各异、分工明确、产业联系紧密的功能性地域单元，通过优化产业空间布局提升经济效益。

表2　墨尔本大都市区国家级创新就业中心的产业发展优势

类型	国家级就业与创新聚集区	产业优势	提供就业岗位(个)
已建	Monash	教育、健康、科研、商业孵化	58500
	Parkville	生物医药、医疗科研、高技术产业	32700
	Dandenong South	生态工业、制造、仓储物流	55000
计划	La Trobe	教育、科研、零售	25700
	Sunshine	职业教育、健康护理、专业服务	13800
	East Werribee	健康、教育、高技术产业	7100

资料来源：Plan Melbourne。

（四）实施集约化政策，提高住房的可负担能力

自20世纪90年代开始墨尔本房价逐年上涨，涨幅在20年间达到400%，2016年的房价涨幅在9%左右，甚至超过了悉尼，成为澳洲涨幅最大的城市。随着墨尔本人口的不断增长，住房需求进一步高涨。为缓解住房紧张和提升中低收入群体的住房可支付能力，墨尔本在近20年来推行集约化政策，提高住房的可负担能力。一是推动多户式住宅建设，鼓励中高密度城市形态的发展，最大限度地为中低收入家庭提供适当通勤距离范围内的可负担住房，缓解低收入群体的住房压力。如表3所示，2007~2017年，墨尔本公寓住宅增加了31810套，而独栋房屋或联排房屋仅增加了2170套，尤其是2015~2017年独栋房屋或联排房屋的增量仅有90套。2017年，市区住宅建筑共计83100套（相比2007年增长了69%），其中74%为公寓住宅，12%为独栋房屋或联排房屋，公寓住宅的大量建设提升了中低收入家庭的住房可支付能力。

二是满足不同收入群体对住房的需求。由于近10年墨尔本政府在郊区和市中心更新改造的用地上建设了大量公寓住宅，未来几年可能会出现供过于求情况，到2020年，墨尔本公寓住宅中位价预计将累计下滑5%左右。而受集约化政策影响，墨尔本的独栋住宅供应量十分有限，至2020年预计将累计上涨10%左右。可以说，这种集约化的发展政策，一定程度上满足

表3 2007～2017年墨尔本住房增长情况

单位：套

住宅类型	2007年	2015年	2017年	两年增长量	十年增长量
独栋房屋/联排房屋	7660	9740	9830	90	2170
住宅公寓	32890	52540	61450	8910	28560
酒店式公寓	4160	5930	6300	370	2140
学生公寓	4410	5830	5520	-310	1110
合　计	49120	74040	83100	9060	33980

资料来源：City of Melbourne Clue 2017 Report，https：//www. melbourne. vic. gov. au。

了不同收入群体对住房的需求，也提高了低收入群体的住房可支付能力。《规划墨尔本2050》进一步提出要持续提高居民住房的可支付能力。规划预测，2020年墨尔本人口将新增340万，需要新建160万套住房以适应墨尔本预计的人口增长和满足不同家庭的住房需求。为此，政府计划将进一步增加靠近服务设施和公共交通设施的住房供应，同时增加保障性住房的供应。规划提出应密切关注住房类型和价格与人口结构变化的关系，同时结合住房市场开发的可行性，制定更多有利于可负担住房计划的法律法规条款。

（五）强化基础设施建设，促进资源要素高效流动

1997年至2017年的20年，墨尔本共增加了近150万人口，其中的77.5万人住在城市外边缘，51万人居住在中间郊区，仅有不到20万人住进内城区，即外郊人口数量激增，而城市的就业增长仍集中在市中心。既有的城市交通网络不能满足就业中心与居住地分离产生的大容量交通出行需求，也不能满足产业发展带来的货运物流需求，严重影响了城市经济系统的要素配置和流通效率。为应对大量的人流及物流带来的交通压力，墨尔本通过若干措施提高交通运行效率，支撑城市经济转型，主要包括以下措施：①提升交通运输系统，以公共交通为导向应对人口增长，支撑中心城的高效发展，充分利用现有的轨道网络，建立智能交通系统、优化现有电车系统；②解决职住平衡问题，完善成熟居住区的交通网络，加强新建郊区和大型居住区的

交通供给能力；③鼓励多样化的交通出行方式，提高有轨电车的行驶效率、容量、准点率，鼓励发展以节能环保为前提的共享单车、共享汽车等服务，减少不必要的空气质量负担；④充分考虑交通系统扩张对城市环境的影响，采用先进技术和理念提升货运交通系统的运行效率；⑤提升不同枢纽站点之间的交通可达性，完善联系三个港口的高速网络，提高港口、铁路枢纽和机场的运输容量。同时，墨尔本通过一体化交通运输系统的合理规划带动周边地价升值，基于地价升值收益成立交通发展资金，以进一步支撑交通设施的改善，盘活交通运输及其周边区域的经济。

四 对中国城市经济转型的经验借鉴与启示

墨尔本经济转型的核心是将城市发展置于全球经济一体化的大背景下，将"知识城市"作为发展的根本理念及目标，强调知识经济体、学习创新城市的建设，促进高科技、生物医药、金融服务、创意产业等新兴产业的发展，推动墨尔本由以制造业为中心的工业城市向以知识为中心的服务型城市转型。城市经济转型过程中同时强调经济韧性、社会包容性和文化自信，经济转型、空间转型和社会转型并行推进，从而谋求在全球城市体系中差异化崛起的新路径，为当下中国众多城市的转型发展提供了可资借鉴的经验。

（一）关注经济转型对空间和社会结构的影响

城市经济转型的本质是改变现有发展路径来适应新的经济结构转型需求，它涉及全社会各类要素资源的再配置。因此，经济转型实际上不仅是产业维度的，而是基于推动城市发展的主导要素变化而导致的城市发展阶段、发展动力与发展方式的重大结构性转变，这种结构性的转变包括产业经济、社会结构、空间环境等多个维度。一方面，各生产要素在产业间重新分配的动态过程涉及社会结构的转型，两者相互促进相互影响；另一方面，经济结构和社会结构的变化往往也会对城市空间布局产生影响。墨尔本的经济转型过程即是多维度的结构性转型，在经济结构方面，墨尔本通过鼓励创新和金

融市场改革，着力发展高科技、金融服务、专业服务业；在空间结构方面，引导优势产业在空间上集聚分布，并配套教育、医疗和交通等公共服务，强化中心城区与外围郊区在产业关联、城市功能方面的分工合作；在社会结构维度，重视外来移民对住房市场的影响，通过可负担住房政策提升产业人才吸引力。总体而言，墨尔本在经济转型中保持国际大都市活力和竞争力的根本保障是经济、社会和空间三大维度转型的有机结合。

随着中国经济进入高质量发展阶段，中国城市既面临着产业结构的转型升级，也面临着快速城镇化带来的空间无序增长和农业转移人口市民化等问题，需要在转型过程中统筹考虑经济、社会和空间等多维度。就经济转型维度而言，中国城市应借力全球经济一体化和新一代信息革命的浪潮，着力提升资源要素配置效率、发展多元化经济、培育新的经济增长点等，尤其随着知识经济在城市发展过程中地位的逐步提升，知识性要素逐渐替代资源型要素主导城市经济发展，发展高新技术和知识密集型产业成为城市转型发展的产业依托和客观需要。同时，墨尔本经验表明，经济转型往往带来城市人口的持续增长，中国城市在转型过程中，既要正视外来移民涌入为城市经济发展带来的持续人口红利，也要统筹考虑人口增长对城市住房和各类公共服务设施的需求。空间结构转型则是经济结构和社会结构转型的空间投影，城市的空间发展战略要对未来新兴产业的组织模式和布局模式有前瞻性预判，例如，共享经济、数字经济、人工智能等新兴产业对空间的需求模式。

（二）重视多元产业体系对经济韧性的保障

国际经验表明，经济稳定增长与经济韧性、产业多样性之间存在密切的关系，拥有多样化产业结构的城市在面对复杂多变的经济环境时更能抵御风险，尤其是当经济进入衰退期时，产业多样化的城市调整适应能力越强，能够通过发展"新经济"孕育一批更高效、更有活力和更具竞争力的市场主体，从而获得长久和坚实的经济韧性。以构建多元、高质的产业体系为核心提升经济韧性正是墨尔本重塑全球竞争力的关键所在，墨尔本已从汽车制造基地成功转型为全澳科技中心、全球生物科技中心和南半球金融中心，全球影响力持续增强。

当前，中国的众多城市已步入高质量发展攻坚期，既要防范城市转型发展过程中各类风险，又要面对国际经济形势变化的外部冲击，构建多元高质的产业体系、提升经济韧性成为中国城市顺利实现转型发展、步入高质量发展的关键所在。各个城市应根据自身资源禀赋条件，既要培育新兴经济和新兴业态，发展高新技术和知识密集型产业，保存产业多样性；又要重视用新技术新理念改造提升传统产业，促进产业向价值链高端演进，不能过度热衷于新兴业态的引入，盲目发展与城市产业基础不相匹配的服务业。此外，还应加强产业之间和产业内部的融合发展，围绕高端制造业的需求构建多元化的现代服务体系，促进知识和创新在部门间的溢出。

（三）培育创新创业活力提升经济发展潜能

基于全球技术变革和创新人才竞争的新形势，墨尔本聚焦科技创新和知识经济的关键领域，制定了鼓励创新发展和打造"知识墨尔本"的一揽子计划，通过推动科研及成果转化、降低创业者成本、培育创新文化、注重以创新为导向培养人才，全面推动创新经济发展。虽然中国北京、上海、深圳、杭州等城市近年来在创新创业活力培育方面取得了显著成效，成为中国独角兽企业①分布最多的城市，但对标全球创新型城市，中国众多城市的创新创业发展仍存在较大差距，营造更加适于创新要素集聚和流动的便利环境是城市实现经济转型发展的重要途径。一方面，应着力整合高校、科研院所、企业研发中心等创新资源，完善以企业为主体、市场为导向、产学研企相结合的科技创新体系，搭建全链条全要素的创新服务平台，提高自主创新能力；加大对创新创业的金融和政策支持力度，建设一批专业化众创空间、科技企业孵化器，加速科技型中小微企业的孵化成长；另一方面，应对标国际通行规则，对外资实行准入前国民待遇加负面清单管理制度，加快推动服

---

① 独角兽企业指市场估值 10 亿美元以上，并且创办时间相对较短（一般为十年内）还未上市的企业，独角兽企业代表着新经济活力、行业发展趋势和区域及国家的创新竞争力。

务业领域的对外开放和制度创新，营造国际一流的创新创业生态环境，提升对全球人才及各类创新资源的聚集能力、国际重要创新成果转移和转化能力。

（四）打造宜居宜业环境提升高端人才吸引力

从全球视角来看，各国城市转型有着共同的时代背景，即全球化历经货物流和资金流主导阶段转向知识流和人才流主导的阶段，高层次人才的引进和培养，尤其是对于高科技外来移民，如何保障其高品质的生活需求是全球城市转型共同关注的内容。墨尔本通过建设"澳洲教育城"、实施可负担住房政策、创建健康并充满活力的居住区等措施不断提升城市品质，连续多年被联合国人居署评为"全球最适合人类居住的城市"，吸引了大量高科技和金融服务领域的国际精英，高端人才的汇聚为墨尔本的经济发展和产业创新提供了智力支持。

2018年中国房价收入比高达9.3，尤其是北京、上海、广州和深圳等城市正处于转型和创新发展的关键时期，高房价不仅导致了企业运行成本上升，更是助推了人力资源外流，使得储蓄人力资源存在困难。中国城市应借鉴国外的可负担住房政策，以吸引高端人才为目标，通过土地和住房保障，降低企业运行成本，提升城市对高层次人才的吸引力。同时，鼓励社会资本提供教育医疗等高品质公共服务，完善交通运行系统、改善生态环境质量、营造多元包容的文化氛围，全方位打造宜居宜业环境，提升对全球高端人才的吸引力，为城市转型和创新发展提供智力保障。

参考文献

Brown-May A. The highway of civilisation and common sense：Street regulation and the transformation of social space in 19th and early 20th century Melbourne. Canberra，ACT：Urban Research Program. Research School of Social Science. Australian National University.，1995.

Collier P A, Mitchell D J, Leahy F J. Development of a GDA94 Transformation Grid for Melbourne and Environs. *Consultant's Report to Land Victoria*, 1998.

Howe R. New residents—new city. The role of urban activists in the transformation of inner-city Melbourne. *Urban Policy and Research*,（3）2009：243 – 251.

O'Hanlon S, Hamnett C. Deindustrialisation, Gentrification and the Re-invention of the Inner City: London and Melbourne, c. 1960 – 2008. *Urban Policy and Research*,（3）2009：211 – 216.

安怡然、丁晓婷、戴国雯：《国外生态城市发展政策研究——以墨尔本为例》，《建设科技》2018 年第 6 期。

陈柳钦：《知识城市发展研究》，《西华大学学报》（哲学社会科学版）2010 年第 2 期。

顾朝林、辛章平、贺鼎：《服务经济下北京城市空间结构的转型》，《城市问题》2011 年第 9 期。

韩笋生、凯文·奥康纳、焦怡雪：《城市集约化政策与住宅价格——1991～2004 年墨尔本案例研究》，《国际城市规划》2008 年第 5 期。

钱维：《美国城市转型经验及其启示》，《中国行政管理》2011 年第 5 期。

石崧：《世界城市转型对中国城市发展的启示与借鉴》，中国城市规划学会，多元与包容——2012 中国城市规划年会论文集（01. 城市化与区域规划研究），中国城市规划学会，2012。

施雪华、邓集文：《社会转型与城市转型：文史博览（理论）》2010 年第 3 期。

石忆邵：《城市转型研究：回眸与评析》，《城乡规划》2016 年第 1 期。

郑国、秦波：《论城市转型与城市规划转型——以深圳为例》，《城市发展研究》2009 年第 3 期。

郑泽爽：《"墨尔本 2050"发展计划及启示：规划师》2015 年第 8 期。

《"知识墨尔本"成就"宜居墨尔本"——专访澳大利亚墨尔本市市长罗伯特·道尔》，《深圳特区报》，2013 年 5 月 14 日，https：//news. sina. com. cn/o/2013 – 05 – 14/073027113565. shtml。

倪鹏飞：《中国城市竞争力报告 NO. 17》，社会科学文献出版社，2019 年 6 月。

徐圆、张林玲：《中国城市的经济韧性及由来：产业结构多样化视角》，《财贸经济》2019 年第 7 期。

《澳大利亚金融服务业行业优势报告》，http：//www. ccpit. org/Contents/Channel_4095/2016/0711/670180/content_ 670180. htm。

Economic Performance of Australia's Cities and Regions 2017 – 2018, SGS Economics and Planning, 2018.

City of Melbourne Clue 2017 Report, https：//www. melbourne. vic. gov. au.

大 事 记

Memorabilia

B.19

中国城市发展大事记

（2018 年 7 月 1 日 ~2019 年 6 月 30 日）

武占云　张双悦 执笔 *

2018 年 7 月 13 日　国务院办公厅印发《关于进一步加强城市轨道交通规划建设管理的意见》（国办发〔2018〕52 号），指出城市轨道交通是城市公共交通系统的骨干。为促进城市轨道交通规范有序发展，应从完善规划管理规定、有序推进项目实施、强化项目风险管控、完善规划和项目监管体系四个方面推进政策措施落实。

2018 年 7 月 31 日　甘肃省人民政府办公厅关于印发《关中平原城市群发展规划实施方案的通知》（甘政办发〔2018〕153 号），要求天水市、平

---

* 武占云，中国社会科学院城市发展与环境研究所助理研究员、博士，主要研究方向为城市规划、城市与区域经济等。张双悦，首都经济贸易大学城市经济与公共管理学院，区域经济学博士研究生。主要研究方向为城市与区域发展。

凉市、庆阳市完善城镇功能布局，发展绿色生态产业，推动基础设施互联互通，保障生态环境安全。

2018 年 8 月 7 日　国务院发布《关于同意在北京等 22 个城市设立跨境电子商务综合试验区的批复》（国函〔2018〕93 号），同意在北京市、呼和浩特市、沈阳市、长春市、哈尔滨市、南京市、南昌市、武汉市、长沙市、南宁市、海口市、贵阳市、昆明市、西安市、兰州市、厦门市、唐山市、无锡市、威海市、珠海市、东莞市、义乌市等 22 个城市设立跨境电子商务综合试验区，名称为中国（城市名）跨境电子商务综合试验区。

2018 年 8 月 12 日　国家发展改革委发布《关于苏州市城市轨道交通第三期建设规划（2018～2023 年）的批复》（发改基础〔2018〕1148 号），指出要提升苏南地区一体化发展水平，支撑苏州市域城镇体系快速发展和城市空间布局，完善城市综合交通体系，缓解城市交通拥堵。

2018 年 8 月 30 日　国家发展改革委办公厅印发《关于建立特色小镇和特色小城镇高质量发展机制的通知》（发改办规划〔2018〕1041 号），指出特色小镇和特色小城镇是新型城镇化与乡村振兴的重要结合点，也是促进经济高质量发展的重要平台，因此必须坚持遵循规律、产业立镇、规范发展、典型引路、优化服务等原则，建立特色小镇和特色小城镇高质量发展机制，释放城乡融合发展和内需增长新空间。

2018 年 9 月 13 日　经党中央、国务院批准，中共中央办公厅、国务院办公厅印发《海南省机构改革方案》（厅字〔2018〕80 号），对海南省机构改革作出全面部署。新组建省旅游和文化广电体育厅，将海南省旅游发展委员会的职责，海南省文化广电出版体育厅的文化、体育、广播电视管理职责整合，不再保留海南省旅游发展委员会、海南省文化广电出版体育厅。

2018 年 9 月 25 日　国家发展改革委、自然资源部《关于加快推进长江两岸造林绿化的指导意见》（发改农经〔2018〕1391 号）指出，抓好长江两岸沿线城市江边、乡镇建成区、村屯居民区的绿化美化，大幅提升生态宜居水平；充分挖掘绿化潜力，拓展绿化空间，在城市江岸建设防护绿地。

2018 年 9 月 30 日　国家发展改革委办公厅《关于督察〈推动 1 亿非户

籍人口在城市落户方案〉落实情况的通知》（发改办规划〔2018〕1190 号）
指出，推动 1 亿非户籍人口在城市落户，是推进新型城镇化高质量发展的重
要任务，是扩大内需和改善民生的有机结合点，是全面建成小康社会惠及更
多人口的内在要求，落实情况开展督察，分析总结好经验好做法，摸清改革
障碍和工作短板，提出有针对性操作性的整改措施，对切实推动《落户方
案》落地见效，具有重要促进作用。

2018 年 10 月 1 日 党中央、国务院批准同意《山东省机构改革方案》，
新组建大数据局，解决部门信息"孤岛"和信息"烟囱"问题，加快推进
"互联网＋电子政务"，建设"数字山东"。

2018 年 10 月 4 日 党中央、国务院批准同意《浙江省机构改革方案》，
组建浙江省大数据发展管理局、自然资源厅、生态环境厅、农业农村厅等重
要部门。着重强调推进政府数字化转型和大数据资源管理等工作，打破信息
孤岛、实现数据共享，进一步加快推进数字浙江建设。

2018 年 10 月 11 日 党中央、国务院批准同意《上海市机构改革方
案》，组建上海市规划和自然资源局，不再保留上海市规划和国土资源管理
局。

2018 年 10 月 15 日 党中央、国务院批准同意《四川省机构改革方
案》，将原四川省扶贫移民局更名为扶贫开发局，以加强脱贫攻坚的工作力
度。

2018 年 10 月 19 日 国家发展改革委发布《关于新建重庆至黔江铁路
可行性研究报告的批复》（发改基础〔2018〕1517 号），指出要深入实施长
江经济带发展战略，完善高速铁路网布局，加快形成重庆至厦门的高速铁路
主通道，带动沿线地区经济社会发展。

2018 年 10 月 23 日 重庆市规划和自然资源局挂牌成立，新机构将统
一行使全民所有自然资源资产所有者职责，统一行使所有国土空间用途管制
和生态保护修复职责。

2018 年 11 月 8 日 北京市规划和自然资源委员会揭牌，同时加挂首都
规划建设委员会办公室牌子。新机构的组建是推进北京城市总体规划实施的

重要举措。

2018 年 11 月 15 日　国家发展改革委办公厅印发《关于总结推广第二批国家新型城镇化综合试点阶段性成果的通知》（发改办规划〔2018〕1453号），明确主要任务为健全农业转移人口市民化机制、探索农民权益自愿有偿退出机制、健全新型城镇化建设投融资机制、建立健全城市间协同发展机制、建立健全城市高质量发展机制、建立健全城乡融合发展体制机制等。

《上海市人民政府关于印发本市全面推进土地资源高质量利用若干意见的通知》（沪府规〔2018〕21 号）指出，贯彻新发展理念和高质量发展的总体要求，对标卓越全球城市，强化质量绩效导向，坚持盘活存量为主，提升改革创新力度。

2018 年 11 月 18 日　国务院印发《关于建立更加有效的区域协调发展新机制的意见》，指出要以"一带一路"建设、京津冀协同发展、长江经济带发展、粤港澳大湾区建设等重大战略为引领，以西部、东北、中部、东部四大板块为基础，促进区域间相互融通补充；探索超大城市、特大城市等人口经济密集地区有序疏解功能、有效治理"大城市病"的优化开发模式。

2018 年 11 月 21 日　国家发展改革委发布《关于重庆市城市轨道交通第三期建设规划（2018～2023 年）的批复》（发改基础〔2018〕1748 号），要求重庆市要加强完善城市综合交通体系，支持城市总体规划目标，缓解城市交通拥堵，完善轨道交通网络结构。

2018 年 11 月 23 日　国务院《关于同意乌鲁木齐、昌吉、石河子高新技术产业开发区建设国家自主创新示范区的批复》（国函〔2018〕145 号），明确要求把乌鲁木齐、昌吉、石河子高新区建设成为科技体制改革和创新政策试验区、创新创业生态优化示范区、科技成果转化示范区、新兴产业集聚示范区、转型升级引领区、科技创新国际合作先导区。

住房城乡建设部办公厅印发《关于印发贯彻落实城市安全发展意见实施方案的通知》（建办质〔2018〕58 号），指出推动装配式建筑、绿色建筑、建筑节能、建筑信息模型（BIM）技术、大数据在建设工程中的应用，推动新型智慧城市建设。

2018 年 11 月 28 日　天津市人民政府印发《天津市机构改革实施方案的通知》（津党发〔2018〕32 号），同意组建"天津市规划和自然资源局"。

2018 年 12 月 3 日　陕西省人民政府办公厅印发《关于印发省关中平原城市群发展规划实施方案的通知》，通知明确要建设西安国家中心城市，优化城市群空间格局和规模结构，强化创新驱动建设现代化产业体系，加快基础设施互联互通建设；加强生态环境保护联防联控，深化开放合作，积极推动文化繁荣，强化公共服务共享等。

2018 年 12 月 11 日　国家发展改革委发布《关于上海市城市轨道交通第三期建设规划（2018～2023 年）的批复》（发改基础〔2018〕1831 号），明确指出为建设卓越的全球城市和社会主义现代化国际大都市，促进城市空间与轨道交通系统的协调发展，同意上海市城市轨道交通第三期建设规划。

2018 年 12 月 13 日　国家发展改革委发布《关于广西北部湾经济区城际铁路建设规划（2019～2023 年）的批复》（发改基础〔2018〕1861 号），同意构建覆盖广西北部湾经济区的铁路客运网络，南宁至北部湾经济区节点城市 1 小时左右到达，基本覆盖区域 50 万人口城市。

2018 年 12 月 24 日　国家发展改革委交通运输部印发《国家物流枢纽布局和建设规划》（发改经贸〔2018〕1886 号），强调加强国家物流枢纽空间布局与城市功能提升的衔接，确保枢纽用地规模、土地性质和空间位置长期稳定。

2018 年 12 月 25 日　国务院发布《关于河北雄安新区总体规划（2018～2035 年）的批复》（国函〔2018〕159 号），同意按照高质量发展的要求，推动雄安新区与北京城市副中心形成北京新的两翼，促进京津冀协同发展，有序承接北京非首都功能疏解；优化国土空间开发保护格局、打造优美自然生态环境等。

科技部印发《关于同意昆山等 4 家国家高新技术产业开发区创新型特色园区建设方案的批复》，同意昆山、泰州、常熟和安康国家高新技术产业开发区的创新型特色园区建设方案，并开展创新型特色园区建设工作。

2018 年 12 月 26 日　国家发展改革委发布《关于江苏省沿江城市群城

际铁路建设规划（2019～2025年）的批复》（发改基础〔2018〕1911号），明确实施推动长江经济带发展战略，支持长三角一体化，完善江苏沿江城市群综合交通网络布局，促进高质量发展。

住房和城乡建设部印发《关于发布国家标准〈海绵城市建设评价标准〉的公告》，明确海绵城市建设的评价是以城市建成区为评价对象，对建成区范围内的源头减排项目的海绵效应等进行评价。

2018年12月27日 国务院发布《北京城市副中心控制性详细规划（2016年～2035年）》，明确将城市副中心打造成北京的重要一翼，努力建设国际一流的和谐宜居之都示范区、新型城镇化示范区和京津冀区域协同发展示范区，建设绿色城市、森林城市、海绵城市、智慧城市、人文城市、宜居城市，使城市副中心成为首都一个新地标。

2018年12月29日 国务院办公厅《关于印发"无废城市"建设试点工作方案的通知》（国办发〔2018〕128号）明确指出要在全国范围内选择10个左右有条件、有基础、规模适当的城市，在全市域范围内开展"无废城市"建设试点，通过"无废城市"建设试点，统筹经济社会发展中的固体废物管理，大力推进源头减量、资源化利用和无害化处置，系统总结试点经验，形成可复制、可推广的建设模式。

2019年1月9日 《广州市机构改革方案》正式出台，同意组建规划和自然资源局，负责加强自然资源管理，并将市国土资源和规划委员会的职责，市发展和改革委员会、市林业和园林局等部门相关职责进行整合。同时组建省推进粤港澳大湾区建设领导小组。

2019年1月10日 《深圳市机构改革方案》出台，同意组建规划和自然资源局，规划和自然资源局负责组织起草有关自然资源、国土空间规划和测绘信息管理的地方性法规、规章草案和政策措施并组织实施，同时负责自然资源调查监测评价等工作。

2019年1月14日 南京市规划和自然资源局挂牌成立，新机构将统一行使全民所有自然资源资产所有者职责，统一行使市域国土空间用途管制，强化国土空间规划对各专项规划的指导约束作用，推进"多规合一"，实现

土地利用规划、城乡规划等各类规划有机融合。

2019 年 1 月 24 日 自然资源部办公厅印发《智慧城市时空大数据平台建设技术大纲（2019 版）》（自然资办函〔2019〕125 号），明确要提高认识，积极履职，加强培训，协同推进，做好时空大数据平台。

2019 年 1 月 31 日 国务院发布《关于全面推进北京市服务业扩大开放综合试点工作方案的批复》（国函〔2019〕16 号），指出要推动全方位对外开放和经济高质量发展，在新的起点上全面推进北京市服务业扩大开放综合试点工作，更好发挥综合试点的示范引领作用。

2019 年 2 月 18 日 国务院印发《粤港澳大湾区发展规划纲要》，明确指出粤港澳已具备建成国际一流湾区和世界级城市群的基础条件，要努力将粤港澳大湾区建设成为充满活力的世界级城市群、具有全球影响力的国际科技创新中心、"一带一路"建设的重要支撑、内地与港澳深度合作示范区、宜居宜业宜游的优质生活圈。

2019 年 3 月 11 日 住房和城乡建设部、国家发展改革委共同组织专家按照《国家节水型城市考核标准》对申报城市的节水工作情况进行了预审、现场考核和综合评审，两部门发布《关于拟命名第九批（2018 年）国家节水型城市的公示》，拟增加石家庄市、沧州市、溧阳市、东台市、湖州市、衢州市、蚌埠市、宿州市、宣城市、泉州市、淄博市、安丘市、滨州市、宜昌市、北流市、遂宁市、凯里市、克拉玛依市为国家节水型城市。

2019 年 3 月 31 日 国家发展改革委印发《2019 年新型城镇化建设重点任务》（发改规划〔2019〕0617 号），明确提出要按照尊重意愿、自主选择原则，以农业转移人口为重点，兼顾高校和职业院校（技工院校）毕业生、城市间转移就业人员，加大非户籍人口在城市落户推进力度，推动未落户城镇的常住人口平等享有基本公共服务。同时持续推进节水型城市建设，推进实施海绵城市建设。

2019 年 4 月 15 日 国务院发布《关于建立健全城乡融合发展体制机制和政策体系的意见》，提出要建立健全有利于城乡要素合理配置、城乡基本公共服务普惠共享、城乡基础设施一体化发展等的体制机制。

国家发展改革委、科技部发布《关于构建市场导向的绿色技术创新体系的指导意见》（发改环资〔2019〕689号），指出要强化对重点领域绿色技术创新的支持，围绕节能环保、清洁生产、清洁能源、生态保护与修复、城乡绿色基础设施、城市绿色发展等，切实提升原始创新能力，并选择绿色技术创新基础较好的城市，建设绿色技术创新综合示范区。

2019年4月26日 住房和城乡建设部等部门联合印发《关于在全国地级及以上城市全面开展生活垃圾分类工作的通知》（建城〔2019〕56号），要求在地级及以上城市全面启动生活垃圾分类工作，做好顶层设计，加快生活垃圾分类系统建设，采取简便易行的分类投放方式，设置环境友好的分类收集站点，分类运输环节防止"先分后混"等。

2019年4月29日 住房和城乡建设部、生态环境部、发展改革委印发《关于印发城镇污水处理提质增效三年行动方案（2019~2021年）的通知》（建城〔2019〕52号），明确指出经过3年努力，全国地级及以上城市建成区基本无生活污水直排口，基本消除城中村、老旧城区和城乡接合部生活污水收集处理设施空白区，基本消除黑臭水体，城市生活污水集中收集效能显著提高。

2019年5月6日 国务院发布《关于同意承德市建设国家可持续发展议程创新示范区的批复》（国函〔2019〕46号），明确提出承德市要集成应用抗旱节水造林、荒漠化防治、退化草地治理、绿色农产品标准化生产加工、"互联网+智慧旅游"等技术，探索适用技术路线和系统解决方案，形成可操作、可复制、可推广的有效模式，对全国同类的城市群生态功能区实现可持续发展发挥示范效应。

2019年5月12日 国务院办公厅印发《国家生态文明试验区（海南）实施方案》（国务院公报2019年第15号），要求落实海绵城市建设要求，全面开展"生态修复、城市修补"工程，实施城市更新计划，妥善解决城镇防洪和排水防涝安全、雨水收集利用、供水安全、污水处理、河湖治理等问题。在海口、三亚重点城区大力推行海绵城市建设、垃圾分类处理、地下空间开发利用和新型节能环保低碳技术应用。

2019 年 5 月 18 日   国务院印发《关于推进国家级经济技术开发区创新提升打造改革开放新高地的意见》（国发〔2019〕11 号），要求提升开放型经济质量，赋予更大改革自主权，打造现代产业体系，完善对内对外合作平台功能，加快推进国家级经开区高水平开放、高质量发展。

2019 年 5 月 31 日   自然资源部印发《关于全面开展国土空间规划工作的通知》（自然资发〔2019〕87 号），明确各地不再新编和报批主体功能区规划、土地利用总体规划、城镇体系规划、城市（镇）总体规划、海洋功能区划等。已批准的规划期至 2020 年后的省级国土规划、城镇体系规划、主体功能区规划，城市（镇）总体规划，以及原省级空间规划试点和市县"多规合一"试点等，要按照新的规划编制要求，将既有规划成果融入新编制的同级国土空间规划中。

2019 年 6 月 20 日   广州市印发《广州市协同构建粤港澳大湾区具有国际竞争力的现代产业体系行动计划》，指出将以"先进制造业、战略性新兴产业、现代服务业、海洋经济、都市现代农业"五大产业为主导，携手大湾区城市共建世界级产业集群。

2019 年 6 月 24 日   国务院印发《关于实施健康中国行动的意见》（国发〔2019〕13 号），明确实施健康中国行动，到 2030 年，全民健康素养水平大幅提升，健康生活方式基本普及，居民主要健康影响因素得到有效控制，因重大慢性病导致的过早死亡率明显降低，人均健康预期寿命得到较大提高，居民主要健康指标水平进入高收入国家行列，健康公平基本实现。。

2019 年 6 月 25 日   国家发展改革委印发《关于推广第二批国家新型城镇化综合试点等地区经验的通知》（发改办规划〔2019〕727 号），要求切实加快农业转移人口市民化，进一步放开放宽城市落户限制，加快推动城市高质量发展和城乡融合发展等。

Abstract

In the past 70 years, China has get rid of reclusiveness, backwardness, poverty and developed into an open, civilized, fully well-off and prosperous society. It has created a development miracle in human history. In the development of China economy, urban economic development has made outstanding achievements and made extraordinary contribution.

Based on the theme of "Urban Economic Transformation in the Process of Big Country Governance" and closely combining the historical background of the 70th anniversary of the founding of China, "Annual Report on Urban Development of China No. 12" (hereinafter referred to as the Report) designs to consist 8 chapters. They are general report, structural reform chapter, replacing drivers chapter, risk prevention chapter, environment system chapter, Chinese experience chapter, international experience chapter and memorabilia respectively. The eight chapters analyze the achievements and problems of China's urban economic development since the founding of China, sum up the characteristics and experience of China's economic development, systematically evaluate the development state of healthy cities, carry out in-depth research on the structural reforms on urban economic development, the drivers transformation, the risk prevention and the system environments. Combined with domestic and foreign experience, it puts forward some countermeasures and suggestions to promote the high quality development of China's urban economy.

The Report points out that in the past 70 years, the level of urbanization in China has improved significantly; the urban economy has been growing rapidly; the industrial structure has been continuously optimized; China has deeply integrated into the world economic system; the income of urban residents has increased substantially. That is, China's urban construction, the comprehensive economic strength, the industrial scale and hierarchy, the opening up and

cooperational level and people's living standards all have made a historical leap. The "Report" believes that the reasons of China's great achievements are, China has been focusing on the national conditions, taking the people as the center, adhering to the path of socialism with Chinese characteristics, and forming its own unique experience. The main manifestations are: at the institutional level, the socialist system with Chinese characteristics has strong resilience; at the organizational level, it always adheres to the overall leadership of the party; at the ideological level, it adheres to the development concept of advancing with the times; at the practical level, it can accurately grasp the main contradiction at different development stage; at the management level, it insists to pay attention to the basic role of market in resources allocation and the macro-control role of the government in adjusting market failures.

The Report also points out that while China's urban economy is achieving brilliant achievements, the problems of imbalance, inadequacy and unsustainability in development are still very prominent. In terms of imbalances, the main manifestations are imbalances in economic growth and social development, imbalances in income and distribution, and uneven development between regions and cities. In the case of inadequacy, the main manifestations are that the social productivity has not yet been fully developed, and the development of public goods and public services are relatively lagged behind. Referring to the unsustainability, the main manifestations are that the urban economic development pattern is still relatively extensive, the independent research and development and original innovation ability is not strong, the economic structural imbalance is prominent, and the ecological environment are not optimistic. Therefore, China's urban economic development in the new era still face severe challenges.

According to the Report, under the background of technological revolution and the complicated domestic and international macroeconomic situation, the future development of China's urban economy will present some new trends and new features: firstly, the new scientific and technological revolution promotes the transformation of production methods, and brings about the reconstruction of the industrial division of labor and the value chain; secondly, the upgrading of manufacturing industry accelerates, and some traditional industries faces subversive challenges; thirdly, the consumption structure is increasingly diversified and advanced and becomes an important force to drive the economic growth; fourthly, urbanization has entered the era of urban agglomerations and metropolitan areas, and has become the main platform for supporting economic growth; fifthly, the new urban-rural relationship is gradually emerging, and urban-rural integration and the two-way flow of resource elements are intensifying.

In response to the above problems and trends in China's urban economic development, the Report proposes to grasp thebig opportunities of the new round of scientific and technological revolution, implement the innovation-driven strategy; aim at the global industrial transformation and build future-oriented industrial system; release the potential of domestic demand, promote and form a strong domestic market; facilitate the high-quality development of urbanization, coordinate superior investment and domestic demand expansion; lead the economic development with green transformation, take the road of environment-friendly and tolerance growth; rely on the Belt and Road Initiative and free trade districts construction, promote the formation of comprehensive opening up. Through multiple measures, China's urban economy will be promoted to high-quality development.

Keywords: 70 Years of Chinese urban Economy; Transformation and Upgrading; High Quality Development; Supply-side Structural Reform; Replacing Drivers

Contents

I General Reports

Abstract: Since the founding of the People's Republic of China 70 years ago, the level of urbanization has improved remarkably, and the urban construction has achieved a historic leap; urban economy has continued to grow rapidly, and its comprehensive economic strength has made a historic leap; the industrial structure has been continuously optimized, and its scale and hierarchy have historically leapfrogged; increasingly in-depth integration into the world economic system, opening up and cooperation has made a historic leap; the income of urban residents has increased substantially, and the people's living standards have achieved a historic leap. However, China's urban economy still faces problems and challenges such as inadequate and unbalances development, and relatively extensive development methods. On the basis of systematically summarizing the achievements and experiences of China's urban economic development for 70 years, this paper analyzes the main trends of urban economic development in the new era and puts forward some countermeasures and suggestions to promote the high-quality development of urban economy.

Keywords: Urban economy; urbanization; industrial structure; 70 years of achievements; development experiences

Abstract: From the patriotic health movement in the 1980s to the healthy China strategy in the 21st century, "putting people first" and "integrating health into all policies" have always been the philosophy of China's urban development. China has also made remarkable historic achievements in the field of health care, taking shape a path of healthy development with Chinese characteristics. In the new era, Chinese cities still have many unfulfilled responsibilities and missions in improving the health and well-being of residents. Our evaluation results show that, in recent years the difference in the level of healthy development of Chinese cities continued to shrink. The health level of cities in central and western China has improved significantly, but the regional gap still exists. The healthy development index of the Yangtze river delta, pearl river delta and Beijing − Tianjin − Hebei urban agglomeration ranks the top three in China. However, the higher the level of healthy development of urban agglomeration, the more obvious its internal differentiation. In the 14th five-year and the coming period, promoting equality of opportunity and rights and interests in inter-city development and comprehensively promoting health equity remain the main themes of healthy urban development in China.

Keywords: Healthy Development Index; Healthy City; Spatial and Temporal Patterns; Level Features

Ⅱ   Structural Reform Chapters

B. 3   The Spatiotemporal Evolvement Characteristics, Driving Factors

and Performance Impact of China's Urban Industrial Structure

Li Enping , Feng Yan / 087

Abstract: From the perspective of non-agricultural industrial structure and

城市蓝皮书

secondary and tertiary industrial structure, the paper respectively examines the trend of China's urban industrial structure evolution from 1995 to 2016, and analyzedits driving factors and impact on urban per capita development. The study found that: (1) There is an obvious trend of gradual decline in the rate of urban industrialization, and urban non-agricultural industrial structure exist obvious differences between city types; (2) The urban post-industrialization speed shows a relatively obvious u-shaped trend, and there are obvious differences between urban types in the secondary and tertiary industrial structure. (3) The initial industrial structure and urban types have significant influence on the evolution of non-agricultural industrial structure and secondary and tertiary industrial structure. (4) Change of the non-agricultural industries has a significant positive influence on per capita GDP growth, whilechange of difference between the tertiary industry and the secondary industry has a significant negative influence on it.

Keywords: industrial structure; spatiotemporal evolvement; driving factors; economic Growth

B. 4　New Economics Development Status and Practice in City

Li Hongyu / 111

Abstract: The "four new" economy represented by "new technologies, new industries, new formats and new models" is the general trend of global economic development. China implements innovative development strategies, fosters new kinetic energy development, and reforms supply-side structure. The four new economies play a key leading role in it. In recent years, China's four new economies have developed rapidly in many fields such as big data and its applications, artificial intelligence and shared economy. Relevant policy mechanisms have become increasingly perfect. In the future, efforts should be made to further strengthen personnel training, industry supervision, and factor channel construction.

Keywords: new technology; new industry; new business model; new economic model

B. 5　Deepening the Reform of Investment Structure to Guarantee

　　the Stable Development of Economy

　　—Analysis and Countermeasure of China's Investment

　　Situation in 2018 – 2019　　　　　　*Zhang Zhuoqun* / 125

Abstract: Since 2018, international trade protectionism has risen, and the trend of anti-globalization has emerged; domestic reform has entered the deep-water areas, shifting from high-speed growth to high-quality development. Influenced by both internal and external factors, China's investment situation has changed, the growth rate of total investment in fixed assets has slowed down, and continues to be lower than the GDP growth rate, the investment in different regions and sub-industries has been polarized, and the investment structure has entered a deep adjustment. Therefore, it is necessary to further promote the technological innovation and upgrading of manufacturing industry, establish a long-term regulation mechanism of real estate industry, and play the role of "making up the shortcomings" of infrastructure industry; further accelerate the pace of "mixed ownership reform" of state-owned enterprises, strengthen tax reduction and fee reduction efforts of private enterprises, and promote the complementary and win-win development of the two sectors; further optimize the structure of foreign investment, utilize the technology spillover effect of FDI, and work together to draw a new pattern of opening up. Promoting the structural reform of China's investment supply side with greater courage and determination, provides an important guarantee for the stable and healthy development of China's economy.

Keywords: China's economy; investment; structural upgrading

 城市蓝皮书

Ⅲ Replacing Drivers Chapters

B. 6 Development Status and Suggestions of Artificial
Intelligence Industry in China　　　　*Zhou Ji, Shen Xiaojia* / 139

Abstract: As the representative technology of the new round of scientific and technological revolution, Artificial Intelligence (AI) has a great impact on economic development, urban construction, and social structure. The central government of China vigorously emphasizes the development of the AI industry and introduces a combination of policies to guide scientific research forces and market forces to invest in the research and development of the AI industry and the transformation of results. In this context, this paper summarizes the development history of AI in China and other countries, the current situation of China's AI industry, the impact and the opportunities of AI for urban development. Additionally, this paper provides some suggestions for the future development of China's AI industry. To begin with, the government needs to create a basic environment for the AI industry development with better policies and regulations. Secondly, each city should design the AI development strategy based on its situation. Thirdly, the local government needs to construct the Industrial Chain and the Industrial Ecology for the AI industry.

Keywords: artificial intelligence; industry; city; opportunity

B. 7 Achievements, Problems and Suggestions on the
Construction of China's Pilot Free Trade Zone

Zhang Pengfei / 158

Abstract: Free Trade Pilot Zone has become a "test field" for deepening reform and opening up in China. Its construction goal is not only to promote regional economic development, but also to replicate and popularize mature experience throughout the country. This paper focuses on the analysis of the main achievements and new developments of Shanghai Pilot Free Trade Zone, Guangzhou Pilot Free Trade Zone and Hainan Pilot Free Trade Zone (Port) in terms of system innovation, industry openness, scientific and technological innovation, enterprise perception, etc. Meanwhile, this paper also points out the problems existing in capital flow, tax burden, laws and regulations of China's Free Trade Pilot Zone. Referring to the advanced practices of foreign free trade zones, this paper puts forward the direction of further development of China's Free Trade Pilot Zones in the future, including market-oriented system innovation, focusing on the opening of core areas of service industry, and giving free trade pilot zones higher autonomy.

Keywords: pilot free trade zones; institutional innovation; marketization; autonomy

B. 8　The "Belt and Road" Construction and Its Impact on Countries, Regions and Cities along the Route: Achievements, Experience and Prospects in the Past Six Years

Cong Xiaonan, Li Guochang / 171

Abstract: Fruitful accomplishments of The Belt and Road Initiative have been achieved, especially the interconnection between the countries along the BR has made a significant progress. However, there are still a series of unfavorable factors in the process of advancement. Firstly, geopolitics is complicated and the crisis of confidence has intensified in countries along their routes. Secondly, cultures and religious beliefs vary from country to country, and contradictions and differences exist in various countries. Thirdly, global economic growth is weak and economic risks are increasing. Fourthly, global challenges are growing and security issues become more prominent. Fifthly, there are many misunderstandings about

The Belt and Road Initiative and the top-level design needs to be improved and refined. To solve the above problem several policy recommendations have been put forwardto promote the high quality development of the Belt and Road Initiative, such asestablishing the correct concept of The Belt and Road Initiative, strengthening publicity and guidance, perfecting top-level design, deploying power through the market, promoting structural reforms in countries along their routes, and integrating regional and global value chains.

Keywords: The Belt and Road; geopolitics; interconnected; globalization; bi-Multilateralism

Ⅳ   Risk Prevention Chapters

B. 9   Risks and Policy Suggestions of China's Real Estate Market

Wang Yeqiang / 191

Abstract: This paper summarizes the current operation situation of the real estate market, and holds that the current enthusiasm for investment in real estate development continues to rise, but the follow-up growth is weak. The cooling of the land market further lowers the market price; the lack of motive force for the growth of market sales will lead to the overall downward passage; and the real estate market will be further adjusted. Under the downward pressure of the market, some potential risks may be aroused, such as the risk of price bubbles caused by urban polarization, the hidden danger of market risks in the small and medium-sized cities after the withdrawal of the shed reform, the housing vacancy problem under the market turn cold situation, the risk of the shrinking urban real estate prices falling too fast, and the collective land entering the market to the leasing market. The impact of the market and the local financial pressure brought by the downturn of land transactions. From the point of view of maintaining the stability of the real estate market, government regulation and control should increase the land supply of hot cities to maintain the stability of land prices; focus on preventing the risk of rapid price decline in some third and fourth-tier cities;

adhere to macro-prudential supervision, improve policy regulation and control means through multiple channels; avoid incremental planning, and pay attention to the redevelopment of stock land; to levy vacancy tax in time to improve the utilization rate of housing; to strengthen real-time monitoring, forecasting and early warning.

Keywords: real estate; market risk; housing control; collective land market entry

B. 10　Preventing and Resolving Major Risks in Economic
and Financial Fields: Situation, Causes and Countermeasures

Dong Yun / 207

Abstract: This paper firstly studies the secular stagnation of the global economy. The most important characteristics of the secular stagnation include slowing economic growth rate, increased trade protection and higher leverage rate. The New Normal of the Chinese economy means all kinds of economic risks are fully exposed. Under the complex and changeable situation, Chinese government has taken active and effective measures to deal with it. In order to promote high quality economic development, China's economic policy is committed to achieving a balance between stable growth and risk prevention. In recent years, China has made some achievements in preventing and resolving major risks. China's economic and financial risks are controllable.

Keywords: secular stagnation, new normal, financial risk, deleveraging

B. 11　The Impacts of Anti-globalization on China's
Industrial Restructuring　　　　　　　　　*Cai Weiyi* / 222

Abstract: At present, China's industrial restructuring has reached a crucial

period, but the trend of anti-globalization is becoming much intenser in European and American countries in the aftermath of the global financial crisis of 2008. This trend of anti-globalization will exert a great impact on China's industrial restructuring. In this paper, the author firstly analyzes the causes and specific manifestations of anti-globalization, then analyzes the negative and positive impacts of anti-globalization on the transformation and upgrading of China's industrial structure and finally puts forward some suggestions on the acceleration of China's industrial restructuring.

Keywords: anti-globalization; industrial restructuring; global strategy

V　System Environment Chapters

B. 12　Research on the Key Points of Tax and Fee Reduction
in the New Era　　　　　　　　*Wang Xiaojie, Li Weihua* / 235

Abstract: Chinese economic development has moved from high-speed development to high-quality development, meanwhile reform and opening up has entered the deep-water zone. To achieve the economic goal of high-quality development, China has stepped up the pace of supply-side structural reforms and reforms of "distribution services". The series of tax cuts and fee reductions policies introduced by the government since 2017 have fueled various reforms. The large-scale cutting taxes and administrative fees have benefited both enterprises and individuals, further enhancing market vitality, stabilizing the macro economy as well as promoting tax reform. Nevertheless, it is still necessary to observe the risks of balance of financial funds and the differentiation of corporate strength hidden behind tax cuts and fee reductions. Corresponding measures should be taken to solve the risks.

Keywords: new era; tax cuts and fee reductions; policy superposition; tax reform

B. 13　New Development ofInstitutional Opening China's

　　　　Services Market and Its Effecton Urban Economy

Abstract: "Pre-establishment National Treatment plus negative list" model and the "*Foreign Investment Law*" represent new developments in the opening services market of China in the foreign investment field. The introduction of the first negative list on cross-border trade in services at Shanghai Free Trade Zone initially constructed a new stage of comprehensive opening China's trade and investment to the outside world, and established institutional basis for further development in urban trade and services. Relying on the independent domestic reform platforms such as the Pilot Free Trade Zones and Central Business Districts will help eliminate behind-the-border trade barriers and expand the opening China's services market, promote China's industry transformation, upgrades, and high-quality economic development.

Keywords: cross-border trade in services; foreign investment; Shanghai Free Trade Zone

B. 14　Optimize Urban Business Environment—Reform,

　　　　Problems and Countermeasures　　　　

Abstract: Since the 18th National Congress, the Central government has been earnestly promoting the reform of "delegation of power and optimization of government service" to stimulate the vitality of the socialist market economy and promote the sustained and healthy development of the national economy. In the marketization, facilitation, legalization and internationalization of the business environment, city governments have continuously carried out institutional innovation and achieved obvious results. At the same time, due to the late establishment of China's market economy, there is still a certain gap in business

environment between China and advanced countries. In response to the increasingly severe international economic situation and the downward pressure on the domestic economy, urban decision-makers must summarize the experience of the reform in the past few years, continue to optimize the business environment, and maintain a stable and sustained economic development.

Keywords: business environment; marketization, facilitation, legalization and internationalization

VI   Chinese Experience Chapters

Abstract: The Guangdong-Hong Kong-Macao Greater Bay Area is the national strategy that General Secretary Xi Jinping personally planned and deployed. It aims to promote in-depth cooperation between Guangdong, Hong Kong and Macao, build a world-class urban agglomeration in the Bay Area, and play a better leading role in the national economy towards high-quality development and all-round opening up. The report analyses the existing problems and obstacles in the regional coordinated development of the three regions, and proposes to strengthen the interconnection of infrastructure, build a 1 − hour fast traffic circle in the Guangdong-Hong Kong-Macao Greater Bay Area, and promote the construction of world-class international shipping logistics center; constructs the system of industrial coordinated development of Guangdong, Hong Kong and Macao, jointly builds the pilot zone of industrial transformation and upgrading, and further promotes the level of market integration; constructs the innovation corridor and innovation center of international science and technology industry, perfects the chain of science and technology innovation around key industries, and builds the demonstration zone of talent cooperation; creates the "one belt and one road" transportation hub, and builds a cultural and economic exchange platform with "one belt and one road"; gives full play to the comparative advantages of the three regions, innovates boldly the cooperation mode, forms a mutually beneficial and complementary cooperative development mechanism, and promotes the integration and innovation of the Guangdong-Hong Kong-Macao Greater Bay Area.

Keywords: Guangdong-Hong Kong-Macao; bay area; integration; innovation; coordination

B. 16　Coordinated Development of Beijing-Tianjin-Hebei

Urban Agglomeration under Economic Transformation

Fu Meichen, Di Mengya / 301

Abstract: Under the impetus of economic transformation, the coordinated development of Beijing-Tianjin-Hebei has been fruitful, but there still exist many deficiencies. Through the storage and collation of literature data, combined with the current development process, this paper elaborates the development process of collaborative development in the three key areas of industry, ecology and transportation on the basis of functional orientation, and explores the impact of the key areas of collaborative development on urban housing prices. From the research results, although the functional positioning of the three provinces and cities has been confirmed, but some still have not been achieved. After 2014, the direction of industrial transfer has been developing in many directions, the structure of transfer has been steadily improved. Based on the functional orientation, industrial cooperation develops in the form of industrial chain, and gradually realizes industrial transformation in the process of the industrial coordinated development. Preliminary pattern of regional ecological construction in Beijing, Tianjin and Hebei has roughly formed, and the coordinated management of the ecological

environment has been gradually unified among the regions. The anti-pollution joint prevention and control mechanism and the horizontal ecological compensation pilot have been continuously improved; The transportation system and network structure have taken initial shape, and transportation service and management integration has been carried out in an orderly manner. In addition, the coordinated development strategy has also narrowed the price network connection and changed the status of housing pricesof the Beijing-Tianjin-Hebei urban agglomeration. In general, the coordinated development of Beijing, Tianjin and Hebei has changed from blueprint to reality in these three key areas. In the future development, we should continue to accelerate the pace of construction, establish and improve relevant mechanisms, implement relevant policies, and pay attention to the "short board" problem in Hebei. Through the network analysis perspective, it provides effective suggestions and measures for the healthy and sustainable development of the Beijing-Tianjin-Hebei regional real estate market.

Keywords: Beijing-Tianjin-Hebei urban agglomeration; industrial transformation; eco-environmental integration; transportation integration

Ⅶ International Experience Chapters

B. 17 Economic Transformation Path of Seattle

Geng Bing, *Zhao Junteng* / 321

Abstract: Seattle has experienced a successful transformation from a city of the seaportto a city of aviation to a city of technology, and has grown into today's world-class technology center. This paper takes Seattle as an example to introduce the historical background of its economic transformation. The path of economic transformation in Seattle was analyzed from six aspects: industrial space layout, industrial diversification, vocational education and training, business environment, infrastructure construction and innovation and entrepreneurship. Through the combing of experience, we finally summarize the experience and inspiration that Seattle's economic transformation has brought to China.

B. 18　From Manufacturing Capital to Knowledge Melbourne

—*Melbourne's Economic Transformation Path and Experience*

for Reference　　　　　　　　　*Wu Zhanyun , Wang Fei* / 333

Abstract: As China's economy enters a stage of high-quality development, many cities are facing the transformation and upgrading of industrial structure, accompanied by the multi-dimensional transformation and development of social structure and spatial structure. In the face of the increasingly fierce international competition and the decline of manufacturing status, Melbourne has successfully transformed from the manufacturing capital of Australia in the 1980s to the knowledge service city in the 21st century, becoming the most livable and respected knowledge-based city in the world. The transformation path of Melbourne includes both the industrial diversification strategy of the economic dimension, the multi-center metropolitan strategy of the spatial dimension and the affordable housing strategy of the livable dimension, which provides a valuable experience for global cities. Based on the analysis of Melbourne's urban development evolution and transformation background, we focus on the Melbourne's transformation path of the economic dimension. We also summarize from spatial structure optimization, the city quality improvement and innovation vitality cultivation of successful practices in supporting economic transformation, as a source of reference for China's urban transformation and development.

Keywords: economic transformation; Melbourne; referential experience

Ⅷ   Memorabilia

权威报告·一手数据·特色资源

皮书数据库
ANNUAL REPORT(YEARBOOK)
DATABASE

当代中国经济与社会发展高端智库平台

所获荣誉

- 2016年，入选"'十三五'国家重点电子出版物出版规划骨干工程"
- 2015年，荣获"搜索中国正能量 点赞2015""创新中国科技创新奖"
- 2013年，荣获"中国出版政府奖·网络出版物奖"提名奖
- 连续多年荣获中国数字出版博览会"数字出版·优秀品牌"奖

成为会员

通过网址www.pishu.com.cn访问皮书数据库网站或下载皮书数据库APP，进行手机号码验证或邮箱验证即可成为皮书数据库会员。

会员福利

- 已注册用户购书后可免费获赠100元皮书数据库充值卡。刮开充值卡涂层获取充值密码，登录并进入"会员中心"—"在线充值"—"充值卡充值"，充值成功即可购买和查看数据库内容。
- 会员福利最终解释权归社会科学文献出版社所有。

数据库服务热线：400-008-6695
数据库服务QQ：2475522410
数据库服务邮箱：database@ssap.cn
图书销售热线：010-59367070/7028
图书服务QQ：1265056568
图书服务邮箱：duzhe@ssap.cn

社会科学文献出版社 皮书系列
SOCIAL SCIENCES ACADEMIC PRESS (CHINA)

卡号：479492326684
密码：

基本子库
SUB DATABASE

中国社会发展数据库（下设 12 个子库）

全面整合国内外中国社会发展研究成果，汇聚独家统计数据、深度分析报告，涉及社会、人口、政治、教育、法律等 12 个领域，为了解中国社会发展动态、跟踪社会核心热点、分析社会发展趋势提供一站式资源搜索和数据分析与挖掘服务。

中国经济发展数据库（下设 12 个子库）

基于"皮书系列"中涉及中国经济发展的研究资料构建，内容涵盖宏观经济、农业经济、工业经济、产业经济等 12 个重点经济领域，为实时掌控经济运行态势、把握经济发展规律、洞察经济形势、进行经济决策提供参考和依据。

中国行业发展数据库（下设 17 个子库）

以中国国民经济行业分类为依据，覆盖金融业、旅游、医疗卫生、交通运输、能源矿产等 100 多个行业，跟踪分析国民经济相关行业市场运行状况和政策导向，汇集行业发展前沿资讯，为投资、从业及各种经济决策提供理论基础和实践指导。

中国区域发展数据库（下设 6 个子库）

对中国特定区域内的经济、社会、文化等领域现状与发展情况进行深度分析和预测，研究层级至县及县以下行政区，涉及地区、区域经济体、城市、农村等不同维度。为地方经济社会宏观态势研究、发展经验研究、案例分析提供数据服务。

中国文化传媒数据库（下设 18 个子库）

汇聚文化传媒领域专家观点、热点资讯，梳理国内外中国文化发展相关学术研究成果、一手统计数据，涵盖文化产业、新闻传播、电影娱乐、文学艺术、群众文化等 18 个重点研究领域。为文化传媒研究提供相关数据、研究报告和综合分析服务。

世界经济与国际关系数据库（下设 6 个子库）

立足"皮书系列"世界经济、国际关系相关学术资源，整合世界经济、国际政治、世界文化与科技、全球性问题、国际组织与国际法、区域研究 6 大领域研究成果，为世界经济与国际关系研究提供全方位数据分析，为决策和形势研判提供参考。

法律声明

  "皮书系列"（含蓝皮书、绿皮书、黄皮书）之品牌由社会科学文献出版社最早使用并持续至今，现已被中国图书市场所熟知。"皮书系列"的相关商标已在中华人民共和国国家工商行政管理总局商标局注册，如LOGO（ ）、皮书、Pishu、经济蓝皮书、社会蓝皮书等。"皮书系列"图书的注册商标专用权及封面设计、版式设计的著作权均为社会科学文献出版社所有。未经社会科学文献出版社书面授权许可，任何使用与"皮书系列"图书注册商标、封面设计、版式设计相同或者近似的文字、图形或其组合的行为均系侵权行为。

  经作者授权，本书的专有出版权及信息网络传播权等为社会科学文献出版社享有。未经社会科学文献出版社书面授权许可，任何就本书内容的复制、发行或以数字形式进行网络传播的行为均系侵权行为。

  社会科学文献出版社将通过法律途径追究上述侵权行为的法律责任，维护自身合法权益。

  欢迎社会各界人士对侵犯社会科学文献出版社上述权利的侵权行为进行举报。电话：010-59367121，电子邮箱：fawubu@ssap.cn。

社会科学文献出版社